福建師範大學文學院百年學術論叢　第八輯

韓國朝鮮王朝《易》學研究

賴貴三　著

第八輯
總序

甲辰春和，歲律肇新。纘述古今之論，弘通文史之思。

《福建師範大學文學院百年學術論叢》第八輯，以嶄新的面貌，在臺北萬卷樓圖書公司出版發行，甚可喜也。此輯所涉作者及專著，凡十有五，略列其目如次：

蔡英杰《說文解字的闡釋體系及其說解得失研究》。
陳　瑤《徽州方言音韻研究》。
　　　　　　以上文字音韻學二種。
林安梧《道家思想與存有三態論》。
賴貴三《韓國朝鮮王朝《易》學研究》。
　　　　　　以上哲學二種。
劉紅娟《西秦戲研究》。
李連生《戲曲藝術形態與理論研究》。
陳益源《元明中篇傳奇小說與中越漢文小說之研究》。
傅修海《中國左翼文學現場研究》。
雷文學《老莊與中國現代文學》。
徐秀慧《光復初期臺灣的文化場域與文學思潮》。
王炳中《現代散文理論的個性說研究》。
顏桂堤《文化研究的變奏：理論旅行與本土化實踐》。
許俊雅《鯤洋探驪──臺灣詩詞賦文全編述論》。
　　　　　　以上文學九種。
林清華《水袖光影集》。
　　　　　　以上影視學一種。

林文寶《歷代啟蒙教材初探與朗誦研究》。

以上蒙學一種。

　　知者覽觀此目，倘將本輯與前七輯相為比較，不難發見：本輯的規模，頗呈新貌。約而言之，此輯面貌之「新」處，略可見諸兩端：

一曰，內容豐富而廣篇幅。

　　如上所列，本輯所收論著十五種，較先前諸輯各收十種者，已增多百分之五十的分量，內容篇幅之豐廣不言而喻。復就諸論之類別觀之，各作品大致包括文字音韻學、哲學、文學、影視學、蒙學等五方面的研究，而文學之中，又含有戲曲、小說、詩詞賦文、現代散文、左翼文學各節目的探討，以及較廣義之文化場域、文藝理論、文學思潮諸領域的闡述，可謂春華競放，異彩紛呈！是為本輯「新貌」之一。

二曰，作者增益而兼兩岸。

　　倘從作者情況分析，前七輯各論著的作者，均為服務於福建師範大學的大陸學者。本輯作者十五位乃頗不同：其中十位屬福建師範大學文學院，另五位則為臺灣各高校教授，分別服務於成功大學中國文學系、臺灣師範大學國文系、臺東大學兒童文學研究所、東華大學哲學系等高教部門。增益五位臺灣學者，不僅是作者群體的更新，更是學術融合的拓展，可謂文壇春暖，鴻論爭鳴！是為本輯「新貌」之二。

　　惟本輯較之前七輯，雖別呈新氣象，然於弘揚優秀中華文化，促進兩岸學者交流的本恉，與夫注重學術品質，考據細密嚴謹之特色，卻毫無二致。縱觀第八輯中的十五書，無論是研究古典文史的著述，還是探索現當代文學的論說，其縱筆抒墨，平章群言，或尋文心內涵，或覓哲理規律，有宏觀鋪敘，有微觀研求，有跨域比較，有本土衍索，均充分體現了厚實純真的學術根底，創新卓異的學術追求。

「苟非其人，道不虛行」，高雅的著作，基於優秀學人的「任道」情懷。這是純正學者的學術本能，也是兩岸學界俊英值得珍惜的專業初心。唯其貞循本能，不忘初心，遂足以全面發揮學術研究的創造性，足以不斷增強研究成果的生命力。於是乎本輯十五種專著，與前七輯的七十種作品，同樣具備了堪經歷史檢驗而宜當傳世的學術質量，而本校文學院「百年學術論叢」的十載經營，十載傳播，亦將因之彰顯出重大的學術意義！每思及此，我深感欣慰，以諸位作者對叢書作出的種種貢獻引為自豪。至若臺北萬卷樓圖書公司各同道多年竭力協謀，辛勤工作，確保了叢書順利而高品格地出版發行，我始終懷抱兄弟般的感荷之情！

　　中華文化，源遠流長。歷代學人對中國悠久傳統文化的研討，代代相承，綿綿不絕，形成了千百年來象徵華夏民族國魂的文化「道統」。《易》曰：「觀乎人文，以化成天下。」即言聖人深切注重中華文明的雄厚積澱，期盼以此垂教天下後世，以使全社會呈現「崇經嚮道」的美善教化。嘗讀《晦庵集》，朱子〈春日〉詩云：「勝日尋芳泗水濱，無邊光景一時新。等閒識得東風面，萬紫千紅總是春。」又有〈春日偶作〉云：「聞道西園春色深，急穿芒屨去登臨。千葩萬蕊爭紅紫，誰識乾坤造化心？」此二詩暢詠春日勝景。我想，只要兩岸學者心存華夏優秀道統，持續合力協作，密切溝通交流，我們共同丕揚五千年中華文化的「春天」必然永在，朱子所謂「萬紫千紅」、「千葩萬蕊」的春芳必然永在。願《福建師範大學文學院百年學術論叢》的學術光華，永遠沁溢於兩岸文化學術交融互通的春日文苑！

汪文頂

謹撰於閩都福州

二〇二三年十二月一日

目次

序論

　　首先，感謝萬卷樓總編張晏瑞副總主動推薦福建師範大學文學院《百年學術論叢》第八輯研議策畫團隊，首度邀請非該校院同仁加入本輯學術論叢，與有榮焉。不揣淺陋，罼罼應命，孜孜成書，庶不負屬託，無愧學功。

　　福建師範大學創辦於晚清光緒三十三年（1907），校訓「知明行篤，立誠致廣」，百餘年來，名家輩出，彬彬穆穆；青藍桃李，郁郁蒸蒸，誠如《周易・大畜・象傳》所謂：「剛健篤實，輝光日新。」而樹培筆者的母校臺南一中與臺灣師範大學，校史都追溯至臺灣光復前的一九二二年，皆已歡祝百年校慶，作育英才，菁莪炳蔚，憾惜未能追步福建師大投入巨資，長期編輯出版同仁「百年學術論叢」的文化薪傳志業。

　　此外，筆者曾獲邀參與福建師大文學院五年期中國國家社科基金重大項目——臺灣經學文獻整理與研究（1945-2015, 16ZDA181），在萬卷樓積極協助下，順利出版《臺灣先賢關渡先生黃敬《易經初學義類》校釋（附：《觀潮齋詩集》）》，發揚臺灣先賢的潛德幽光，感佩在衷。又在擔任本系系主任三年半期間（2019年3月至2022年7月），與福建師大校院領導汪文頂、鄭家健、李健華……諸位教授，以及主持教學研究之江震龍、邰積意、簡逸光……諸位教授，都有密切良好的交流互動，海峽兩岸，同文同源，師範相親，學術共晉，「卻顧所來徑，蒼蒼橫翠微」，真是學林勝事、杏壇佳話。

　　筆者自二〇〇七至二〇〇九年籌備並創辦本校國際漢學研究所，即密切注意海外漢學的研究情況與發展態勢，因緣接觸日、韓等東亞

儒學研究學者，激發出對於日、韓學者《周易》相關研究濃厚的探討興趣，積蓄了不少的文獻材料。自二○一一年九月至二○一二年八月，適客座講學於首爾「韓國外國語大學校中國學部」一年，在韓國外大講學期間，自我惕勵研習韓國語文，基本掌握韓國歷史文化與中國儒學極為密切相關的思想發展脈絡。復因地緣之便，得與韓國相關研究學者認識交流，因此大致瞭解韓國傳統與現當代學者的研究梗概，並透過師友協助獲得許多寶貴的學術文獻資訊，更加密切接觸韓國國學、儒學與《易》學研究者，並親往參觀成均館大學校收藏古籍文獻的「尊經閣」、首爾國立大學校「奎章閣」、國立中央圖書館，以及韓國國學振興院……等重要典藏研究機構，驚覺韓國尚有如此豐碩的漢學傳統典籍珍寶，除了具有深厚的歷史文獻典藏價值外，還是非常值得開發的學術園地與藍海——海東儒雅亦中華。

　　筆者檢索考察發現，海內外學者對於韓國儒學研究成果頗為豐碩，但《易》學研究成果則相對較少，仍有許多值得探討研究的開發空間；尤其，韓國朝鮮王朝（1392-1897，大韓帝國，1897-1910）重要經學傳世文獻，幾乎都已搜羅完備於成均館大學校大東文化研究院匯編出版之《韓國經學資料集成》叢書，其中第七、八輯《易經》有關《易》學者，計有總三十七大冊，或為手稿或為刊本，且都以傳統漢文書寫，閱讀研究毫無問題。《韓國經學資料集成·易經》兩輯收羅文獻資料歷時數百年，橫跨整個朝鮮王朝，可說是一部朝鮮王朝時代思想的縮影；可惜的是韓國學者著力於此的研究成果，至目前為止也並非十分豐富，加上韓國中文教育漸以實用為主，學生多不諳傳統漢文，無法充分理解古典文獻，傳統文化頗有斷層之虞；加以韓國中文學者多以漢語語音學、語法學與現代文學為教學與研究課題，涉足於傳統經學研究者，日趨鳳毛麟角，坐擁寶山，而無法掘發，令人感嘆。因此，筆者擬藉由本書初探之作，逐步深化對於韓國《易》學的研究涉獵向度，提供更進一步開發弘揚的學術可能。

　　《易》學廣博精深，中韓學者每有多元的研究進路與詮釋觀點，值得考察其中歷史發展的脈絡。韓國朝鮮王朝奉明正朔，以朱子儒學為學術主流，深受宋明理學影響；明亡之後，與清廷若即若離，而正祖（1776-1800，李祘，亨運，弘齋，1752-1800）時期正逢清朝乾嘉盛世，朝鮮學術深受霑溉影響，而開創「實學」的新風氣；洎十九世紀中葉之後，屢受日本侵凌，又漸受日本維新政治影響，國家發展態勢又為之丕變。因此，衡觀朝鮮王朝近五百二十年的歷史，時移勢遷，學術發展的脈絡也與時俱進，就《易》學歷史衡論，適可與筆者碩、博士論文所研究之宋代《易》學（項安世《周易玩辭》研究）與清代《易》學（焦循雕菰樓《易》學研究）相互繫聯、彼此觀照，此正是興發筆者編撰本書更深層的學術目的——他山之石，可以攻錯。

　　筆者以為在既有韓國儒學研究的豐碩成果之下，可以擴展出經學研究的另一新境；尤其，《易經》為五經根本、中華文化泉源，更有深刻的文化道統薪傳的重要性。目前韓國與海峽兩岸學者，對於韓國《易》學的研究雖然已見基本成果，但仍有許多擴展充實的可能性。韓國《易》學研究文獻既然如此充實完善，相關專業學者更應該勤於研究，開張發皇其中菁華，以比較中、韓《易》學思想。因此，本書主要先透過朝鮮王朝時期，《易》學研究文獻的全面梳理分析，再驗證朝鮮王朝期間，朱子學被確立為朝鮮的正統思想之後，《易》學研究才開始具有較嚴格的學術規範，而逐步創造出具有朝鮮民族特色的《易》學思想，終於在十六世紀發展出本土化的特色。

　　其中，尤以退溪李滉（景浩，陶翁、清涼山人，1501-1570）與栗谷李珥（叔獻、見龍，石潭、愚齋，1536-1584）最為大家。退溪本乎朱子學創立「理數之學」，並進而以《易》學原理探討儒學中的理氣問題，提出「理優位說」，並用「太極」解釋「理」的範疇；而栗谷則以陰陽並立的《易》理，提出「理氣兼發論」，以對抗朝鮮朱子學的「理氣互發論」。此外，也注意及於「實學派」，其中又以李瀷（自新，星

湖，1682-1764）、慎后聃（耳老，河濱、遯窩，1702-1761）與丁若鏞
（美鏞，茶山、與猶堂，1762-1836）等貢獻較大；至於，「古學派」則
以尹鑴（希仲，白湖，1617-1680）為代表人物，尹氏治《易》提倡漢
儒古注，乾嘉吳派惠棟（定宇，松崖，小紅豆先生，1697-1758）可謂
其後勁，並提出「太極為氣」的命題，在朝鮮《易》學史上應居有一
定的引領地位。知人論世之後，筆者先就幾位代表性學者及其傳世文
獻，拋磚引玉，進行「辨章學術，考鏡源流」與「探賾索隱，鉤深致
遠」的學術探討分析，期望透過文獻的歸納分析，發現並總結出韓國
朝鮮王朝學者的《易》學樣貌與面向，以及與中國傳統《易》學的薪
傳脈絡關係，進而理解中韓《易》學同源分殊的異趣與同歸。

　　本書正文論文十二篇，書稿約230000字，多是筆者發表於韓國與
海峽兩岸學術研討會，以及刊載於學報期刊的論文。前三篇論文──
〈朝鮮王朝宮殿與廟城之政教義理〉、〈朝鮮王朝《易》學綜論〉與
〈大韓民國「太極旗」國旗與先天《易》學探微〉，作為本書的導論，
可以引領讀者、學者進入朝鮮王朝與大韓民國歷史文化的脈絡之中。
後九篇論文，可以分別為三層次：第一層次呈顯朝鮮王朝中期十六至
十七世紀三位性理學者栗谷李珥（1536-1584）、恭默堂金濤（1580-
1646）與尤庵宋時烈（1607-1689）的《易》學風貌，收文三篇──
〈栗谷李珥〈易數策〉證釋析論〉、〈恭默堂金濤《周易淺說》證釋析
論〉、〈尤庵宋時烈《易》學析論〉。第二層次體現朝鮮王朝中後期十
七至十八世紀三位性理學者槐泉朴昌宇（1636-1702）、三山柳正源
（1703-1761）與正祖（1777-1800）李祘（1752-1800）的《易》學風
華，收文三篇──〈槐泉朴昌宇《周易傳義集解》析論〉、〈三山柳正
源《易解參考》析論〉、〈正祖李祘《周易講義‧總經》平議〉。第三層
次彰明朝鮮王朝後期十八至二十世紀三位性理學者茶山丁若鏞（1762-
1836）、秋史金正喜（1786-1856）與艮齋田愚（1841-1922）的《易》
學風範，收文三篇──〈茶山丁若鏞《易》學與〈風水論〉述評〉、

〈秋史金正喜「漢宋兼採」《易》學析論〉、〈艮齋田愚「宗本朱子」《易》學析論〉。期待同道學人、有志之士，本此基礎，觸類引申，進而舉一反三，開張朝鮮王朝洋洋大觀的《易》學傳世文獻與研究成果，是所至盼。

　　附錄三篇——〈16世紀末朝鮮王朝《易》學的「程、朱抉擇」〉、〈朴知誠〈乾〉、〈坤〉之道析論〉、〈正祖李祘《易》學的經世致用說〉，書稿近50000字。陳俊諭學棣的第一篇論文，探討韓國十六世紀末朝鮮王朝《易》學「程、朱抉擇」的學術課題，可與前文第一層次的三篇論文對照參較，本篇論文主要釐清的重點有三：其一，程、朱《易》學東傳先後「被接受」的過程；其二，觀察朝鮮王朝士人《周易》經注閱讀習慣的重大轉變；其三，更深入認識朝鮮王朝經筵論《易》的情況。楊穎詩女棣的第二篇論文，析論朴知誠（仁之，潛冶，諡號文穆，1573-1635）〈乾〉、〈坤〉之道，分別從內容、本體與工夫三方面，闡明朴氏〈乾〉是心神、〈坤〉是形氣；〈乾〉元乃天德大始，〈坤〉元是順承天施；〈乾〉重克己復禮，〈坤〉重主敬行恕。特顯朴氏《易》學重工夫實踐的進路，並彰顯其論《易》的特色，可與前文三層次九位學者的《易》學論述，觀照對揚。宋建鋒學棣的第三篇論文，探討正祖李祘《周易講義》對朱子（熹，元晦、晦庵，1130-1200）的援疑質理，以及與臣子對程頤（正叔，伊川，1033-1107）、朱熹的維護，形成鮮明的對比；此外，正祖對於實學革新的理解與施政，顯示出正祖《易》學已從朝鮮王朝正統朱子學，加入經世致用實學的應用，呼應渴求變革維新的時代性格。正祖重視象數《易》學，強調取象必須靈活適切，不可拘泥；而其《易》學歸趣，仍然講究理先氣後、理一分殊、理氣不離不雜的義理《易》學。其雙重架構貫徹心性本體論，更看重「敬內義外」的修養工夫，並以「視履考祥」的道德意義，擔綱《周易》整體的主旨。又將《易》學太極與萬物的性質，推演到君民上下關係，而從《易》學中獲得重要的「尊王保民」

政治思想，同時也突出經學在日常生活中，道德修身與義和之利的實用價值，足與前文第二層次之〈正祖李祘《周易講義・總經》平議〉，先後呼應，匡補缺遺。附錄三篇論文作者都是筆者在臺灣師大國文學系、碩士班與博士班的授業門棣，師生教學相長，取資觀善，可以補充論述觀照鑒識之不足，感謝鼎助圓成，而後生可畏，青出於藍，尤為歡喜期許──剛健篤實，輝光日新。

　　筆者長期在本系大學部與研究所教授《易經》、《周易》經傳研討與《易》學專題研討三門課程，自二〇一二年九月結束韓國外大客座講學，返校述職後，因緣購藏一套成均館大學校大東文化研究院影印出版的《韓國經學資料集成》，典藏於本系研究所圖書室，因此鼓勵並要求選修課程的博碩士研究生，從中選擇一家《易》學專著進行文獻研讀與研究，頗見成效與影響，目前只有指導學生陳俊諭與宋建鋒兩位仁棣完成碩士學位論文──「『朝鮮朱子』退溪李滉《易》學研究」（2013）與「朝鮮王朝正祖李祘《易》學研究」（2023），因此請二位仁棣就研究成果，擇要附刊於本書；而來自澳門的楊穎詩女棣，「好學深思，心知其意」，也同意附刊其已刊登的研究論文，備感欣慰。「學海無涯，唯勤是岸」，學以時而進，正如《周易・升・大象傳》曰：「地中生木，〈升〉。君子以順德，積小以高大。」

　　最後，感謝博士指導學生羅文傑、吳佳樺、游經順、周茹芬，碩士指導學生林柏丞，以及碩士班授業女棣石佩仟等，協助對於研究對象、文獻解讀與思想脈絡的梳理分析，助成本書圓滿竟功，師生一體，共晉於道，特此識之，以昭明聖德儒心。

　　　　　　　　屯如　賴貴三　謹序於臺灣師大屯仁學易咫進齋
　　　　　　　　　　　　二〇二三年八月八日週二立秋父親節

壹
朝鮮王朝宮殿與廟城之政教義理

　　二〇一一年九月至二〇一二年八月，筆者客座講學於大韓民國首爾特別市韓國外國語大學校中國學部，一年期間多次走訪朝鮮王朝（1392-1897，大韓帝國，1897-1910）建構之王城——漢陽（後名「漢城」，今易名為「首爾」），王宮——景福宮、昌德宮、昌慶宮、慶熙宮（原名「慶德宮」）與德壽宮（原名「慶運宮」），合稱「朝鮮五大法宮」，雖屢經戰亂摧殘，目前復原保存良好，斐然可觀。而五大王宮中，除德壽宮正門原名「大安門」，後改為今「大漢門」外，其餘正門都冠以「化」字，分別為「光化門」、「敦化門」、「弘化門」、「興化門」；再者，除德壽宮主殿冠名「中和殿」外，其餘主殿都冠以「政」字，依序為「勤政殿」、「仁政殿」、「明政殿」、「崇政殿」，以上命名都深富儒學政教經典義涵。此外，東大門名「興仁之門」，南大門名「崇禮門」，西大門名「敦義門」，北大門名「弘智門」（肅靖門），城中心鐘閣名為「普信閣」；以及祭祀歷代大王、后妃之「宗廟」，奉祀至聖先師之「文廟」，奉祀武聖關公之「東廟」，雲峴宮之「老安堂」、「老樂堂」、「二老堂」等，在在顯示出濃厚的經學義理，故以本文為開端，作為全書的導論。

一　前言：興仁崇禮義智弘

　　位於漢江北面之「漢陽」（漢城，今名為「首爾」），一三九二年，朝鮮太祖（1392-1398）李成桂（旦，君晉，松軒，1335-1408）在開京

（今開城）建立朝鮮王朝；[1]一三九四年，遷都漢陽，改名為「漢城」，漢城四面青山環繞，中有漢江磅礡流淌。朝鮮王朝建國定都後，立即著手修建王宮、宗廟、社稷、都城與城門等，[2]從此成為韓國的中心城市。一九四五年八月，朝鮮半島光復不久即南北分治，李承晚（承龍，雩南，1875-1965）在京城建立「大韓民國」，將京城之名改為「서울」（英譯「Seoul」），沿用朝鮮王朝的漢字名「漢城」。二○○五年一月十九日，時任市長的李明博（1941-）宣布將「서울」的中文譯名改為「首爾」，並通知中國政府，「서울」一詞在韓語是「王之所在」即「首都」之意，自此「首爾」便成為韓國首都的專名。

現代的首爾特別市及其鄰近的仁川廣域市、京畿道，合計國民人口數超過二千萬，幾占全國人口的半數。首爾市中心遍布寬廣的街道與林立的高樓大廈，已經成為國際著名的大都會；不過，一百多年前，首爾還是一個十分傳統的城市，國家的一切活動都以大王與王室家族居住的王宮為中心而展開。當時最高級的物產與人才，都集中到首爾；因此，朝鮮王朝在首爾將近五百二十年高雅豐美的王室文化，成為韓國體現東亞儒家傳統文化的歷史活化石。

首爾（漢城）是朝鮮王朝（1392-1897，大韓帝國，1897-1910）五百一十八年間的都城，修建有眾多古蹟。朝鮮王朝時代重要代表性的殿廟與其他建築，犖犖大者有：景福宮、昌德宮（連接「後苑」）、昌慶宮、慶熙宮、德壽宮、雲峴宮，以及宗廟、社稷、成均館文廟、關聖帝君東廟、南大門、東大門、舊漢城城牆、[3]南漢山城、北漢山

1　大韓民國國民都稱為「朝鮮王朝」，域外學者因受早期日本官方別有政治目的與用心之「朝鮮李朝」名稱影響，多數慣用「朝鮮李朝」一詞，但此詞在韓國國民歷史文化認知中，具有貶意，也傷害大韓民族情感，因此本書統一使用「朝鮮王朝」正名，特此說明，以正視聽。

2　《周禮・天官・序官》：「惟王建國，辨方正位，體國經野，設官分職，以為民極。」

3　首爾城郭是為保衛朝鮮王朝京城而修建，圍繞城郭四邊的北邊北岳（嶽）山、西邊仁王山、南邊南山、東邊駱山連成一體，總長度十八點九公里。目前沿著城郭闢有

城、貞陵、洪陵、懿陵、宣靖陵、獻仁陵、泰康陵等。[4]其中，大部分筆者皆多次履勘踏察，深感於韓儒命名取義、結構布局等，都與儒家經典思想息息相通，因此客座講學期間，積極遊覽賞翫，並深入研習、廣泛瞭解傳統韓國歷史與文化，撰寫本文實欲開張內蘊的經學義理，以收「觀國之光，利用賓於王」（《周易·觀·六四》爻辭）的觀善教化作用，朝鮮王朝「禮樂衣冠第」文質彬彬的風度、「文章（詩書）孔孟家」仁禮泱泱的儒學典範，經由韓國政府大力投資建設，至今維護良好，並能極力保存廣為弘揚，可謂東亞儒家文化圈中，「通經致用」最為成功而影響深遠的禮儀之邦。

表一　朝鮮王朝（1392-1897，大韓帝國，1897-1910）歷代世系表

代序	廟號（王陵）	姓名	在位時間
1	太祖（健元陵）	李成桂	1392-1398
2	定宗（厚陵）	李芳果	1399-1400
3	太宗（獻陵）	李芳遠	1400-1418
4	世宗（英陵）	李祹	1418-1450
5	文宗（顯陵）	李珦	1450-1452
6	端宗（莊陵）	李弘暐	1452-1455
7	世祖（光陵）	李瑈	1455-1468
8	睿宗（昌陵）	李晄	1468-1469
9	成宗（宣陵）	李娎	1469-1494
10	燕山君（墓）	李㦕	1494-1506

登覽步道，可繞行舊漢城一圈。

4　從一三九二年到一九一○年，朝鮮王朝共延續了五百一十八年，共有二十七代王與王妃（包括後來追奉的王與王妃）。王陵是歷代王與王妃的墳墓，目前韓國共有四十二座王陵，其中四十座分布於首爾市內與首爾近郊之京畿道。二○○九年，朝鮮王陵被列入聯合國教科文組織「世界遺產名錄」。

代序	廟號（王陵）	姓名	在位時間
11	中宗（靖陵）	李懌	1506-1544
12	仁宗（孝陵）	李峼	1544-1545
13	明宗（康陵）	李峘	1545-1567
14	宣祖（穆陵）	李昖	1567-1608
15	光海君（墓）	李琿	1608-1623
16	仁祖（長陵）	李倧	1623-1649
17	孝宗（寧陵）	李淏	1649-1659
18	顯宗（崇陵）	李棩	1659-1674
19	肅宗（明陵）	李焞	1674-1720
20	景宗（懿陵）	李昀	1720-1724
21	英祖（元陵）	李昑	1724-1776
22	正祖（健陵）	李祘	1776-1800
23	純組（仁陵）	李玜	1800-1834
24	憲宗（景陵）	李奐	1834-1849
25	哲宗（睿陵）	李昪	1849-1863
26	高宗（洪陵）	李熙	1863-1907
27	純宗（裕陵）	李坧	1907-1910

二　五大法宮與雲峴宮經學義理探析

　　首爾是一個美麗而又充滿活力的城市，將傳統與現代完美融合在一起，在首爾可以遊覽參觀許多傳統文化名勝，其中朝鮮王宮是規模最大、保存修建最完好的文化遺產。王宮是威嚴不可侵犯的神聖場所，為治國之中樞。首爾共擁有五座朝鮮王朝時期的王宮，先後分別是：景福宮、昌德宮（連接「後苑」）、昌慶宮、慶熙宮、德壽宮。此外，高宗出生地的雲峴宮，也是值得一看的歷史性建築。

通過王宮建築名稱裡的「殿」、「堂」、「閣」、「齋」、「軒」、「樓」、「亭」等字，可以猜測或理解相應建築的規格與用途。「殿」是王宮裡規格最高的建築，「殿」字只能用於王、大妃、王妃專用建築。一般來說，「堂」字主要用於處理政務或世子起居的建築；「閣」字用於殿或堂的附屬建築；「齋」與「軒」（尤指正式場合）二字，用於休息用建築；「樓」（兩層建築）與「亭」二字，則用於宴會用建築。此外，所謂王宮特指兼具「宮」（王的生活區）與「闕」（政務區，也兼含為保衛王宮而修建的城樓之意），景福宮、昌德宮、昌慶宮、慶熙宮與德壽宮屬之。但是除了五大法宮之外，「宮」字還用於王即位入王宮前生活過的地方，比如高宗的出生地雲峴宮；或者用於尊稱生活在王宮裡的王、王族離開王宮後生活的地方。悠遊其中，包藏涵蘊著韓國祖先哲學、智慧與精神的王宮，能夠持續而永遠地將現代人們的生活，點染得更為豐富多姿多采，也已成為文化薪傳的寶庫。

除昌慶宮弘化門朝東外，朝鮮王宮正門全部朝南，景福宮光化門為漢陽王城的中心主軸，至於昌德宮敦化門、昌慶宮弘化門、慶熙宮興化門、德壽宮仁化門莫不如此。而且，王宮正門都有「化」字，意思是「教化百姓」，筆者以為取義於《中庸》第三十章：「小德川流，大德敦化。」以下簡述各宮及其正門沿革史略，並探討其中經學義理。

（一）景福宮與光化門

首爾作為朝鮮王朝的首都，是以北岳（嶽）山下的景福宮為中心規劃的都城。景福宮是朝鮮王朝的象徵代表性王宮，也是代表朝鮮王朝的第一號王宮，座落在都城首爾的風水寶地——以北岳山為主山的向陽平地上。此宮由朝鮮開國大王——太祖李成桂於一三九四年創建，一三九五年落成，不但歷史最為悠久，而且規模宏大，格局嚴密。景福宮作為王居住的王宮，修建時當然採用當時最先進的技術；儘管如此，所有殿閣按其等級與用途之不同，建造與其相符的規模與

樣式，而不追求豪華或氣勢宏偉。

　　而景福宮正門——光化門，坐北朝南連接朱雀大路至南大門——崇禮門，構成首爾都城的中軸主線；「光化」二字，取義於「光照寰宇，教化四方」的寓意。現在的光化門，也歷經幾次被毀的悲慘命運，最終於二〇一〇年重建落成。如今，每一小時整點，都有守衛門將換崗儀式，每個季節經常舉辦各種多元的文化活動，持續發揮其傳統教化價值。此門因其精細的工藝、巧妙的結構與壯麗的外觀，已經成為首爾世宗大路廣場前的傳統精神象徵。

　　第四代世宗大王曾在景福宮公布「訓民正音」，此為鄭麟趾（伯睢，學易齋，1396-1478）[5]等學者創制的朝鮮語書寫文字，又稱「諺文」，今多稱韓文、韓字，其結構基本原理取義於《周易》「天地人——三才」之道。韓文（Hangeul）為拼音文字，原有二十八字，其中母音字母十七個，子音字母十一個，今用二十四字。該書完成於一四四三年末或一四四四年初，於一四四六年正式出版。為紀念世宗大王創制韓文「訓民正音」，每年的十月九日為「韓文節」國定假日；世宗大王的生日五月十五日（陰曆4月10日）國定為「教師節」，學生們在這一天都會為尊敬的老師們，誠摯獻上鮮花與禮物。另據《世宗實錄》引《書經・五子之歌》：「民惟邦本，本固邦寧。」（1423年7月3日），以及強調「法」與「信」為國家的大柄大寶：「況法者為國之大柄，信者人君之大寶也。」（1425年4月14日）這些嘉言懿政，對於後來韓國傳統文化思想與精神，發揮了極為深遠的影響力。

　　有關景福宮的創建歷史沿革，依據相關文獻資料記載，大致如下：朝鮮太祖四年（1395）九月，太祖李成桂下令儒臣鄭道傳（宗之，三峯，1342-1398）[6]在高麗故宮遺跡的基礎上加以擴建，並興建新的建

5　鄭麟趾是朝鮮王朝初期著名的文臣學者，本貫河東，曾任議政府領議政，也是著名的理學家，曾於世宗時期負責教育工作，著有《高麗史》、《高麗史節要》等書。

6　鄭道傳是高麗王朝末期與朝鮮王朝初期活躍的文臣、政治家、詩人、革命家與儒學

築。因此，朝鮮王朝遷都漢城以後，宮殿、宗廟的位置與稱號，以及漢城諸門的稱號，都是鄭道傳所擬定，充分顯示出濃厚的儒學思想特色。同時，他編纂了《朝鮮經國典》，奠定朝鮮王朝的法制基礎，貢獻良多。

　　太祖五年（1396）元月，景福宮修建工程開始，同年九月初步竣工，命名為「宮城」。「景福」之名，取自《詩經・大雅・既醉》：「既醉以酒，既飽以德。君子萬年，介爾景福。」[7]有為新王朝祈福之意。其周圍一八一三步，有四門，正南為光化門、正北為神武門、正東為建春門、正西為迎秋門。正門光化門外東西設兩府、六曹、臺院（現在的世宗大路）。宮城內有宮殿建築五百多棟，正殿是「勤政殿」。此後約二百年間，作為朝鮮王朝的正宮使用。

　　明宗（1545-1567，李峘，1534-1567）八年（1553），景福宮發生大火，康寧殿、思政殿、欽敬閣被大火焚毀，歷代珍寶、書籍、大王大妃誥命、服飾文物全被燒毀，明宗、王妃沈氏與王大妃（文定王后，1501-1565）尹氏移居昌德宮。一五九二年，壬辰倭亂（豐臣秀吉侵略朝鮮戰爭）爆發，忠州失守後，宣祖（1567-1608，李昖，1552-1608）倉促出宮，以大臣尹斗壽（子仰，梧陰，文靖，1533-1601）為扈從，星夜兼程逃往西北。在出宮前夕，宣祖下令在宮中舉火，將景福宮中歷代寶玩以及文武樓、弘文館所藏書籍、春秋館所藏歷代實錄與文獻「燒盡無遺」，景福宮再度被焚毀。壬辰倭亂結束後，朝鮮王室返回漢城，以成宗（1469-1494，李娎，1457-1494）之兄月山大君（李婷，子美，孝文，1454-1488）府邸為臨時行宮，改名「慶雲宮」。

學者，在太祖李成桂奪取高麗政權，建立朝鮮王朝的歷史事件中立下不凡功勳，成為朝鮮王朝的首任宰相。他的故鄉位於今南韓忠清北道的丹陽郡，該郡「島潭三峯」勝景前有其官服座像，並題有其詩；二〇一〇年暑期，曾與家人造訪其地，並攝影留念，故對鄭道傳其人印象甚深。今有《三峯集》可供參考。

7　《詩經・小雅・小民》有「神之聽之，介爾景福」句，《詩經・大雅・行葦》亦有「壽考維祺，以介景福」句，可知「景福宮」宮名取義自《詩經》，寓意深遠而典雅。

　　因景福宮內殿宇繁多，工程浩大，而朝鮮王朝經過兩次倭亂之後經濟蕭條、國家殘破，無力修復景福宮，只好將原來作為離宮的昌德宮當作正宮使用，景福宮從此被閒置約兩百七十年。一八六五年，高宗（1863-1907，李熙，命福，載晃，1852-1919）父親興宣大院君（李昰應，時伯，石坡，獻懿，1821-1898）為提高由旁系入繼王位的高宗聲望，重建王室威嚴，下令重建景福宮。當時復建時間日久、所費不貲，引發很大的民怨。據說大院君積極重建景福宮是因為他曾到過北京的紫禁城，有感於從宮門進去，要上馬、下馬、上轎、下轎、走路，經過重重宮門才會到達紫禁城內宮殿。讓他發出「泱泱大國，理當如此」的感嘆，因而回國後下令重建景福宮。復建完畢的新景福宮占地十二點六萬坪（57.75公頃），共由三百三十棟建築組成，共有五七九二個房間。一八六八年，王宮由昌德宮轉移至此。不過由於日韓合併，高宗移居德壽宮、純宗（1907-1910，李坧，君邦，正軒，1874-1926）移居昌德宮，景福宮拆拆建建，現在的建築規模沒有當時的十分之一，只留下部分建築。

　　朝鮮王朝希望依靠禮儀與道德建構完善的國家根基，景福宮體現出的森嚴秩序與有節制的威嚴，正是來源於這種儒學價值觀。景福宮的字面意思是「享有可光耀萬年鴻福的王宮」，其名含有朝鮮王朝強烈的願望與理想——順應天意，統治百姓，期望子孫萬代永享太平。而正門「光化門」則體現出「光照寰宇」與「教化四方」的深刻義涵，充分體現出朝鮮王朝篤厚的儒學薰饗。[8]

8　景福宮光化門進入後往左側門前進，即為「國立古宮博物館」，館內收藏與陳列許多有關朝鮮、大韓帝國時期的王室遺物，在此可以領略優美高雅的朝鮮王室文化，感受一度不為人知的王室生活。原本即高雅的首爾傳統文化，因王宮與王室文化而更加璀璨奪目。

（二）昌德宮與敦化門

　　昌德宮位於首爾東部，與昌慶宮合稱「東闕」——深受朝鮮大王喜愛的宮殿。興建昌德宮的目的，實為輔助景福宮。壬辰倭亂結束之後，昌德宮先於景福宮重建，從此成為朝鮮名副其實的第二法宮。

　　景福宮是朝鮮王朝的第一法宮，也是王權的象徵，重在突出威嚴與權威；昌德宮則在具備王宮的基本形制與規模的同時，又完美的融入於自然，因此以優美的景觀而受到矚目。其中，最值得一提的是「後苑」（御花園），此苑四周青山、緩坡圍繞，在朝鮮王宮後苑中，面積最大，景色最美，這裡的原始地形與地勢，得到了最大的保留，尤其最小程度的人工修整，突顯出自然環境的美麗，其布局手法十分靈巧美妙，漫步悠遊，賞心悅目，怡然自得。

　　正祖（1776-1800，李祘，亨運，弘齋，1752-1800）時期朝鮮王朝的文化得到繁榮發展，即位之後馬上在昌德宮後苑修建「宙合樓・奎章閣」，廣招人才，並經常與大臣在後苑芙蓉池附近閑游、賦詩、商議國是，斯情斯景，筆者曾數度親訪，彷彿一一浮現眼前，令人心曠神怡。昌德宮與後苑充分而完美融入於自然環境之中，又因擁有王宮建築與傳統園林的原形，成為值得驕傲的文化遺產，已被列入聯合國教科文組織「世界遺產名錄」。

　　昌德宮「昌德」一名，含有「昌隆政教道德」之意，與儒學仁民愛物思想鰲然相通；至於其正門名為「敦化」，則取義於《中庸》第三十章：「小德川流，大德敦化。」寄託「敦風化俗」之意。

（三）昌慶宮與弘化門

　　昌慶宮是繼景福宮、昌德宮之後修建的第三座王宮。昌慶宮西鄰昌德宮，與昌德宮合稱「東闕」；向南，隔著低矮山丘，與供奉歷代大王、王妃神位的宗廟相連，形成一個深具朝鮮王朝特色的傳統文化遺

產大景區。

　　在朝鮮初期，景福宮用作法宮，昌德宮則為輔助作用。後來，因昌德宮居住空間日漸不足；於是，第九代成宗在昌德宮附近太宗傳位予世宗後居住的「康壽宮」基礎上，增加部分建築後形成為「昌慶宮」，此座王宮提供長輩——第七代世祖妃貞熹王后（成宗祖母）、第八代睿宗妃安順王后（成宗叔母）與德宗[9]妃昭惠王后（成宗母親）三位大妃居住，使其生活更加舒適，並表達孝敬之道。[10]王妃寢殿「通明殿」是內殿的核心，規模很大，四週風景十分優美。張禧嬪（景宗母）曾在通明殿附近暗埋凶物詛咒肅宗妃仁顯王后，後來被賜毒酒，此殿因這個內宮故事而遠近聞名。

　　昌慶宮內殿區大於外殿區，此是因為大王為擴大生活空間而修建的別宮，並非為大王處理政務而建，因此與景福宮或昌德宮相比，無論是規模還是布局，都有很大區別，這也是昌慶宮的另一個特色。儘管如此，昌慶宮的正殿、便殿等政治性建築也十分完備，絲毫不遜色於法定正式王宮。

　　大王的婚禮是國家重要活動之一，昌慶宮正殿「明政殿」曾舉行過英祖嘉禮式，六十六歲的英祖在此殿迎娶十五歲的貞純王后，此次嘉禮式詳細記錄於《英祖貞純王后嘉禮都監儀軌》之中，尚可考見朝鮮王朝嘉禮的具體儀軌。此外，據載英祖曾經在弘化門前，親自向百姓詢問是否贊成《均役法》。

　　昌慶宮是朝鮮時期王宮中唯一一座坐西朝東的王宮，正門弘化門與正殿「明政殿」都朝東，這是順應南、西、北三面為丘陵，東面為平原地勢而修建的結果；雖然如此，但是昌慶宮大部分殿閣與闕內各

9　德宗並非登基之王，他是世祖長子懿敬世子，因二十歲時夭折，被追奉為德宗。

10　正祖也為其母親惠慶宮洪氏修建「慈慶殿」，座落在山丘之上，視野與空氣都甚佳善。今仍有〈弘化門賜米圖〉畫作，生動活現地描繪出惠慶宮洪氏花甲慶祝活動場景，圖中正祖親自在弘化門向百姓分發大米，共享喜悅。

司官署，仍然座北朝南。昌慶宮環境氣氛比其他王宮悠閒自由、幽靜雅致許多，高丘步道、成宗胎室，以及清湖、明園，都令人流連忘返，留下美好的印象。

　　昌慶宮最初是為尊敬孝養王室長輩而建，後來逐漸發展為一般王室成員居住的內殿區。歷史上很多關於大王的赤誠孝心、愛情，大王與世子之間的愛憎恩怨，王妃與一般後宮之間的矛盾等內容故事，以及民間廣為流傳的張禧嬪與仁顯王后、英祖與思悼世子的王室故事，大都發生在這裡，昌慶宮內殿因充滿著朝鮮王族的生老病死、喜怒哀樂、愛恨情仇，置身其間，可以傾聽並遙想王室遺留下來，許多悲喜交加的歷史故事，以及淒美動人的藝術篇章。

（四）慶熙宮與興化門

　　慶熙宮是朝鮮後期的離宮，第十五代大王光海君九年（1617）動工興建，於十五年（1623）竣工，因位於首爾西部，因此又稱為「西闕」，是一座樸素而美麗的王宮。在「東闕——昌德宮」用作法宮的時期，慶熙宮一直作為輔助王宮使用。而其鼎盛時期，僅擁有正式名稱的殿閣就有一百二十餘座，包括正殿崇政殿、便殿資政殿、寢殿隆福殿、會祥殿，正門興化門等，慶熙宮不愧是一座名副其實的宏偉王宮。可惜，目前的慶熙宮面積已經大大地縮小了，不復舊觀。

　　慶熙宮初名「慶德宮」，因與元宗號「敬德」讀音相似，故第二十一代王英祖三十六年（1760）改稱為「慶熙宮」。仁祖以後，以至第二十五代大王哲宗時期為止，共有十代國王居住於此，特別是英祖，在位期間將近一半時間在此宮度過，故此宮泰寧殿中供奉著「英祖御真」（肖像畫），曾經造訪親睹，感慨萬千。

（五）德壽宮與仁化門

　　縱觀朝鮮王朝時期，德壽宮共有兩次成為法宮，第一次是在壬辰

倭亂之中，避難歸來的宣祖沒有合適的王室居住，只好把王族月山大君的私宅作為臨時王宮——貞陵洞行宮。後來，光海君（1608-1623，李琿，1575-1641）遷往昌德宮居住，此一行宮遂改稱為「慶運宮」。第二次用作王宮是朝鮮末期，高宗離開臨時避身處——俄國公使館後，遷往「慶運宮」居住。

朝鮮末期，政局混亂。主要原因是開化後，如洪水般闖入朝鮮的西歐列強，圍繞在朝鮮的權益，展開激烈的角逐。高宗從俄國公使館返回後，把國號由朝鮮改為「大韓帝國」，新建圜丘壇，祭天後即皇帝位。此後，高宗對慶運宮裡的所有建築進行了重建，使之符合大韓帝國的地位。德壽宮在高宗時期，曾經橫跨今天的貞洞、市廳門前廣場一帶，規模大約是今天的三倍。然而，高宗的決心與努力，終被日本帝國主義所挫折中斷。高宗迫於高壓，最終退位。從那時起，慶運宮改稱「德壽宮」。高宗退位後，直到去世，一直生活在德壽宮；繼承皇位的純宗則遷到昌德宮居住，尊高宗為「德壽」，寓含為其父祈求長壽之意。

開化後，隨著西歐列強外交官、傳教士在貞洞一帶聚居，德壽宮與貞洞開始快速接受近代文明與新事物。今天，德壽宮以及附近的貞洞仍然保留有開化後，進入朝鮮的外國傳教士修建的教會、學校、外國公館的遺蹟。德壽宮引進西式建築，傳統與現代相遇，這一點不同於其他王宮，其原因即彰顯在此。

德壽宮正殿「中和殿」與其他法宮各以「政」字命名迥然不同，取義於《中庸》第一章：「喜怒哀樂之未發，謂之中；發而皆中節，謂之和。中也者，天下之大本也；和也者，天下之達道也。致中和，天地位焉，萬物育焉。」

德壽宮內殿主要建築為「咸寧殿」，作為高宗的便殿與寢殿，也是高宗去世的地方。「咸寧」二字，語出《周易·乾·彖傳》：「首出庶物，萬國咸寧。」其正門「光明門」，一九三八年日本人將此門移

至石造殿對面樹林裡，門內擺設奉太祖之命制造的興天寺鐘、自擊漏與神機箭機車等文化遺產。與其他王宮不同的是，德壽宮裡沒有王妃寢殿，這是因為明成皇后（閔茲暎，1851-1895）遇害後，高宗再也沒有迎娶王妃。雖然德壽宮沒有王妃寢殿，卻建有用來供奉明成皇后神位與位牌的「景孝殿」，該殿一九〇四年毀於大火，在其原址新建了一座「德弘殿」，修建目的在於接見外國使臣，其外觀雖是韓國傳統住宅，內部裝潢卻是西式風格；而連接德弘殿與靜觀軒的花牆，以及牆上的拱券門──惟賢門，卻是十分典雅華麗，與這兩座建築的接待賓客性質十分符合。

　　從一九〇〇年到一九一〇年建立的西洋式石造建築──石造殿，作為高宗皇帝的寢殿兼便殿。在德壽宮興建西洋式建築是大韓帝國近代化政策的一環，第一層是侍從起居室與附屬設施，第二層是用於待客的會客室，第三層是皇帝的起居室；而一九三八年竣工的石造殿別館，已專用作美術館，經常舉辦各項專題展覽。

　　靜觀軒是高宗請俄國建築師修建的一座融入傳統風格的西式新建築，位於咸寧殿後，充作後苑涼亭，主要用於舉行宴會與休息。「靜觀」含有「靜觀天下之處」之意，[11]由此可以揣摩高宗當時的情景。高宗喜歡在此軒與各國外交官舉行宴會、喝咖啡，高宗在俄國公使館第一次品嘗咖啡，從此成為咖啡愛好者，常往靜觀軒喝咖啡；現今韓國各大學校附近咖啡店林立，不知是否亦與此相關？靜觀軒位於德壽宮東側，而石造殿則座落於西側，是一座純西式建築，從昔御堂至石造殿有一條幽靜的散步小徑，行走其間，可以令人陶然忘憂。

　　德壽宮銘記著曲折艱辛的朝鮮王朝近代歷史，如今宮牆外貞洞路

11　宋儒程顥（伯淳，明道，1032-1085）〈秋日偶成〉詩云：「閒來無事不從容，睡覺東窗日已紅。萬物靜觀皆自得，四時佳興與人同。道通天地有形外，思入風雲變態中。富貴不淫貧賤樂，男兒到此是豪雄。」「靜觀」當出於此詩中，「萬物靜觀皆自得，四時佳興與人同」語。

一帶，將德壽宮、周圍美景、近現代建築史蹟、現代文化藝術場所等，自然與人文完美結合融匯一體，已成為首爾最受青睞、公認最為優美愜意的散步談情之路。

（六）雲峴宮與四堂

雲峴宮是朝鮮第二十六代國王高宗在登基前生活過的潛邸，也是其父興宣大院君李昰應的府邸，興宣君代替幼子高宗以此宮為舞臺，執政統治了國家十年。雲峴宮因有「書雲觀」的坡道而得名，在此可以體驗朝鮮末期的王室文化。

高宗元年（1864）修建了老安堂與老樂堂，高宗六年（1869）又修建了二老堂與永老堂（今已不存），為了便於來往昌德宮，開設了高宗專用的「敬覲門」與興宣大院君專用的「恭覲門」，但今已不復存在。一九一二年修建洋館，用作接待客人。

老安堂是興宣大院君議論國政之處，老樂堂與二老堂分別作為裡間與廂房使用，匾額多為朝鮮著名書法家金正喜（秋史，阮堂，1786-1856）[12]以隸書所題寫。其中，「老安堂」的牌匾，語出《論語・公冶長》：「老者安之，朋友信之，少者懷之。」意味著讓老人安心的治國理念在此落實，也說明了大院君因其子成為國王，自己可以安度晚年，而感到心滿意足的情緒與慰藉。

王宮既是見證歷史上，產生或大或小具有影響性事件的歷史性場

---

12 金正喜與石峯韓濩（1544-1605），為朝鮮王朝兩大書法名家。有關金正喜傳略，趙太順：《翁方綱研究》（臺北市：中國文化大學藝術研究所碩士論文，1998年6月），頁59-60，云：「金正喜，字元春，號阮堂、秋史、秋齋、覃䂮齋，韓國忠清道禮山人。生於乾隆五十一年（1786），卒於咸豐六年（1856）。少年時受教於朝鮮學者貞蒙生、朴齊家學習『清朝學』，其後隨父入清，後以通曉《易》學、天文、地理、史學、經學、金石、音韻、佛學等，贏得清朝學界讚賞，並獲拜師事翁方綱和阮元的機遇。……金正喜二十四歲時拜訪翁方綱（時年七十八），翁方綱稱金正喜為『海東英物』，又說他『經術文章，海東第一』，訂為忘年交。」

域，也是見證大王以及王室成員，日常生活與喜怒哀樂的生活場所。
從王宮傳下來的歷史、人物、建築與自然等諸多內容中，涵蘊著朝鮮
祖先們在悠久歷史與閒澹生活中，領悟出的智慧。因此，首爾的王
宮，不論何時都會令人領略到大自然的美麗與悠久歷史傳統的馨香。
首爾的王宮最能彰顯已經生活了數百年的朝鮮王朝先人，並且仍將傳
統維繫傳承，而轉化為璀璨奪目的民族驕傲與繁榮發展的動力。

表二　朝鮮王朝五大法宮（附雲峴宮）簡表

宮殿名稱	興建簡史	正殿與大門名稱	其他主要建築
景福宮（取義於《詩經・大雅・既醉》：「既醉以酒，既飽以德。君子萬年，介爾景福。」）	太祖四年（1395）九月議建，五年（1396）元月，修建工程開始，同年九月初步竣工，命名為「宮城」。周圍1813步，有四門，正南為光化門，門外東西設兩府、六曹與臺院（今世宗大路）。	勤政殿、光化門（取義於「光照寰宇，教化四方」之意。）	興禮門、[13]思政殿、慶會樓、康寧殿、交泰殿、慈慶殿、香遠亭（韓國最美的樓閣）。
昌德宮。[14]	1405年建成，壬辰（1592）倭亂時全部被毀；1609年重建後，三百年來一直是朝鮮王朝的正	仁政殿、敦化門（取義於《中庸》第三十章：「小德川流，大德敦化。」）	玉泉橋、宣政殿、熙政堂、大造殿、誠正閣、闕內各司、璿源殿、樂善齋、上涼亭、後苑

---

13 「興禮門」原名「弘禮門」，大院君重建時，為避清高宗弘曆名諱而改名。一九一
　一年為修建朝鮮總督府大樓而被拆毀，今已重建修復完成，進入此門後，即為景福
　宮正殿「勤政殿」。

14 昌德宮與昌慶宮，合稱「東闕」。

宮殿名稱	興建簡史	正殿與大門名稱	其他主要建築
	宮，是朝鮮古宮中維護最完善的建築群，保持著王朝昔日的建築格調，1997 年與御花園「後苑」同載入世界文化遺產。		（宙合樓──奎章閣）。[15]
昌慶宮（前「壽康宮」）。	朝鮮王朝第四代世宗大王為其父親太宗所建；後來第九代國王成宗在地擴建。大部分建築毀於壬辰倭亂，部分後來得以修復重建。	明政殿、[16]弘化門。	玉川橋、[17]文政殿、[18]崇文堂、[19]賓陽門、涵仁亭、歡慶殿、通明殿、景春殿、[20]集福軒。[21]

15 昌德宮與後苑同列為世界文化遺產，後苑主要有芙蓉池、宙合樓、愛蓮池、演慶堂、尊德亭與觀覽池、玉流川、新璿源殿等。

16 壬辰倭亂結束後，光海君重建昌慶宮。今天的「明政殿」就是當年重建時的原建築，儘管殿頂為單層，規模也較小，但此殿是所有王宮正殿中歷史最為悠久者。

17 所有王宮都有河水流過，稱為「禁川」。在建有法殿的王宮裡，河水區分內部與外部，河道是人工挖成，目的在於使王宮與背後的青山合為一體，成為可以招來吉祥好運的風水寶地。昌慶宮的禁川稱為「玉川」，其上為玉川橋，此橋兩孔拱券之間刻有鬼面，目的是阻擋厄運入宮，這是唯一一座被指定為「寶物」的王宮禁川橋。春天之時，玉川橋附近櫻花、桃花、李花與杏花等，爭芳鬥豔，景色十分旖旎迷人。

18 文政殿位於明政殿旁邊，昌慶宮外殿整體上朝東，唯有文政殿朝南，此殿是大王處理日常政務的主要場所。

19 崇文堂是大王讀書與討論國是（事）等活動的場所。

20 景春殿是正祖與憲宗出生的地方，也是正祖母親惠慶宮去世的地方。

21 正祖與朴綏嬪生純祖，正祖在純祖誕生地集福軒舉辦周歲宴；其後，純祖行冠禮與冊禮都在此軒，純祖與集福軒可謂極其有緣。

宮殿名稱	興建簡史	正殿與大門名稱	其他主要建築
慶熙宮（前「慶德宮」，[22]英祖三十六年，1760年改名）。	朝鮮後期離宮，第十五代光海君九年（1617）動工，光海君十五年（1623）竣工。	崇政殿、興化門。	錦川橋、崇政門、崇政殿、資政殿、泰寧殿、瑞巖。
德壽宮（前「慶運宮」）。	自宣祖時代起被用作別宮，是光海君、仁祖、高宗等君主大王的別宮。	中和殿（取義於《中庸》第一章：「致中和，天地位焉，萬物育焉。」）仁化門[23]（今「大漢門」，前為「大安門」）。	錦川橋、中和門、中和殿、即祚堂、昔御堂、[24]德弘殿、咸寧殿（「咸寧殿」取義於《周易·乾·彖傳》：「首出庶物，萬國咸寧。」）靜觀軒、浚明堂、石造殿（朝鮮王朝唯一擁有近代殿

---

22 「慶熙宮」最初的名稱是「慶德宮」，但與元宗諡號「敬德」讀音相似，故第二十一代國王英祖三十六年（1760）改稱為「慶熙宮」，因在城西，又被稱為「西闕」。仁祖以後，到第二十五代哲宗時期為止，有十代國王居住於此；特別是英祖，在位期間將近一半時間在此宮度過，因此重修後將英祖的御真（寫真像）供奉在此宮內「泰寧殿」。當時此宮內有大約一百餘棟建築，一九一○年日本強占大韓帝國之後，於宮內建立日本人學校──「京城中學校」，大部分宮內建築被拆除，面積也縮小近一半。

23 德壽宮原正門「仁化門」位於正殿正門「中和門」前方南側。一八九七年（高宗光武元年），大韓帝國宣布成立後，由於修築圜丘壇建築後，東部逐漸成為城市中心，因此把德壽宮的東門「大漢門」（原名「大安門」）改成正門至今，每天上午十一時、午後二時與三時半，各表演一次朝鮮王宮守衛交接儀式，十分壯觀典雅，值得一看；表演結束後，並開放民眾拍照留念。

24 中和殿建成後，即祚堂與昔御堂用作便殿，這兩個堂是德壽宮最有歷史淵源之處。宣祖臨時住在此宮時，就使用此二座建築，也是德壽宮中唯二不上丹青的樸雅建築。只可惜一九○四年，原建築因火災被燒毀，如今所見者為重建修復的建築，堂中都懸掛有高宗親筆書寫的匾額。

宮殿名稱	興建簡史	正殿與大門名稱	其他主要建築
			閣、西洋庭院與噴泉的宮殿）。
雲峴宮。	朝鮮第26代高宗皇帝的父親興宣大院君（1821-1898）之府，也是高宗出生及生長到十二歲之處。高宗登基後，執政的興宣大院君，即以此宮為行政機構所在，與王宮直接往來。[25]	無。	老安堂、老樂堂、二老堂、永老堂（「老安堂」取義於《論語・公冶長》:「老者安之，朋友信之，少者懷之。」）

三　四大城門、鐘閣及其經學義理析微

（一）四大城門與鐘閣總說

　　韓國國旗以「陰陽太極」與「伏羲先天四正卦——〈乾〉〈坤〉〈離〉〈坎〉」為主要構作，雖有推原究本的天地自然之《易》的義理蘊涵，而其實始自宋儒邵雍（康節，1012-1077）的先天圖說創設，可謂「返本開新」，饒富《周易》「絜靜精微之教」。而除了韓國國旗本於邵雍先天之學外；朝鮮王朝開國之君李成桂（1335-1408）太祖（在位1392-1398）定都漢陽（即後來之漢城，今改名「首爾」）之後，除積極營造「景福宮」等宮闕之外，又本於《周易・乾・文言傳》「元亨利貞」為「仁禮義智」四德之說，創建「後天四正」東南

---

25 高宗皇帝與明成皇后嘉禮時，以雲峴宮作為迎娶之「別宮」，今每年的四月與十月的第三個週六，再現世紀婚禮。朝鮮王朝國王大婚包括：納采、納徵、告期、冊妃、迎親、同牢宴、朝見禮等。

西北方位城門，今尚存有「東大門——興仁之門」、「東小門——光熙門」、「南大門——崇禮門」，而「北大門」早已不存，應四德之「貞」，其名為「弘智門」；[26]「西大門」原存，應四德之「利」，其名為「敦義門」，後拆除興建馬路，今僅存路邊解說牌示，十分可惜。此外，為了配合漢代「五常——仁義禮智信」之中的「信」，又在城內修建了「普信閣」，五位、五行與五德皆相符應。

（二）東大門——興仁之門

四大城門目前僅存東大門「興仁之門」與南大門「崇禮門」。東大門取名「興仁之門」，而城門匾額上特別寫上「之」字，據說是因為東大門所在的東城地勢較低，因此出於風水考量，並為補益東大門前方平坦地勢的氣運，而加上一個「之」字，以增加其地力。

東大門最早於朝鮮太祖七年（1398）修建都城時築成，端宗元年（1453）重修；現存建築為高宗六年（1869）修建，指定編號為「寶物第一號」。城門樓中間的拱形門又叫「霓虹門」，為花崗岩材質的宏偉門樓。門樓外建有南大門所沒有的半圓形甕城，體現了朝鮮時代後期城門建築的完美特色。

「興仁之門」與「崇禮門」是首爾最大的城門。興仁之門的門樓較好地體現了十九世紀，結構銜接簡單而裝飾豐富的建築特點。另外，興仁之門的前面建有防禦敵人攻城的半圓形甕城，這在首爾城門當中是獨一無二的建構。

---

26 今修存北門「肅靖門」據稱代表智慧，即明辨是非。肅宗時期，為了連接首爾都城與北漢山城所建立的蕩春臺城上，有一座被稱為「弘智門」的城門，因位居漢城（朝鮮時代首爾的名稱）北側，所以也被稱為「漢北門」，其得名「弘智門」，與北大門代表智慧，其理同出一源。

（三）南大門——崇禮門

南大門「崇禮門」的匾額為豎寫，則是為了抵擋來自南方冠岳（嶽）山的火氣，朝鮮太祖七年（1398）建成，為現存最典型的朝鮮王朝建築之一，指定編號為「國寶第一號」。一九〇八年，原與城門銜接的城垣被拆除，只留下石造的「崇禮門」。城門呈拱形，上建有兩層木造樓閣。

遺憾的是「南大門」於二〇〇八年二月為市民挾怨縱火，燒毀部分建築，復原工程已於二〇一二年完工，不過因施工與材料問題，又出現維護與保存問題，亟待解決。

（四）鐘閣——普信閣

「普信閣」由高宗所賜題，原名「鐘閣」，太祖四年（1395）九月建成，曾經四次被焚毀重建；現在的普信閣是一九七九年由首爾市重建，東西有五間，南北有四角，是一座兩層的閣樓。普信閣大鐘鑄於世宗十四年（1468），為韓國「寶物第二號」，主要用來報時，如今保存於國立中央博物館中，二〇一二年十二月三十一日夜，曾在此參加歲末活動。目前閣中大鐘是一九八五年由大眾出資所共建。

朝鮮時代普信閣的鐘聲，乃作為開關四大門與四小門的信號，在每天的凌晨四點敲三十三下，晚間十點敲二十八下，為城裡人報時，並按照鐘聲開關城門。現在每天中午有擊鐘兵巡查普信閣周圍的儀軌，也有身穿古裝守備普信閣的儀式，並開放參觀民眾上樓體驗鐘聲的磅礴震盪氣勢，深富薪傳傳統教育的意義與作用。

表三　朝鮮王朝四大門與鐘閣表解

俗名	雅號	四時	五行	五常	《易》卦
東大門	興仁之門	春	木	仁	元（〈震〉）
南大門	崇禮門	夏	火	禮	亨（〈離〉）
西大門	敦義門	秋	金	義	利（〈兌〉）
北大門	弘智門	冬	水	智	貞（〈坎〉）
鐘閣	普信閣	仲夏	土	信	〈坤〉〈艮〉

四　三大廟及其經學義理探析

（一）神聖莊嚴的「宗廟」

「宗廟」是神聖莊嚴的王室祠堂，宗廟雖然不是王宮，卻是朝鮮王朝的精神支柱，受重視程度不亞於王宮。宗廟與王宮是象徵國家的代表場域，因其規模最大，採用了當時最先進的技術修建而成；因此，「昌德宮」（包含「後苑」）與「宗廟」已經列入舉世矚目的聯合國教科文組織「世界文化遺產名錄」。

「宗廟」是朝鮮時期國家的祠堂，供奉歷代大王與王妃的神位，並定期舉行盛大祭祀。宗廟祭禮是當時最重要的國家大典，必須按照嚴格的規矩進行，由大王親自主祭，並配有「宗廟祭禮樂」，為典禮增添更為莊嚴肅穆的氣氛。

宗廟被低矮的青山與茂林環繞，由供奉歷代大王與王妃神位的正殿、永寧殿，以及準備祭禮所需的幾座附屬殿閣所組成。所有殿閣僅使用最小限度的色彩，沒有華麗的彩畫，盡量減少裝飾與技巧運用，這是基於宗廟是作為供奉祖先神靈的肅靜虔誠的場所。每年五月第一個週日，宗廟都會舉行大祭，二〇一二年五月六日週日午前至傍晚，舉

辦御駕遊行與宗廟大祭時，筆者適在首爾韓國外國語大學校客座講學，特別前往全程觀禮，感受十分震撼，印象極為深刻。雖然，朝鮮王朝已經消亡，但用來祭奠王室祖先的建築、祭祀與祭樂，至今仍保留完好。韓國大概是目前世界上唯一為前朝鮮時代大王、王妃舉行祭禮，並將這種傳統延續六百餘年之久的國家，真是令人敬佩欽慕。

供奉朝鮮王朝歷代國王與王妃牌位的儒教祠堂，正殿正面極長，共分十九格，被認為是當時世界上規模最大的單一木結構建築。宗廟的氣氛莊嚴而精緻，被稱為「東方的巴特農神殿」，於一九九五年被列入聯合國教科文組織世界文化遺產。每年五月第一個週日，舉行祭祀儀式，從一四六四年起至今，一直保存著原有的儀式。祭祀儀式中，所使用的音樂被稱為「宗廟祭禮樂」，典雅、安和而隆重。

宗廟已被聯合國教科文組織列入「世界遺產名錄」，宗廟大祭與祭禮樂也入選為聯合國教科文組織評出之「世界非物質文化遺產代表作品名錄」，祭禮程序大致有：齋戒、就位、進請盛典、晨祼禮、薦俎禮、初獻禮、亞獻禮、終獻禮、飲福受胙禮、撤籩豆、送神禮與望瘞禮，按部就班，循序漸進，十分肅穆壯美。筆者已購買宗廟大祭DVD與《宗廟‧宗廟祭禮》精裝專書一冊，可供觀賞翫味。

（二）大成明倫的「文廟」

「文廟‧釋奠大祭」，是為了祭奠孔子（丘，仲尼，公元前551-前479年）以博愛、仁愛與完美的人格，追求理想政治的精神世界而舉行的祭禮。「釋奠大祭」在供奉著孔子牌位的成均館大學校「文廟」聖殿，於每年五月中旬、九月二十八日各分春秋兩季各舉行一次。二○一一年九月二十八日秋祭與二○一二年五月十一日春祭，筆者適客座講學於首爾韓國外國語大學校，都特別親往觀禮，體會到儒家思想與祭孔典禮的興仁敦化氣氛，感受極為深刻。

祭禮程序大致有：奠幣禮、初獻禮、亞獻禮、終獻禮、分獻禮、

飲福受胙禮、撤籩豆、望瘞禮與一般焚香。文廟奉享有五聖（至聖孔夫子，復聖顏子、宗聖曾子、述聖子思子、亞聖孟子）、孔門十哲（閔損、冉耕、冉雍、宰予、端木賜、冉求、仲由、言偃、卜商、顓孫師）、宋朝六賢（周惇〔敦〕頤、程顥、程頤、邵雍、張載、朱熹）、韓國十八賢（薛聰、崔致遠、安裕、鄭夢周、金宏弼、鄭汝昌、趙光祖、李彥迪、李滉、金麟厚、李珥、成渾、金長生、趙憲、金集、宋時烈、宋浚吉、朴世采）。祭禮樂章則有：凝安之樂、明安之樂、成安之樂；成安之樂、娛安之樂、凝安之樂。彬彬蔚蔚，漪歟盛哉！

　　文廟設有「尊經閣」，「尊經閣」一名由朝鮮第九代大王成宗所賜，座落於成均館明倫堂之後。此閣之作用，據徐居正（剛中，四佳亭，1420-1488）〈尊經閣記〉謂為「恭謹保管經書之樓閣」。成宗為協助成均館儒生研究學問，於成宗六年乙未（1475）三月設立此閣，作為朝鮮時代最高教育機構成均館之圖書館，此閣後歷經多次火災與兵燹，又在近代化過程中，屢次經歷圖書遺失、轉移等諸多磨難，閣中原藏一部分歸藏成均館，多半已難知下落去向；今成均館大學校六百週年紀念大樓四樓專設線裝古籍典藏書室──「尊經閣」，為二〇〇〇年三月創立之「東亞學術院」下屬機構，致力於古書之收集、受贈、搜購等，成為近代東亞學專業圖書館，現有線裝本古書七萬六千餘冊、韓文與外文圖書六萬餘冊，並擁有四十七萬餘片古書原文、書志數據庫一萬三千餘種、與東亞學相關之學術雜誌七百六十餘種、微縮膠捲一萬七千餘捲、光盤幾百餘張，其中善本有《陶隱先生文集》、《應制詩注》、《胎教新記》、《完營日記》等，價值連城。該閣「韓國經學資料系統」（http://koco.skku.edu）乃針對成均館大學校「大東文化研究院」自一九八八年開始編輯全套之《韓國經學資料集成》[27]與

---

27 成均館大學校大東文化研究院收集出版之《韓國經學資料集成》，包括：《大學》、《中庸》、《論語》、《孟子》、《書經》、《詩經》、《易經》、《禮記》、《春秋》等共一百四十五冊，今已絕版。筆者因研究需要，於韓國外大圖書總館影印裝訂三十七冊

續集，進行數碼、數位化處理後之專門知識信息資料庫，大有裨益於韓國儒學研究。

（三）義薄雲天的「東廟」

「東廟」是奉祀三國時代蜀漢名將關羽（雲長，？-220）的祠堂，原稱「東關王廟」。東廟在韓國建造的原因乃是壬辰倭亂之際，一般認為能成功擊退倭寇，全歸功關羽神靈的保祐。因此，明朝神宗派遣大臣送來建築祠堂的費用與御筆匾額。朝鮮王朝遂於宣祖三十二年（1599）開工，歷經二年後竣工。主殿內有關羽的木造像，侍從關平與副將周倉等的雕像，已經保存了四百多年實在罕見。

東廟只有大殿一座，平時都不開啟，廟門外平日都是熙熙攘攘的二手市場，與廟內沉靜肅穆的氣氛迥然不同。筆者錄有相關朝鮮時期「關聖帝君祠廟」的碑文二篇，可以略知其歷史沿革與創設意義，關聖帝廟為大家熟知，茲不贅述。

表四　朝鮮王朝三廟表解

廟名	奉祀	殿名	備註
宗廟	歷代大王、王妃。	正殿、永寧殿。	典祀廳、御肅室、香大廳、功臣堂、樂工廳。
文廟	孔子、歷代聖哲與中韓理學名儒。	大成殿、明倫堂。	尊經閣、六一閣。
東廟	關聖帝君關羽。		顯靈昭德義烈武安聖帝廟。

《易經》，花費一百餘萬韓圜（元）；並親至成均館大學校出版中心洽購尚存之《詩經》、《禮記》、《春秋》三套全帙，喜獲八折優待，連運費寄回臺灣師大，計耗資一百二十六餘萬韓圜，今歸藏於本系研究所圖書室。臺灣地區僅有中研院、臺灣大學與成功大學圖書館典藏有該套集成，有興趣研究韓國經學者可賫檢閱利用。

五　結論：大德敦化致中和

（一）朝鮮王朝重視節儉，更崇尚禮儀道德，並以嚴謹的儒家倫理整治國家秩序，如世宗大王（1418-1450，李祹，元正，1397-1450）即曾手書：「忠孝傳家，世守仁敬。」[28]這種根本精神在王宮建築裡也有所體現。樸素而威嚴，收斂沉靜之美，都是在五大法宮、雲峴宮，四大城門、鐘閣（普信閣）與三廟之中，可以深刻感受到的傳統美德。

（二）王宮、城閣與祭廟建築，都歷經數不清的歷史事件，或被拆毀、或被重建，命運多變而乖舛。這些朝鮮王朝的歷史建築命運，其實與人毫無二致，同樣有誕生、成長與死亡。如果，人們能把這些歷史建築作為存留有王族生活印記的特殊場所留在心底，並嘗試想像與感受在這些歷史建築裡歡笑與哭泣過的人們的心緒，將會發現這些歷史建築，不但是曾經出現在無盡歷史長河中的過去空間，而且是在今天生活裡仍然具有深遠意義的現代空間。

（三）大韓民國「太極」國旗既根本於邵雍「伏羲先天八卦圖位」之說，京城四大城門實亦承傳邵雍「文王後天八卦圖位」之說，而皆淵源於《周易・乾・文言傳》、〈繫辭傳〉與〈說卦傳〉，《中庸》第三十章所謂「大德敦化」，[29]此「化」字於朝鮮王朝四大法宮正門表

28　筆者於二〇一一年十二月二十一日週三冬雪午後，與北京師大客座韓國外大之周一民教授，相約散步位於首爾城北區的「世宗大王紀念館」，喜見壬子（1972）仲秋，韓山李寬求摹寫世宗遺訓，其題記曰：「此八字出於全義李孝靖公慶壽詩集卷首，世宗大王寶墨無處奉覽，而何幸於此獲驗，搨摹片羽，使之影取以寫，攀慕之資云爾。」二〇一二年四月十三日週五午後，適春櫻綻放如雪海佳節，筆者獨自前往德壽宮、貞洞賞櫻之際，於宮牆外見無右臂藝師曹圭賢先生鏤刻有世宗遺訓木匾展售，遂以韓圓二十萬購此匾，攜回臺灣，懸掛於勤810研究室，以資紀念。

29　「大德敦化」之義，詳參《中庸》第三十章：「仲尼祖述堯舜，憲章文武；上律天時，下襲水土。辟如天地之無不持載，無不覆幬；辟如四時之錯行，如日月之代明。萬物並育而不相害，道並行而不相悖，小德川流，大德敦化，此天地之所以為大也。」

現得尤其淋漓盡致——景福宮「光化門」、昌德宮「敦化門」、昌慶宮「弘化門」、慶熙宮「興化門」，而朝鮮末代法宮「德壽宮」（原慶運宮）其正門「大漢門」、正殿「中和殿」，[30]亦深得中華文化之肯綮蘊致，值得東亞儒學圈人民善加體會、仔細翫味，為未來友好交流親善，再創新猷。

---

30 「中和」一詞，典出《中庸》第一章：「喜怒哀樂之未發謂之中，發而皆中節謂之和。中也者，天下之大本也；和也者，天下之達道也。致中和，天地位焉，萬物育焉。」

貳
朝鮮王朝《易》學綜論

　　筆者自二〇〇七至二〇〇九年籌備創設臺灣師範大學國際漢學研究所，因緣接觸日、韓漢學者，遂開始關注兩國學者對於《易》學研究的文獻與成果，積蓄了基本的材料。自二〇一一年九月至二〇一二年八月，客座講學於首爾「韓國外國語大學校中國學部」，得與韓國漢學者認識交流，並參觀成均館大學校「尊經閣」、首爾國立大學校「奎章閣」與安東「韓國國學振興院」等重要典藏機構。此外，透過學習韓國語文與閱讀相關書籍，逐漸瞭解韓國歷史文化與宋明理學思想的發展脈絡。因此，本文以成均館大學校「大東文化研究院」於一九九六年複印原典出版之《韓國經學資料集成》第七、八輯《易經》，總三十七大冊為研究文本，此套集成搜羅現存朝鮮王朝（1392-1897，大韓帝國，1897-1910）儒者對於《周易》研究的傳世成果，筆者欲藉以奠定深入探討的基礎，復與京畿道翰林大學校泰東研究所嚴連錫教授商論後，將此三十七冊《易》學論述，依其性質概分為三類，以利檢索：一、朱子《易》學類；二、義理《易》學類；三、象數《易》學類。要之，本文主要探討朝鮮王朝《易》學的淵源流傳，並進行整體的文獻分類，也詳細介紹現今中、韓《易》學學術交流情形，既能使學界瞭解韓國歷代《易》學研究發展的史略，同時也指引學者未來研究的途徑，具有相當的學術意義與貢獻。[1]

1　香港中文大學日本研究學系主任吳偉明教授：《東亞易學史論——《周易》在日韓越琉的傳播與影響》（臺北市：臺灣大學出版中心，2017年9月26日），本書從學術史與文獻分析兩大角度，探討《易》學在日本、韓國、越南以及琉球的傳播與影響，並就其中重要《易》學著作從事專題性的文獻分析，進而提出「《易》學文化

一　前言：海東儒雅亦中華

　　筆者自二〇〇七年三月起，應聘擔任臺灣師範大學「國際漢學研究所」籌備處主任時，即密切注意海外漢學的研究情況與發展態勢；而自二〇〇七年八月一日起，「國際漢學研究所」正式創立，續應聘為首任所長，創業維艱，倍覺壓力沉重，透過積極擘畫教學與研究發展基礎下，奠定了師生良好的提升進步條件，經過多年耕耘漸入佳境。而自二〇一一年八月起，與「東亞文化暨發展學系」合一，整併為「國際與社會科學學院東亞學系」。因此機緣，筆者在國際交流的學術風潮與研究需求上，遂與韓國漢學者時有來往，埋下研究韓國《易》學的種子，此是本文撰述的背景之一。

　　此外，自二〇一一年九月一日起至二〇一二年八月三十一日止，筆者應聘為韓國外國語大學校中國學部客座教授一年，因地緣之便，更加密切接觸韓國儒學、中國學與《易》學者，如韓國外國語大學校金賢珠教授、朴載雨教授、朴興洙教授、姜真碩教授，高麗大學校崔溶澈教授、金彥鍾教授，成均館大學校李浚植教授、李昤昊教授，中央大學校梁承武教授、李康範教授，淑明女子大學校朴成勳教授、車美京教授、李昭東教授、申旻也教授，韓神大學校曹又松教授、張貞海教授，翰林大學校泰東研究所嚴連錫教授，公州大學校金演宰教授、[2]文鐘鳴教授、周郁華教授，嶺南大學校鄭炳碩教授，啟明大學

圈」的構想，開拓性的研究對瞭解《易》學、域外儒學史與東亞文化交流，都能產生極大的啟發與作用。其中，「四、韓國《易》學比較論」，第六章〈李氏朝鮮後期的易學思想〉，集中討論朝鮮朱子學與《易》學、實學與《易》學；第七章〈丁茶山的中國易學史論〉，首先評論中國《易》學的標準，繼而討論三代《周易》的形成、漢至唐的注釋、宋至清的注釋，彰往案來，見微知著，正可與本書相觀而善。

2　金演宰：《宋明理學和心學派的易學與道德形上學》（北京市：中國文史出版社，2005年3月第1版），此書係在朱伯崑（1923-2007）教授指導之下，深造於北京大學哲學研究所博士班之學位論文。

校諸海星教授，江原大學校南相鎬教授、李妍周教授，江陵原州大學校金白鉉教授，安東大學校崔炳圭教授，安東韓國國學振興院朴璟煥教授，首爾大學校哲學研究所李海任、楊衛磊博士，成均館大學校儒學研究所林琳博士……等，經由一年來的學術交流與參訪，筆者因此大致瞭解韓國傳統以及當代學者的研究梗概，並透過師友協助獲得許多寶貴的學術文獻資訊，此為本文撰述的背景之二。

　　經筆者檢索考察發現，海內外學者對於韓國儒學研究成果頗為豐碩，但相對於《易》學研究成果則相對較少，仍有許多值得探討研究的可能空間；尤其，韓國朝鮮王朝（1392-1897，大韓帝國，1897-1910）重要經學傳世文獻，幾乎都已搜羅完備於成均館大學校大東文化研究院匯編出版之《韓國經學資料集成》叢書，[3]其中第七、八輯《易經》有關《易》學者，計有總三十七大冊，或為手稿或為刊本，且都以傳統漢文書寫，閱讀研究毫無問題，因此激發筆者強烈的研究動機，此為本文撰述的背景之三。

　　《易》學廣博精深，中韓學者每有多元的研究進路與詮釋觀點，值得考察其中歷史發展的脈絡。[4]因此，筆者透過《韓國經學資料集成·易經》卷兩輯，就其所收錄有關朝鮮王朝各時代、區域、學者及

3　據該叢書〈刊行辭〉曰：「本校（成均館大學校）大東文化研究院，於一九八八年，刊行《韓國經學資料集成》。第一輯為《大學》、《中庸》篇，第二輯為《論語》篇，第三輯為《孟子》篇，總四四一項，《四書》四十八冊。五經部分則為第四輯、第五輯《書經》篇上下，總一一○項二十二冊；第六輯為《詩經》篇，總七十四項十六冊。」《韓國經學資料集成》，臺灣已有典藏，成均館大學校也將此套集成數位化，詳參「韓國經學資料集成電子檢索」網址：http://koco.skku.edu。

4　近代韓國民族主義史學的代表申采浩（1880-1936）曾說：「釋迦進至朝鮮，則不為朝鮮的釋迦，卻成為釋迦的朝鮮；孔子進至朝鮮，則不為朝鮮的孔子，卻成為孔子的朝鮮；任何主義進至朝鮮，則不為朝鮮的主義，卻成為主義的朝鮮。因而僅存道德與主義的朝鮮，卻朝鮮的道德與主義則全無也。」詳參申采浩：〈浪客之新年漫筆〉，《東亞日報》，1925年1月2日。申采浩認為道德與主義都是出自利害，並不是出自是非。此利害關係之標準，隨著時空之變遷而變，故並無絕對的普遍性質。但朝鮮每次都於利害關係之外尋求真理，正因如此，朝鮮的道德與主義出現嚴重的問題。

其觀點、論題與思想……等等各方面，首先綜合探討《易》學資料集
成的整體文獻目錄內涵，作為研究韓國《易》學的發展基礎，此是本
文撰述的目的之一。

　　本文主要依據《韓國經學資料集成・易經》卷兩輯為研究原典，
其中各版本多收藏於首爾國立大學校奎章閣、[5]成均館大學校尊經
閣、[6]國立中央圖書館以及韓國國學振興院……等重要典藏研究機
構，[7]筆者皆曾親自前往參觀瀏覽，驚覺韓國尚有如此豐碩的漢學傳
統典籍珍寶，除了具有深厚的歷史文獻典藏價值外，也是非常值得開
發其中潛德幽光的學術園地，此是筆者亟欲探索的目的之二。

　　韓國朝鮮王朝奉明正朔，以朱子儒學為學術主流，深受宋明理學
影響；明亡之後，初期與清廷若即若離，其後漸次交流，至正祖（李
祘，1752-1800）時期正逢清朝乾嘉盛世，海東燕行使者絡繹於途，
朝鮮學術遂深受清朝之霑漑影響，從而開創「實學」的新風氣。而自
十九世紀中葉之後，朝鮮屢遭日本侵凌，並漸受日本維新政治影響，
國家發展態勢正趨於鼎革之際，故衡觀朝鮮王朝近五百二十年的歷
史，時移勢遷，學術發展的脈絡也因東亞國際局勢的消長而為之變
化，若就韓國《易》學審視，適可與宋明理學與清代樸學相互繫聯、
彼此觀照，此是興發筆者撰述本文更為深層的學術目的之三。

5　相關奎章閣的詳細歷史與介紹，可參看韓永愚：《奎章閣》（首爾市：知識產業社，
　2008年8月）。

6　成均館「尊經閣」收藏之古籍文獻的整理研究，請參看Ho Kim：〈成均館大學校尊
　經閣所藏中國古籍文校價值研究——集部古籍中心〉，《中國學報》2007年第56期，
　頁39-69。

7　韓國最為著名的儒學相關研究機構，有翰林大學校「泰東古典研究所」，此所為大
　學內保留傳統書院形式的教育機構；「奎章閣韓國學研究院」、「韓國學中央研究
　院」，此二院為收藏朝鮮王室古籍文獻的研究機構；「韓國古典翻譯院」為漢籍文獻
　翻譯成韓文的研究機構，「韓國國學振興院」為專研儒學研究機構。

二　韓國《易》學發展史略

　　本文主要先透過大韓民國《易》學研究文本的基礎全面梳理分析，再檢驗朝鮮王朝（1392-1897，大韓帝國，1897-1910）期間，朱子學被確立為朝鮮的正統思想之後，《易》學研究才開始具有較嚴格的學術規範，而逐步創造出具有朝鮮民族特色的《易》學思想，自十六世紀遂發展出本土化的特色，其中尤以退溪李滉（景浩，陶翁，1501-1570）與栗谷李珥（叔獻、見龍，石潭、愚齋，1536-1584）最為大家。李滉本乎朱子學創立「理數之學」，並進而以《易》學原理探討儒學中的理氣問題，提出「理優位說」，並用「太極」解釋「理」的範疇；而李珥則以陰陽並立的《易》理提出「理氣兼發論」，以對抗朝鮮朱子學的「理氣互發論」。

　　此外，也將注意及於「實學派」，其中又以李瀷（自新，星湖，1682-1764）、慎后聃（耳老，河濱、遯窩，1702-1761）與茶山丁若鏞（美鏞，與猶堂，1762-1836）等貢獻較大。至於，「古學派」則以尹鑴（希仲，白湖，1617-1680）為代表人物，尹氏治《易》提倡漢儒古注，乾嘉吳派惠棟（定宇，松崖，1697-1758）尚在其時之後，允為惠棟研治《易》漢學之先進，並提出「太極為氣」的命題，在朝鮮《易》學史上居有一定的引領地位。凡此，都是筆者數年之內進行朝鮮時期《易》學文獻探討時，必先觀照考察的研究對象、觀點與取向。有關韓國《易》學發展，以下就筆者閱讀有關韓國文化史、儒學史與《易》學發展詮釋體系論著，略作歸納分項概述，並鋪陳史實，梳理文獻，提供學者參考。[8]

8　楊宏聲：《本土與域外——超越的周易文化》（上海市：上海社會科學院出版社，1995年7月第1版），〈第二章《易經》在朝鮮的傳播與朝鮮易學〉，頁118-146，亦有十分詳盡的歷時性鋪敘，其分節如下：一、《易經》東傳朝鮮的歷史概況。二、從古史傳說看《易》在古朝鮮的傳播（公元前10世紀至紀元前後）。三、「三國」時期

（一）青銅器與鐵器時代（約公元前 10 至前 1 世紀）

此時期流行占卜，主要是從灼烤獸類肩胛骨產生的裂紋，來判斷人事吉凶（頗類殷商甲骨）。至於，比較複雜的占卜術，則是運用象徵太陽神的「明圖」來進行，專職占卜官稱為「巫掌」（薩滿）。[9]

（二）從西漢到晉末（公元前 108 年至公元 316 年）

中國在朝鮮設立郡縣四百多年，經學《易》與占卜《易》學，都在朝鮮半島逐漸產生廣泛影響。

（三）朝鮮三國時期（公元前後至公元 675 年）

《易》學在朝鮮半島的傳播與影響，開始有了明確的歷史記載，肇始於朝鮮三國——高句麗、百濟、新羅時期。公元三七二年，高句麗建立太學以教育子弟，包括《易經》在內的《五經》，以及《三史》——《史記》、《漢書》、《後漢書》，成為基本的講習內容學科。高句麗晚期，墓室壁畫題材以青龍、白虎、朱雀、玄武四神為主，可視為漢代《易》學宇宙觀在壁畫藝術上的反映。

百濟與中國有頻繁的海上交通，包括《易經》在內的中國典籍，很早就傳到了百濟，並通過百濟而傳播到日本。近蕭古王時期（346-

《易經》在朝鮮的傳播（紀元前後至公元675年）。四、《易經》與新羅、高麗兩朝的學術文化（公元675年至1392年）。五、李朝：朝鮮傳統《易》學的形成與發展時期（公元1392年至1910年）。六、本世紀以來的《易經》研究概況。以上各節內容，可與本文互相比較參照。

9　詳參金白鉉：〈神明文化序說〉，牟鍾鑒：〈宗教與神明文化〉，許抗生：〈道家的神明思想〉，彭毅：〈神話與神明義涵——《莊子》神人與《楚辭》神仙思想〉，卿希泰、朱展炎：〈道教與神明文化〉，分別收錄於江陵原州大學校哲學系金白鉉教授主編之《神明文化研究》（首爾市：神明文化研究所），第一輯（2009年7月），頁9-32、33-46、47-58、59-88、89-106。並可互參，白奚：〈《管子》中的精氣與神明理論〉，鄭開：〈道家心性論視野中的「神明」〉，分別收錄於《神明文化研究》（首爾市：神明文化研究所），第二輯（2011年7月），頁30-39、40-49。

375），百濟《易》學開始形成，朝廷經常派遣五經博士前往日本傳播學術，各種天文曆法、遁甲方術之書，也隨之傳到日本。

（四）新羅統一時期（675-935）

新羅借助唐朝的力量，而統一三國，唐文化因此全面引進，孔穎達（沖遠，仲達，574-648）《周易正義》成為基本文本。公元六八二年，新羅仿唐制在首都慶州建立國學，在「讀書三品科」中，《易經》屬特品考試科目。大量留學生被派往唐朝，學成歸國者多從事政經文教事業，其中以崔致遠（海夫，孤雲、海雲，857-？）最為著名，[10]但卻受到唐朝道教相關丹學與圖讖風水的影響，撰有《周易參同契十六條口訣》等道書，成為韓國道教的鼻祖。此外，史傳薛聰（聰智，於堂，生卒年不詳）創造「吏讀法」，[11]「以方言讀九經，訓導後生」，為韓國《易》學的本土化奠立了基礎。

（五）高麗時期（918-1392）

高麗太祖王建（877-943）一生信奉圖讖風水之術，因此上行下效，以《易》學為基礎的各類數術方技十分盛行。高麗朝的經學教育不僅有《易經》學習課程，而且有陰陽術數課程，並在科舉中設「占卜」一門。

高麗末期，朱子學傳人，義理派的創始者圃隱鄭夢周（達可，1337-1392），被譽為韓國理學的振興之祖；鄭氏以《春秋》與《易經》相為表裏，認為《易經》為《春秋》的人倫義理提供了哲學基

---

10 統一新羅時期的崔致遠，也被譽為「東方儒學之宗」、「東國儒宗」、「四海第一人物」。

11 不過，根據史家考察，新羅語的漢字表現方法——吏讀，以及以新羅語（朝鮮語）閱讀佛教經典，一般皆以為薛聰所創，但並無充足的證據能證明此事，薛聰可能僅為當時表記法的整理者。

礎。其後，朝鮮王朝的設計師三峯鄭道傳（宗之，1342-1398），以及以他為首的勳舊派，則強調《易》學中的變化論，使「常」與「變」成為朝鮮思想史上的重要範疇。而最具代表性的《易》學家，則是朝鮮王朝第一位理學家權近（可遠、思叔，陽村，1352-1409），權氏的《入學圖說》、《周易淺見錄》為其重要《易》學著作，其基本特徵是以《易》理來闡發儒、佛的共通性。

（六）朝鮮王朝時期（1392-1897，大韓帝國，1897-1910）迄今

　　由宋朝引入的朱子學，被確立為朝鮮的正統思想，此時教育空前興盛發達，除了中央最高教育機構「成均館」太學外，全國府、牧、郡、縣都設有學校──「鄉校」，官學之外並有私學，子弟接受嚴格的經學教育後，即可獲得任官資格。朝廷規定諸生讀書，「常讀四書五經及諸史等書，不挾莊、老、佛經、雜流百家子集等書，違者罰」。不過，在正科考試外，另設有雜科，包括譯科、醫科、陰陽科與律科；其中，陰陽科包含天文學、風水地理學與命課學三項，考試錄用者入觀象監供職。

　　朝鮮王朝以支持朱子性理學為國家政策，就《易》學而論，被尊稱為「海東堯舜」的大王世宗（1418-1450，李祹，元正，1397-1450）於一四二〇年置集賢殿，集合名儒二十人講《易》論學，使《易》學一時大盛。十六世紀，出現了退溪李滉（1501-1570）與栗谷李珥（1536-1584）等《易》學大家，朝鮮《易》學開始本土化。

　　在《易》學作為正統學術逐步發展的同時，以《易》學為基礎的各種圖讖、秘記、術數等，也在民間廣為流傳，朝廷曾多次下令禁止，卻無濟於事，而這些內容往往成為一些民間宗教的重要材料。崔致遠（已見前述）之後最重要的道教人物金時習（悅卿、東峰、梅月堂，1435-1493）可謂為韓國丹道學的中興之祖；金氏的丹學思想以

《周易參同契》為基礎，而綜合各家，不僅融會儒、釋、道三教，而且包括天文、風水地理、醫藥、律呂、圖讖、卜筮等術數的運用。朝鮮王朝後期，隨著基督教的傳入，一些以傳統思想為基礎的新宗教開始產生，較著名的是「天道教」，以太極、无極概念，融合儒、釋、道三教思想，在朝鮮宗教中占有一定地位。

　　十九世紀後期，朝鮮半島逐步遭受日本的侵略，並在一九一〇年成為日本的殖民地；其後，由於日本帝國與美國資本主義的衝擊，朝鮮王朝的經學教育逐步解體，學術界對於《周易》經典學術的研究逐漸中斷，《易》學傳統雖只在民俗的層次，但仍然對於朝鮮社會發揮著一定的影響力。二戰以後，朝鮮被分裂為南北韓，大韓民國雖然把朝鮮王朝時期設計的太極八卦圖案，沿用在國旗上，但是知識份子的興趣已轉向西學，經學與《易》學受到了忽視或輕視，因而衰弱不振。

　　二十世紀七十年代以後，隨著東亞在經濟上的成功，傳統學術又逐漸受到重視，《易》學領域也呈現出新的局面，如金敬琢（愚庵，1906-1970）《周易中庸哲學》、柳正基《易經新講》等《易》著，均產生一定影響。而金忠烈（1931-2008）畢業於臺灣大學與文化大學哲學研究所，在六十年代中期以來，發表數十篇《易》學論文，被推舉為「韓國《易經》學會」會長，致力於《易》學的教育、研究與推廣。

　　此外，池昌龍更重視《易》學中的術數內容及其現代運用，他在一九八〇年前後，創立「韓國《易》理學會」，連任會長，因他的倡議，一九八四年該會與「中華民國《易經》學會」在漢城（今改名「首爾」）舉行首屆國際《易》學大會，開啟了《易》學在東亞復興的契機。一九八八年，韓國又主辦了第五屆國際《易》學大會，也是由池昌龍所主持。因此，在這種發展的態勢下，《易》學在韓國逐步受到一些青年學者的重視，直至目前，學術與教育發展，猶方興未艾。[12]

---

12 以上參考金忠烈：《高麗儒學思想史》（臺北市：東大圖書公司，1992年）。柳承國：
　　《韓國儒學史》（臺北市：臺灣商務印書館，1989年）。裴宗鎬：《韓國儒學史》（首

三　韓國《易》學研究背景探討

在既有韓國儒學研究的豐碩成果之下，可以擴展出經學研究的另一新境；尤其，《易經》為五經之本、中華文化之源，更有深刻的文化道統薪傳的重要性。目前韓國與海峽兩岸學者，對於韓國《易》學的研究成果雖然尚屬鳳毛麟角，仍有許多擴展充實的可能性。韓國《易》學研究文獻既然如此充實完善，相關專業學者更應該勤於研究，開張發皇其中菁華，以比較中、韓、臺《易》學思想的異同。

（一）《韓國經學資料集成・易經》

《韓國經學資料集成・易經》兩輯收羅文獻資料歷時數百年，橫跨整個朝鮮王朝，可說是一部朝鮮王朝時代思想的縮影，遺憾的是韓國學者研究的成果並非十分豐富，加上韓國中文教育逐漸以實用為主，學生多不諳傳統漢文，無法充分理解古典文獻，傳統文化頗有斷層之虞。此外，韓國中文學者多以漢語語音學、語法學與現代文學為教學與研究課題，涉足於傳統經學研究的學者較少，即使是儒學與哲學研究者，發表論文多以韓文為主，無法通暢與中文學界同道切磋觀善，實在十分可惜。因此，筆者想藉由本文逐步深化對於韓國《易》學、經學、儒學與思想等面向的研究涉獵，「他山之石，可以攻錯」，提供更進一步開發弘揚的學術可能，以及促進東亞儒學圈，甚至世界漢學界對於《易》學的關注與交流。[13]

爾：延世大學校出版部，1997年）。李甦平：《韓國儒學史》（北京市：人民出版社，2009年）。張立文主編：《和境——易學與中國文化》（北京市：人民出版社，2005年）。韓國《周易》學會編：《周易與韓國易學》（未著出版年月）等書。

13　韓國金秀炅博士於北京大學中國語言文學系「中國古典文獻學・古典文獻」專業，在該系董洪利教授指導下，於二○一○年六月完成了《韓國朝鮮時期《詩經》學研究》博士研究生學位論文，可說是韓國年輕學者進行朝鮮時期經學研究的開山之作，值得正視與肯定。

（二）韓國《易》學會與研讀會

韓國有關《易》學會與研讀會，據筆者粗略所知，目前推廣《易》學研究的學會與學術團體有：「韓國《周易》學會」，[14]「韓國《易》理學會」，「韓國經學研讀會」，[15]以及公州國立大學校成立之校級「《周易》學會」[16]……等。以上學會團體主要以研習《易》學與經學為主，並非以研究撰論為主要目標。

（三）韓國《易》學與經學研究學者

韓國《易》學與經學專業研究學者，犖犖大者，如成均館大學校東亞研究院李昤昊教授，雖然開授有《易經》課程，但其主要學術專業則以《詩經》與《論語》學為主，李教授能書寫流利中文，但無法以中文會話交流。嶺南大學校哲學系鄭炳碩教授，畢業於臺灣文化大學哲學系，能說寫流利中文，但其主要《易》學研究以《周易》經傳及中國《易》家思想為主（如〈從《易傳》的聖人觀看《周易》詮釋的視域轉換〉），對於韓國傳統儒者的《易》學研究尚未能深入涉及。延世大學校國學研究院黃炳起教授近年論文〈《說卦》：《周易》解讀之鑰匙——以韓國朝鮮時期茶山丁若鏞的觀點為主〉，涉及到正祖時期實學巨擘茶山丁若鏞（1762-1836）《易》學，丁若鏞撰有《周易四箋》與《易學緒言》，可說是少數與本文直接相關的研究論文。翰林

---

14 曾任會長的嶺南大學校鄭炳碩教授，為臺灣臺北私立中國文化大學《易》學哲學博士，著名《易》學史家高懷民教授指導。筆者曾於二○一二年八月二十八日至九月一日，應邀參加該會於嶺南大學校舉辦之第二屆國際《易》學研討會。

15 此會係由高麗大學校儒學系金彥鍾教授主持，每月固定集會，研讀相關經典，以韓文研讀討論為主，筆者曾於二○一二年三月十日星期六，首度參加該會於誠信女子大學校，由公州大學校金演宰教授專題報告討論之《易》學研讀會，於會中結識不少相關研究領域之韓國學者與研究生。

16 該會擬以應用《易》學為目標，由該校中文系學科長文鐘鳴教授、周郁華教授，哲學系金演宰教授與其受業學生，以及經營系金賢圭教授為核心成員，筆者曾多次受邀參訪交流。

大學校泰東古典研究所嚴連錫教授畢業於首爾國立大學哲學研究所，能寫漢文但不諳漢語，以《易》學哲學思想研究為主，近年論文有〈《周易》的信賴之超越的契機和人文的特性〉，與朝鮮王朝《易》學並無相關。公州國立大學校金演宰教授亦以《易》學為專業，近年論文有〈《周易》陰陽對待的諸範疇與人文主義的思路〉，發表論文皆以《周易》哲學思想為主。新羅大學校權相佑教授近年論文〈《周易》與意思決定〉，與前述各家大抵相同。

　　此外，尚有首爾誠信女子大學校李善慶教授、[17]全州圓光大學校哲學系金學權教授、國際腦教育綜合大學院林采佑教授等；以及文學博士田龍元教授，他是美國加州大學洛杉磯分校經營碩士，也是韓國《易》學博士池昌龍的弟子，在其門下學習面相學和風水學，現在是韓國《原始易學》刊物發行人，同時兼任韓國東洋文化院院長，以及韓國《易》學協會的代表，並於漢陽大學校授課。而大韓教科書株式會社於一九八二年出版了《學易纂言——韓國易學의새方向》，總計三四五頁，以上都是筆者曾經交流的對象與參考資料，而韓國學者與本文相關的研究主題，仍待持續關注與搜集匯整。

（四）中國與臺灣學者的相關研究

　　中國山東省濟南市山東大學「《周易》與中國古代哲學研究中心」所出版之《周易研究》期刊，可說是目前少見的《易》學學術專業刊物，但其中牽涉到韓國《易》學的論文也是屈指可數。至於臺灣學者的研究，主要以東亞儒學的視域研究為主，如臺灣大學出版了黃俊傑、林維杰合編之《東亞文明研究叢書》第六十五種《東亞朱子學的同調與異趣》（2006年12月初版），共收錄論文十篇，討論了許多東亞朱子學的重要議題，如《易》學、體用論、理氣論、四端七情、無

17　李善慶教授書香門第，世代薪傳世宗大王《訓民正音》，現任朝鮮大學校教授、韓國《周易》學會會長，秀外慧中，學養深厚，為東亞儒學圈中難得的《易》學女教授。

極太極等，其中也包含以往學界較少處理的主題，如朱子《楚辭》學、廣義與狹義朱子學、本源與修正朱子學、理學神道等。本書分為三部分：中國篇有四篇，日本篇有兩篇，韓國篇則有四篇；韓國篇中包括了李明輝〈朱子性理學與韓儒丁時翰的四端七情論〉、楊祖漢〈再論韓儒李晦齋對朱子學的理解〉、鄭仁在〈朱子學在韓國的展開〉，以及林月惠〈李退溪對羅整菴理氣論的批評〉。再如，臺中東海大學哲學系蔡家和教授亦頗涉及韓國儒學，發表〈從韓儒李晦齋答書衡定曹漢輔思想義理〉（2007年7月）、[18]〈韓儒田艮齋的心即氣與李寒洲的心即理說之比較〉（2009年12月）、[19]〈韓儒金西河對於程朱理學的承繼——從《年譜》之論述見其思想〉（2010年10月），[20]……。

　　以上都是以儒學與理學為主，偶涉及到朱子《易》學，可知臺灣學者注意及於韓國《易》學研究者雖然不乏其人，而其實有關研究之廣度與深度，仍然有待強化與提升。[21]

四　朝鮮王朝《易》學重要研究文獻

　　本文最重要的參考文獻，厥為一九九六年成均館大學校大東文化研究院出版發行的《韓國經學資料集成‧易經》卷第七、八上下兩輯總三十七冊，本集成每冊前均有〈刊行辭〉與〈解題〉，但為韓文書寫（偶雜有漢字詞）。筆者與翰林大學校泰東古典研究所嚴連錫教授

---

18 該文先於二○○七年五月，以〈從李晦齋答書衡定曹漢輔思想義理〉，宣讀於南華大學「跨文化視域下的中國哲學」學術研討會，頁1-17。後刊載於《湖南科技學院學報》第28卷第7期，頁1-8。

19 該文發表於韓國全北大學校：「2009艮齋學國際學術會議」，後收錄於《韓國近代的儒學思想與艮齋學的繼承發展論文集》，頁1-11。

20 該文發表於大韓民國首爾成均館大學校「河西金麟厚先生誕辰五百周年紀念國際學術會議」，頁1-11。

21 有關韓國《易》學的研究，可以參考黃沛榮：〈韓國漢文《易》學著作的整理與研究〉完整報告，行政院國家科學委員會補助專題研究計畫，計畫編號：NSC 94-2411-H-034-001，2007年6月30日，頁1-53。

商論後，為便於歸類檢索，先大致區分為以下三大類——（一）「朱子《易》學」類；[22]（二）「義理《易》學」類；（三）「象數《易》學」類。[23]這三類《易》學文獻均以漢文書寫或刊刻，其中內容與中國古書形式一致並無分別，俟日後按類逐冊進行研究之後，再從事較為清明條達的精細整理歸納。以下就集成所收錄《易》學論著，依上述粗步分類，表列於下提供參照尋索：

（一）《韓國經學資料集成·易經卷》上第一至二十三冊分類整理表

序號	朱子《易》學類	義理《易》學類	象數《易》學類
1	崔恆、韓繼禧《易學啟蒙要解》	權近《周易淺見錄》	徐敬德《花潭文集·六十四卦方圓之圖解·卦變解》
2	李滉《啟蒙傳義》	李世應《安齋易說》	黃孝恭《龜巖文集·易範圖》
3	崔岦《周易本義口訣附說》	李滉《經書釋義·周易釋義》	柳贇《易圖目錄》
4	鄭經世《愚伏別集·思問錄——易學啟蒙》	李德弘《周易質疑》	柳元之《拙齋集·柳倦翁易圖解》
5	盧景任《敬菴集·易說·易學啟蒙說》	李德弘《艮齋文集·易初九上六爻義》	柳世鳴《寓軒文集·倦翁易圖記疑》
6	李徽逸《存齋文集·啟蒙圖說》	柳成龍《西厓文集·乾元亨利貞說·見群龍無首說》	申欽《象村集·求正錄——易先天窺管》

---

22 嚴連錫教授將第一類稱為「《易學啟蒙》類」，筆者慮及其中尚有與朱熹《周易本義》相關之書目內容，因此修正作「朱子《易》學類」。

23 嚴連錫教授依第七輯上篇23冊編輯整理的三大類書目，計有第一類16種，第二類23種，第三類20種，總59種，與《韓國經學資料集成·易經》卷上、下第七、八兩輯數量並不相符，且其中亦見有幾種未收見於此第七輯者。第八輯第24-37冊，嚴教授則未整理列表，筆者另加製表如後供參。

序號	朱子《易》學類	義理《易》學類	象數《易》學類
7	金楷《易學啟蒙覆繹》	郭設《西浦集・易傳要義》	李珥《栗谷全書・易數策》
8	朴昌宇《周易傳義集解》	金長生《經書辨疑・周易》	安敏學《楓厓集・河圖洛書說》
9	韓汝愈《遯翁集・辨解附・與篾叟鄭徵士論易學啟蒙別紙》	曹守弘《沙村文集・策——易》	柳成龍《西厓文集・河圖洛書真有是耶？聖人以神道設教》
10	朴致和《雪溪隨筆・周易繫辭傳・易學啟蒙》	朴知誡《潛冶集・劄錄・周易乾卦・周易坤卦・繫辭上傳》	柳成龍《西厓文集・易占・焦氏易林》
11	韓元震《經義記聞錄・易學啟蒙・易學答問・文王易釋義》	許穆《記言・經說・易說・易學傳授》	曹好益《易象說》
12	韓元震《朱子言論同異考・易》	李惟泰《草廬全集・易說》	張顯光《易學圖說》
13	韓元震《儀禮經典通解附・王朝禮卜筮下附・易學啟蒙》	石之珩《五位龜鑑》	鮮于浹《遯菴全書・易學圖說・諸解・太極辨解・大易理象》
14	楊應秀《白水文集・易本義劄疑》	洪汝河《木齋集・策題——問易・讀書劄記——周易》	權克中《周易參同契註解》
15	宋能相《雲坪文集・繫辭傳質疑・易學啟蒙質疑・易學啟蒙稟目・易學啟蒙原稟・記聞錄啟蒙篇稟目》	李玄錫《易義窺斑》	權杠《方潭文集・易圖說》
16	金教行《惟勤堂遺稿・易學啟蒙本圖說五位相得說・周易劄錄・易學啟蒙劄錄》	林泳《滄溪集・讀書劄錄・周易》	金致寬《亦樂齋文集・易圖書》

序號	朱子《易》學類	義理《易》學類	象數《易》學類
17	金謹行《庸齋集‧周易剳疑‧易學啟蒙剳疑‧讀易凡例‧周易疑目》	金濤《恭默堂集‧周易淺說》	沈之漢《滄洲別集‧月卦圖說》
18	黃胤錫《頤齋續稿‧易學啟蒙解》	宋時烈《易說》	李萬敷《息山全書‧易統‧易大象便覽‧雜書辨上》
19	趙有善《蘿山集‧經義──周易本義》	姜碩慶《喫眠公集‧易疑問答》	李徽逸《存齋文集‧一元消長圖後語》
20	洪大容《湛軒書‧三經問辨──（附）啟蒙記疑》	權榘《屏谷集‧讀易瑣義‧易卦取象‧易中記疑》	金萬英《南圃集‧易象小訣》
21	金龜柱《經書剳錄‧周易剳錄‧易學啟蒙剳錄》	李顯益《正菴集‧周易說》	李衡祥《瓶窩全書‧瓶窩講義‧周易‧衍易注解》[24]
22	裴相說《槐潭遺稿‧啟蒙傳疑考疑》	全氣大《伏菴集‧原畫卦》	李衡祥《瓶窩全書‧瓶窩講義‧文周衍‧先後天》
23		尹鳳朝《圃巖集‧學易淺見》	鄭齊斗《霞谷外集‧河洛易象‧先後天說‧璇元經學通考──易》
24		李瀷《星湖全書‧易經疾書》	金錫文《易學二十四圖總解》
25		金錫文《大谷易學集解》	韓元震《南塘文集‧先後天名易之義》
26		成以心《人易》	崔斗柄《坪菴集‧元統亨利貞圖‧易春秋

---

24 此書為第8冊，下一書為第9冊。

序號	朱子《易》學類	義理《易》學類	象數《易》學類
			圖・先天學四時十二月八節十六氣之圖》
27		柳宜健《花溪文集・讀易疑義・讀易解嘲・讀易管窺》	徐聖耉《訥軒集・學理圖說》
28		權萬《江左文集・易說》	蔡之洪《鳳巖集・易學十二圖》
29		南國柱《鳳洲文集・易範通錄》	李世珩《恕軒文集・窺斑錄——則圖畫卦說・則書排卦說・十二辟卦圖說》
30		尹東奎《邵南文集・經說——易》	柳觀鉉《陽坡集・易圖撮要》
31		楊應秀《白水文集・坤卦講義》	沈潮《靜坐窩集・易象剳論》
32		李崑秀《壽齋遺稿・周易講義》	徐宗華《藥軒遺集・易象管見序・伏羲之易有畫無文夏商之易有占無文辨》
33		任聖周《鹿門先生文集・周易》	金元行《渼湖集・渼上經義——周易》
34		安鼎福《順菴文集・經書疑義——易・雜卦說・雜卦後說》	桂德海《鳳谷桂察訪遺集・經說——易》[25]
35		柳正源《易解參考》[26]	徐命膺《保晚齋叢

---

25 嚴連錫教授於第三類「象數《易》學」類，增列姜碩慶《易疑問答》，唯此書未見於此輯之中。

26 此書各分二冊，第15冊為卷1至卷9，第16冊為卷10至卷17。

序號	朱子《易》學類	義理《易》學類	象數《易》學類
			書‧經翼——先天四演》
36		沈定鎮《霽軒集‧易說》	柳正源《三山文集‧易序疑義‧易解參考篇題‧易傳八則陽生說》
37		白鳳來《九龍齋文集‧三經通義——易傳‧序易本義》	魏伯珪《存齋全書‧論河洛圖說‧原類——原圖書‧原八卦》
38		金相岳《山天易說》	吳載純《醇庵集‧河圖解‧伏羲則圖畫卦圖說‧八卦說‧河圖解後說‧易論‧乾象對》
39		金奎五《最窩集‧讀易記疑》	李爔《農隱集‧包犧氏仰觀俯察以畫八卦圖解外》
40		洪大容《湛軒書‧三經問辨——周易辨疑》	黃胤錫《理藪新編‧周易綱領》
41		柳匡天《歸樂窩集‧御製經義問對——周易》	李萬運《默軒文集‧八卦方圖外》
42		成大中《易書通義》	朴齊家《周易》
43		朴胤源《近齋集‧經義——易經劄略‧易繫劄疑》	張思敬《耳溪文集‧大易圖說‧易卦爻贊》
44		朴琮《鐺洲集‧周易講義》	裴相說《槐潭遺稿‧易說諸圖‧推大衍數‧卦變圖解》

序號	朱子《易》學類	義理《易》學類	象數《易》學類
45		成允信《慎默齋集·人易卦爻》	尹弘圭《陶溪遺稿·家人卦圖說》
46		趙慎寬《柯汀遺稿·易問》	申緯《易次故》[27]
47		奇學敬《謙齋集·經義條對——周易》	
48		高廷鳳《水村集·御製經書疑義條對——周易》	
49		李元培《龜巖集·經義條對——易》	
50		正祖《弘齋全書·經史講義——易》、《弘齋全書·經史講義·總經——易》	
51		沈就濟《謙窩集·易學撮要·讀易疑義》	
52		南公轍《金陵集·易繫辭論》	
53		成海應《研經齋全書·經解——易頌·易緯論·經翼易類·通志堂經解書目——易》	
54		尹行恁《碩齋稿·摘文講義——易》	
55		尹行恁《碩齋別稿·薪	

27 嚴連錫教授第三類「象數《易》學」類，尚表列有丁若鏞《周易四箋》、金正喜《周易虞義考》，唯此二書並未收見於第七輯之中。

序號	朱子《易》學類	義理《易》學類	象數《易》學類
		湖隨筆——易·繫辭傳[28]	

　　以上總計三類一百二十三種：（一）朱子《易》學類，二十二種。（二）義理《易》學類，五十五種。（三）象數《易》學類，四十六種。

（二）《韓國經學資料集成·易經卷》下第二十四至三十七冊分類整理表

序號	朱子《易》學類	義理《易》學類	象數《易》學類
1	柳徽文《好古窩別集·啟蒙攷疑》	徐有臣《易義擬言》	丁若鏞《與猶堂全書·周易四箋》
2	李秉遠《所菴文集·啟蒙記疑》	丁若鏞《與猶堂全書·易學緒言》	吳熙常《老洲集·雜著——易》
3	崔象龍《鳳村文集·啟蒙箚義》	姜必孝《海隱遺稿·易說》	姜必孝《海隱遺稿·謙卦圖》
4	李恆老《華西文集·南八灘啟蒙八圖說質疑》	白慶楷《守窩集·讀易》	柳徽文《好古窩續集·著卦考誤解》
5	李恆老《華西文集·朱子元亨利貞說句解》	康儼《觀書隨錄·周易》	金性昊《一齋文集·易圖發揮》
6	金岱鎮《訂窩文集·啟蒙》	河友賢《豫菴集·易疑義》	金性昊《一齋文集·圖卦會通》
7	朴文鎬《壺山集·周易本義詳說》	朴文健《靜觀齋文集·周易衍義》	金正喜《阮堂集·周易虞義攷》
8	朴文鎬《壺山集·筮儀詳說》	柳徽文《好古窩文集·讀書瑣義——易》	金正喜《阮堂集·易筮辨》

28 嚴連錫教授第二類「義理《易》學」類，尚表列有吳熙常《雜著·易》、李恆老《周易傳義同異釋義》，唯此二書並未收見於集成之中。

序號	朱子《易》學類	義理《易》學類	象數《易》學類
9		柳徽文《好古窩續集・周易經傳通編凡例》	李圭景《五洲衍文長箋散稿・卦畫自下而上辨證說》
10		柳徽文《好古窩續集・讀易瑣義——易》	李恆老《華西文集・先天後天圖卦說》
11		柳徽文《好古窩別集・傳疑餘論》	李恆老《華西文集・卦蓍說》
12		洪奭周《淵泉集・讀易雜記》	李恆老《華西文集・先後天說》
13		洪奭周《洪氏讀書錄・經——易》	李恆老《華西文集・陰符經考異序記疑》
14		李止淵《希谷遺稿別編・周易箚疑》	李恆老《華西文集・易序記疑》
15		崔孝述《止軒集・雜著——謾錄》	李恆老《華西文集・易與太極圖同異說》
16		李圭景《五洲衍文長箋散稿・周易辨證說》	李恆老《華西文集・先天圓圖解說》
17		李圭景《五洲衍文長箋散稿・經典類——易經》	高夢贊《錦洲集・河圖說撮要》
18		尹鍾燮《溫裕齋集・經——易》	高夢贊《錦洲集・洛書說撮要》
19		李恆老《華西文集・周易傳義同異釋義》	高夢贊《錦洲集・先天卦說撮要》
20		李恆老《華西文集・易說》	高夢贊《錦洲集・後天卦說撮要》
21		李恆老《華西文集・易有太極心為太極說書》	李瑀祥《希庵文集・卦變管見》

序號	朱子《易》學類	義理《易》學類	象數《易》學類
22		李恆老《華西文集·繫辭一條記疑》	李瑀祥《希庵文集·卦次或問》
23		李恆老《華西文集·易者第三十三》	金應槤《弇邑文集·河圖數記疑》
24		李章贊《蘇隱集·易學源流》	沈奎澤《西湖集·易學策》
25		李章贊《蘇隱集·易學記疑》	沈大允《周易象義占法》（一至四卷）
26		李章贊《蘇隱集·周易講解》	李震相《寒洲集·天地四象論》
27		金箕灃《默泉別集·易要選義綱目》	李震相《寒洲集·卦畫說》
28		許傳《性齋續集·易考》	李震相《寒洲集·周易卦序說》
29		奇正鎮《答問類編·易》	李震相《寒洲集·卦變說》
30		李鍾祥《易學蠡酌》	李震相《寒洲集·八則陽生說》
31		李瑀祥《希庵文集·易上下篇義》	李震相《寒洲集·析合補空說》
32		李瑀祥《希庵文集·蒙初六說》	柳重教《省齋文集·河圖洛書說》
33		李瑀祥《希庵文集·貞悔說》	崔世鶴《惺巖文集·先天變為後天說》
34		張之琬《枕雨堂集·答周易問目》	崔世鶴《惺巖文集·周易象傳卦變說》
35		朴宗永《松塢遺稿別編·經旨蒙解——周易》	崔世鶴《惺巖文集·參兩說》

序號	朱子《易》學類	義理《易》學類	象數《易》學類
36		李埈《槐園集・周易雜錄》	白旻洙《匡山遺稿・策——易道》
37		李震相《寒洲集・易學管窺》	許薰《舫山全集・河圖洛書說》
38		朴萬瓊《壺隱遺稿・心易》	田愚《艮齋私稿・易有太極》
39		柳重教《省齋文集・易說》	田愚《艮齋私稿・易與周卲太極》
40		蔡鍾植《一齋文集・周易傳義同歸解》	朴文鎬《壺山集・周易圖說詳說》
41		田愚《艮齋私稿・坤復說辨》	郭鍾錫《俛宇文集・後天卦語》
42		田愚《艮齋私稿・坤復說再辨》	郭鍾錫《俛宇文集・易逆數說》
43		田愚《艮齋私稿・易心道性》	李容九《松下遺集・太極論》
44		李在齡《易學記見》	金弘任《三圓觀散稿・兩漢五經顓門譜——易》
45		朴文鎬《壺山集・周易五贊詳說》	李敏德《洞山集・易籤》
46		朴文鎬《楓山記聞錄・經說——周易》	朴光一《遜齋文集・三才一太極圖說》
47		李容九《松下遺集・易註解選》	朴光一《遜齋文集・河圖生成數竝參天之說》
48		李建昌《讀易隨記》	朴光一《遜齋文集・蠱卦先甲三日後甲三日圖並說》

序號	朱子《易》學類	義理《易》學類	象數《易》學類
49		李正奎《恆齋文集·讀易記》	朴光一《遜齋文集·易卦剛柔變易來往圖》
50		李炳憲《易經今文考通論》	
51		李炳憲《李炳憲全集·易經今文考小箋》	
52		李炳憲《李炳憲全集·孔經大義考——周易》	
53		曹兢燮《巖棲文集·讀易隨記》	
54		洪○《經書疑誤講解·周易》	
55		砥菴《讀易玩義》	
56		白啟河《易經解義》	
57		吳致箕《周易經傳增解》	
58		李海翼《經疑類輯·周易》	
59		金漢綠《寒澗文集·易義備說》	
60		金漢綠《寒澗文集·讀易箚記》	
61		未詳《經書記疑·讀易記疑》	
62		未詳《七書辨疑·周易》	
63		未詳《周易通論》	

序號	朱子《易》學類	義理《易》學類	象數《易》學類
64		未詳《秀軒遺稿・秀軒易說》	
65		未詳《易說管窺》	

以上總計三類一百二十二種：（一）朱子《易》學類，八種。（二）義理《易》學類，六十五種。（三）象數《易》學類，四十九種。

　　本文設定歷史時間區段為「朝鮮王朝」（1392-1897，大韓帝國，1897-1910），研究文本設定為《韓國經學資料集成》叢書第七、八輯《易經》中，有關朝鮮王朝學者傳世刊本與稿本《易》學論著（總三十七大冊約六十家），此後數年擬各分期分類，化約統整，分別從事各家《易》學文本探討分析研究，因研究內容與對象具體明確，進而以分類方式進行文本的全面耙梳較理，因此有信心可以逐年完成預定進度目標。

五　結論：文明心理損益同

　　筆者因著客座韓國外國語大學校講學一年之機緣，較為深入建立學術網絡，並基本瞭解韓國《易》學研究文獻、研究學者與研究成果，已屆耳順之年的當下，仍擬持續開啟新的韓國《易》學研究領域專題，在海峽兩岸日益蓬勃發展的東亞儒學研究潮流中，獻力從事於韓國朝鮮王朝《易》學研究，期待在基礎的《易》學文獻考察探討之中，逐步建構釐清韓國古典《易》學研究的淵源系統與傳承脈絡，以及可能的文化影響與學術價值。

　　對於韓國朝鮮王朝《易》學研究，本文以成均館大學校所編的《韓國經學資料集成・易經》卷為根據，分為「朱子《易》學」、「義理《易》學」、「象數《易》學」三類，進行初步文獻與目錄學的整理

與瞭解。鑑於臺灣與大陸學界的經學研究，對於韓國經學的關注雖多，但專業從事中韓經學的比較研究仍有待加強，故在目前東亞儒學的風潮之中，對於韓國《易》學的研究，更突顯出其學術性與重要性。

　　筆者因限於時力，本文僅先進行目錄書誌的整理，已將相關同類性質著作歸類為三種，三類總計《易》學著作數量頗多，但其實內容多寡不一，有師承淵源與學派思想一致部分；先以分類方式進行，將更能提綱挈領，並能統整前後時期的承繼通變脈絡，並進而與朱子學為主的宋明《易》學思想系統，以及清代「漢宋兼採」的多面向《易》學進路，相互比較觀照。筆者仍將持續從事細部分類歸納整併，宏觀與微觀兼採，廣度與深度並顧，此後之研究進程將先就所設定朝鮮王期《易》學第一手文本為主，從事各家各類學者《易》學文獻所呈現的實質內容為研究旨趣；而在進行三類《易》學文本研究的同時，會隨時記錄比較所知見中國相對於朝鮮時期《易》學思想的研究成果，尤其是宋儒與清儒的《易》學觀點系統，以及韓國現當代學者對於相關前賢名家與各專書、專題研究的既有成果，作為後續深化研究韓國朝鮮時期及其後來《易》學思想的預備基礎。這一部分比較觀點的研究，將成為筆者此後進行研究的核心重點。[29]

29　筆者積極鼓勵博碩士研究生從事東亞與國際《易》學研究，目前指導博碩士學位論文，研究成果如下：（1）陳威瑨：「日本江戶時代儒家《易》學研究」，臺灣師範大學國文學系，2012年博士學位論文。（2）蔡郁焄：「衛禮賢、衛德明父子《易》學研究」，臺灣師範大學國文學系，2013年博士學位論文。（3）沈信甫：「理雅各和衛禮賢英譯《易》學比較研究」，臺灣師範大學國文學系，2016年博士學位論文。以上博士學位論文3篇。（4）李凱雯：「翁方綱《易附記》研究」，臺灣師範大學國文學系，2010碩士學位論文。（5）陳俊諭：「『朝鮮朱子』退溪李滉《易》學研究」，臺灣師範大學國文學系，2013年碩士學位論文。（6）林芷羽：「臺灣先儒黃敬《易經初學義類》研究」，臺灣師範大學國文學系，2020年碩士碩士學位論文。（7）宋建鋒：「朝鮮王朝正祖李祘《易》學研究」，政治大學中國文學系，2023年國文教學碩士在職專班學位論文。以上碩士學位論文4篇。

參

大韓民國「太極旗」國旗與先天《易》學探微

　　本文探討大韓民國「太極旗」國旗創制歷史進程，以及與宋儒邵雍（堯夫，安樂、百源，康節，1012-1077）「伏羲先天八卦」《易》學的思想淵源。「太極旗」旗底為白色，象徵韓國人民的純潔與對和平的熱愛；中央以《易》學象徵「宇宙與真理」的「太極」為圓，太極的「圓」代表「人民」；太極的兩儀為上「紅」下「藍」，象徵著「陽」與「陰」；「太極圖」象徵宇宙天地渾成，以及單一民族構成的國家。四角的〈乾〉、〈坤〉、〈離〉、〈坎〉，為伏羲先天八卦的四正卦，象徵著天、地、日、月，〈坎〉「水」與〈離〉「火」象徵著「女」與「男」、「靜」與「動」的融合與諧調，都顯示出「對稱」、「均衡」、「和諧」、「循環」與「穩定」等原理，也象徵著正義、富饒、生命力與智慧。因此，韓國國旗中「太極」與「先天四正卦」的符號概念，真實反映出受到宋儒邵雍「伏羲先天八卦」《易》學思想的影響，而這也代表著大韓民族對於宇宙、人生的深刻思考。

一　前言：一陰一陽之謂道

　　本文主要是針對大韓民國「太極旗」國旗的創制歷史過程，與其所隱含的《易》學思想淵源為考察而進行研究。「太極旗」的旗底為白色，象徵韓國人民的純潔與對和平的熱愛。旗中央的圓為《易》學中象徵著宇宙與真理的太極標誌，太極的圓代表人民。太極的兩儀為

上紅下藍，分別代表「陽」與「陰」。太極圖像象徵宇宙天地渾然一體，以及韓國為單一民族構成國家的特徵。「太極旗」的「太極」與「先天四正卦」反映伏羲的「先天八卦」思想，這也代表了大韓民族對宇宙與人生的深刻思考。因此，本文旨在探討、比較「太極旗」的《易》理與邵雍（堯夫，安樂、百源，康節，1012-1077）先天《易》學間的思想承續關係。[1]

大韓民國國旗稱為「太極旗」，清朝光緒八年壬午、韓國朝鮮高宗（1863-1907，李熙，明夫，1852-1919）十九年（1882）設計；是年，朝鮮使臣朴永孝（泳孝，子純，春皋，1861-1939）與金玉均（伯溫，古筠，1851-1894）即將出使日本，臨行前向清朝政府請求將中國的龍旗作為國旗使用，清朝回復稱藩屬國不能用五爪龍旗，只能用四爪龍旗。其時奉李鴻章（少荃、子黻，儀叟、省心，1823-1901）之命出使朝鮮的中國使節馬建忠（眉叔，1845-1900），馬氏為中國近代語言學名家，當時與其兄復旦大學創始人馬相伯（湘伯、薌伯，華封老

1　邵雍，字堯夫，諡號康節，出生於河北范陽（今涿州）。邵雍是中國北宋時期著名哲學家、思想家、《易》學家、史學家、詩人、理學奠基人，《宋史》有傳，從祀孔廟。著有《皇極經世》、《伊川擊壤集》、《觀物內外篇》、《先天圖》、《漁樵問對》等著作。邵雍獨創的先天《易》學體系，以及其哲學學術思想，對中華古代哲學與《易》學發展，產生了深遠的影響，邵雍學術與文化研究已經成為中外學術界備受關注的研究熱點。

人，1840-1939）一起出使朝鮮，建議朝鮮政府採用中國傳統的太極八卦旗作為國旗使用，這個建議得到了朝鮮政府的採納。[2]所以，最早的朝鮮國旗是一面不折不扣的白底黑色圖案的太極八卦旗。後來，一名英國駐朝鮮的使節用西方美學的角度，為這面太極八卦旗做了修改，去掉了八卦中的四卦——〈震〉、〈巽〉、〈艮〉、〈兌〉，把剩下的四卦斜向對稱拉伸，使整個國旗圖案呈長方形，將陰陽魚圖案改為紅藍兩色，這樣才正式定形為現在的韓國「太極旗」。按照首爾國立中央博物館現存「太極旗」中歷史最悠久的「迪尼太極旗」（Deany Tai Chi Banner），以及韓國國家報勳處的相關說明，四卦的意思分別如下：

卦	韓文名稱（卦名）	卦象	季節	方位	四德
☰	건 乾	천 天	하 夏	남 南	의 義
☷	곤 坤	지 地	동 冬	북 北	지 智
☵	감 坎	수 水	추 秋	서 西	예 禮
☲	이 離	화 火	춘 春	동 東	인 仁

2　不過，根據明治十五年（1882）十月二日《時事新報》：「……馬建忠が朝鮮の國旗は支那に從ひ三角形の青地に龍を書くべし本國支那は黃色を用るども朝鮮は支那の東方に當る邦たるを以て東は青色を貴ぶの意により青地を用ふべしと指示したるに國王は大に之を憤り決して支那の國旗に倣ふべからぬとして四角形の玉色地に太極の圖（二つ巴繪）を青赤にて書き旗の四隅に東西南北の易卦を附けたるを自今朝鮮の國旗と定むる旨沙汰せられたりとあり……。」（……馬建忠說，朝鮮國旗應該效仿中國，在藍色三角形的地面上畫一條龍。當國王被指示使用這個地面時，國王對此非常憤慨，說他絕對不應該效仿。並在一塊長方形的玉地上，用藍、紅兩色寫了一面太極旗，提出旗子的四個角應為朝鮮國旗，分別是東、西、南、北先天四正卦。）此與下文呼應，應為可信的史實。

　　一八八三年，「太極旗」成為朝鮮王朝正式國旗。旗底為白色，旗中央以《易》學中象徵「宇宙與真理」的「太極」為圓，「紅」與「藍」象徵著「陽」與「陰」；「水」與「火」象徵著「女」與「男」；以及「靜」與「動」等的融合與諧調。四角的〈乾〉、〈坤〉、〈離〉、〈坎〉四卦，為伏羲先天八卦的四正卦，象徵著天、地、日、月，皆顯示出「對稱」與「均衡」。此四正卦的義涵如下：

☰（건，〈乾〉）＝天
☲（리，〈離〉）＝火，太陽，陽
☵（감，〈坎〉）＝水，月亮，陰
☷（곤，〈坤〉）＝地

　　顯然，韓國國旗以太極為中心，四角的先天四正卦分別象徵陰陽互相調和，〈乾〉卦代表天空，〈坤〉卦代表大地，〈坎〉卦是月亮、水，〈離〉卦為太陽、火，四角卦還象徵著正義、富饒、生命力與智慧。國旗底色為白色，象徵韓國人民的純潔與對和平的熱愛。因此，韓國國旗中太極與先天四正卦的符號概念，毫無疑問與《易》學思想密切相關。和諧、對稱、平衡、循環、穩定等原理，代表著中華與大韓民族對宇宙、人生的深刻思考。朝鮮半島長期受到中華文化影響，韓國國旗「太極旗」即真實反映出彼此的思想聯繫。因此，本文特別引用《周易·繫辭上傳》第五章「一陰一陽之謂道」與第十一章「民咸用之謂之神」，分別作為「前言」與「結論」標題，以彰顯箇中的《易》學文化意義。

二　「太極旗」的歷史演變

　　在進行本論前，為了深入探究本文的核心意義，必須先回顧學界有關「太極旗」歷史發展的研究情況。

　　一八七六年，隨著《江華條約》的簽訂，朝鮮王朝打開國門，而設計「國旗」之議也因而萌生了。朝鮮國旗的第一個設計方案是由清朝駐日使館參贊黃遵憲（公度，人境廬主人，1848-1905）所提出。一八八〇年九月，黃遵憲撰寫了一本小冊子《朝鮮策略》，贈與訪問日本的朝鮮修信使金弘集（敬能，道園、以政學齋，1842-1896），在《朝鮮策略》中建議朝鮮「奏請陸海諸軍，襲用中國龍旗為全國徽幟」；[3]同年十一月，清駐日公使何如璋（子峨，1838-1891）在致北洋大臣李鴻章的報告也有提到：「若朝鮮既經開港後，應飭令彼國襲用中國龍旗，或圍繞以雲，微示區別，以崇體制。」[4]李鴻章也對朝鮮襲用中國龍旗的方案表示同意，他在一八八一年二月二十六日與朝鮮官員李容肅（敬之，1818-？）會談時說：「今貴國王自用之旗，據稱是畫方龍旗，亦與中國龍旗相仿，自可以畫龍旗為國旗，即作航海旗標。定於應用之先，將龍旗尺寸、顏色繪具圖式，咨明本大臣衙門，以咨核奏咨行。」[5]

　　不過，朝鮮王朝似乎對清朝的建議不以為然。一八八二年，清朝協助朝鮮與美國簽訂《朝美修好通商條約》，在條約簽訂前一天的五月二十一日，朝鮮官員李應浚（1832-？）設計了一種國旗方案，翌日，負責協助朝鮮締約的清朝官員馬建忠對朝鮮全權大官申櫶（國賓，威堂、琴堂，1811-1885）說道：「昨李應浚袖至旗式，似與日本相混，貴國旗式究竟何若，前黃參贊謂貴國宜用中國龍旗，以僕觀之，似亦未安。」馬建忠在否定了先前的中國龍旗方案後，又想出一種新方案，他說：「吾想貴國國旗，可用白底、青雲、紅龍，惟龍用

3　詳參韓國國史編纂委員會編：《修信使記錄》（漢城市：國史編纂委員會，1971年），卷2，頁167。

4　詳參郭廷以、李毓澍等編：《清季中日韓關係史料（1864-1911）》（臺北市：中研院近代史研究所，《中國近代史資料彙編》，1972年），卷2，頁441。

5　詳參郭廷以、李毓澍等編：《清季中日韓關係史料（1864-1911）》，卷2，頁478。

四爪，暗示區劃。何以區別？只在四爪五爪耳。青雲者，亦取『雲從龍』之意，君臣以民為本，故質用白色。」[6]但在五月二十七日，朝鮮方面以「紅龍青雲製造須費工」為由婉拒了馬建忠的提議，並主張採用「紅質中青白合成圈子」作為國旗，馬建忠又建議道：「前議此事後，曾思仍用白底，中用太極圖，外周用八卦，則恰合八道之數。八卦純用黑色為顯，太極用半紅半黑，旗外又緣以紅色，何若？」[7]這個方案亦不見朝鮮採用。

　　《朝美修好通商條約》締結前後，中朝兩國關於國旗方案的折衝是「太極旗」最早的醞釀，而李應浚設計的方案與現在「太極旗」相比只是無卦而已（因此被馬建忠評為「似與日本相混」），被認為是韓國國旗最早的雛形。後來在美國發現的一八八二年著作《航海國旗幟（*Flags of Maritime Nations*）》發現了配有四卦的「太極旗」，一些學者認為是李應浚設計的方案，因此認為「太極旗」的實際創始人是李應浚。[8]

　　一八八二年，朝鮮爆發了反日的壬午兵變，其後日本強迫朝鮮締結不平等的《濟物浦條約》（「濟物浦」即今「仁川」），規定朝鮮須派使臣向日本謝罪。於是在一八八二年九月，朝鮮政府以錦陵尉朴永（泳）孝（子純，春皐、玄玄居士，1861-1939）為謝罪兼修信使，出使日本。臨行前朴永孝就國旗問題請示國王高宗（1864-1907，李熙，明夫，聖臨，1852-1919），高宗授權朴永孝必要時可製作並使用國旗。一八八二年九月二十二日，在前往日本的「明治丸」號輪船上，朴永

6　詳參亞細亞問題研究所、舊韓國外交文書編纂委員會編：《舊韓國外交文書》（漢城市：高麗大學校出版部，1970-1971年），第10卷，《美案》1，頁12-13。馬建忠以紅色為朝鮮國王龍袍顏色，官員服色為青色，民眾服飾尚白，故用紅龍青雲白底，並有「以民為本」之意。

7　詳參亞細亞問題研究所、舊韓國外交文書編纂委員會編：《舊韓國外交文書》，第10卷，《美案》1，頁14。

8　詳參《朝鮮日報》，2008年5月29日報導。

孝、金玉均（伯溫，古筠，1851-1894）等參酌英國駐朝領事阿須敦
（William George Aston, 1841-1911）和英籍船長詹姆士（James）的意
見，以太極四卦為圖案，設計出了最早的「太極旗」。於是，韓國國
旗便在「明治丸」號上誕生了。十月三日（陰曆八月二十二日）朴永
孝在給本國的報告中記錄了「太極旗」誕生的狀況：

> 國旗標式在明治丸中與英領事阿須敦議到，則伊言該船船長英
> 人周行四海，慣識各國旗號，又各色分別遠近異同，均能洞知
> 云，故與之商議，則太極八卦之式特別出色，然八卦分布，頗
> 覺稠雜不明，且於各國之仿製，甚不便易，只用四卦，劃之四
> 角，則更佳云。又言外國國旗外，必有君主之旗標，蓋仿樣於
> 國旗，而設彩設紋，繁鮮最好云。國旗大中小各一本，使該船
> 長裁製，小一本，今修啟上送主上。旗號太極中居，八卦拱布
> 於旗之邊幅恐好，質則專用紅色，似屬鮮明也。既與各國通好
> 之後，凡出使者，禮不得無國旗，為遇有各港口各兵艦載炮六
> 門以上者，則必有祝炮以禮待之，伊時當揭該國使臣國旗而別
> 之。又遇有約各國各等慶節，有懸旗相賀之禮，各國公使相
> 會，以國旗表坐次，均此各件，關不得製帶國旗。而英、美、
> 德、日各國均請仿畫而去，此係布明於天下者也。[9]

「太極旗」誕生後，朴永孝一行就將其廣為使用，他們一登陸日本就
在客店外懸掛「太極旗」，朴永孝描述道：

> 新製國旗懸寓樓，旗竿白質而縱方，長不及廣五分之二，主心
> 畫太極，填以青紅，四隅畫〈乾〉、〈坤〉、〈坎〉、〈離〉四卦，

9　詳參韓國國史編纂委員會編：《修信使記錄》，卷3，頁199-200。

曾有受命於上也。[10]

其後，他們在外交場合中也頻頻使用「太極旗」，引起各國使節與日本各界的注目，「英、美、德、日各國均請仿畫而去」。其中日本《時事新報》登載了「太極旗」圖樣，並報導了「太極旗」誕生的經過。[11]

　　一八八三年三月六日（陰曆正月二十七日），朝鮮王朝正式決定以「太極旗」為國旗；[12]一八九七年後，又成為大韓帝國國旗。後來，經過一些微小的變動，最終形成了今天的「太極旗」樣式。中國學者王明星認為，在朝鮮王朝設計國旗的過程中，成功抵制了清廷企圖讓朝鮮「襲用中國龍旗」的建議，最終設計出具有自己民族特色的國旗，表現了強烈的獨立自主傾向，維護了國格尊嚴。[13]

　　一九四八年，大韓民國政府成立時，決定將「太極旗」作為國旗，並於一九四九年頒布了製作標準：「太極旗」橫豎比例為三比二；白底代表神聖的國土；太極圖象徵宇宙天地渾成，以及單一民族構成的國家。中間太極的「圓」代表「人民」，太極的兩儀為上紅下藍，分別代表「陽」和「陰」。

三　「太極旗」的思想淵源

　　自古以來太極圖形非常多樣，八卦的排列方式也很多元。有關

10　詳參韓國國史編纂委員會編：《修信使記錄》，卷3，頁197。

11　詳參注2，明治十五年（1882）十月二日《時事新報》。

12　詳參《朝鮮王朝實錄‧高宗實錄》（北京市：中國科學院、平壤市：朝鮮科學院合作，一九五九年根據「金櫃秘本」影印出版），卷20，二十年正月二十七日條：「統理交涉通商事務衙門啟：『國旗今既製造，行會八道四都，使之認驗舉行，何如？』允之。」

13　詳參王明星：《韓國近代外交與中國（1861-1910）》（北京市：中國社會科學出版社，1998年），頁126。

「太極旗」圖畫的起源，筆者發現了將「太極旗」與《周易》相關聯而得出的論文中，提到北宋邵雍的「伏羲八卦方位圖」與明代的「古太極圖」間的比較，然後到了朝鮮末期對此稍作改造變成「太極旗」。「伏羲八卦方位圖」是以「伏羲八卦次序圖」中配置的八卦，以及《周易‧說卦傳》「天地定位」的內容為依據所畫的八個方位圖，並以〈乾〉、〈坤〉、〈坎〉、〈離〉配置四正方向而成為「太極旗」。

（一）「太極旗」與伏羲先天八卦

　　韓國學者通過對二〇〇八年在英國國立檔案保管所發現的朴永孝所繪製「太極旗」的抄本，進行了關於朴永孝與「太極旗」來源的研究論文。其中，參考的資料包含《使和記略》的紀錄，還有當時刊登在日本《時事新報》的「太極旗」圖畫、俞吉濬（聖武，矩堂、天民，1856-1914）的「太極旗」圖畫，以及迪尼（Deany）的「太極旗」等，再加以現有歷史資料為根據，探討「太極旗」的歷史演變過程及其所代表的意義；如同前文考述的史料，這意味著朴永孝所繪製的「太極旗」是在出使前往日本前，便已按照高宗的指令設計而完成，並未受到中國的干涉或日本的影響。

　　其後，在簽訂朝美條約時所使用的「COREA Ensign」（韓國軍旗），應該就是朴永孝所繪製的「太極旗」。而金源模教授在關於「太極旗」繪製起源的論文分析中，考證了「太極旗」從高宗二十年（1883）頒布到現今的歷史，可以瞭解到有關「太極旗」的資料，從來即一直保留住一貫的形態，並傳承至今。此外，有關於朴永孝是以邵雍先天《易》學為根據，而繪製「太極旗」的圖案與文獻，目前並沒有相關文獻能證實這一點；但是，成為太極圖形的原型八卦的圖形，則是根據從伏羲到邵雍的先天、後天說，其中四正卦也反映出邵雍先天、後天體用論的思想。由此可見，朴永孝的「太極旗」圖案與

邵雍的《易》學理論，可以說在某種程度上仍具有關聯性。[14]

　　其次，為了探究「太極旗」中包含的《易》學思想，首先需要對太極思想在朝鮮時代如何發展起來有一定的理解。根據筆者考察朝鮮初期的太極思想與〈先天圖〉，首先是由權近（可遠、思叔，陽村，1352-1409）在流放到益州時期，撰寫了《入學圖說》，其中以「天人心性合一圖」為中心，將文字與圖形相結合，說明了宇宙原理與人的天性之間，有著一定的關聯性；並針對「伏羲先天八卦圖」與「文王後天方位圖」的容受情形，進行了比較；此圖區分出了黑與白，太極與陰陽，雖與「太極旗」的太極紋樣有一定的距離，但是也同樣是為了表達太極思想。

　　繼權近之後，將邵雍的先天學說從宇宙本體論的角度，用哲學的觀點進行分析的學者是徐敬德（花潭，1489-1546），他在《花潭集・原理氣》中，將先天的概念與太虛相結合，對於太極思想的主要特徵有所闡述。徐敬德之後，出現了用圖表說明哲學思想的圖書學派的潮流；其中，退溪李滉（景浩，陶翁，1501-1570）於〈聖學十圖〉第一圖中，引用宋儒周敦頤（茂叔，濂溪，1017-1073）「太極圖」說明了太極思想。曹植（楗仲，南冥，1501-1572）於〈學記類編〉中，畫了「三才以太極圖」與「太極圖與《通書》表裏圖」，對宇宙本體及其生成原理進行了說明。張顯光（德晦，旅軒，1554-1637）〈易學圖說〉則畫了「太極長消之圖」，這些代表性大家的圖書學說，並與邵雍先天《易》學進行互相比較，說明了朝鮮時代初期的學者們，對邵雍的「先天圖」很感興趣，所以通常會以先天太極圖為標準，展開對太極思想的說明。

---

14 關於以上論述，係根據翰林大學校泰東古典研究所嚴連錫教授所提供剥정준 教授〈以陰陽論為根據對太極旗的批判性考察〉、尹善子教授〈獨立運動與太極旗〉等相關論文。在尹善子教授〈獨立運動與太極旗〉這篇論文中，主要強調的是朝鮮王朝在喪失國家主權時期，太極旗在獨立運動中具有重要的意義，因此朝鮮人民的關注也就日漸提高了。

　　到了朝鮮中期，栗谷李珥（叔獻、見龍，石潭、愚齋，1536-1584）對邵雍的先天《易》學進行了許多研究。李珥對邵雍提到有關畫前《易》的內容進行評價時，認為邵雍曾說過不會有人同意在畫八卦之前是有《易》的存在，並對於宋儒程顥（伯淳，明道，1032-1085）《擊壤集》中提到的內容有所關注；李珥在〈畫前有《易》賦〉中，說明了天地自然與八卦之間的關係，即八卦中包含著所有的天地自然、花鳥蟲魚。李珥以邵雍的先天《易》學為中心，提出數學並不是占卜術，而是為了顯示真理、為了經世的說法。李珥對邵雍所提到過的先天圖八卦方位的設定根據，以〈河圖〉的奇數與偶數的多少順序為中心，試圖進行具有說服力的說明。

　　朝鮮後期之一七七二年，世孫（李祘，亨運，弘齋，1752-1800）左副賓客徐命膺（君受，保晚齋，1716-1787）為了策勵《周易》學習，以〈河圖〉與邵雍《皇極經世書》為基礎，利用〈河圖〉展開解釋了許多理論，撰述了有關先天思想中先天四演的《啟蒙圖說》。而徐命膺《啟蒙圖說》「先天變為後天圖」，從此圖中可看到伏羲圖的八卦排列在外側，文王圖的八卦排列在內側，像這種雙層排列裡八卦成為上下中心軸，這個圖在一七七五年世孫冊封為王世子的時候，被使用而變成「太極離卦圖」。到了一八七七年，開放港口通商以後，朝鮮方才感覺到國旗的必要性；一八八二年，在簽署「朝美修好通商條約」時，使用了太極八卦旗；一八八二年八月，修信使朴永孝於日本私行時，也曾使用過「太極旗」，其後接受了英國船長詹姆士（James）的建議，將八卦的「太極旗」簡化為〈乾〉、〈坤〉、〈坎〉、〈離〉「太極四卦圖」，這個建議不是考慮到藝術方面，而是考慮邵雍先天後天的體用說，從中反映出「交易」與「變易」的意義，於是便產生了現代的韓國「太極旗」國旗。一八八三年（高宗二十年），初次發布了將「太極旗」作為韓國國旗的公文；專研韓國近代史的李泰鎮（1943-）教授認為「太極旗」中，〈乾〉、〈坤〉、〈坎〉、〈離〉四正卦是高宗繼

承正祖（1776-1800）李祘的思想，根據表達先天八卦與後天八卦相
關聯的《啟蒙圖說》與徐命膺「先天變為後天圖」而來。此後「太極
旗」的主要意義是軍權、父母兄弟、人民百姓，但是後來朝鮮因喪失
了軍權，所以將其意義變為國家政權的恢復、獨立意志、愛國心等。
一直到一九四九年十月十五日，大韓民國教育部才正式明令公告為現
今的國旗樣式。

（二）「太極旗」的設計圖樣與格式規範

　　有關韓國國旗「太極旗」的早期設計圖樣、歷代國旗與現在國旗
格式，大致經過幾個時代階段：大韓帝國（1897-1910）→韓國統監
府（1905-1910）→朝鮮日治時期（1910-1945）→盟軍託管時期
（1945-1948）→大韓民國一九五〇年至今。以下是韓國「太極旗」
的早期設計圖樣、歷代國旗與現在國旗格式，檢附如下：

1　早期設計圖樣

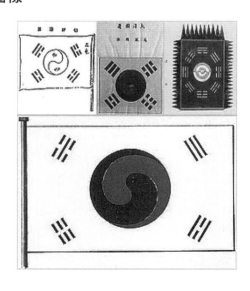

2　歷代國旗樣式

大韓帝國（1897-1910）

韓國統監府（1905-1910）

盟軍託管時期（1945-1948）

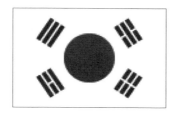

大韓民國1950年迄今

3　現在國旗格式

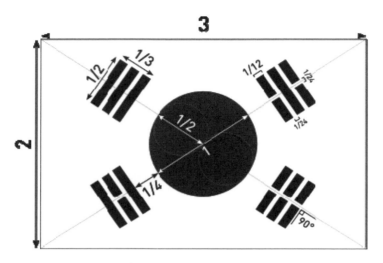

　　一九四八年，大韓民國政府成立時，決定將「太極旗」作為韓國國旗，並於一九四九年頒布了製作標準：「太極旗」橫豎比例為三比二，白底代表神聖的國土；太極圖象徵宇宙天地渾成，以及單一民族構成的國家。中間太極的圓代表人民，太極的兩儀為上紅下藍，分別代表「陽」與「陰」。以下分別探討韓國「太極旗」《易》理，以及宋儒邵雍先天伏羲《易》學，試圖聯繫二者之間的思想承繼關係。

　　　康　居安樂百源學，　節　亮風清觀物生。
　　　千　載難逢賢哲會，　歲　時易逝古今成。
　　　誕　欣涿野漁樵對，　辰　悅伊川擊壤行。
　　　紀　極三才經世理，　念　圖宇宙後先明。

二〇一二年適值宋儒邵雍誕辰一千（千歲）周年紀念，筆者特別以「康節千歲誕辰紀念」八字各嵌於每句之首，為賦七言律詩如上，以傳其學，以頌其德。

四　「太極旗」《易》理探源

　　從《周易》經傳文本考察，韓國「太極旗」的設計理念應該來自《周易‧繫辭上傳》第五章「一陰一陽之謂道」，以及《周易‧繫辭上傳》第十一章「……是故《易》有太極，是生兩儀，兩儀生四象，四象生八卦，八卦定吉凶，吉凶生大業」。[15]

（一）「太極」先天生成圖式

　　南宋朱熹（元晦，晦庵、考亭、紫陽先生，1130-1200）於《周易本義‧圖目》「伏羲八卦次序圖」下，即引前文《周易‧繫辭上傳》第十一章與《說卦傳》第三章「……是故《易》逆數也」[16]兩段文字，並記錄邵雍「加一倍法」的圖式說明文字，詮釋其義曰：

> 邵子曰：「一分為二，二分為四，四分為八也。」
> 邵子曰：「〈乾〉一，〈兌〉二，〈離〉三，〈震〉四；〈巽〉五，〈坎〉六，〈艮〉七，〈坤〉八。自〈乾〉至〈坤〉，皆得未生之卦，若逆推四時之比也，後六十四卦次序放此。」[17]

緣此，可知「太極」思想源於《周易‧繫辭上傳》；而「太極」先天生成圖式，雖託名於遠古伏羲，實則肇始於宋儒邵雍，而為後世《易》圖書學的祖本所在。

15　本文所引《周易》經傳文本，皆據〔南宋〕朱熹：《周易本義》（臺北市：世界書局，1988年11月10版，與〔北宋〕程頤（1033-1107）《易程傳》合刊版本）。以上二章文字，分別見於頁58與頁62。
16　詳參〔南宋〕朱熹：《周易本義》，頁70。
17　詳參〔南宋〕朱熹：《周易本義》，卷前圖，頁7。

（二）〈說卦傳〉「八卦相錯」圖式

再者，朱熹復於《周易本義・圖目》「伏羲八卦方位圖」下，又引〈說卦傳〉第三章「天地定位，山澤通氣，雷風相薄，水火不相射，八卦相錯。數往者順，知來者逆」一段文字，而記錄邵雍詮釋先天八卦圖式說明文字，云：

> 邵子曰：「〈乾〉南，〈坤〉北，〈離〉東，〈坎〉西；〈震〉東北，〈兌〉東南，〈巽〉西南，〈艮〉西北。自〈震〉至〈乾〉為順，自〈巽〉至〈坤〉為逆，後六十四卦方位放此。」[18]

承上，朱熹於〈說卦傳〉第三章文本下，注曰：

> 邵子曰：「此伏羲八卦之位。〈乾〉南，〈坤〉北，〈離〉東，〈坎〉西；〈兌〉居東南，〈震〉居東北，〈巽〉居西南，〈艮〉居西北。於是八卦相交，而成六十四卦，所謂先天之學也。」「起〈震〉而歷〈離〉、〈兌〉，以至於〈乾〉，數已生之卦也；自〈巽〉而歷〈坎〉、〈艮〉，以至於〈坤〉，推未生之卦也。」[19]

可知，朱熹於注文明白昭示「伏羲八卦之位」即是所謂「先天之學」，又「數已生之卦」而「推未生之卦」，皆本於邵雍之闡說，可證「太極旗」淵源所自來。因此，朱熹遂於「伏羲六十四卦次序圖」下，曰：

> ……則邵子所謂八分為十六，十六分為三十二，三十二分為六

---

18 詳參〔南宋〕朱熹：《周易本義》，卷前圖，頁7。
19 詳參〔南宋〕朱熹：《周易本義》，頁70。

十四者，尤見法象自然之妙也。[20]

朱熹所謂「尤見法象自然之妙」一語，可說是《周易》義理旨趣核心所在，故於《周易本義‧周易上經》卷之一「〈乾〉：元亨利貞」下，注曰：

> 六畫者，伏羲所畫之卦也。一者，奇也，陽之數也；〈乾〉者，健也，陽之性也。……伏羲仰觀俯察，見陰陽有奇耦之數，故畫一奇以象陽，畫一耦以象陰；見一陰一陽有各生一陰一陽之象，故自下而上，再倍而三，以成八卦。……[21]

因此，朱熹再於「伏羲六十四卦方位圖」下，曰：

> 伏羲四圖，其說皆出邵氏。蓋邵氏得之李之才挺之，挺之得之穆修伯長，伯長得之華山希夷先生陳摶圖南者，所謂先天之學也。……[22]

朱熹此說，不僅明確表達「伏羲四圖，其說皆出邵氏」，此邵氏即邵雍；而邵氏圖書之學，朱熹考論其傳承如下：陳摶（圖南，希夷先生，872-989）→穆修（伯長，979-1032）→李之才（挺之，？-1045）→邵雍（堯夫，百源先生，1012-1077）。因此，朱熹於《周易本義‧圖》最後寫下一段文字，曰：

> 右《易》之圖九。有天地自然之《易》，有伏羲之《易》，有文

20　詳參〔南宋〕朱熹：《周易本義》，卷前圖，頁7。

21　詳參〔南宋〕朱熹：《周易本義》，卷之一，頁1。

22　詳參〔南宋〕朱熹：《周易本義》，卷前圖，頁8。

> 王、周公之《易》，有孔子之《易》；自伏羲以上，皆無文字，
> 只有圖畫，最宜深玩，可見作《易》本原精微之意。文王以
> 下，方有文字，即今之《周易》。然讀者亦宜各就本文消息，
> 不可便以孔子之說為文王之說也。

綜合以上朱熹《周易本義》圖注諸說，邵雍承先啟後，可謂「伏羲先
天圖書之學」的發明者；而邵氏之說本於《易傳》之〈繫辭傳〉與
〈說卦傳〉；而《易傳》相傳為孔子（公元前551-公元前479）所作，
即如朱熹所謂「孔子之《易》」；而孔子之《易傳》，又根本於「文
王、周公之《易》」（即《周易》卦爻辭之文字系統）；而「文王、周
公之《易》」又淵源自「伏羲之《易》」；而「伏羲之《易》」，則抉發
「天地自然之《易》」，可知《周易》義理聖聖相傳，實皆體現天地
「本原精微之意」，由此可證韓國「太極旗」與朱熹紹述的邵雍先天
《易》學關係密切。

五　宋儒邵雍「伏羲先天八卦」《易》學述要

　　北宋《易》學的興起有各種原因，與學術、文化、思想、社會各
個層面皆有關聯。高懷民（1930-）教授在討論此一課題時，特標舉華
山道士陳摶，稱其在趙宋一開始，有意無意地透露出一點消息，播散
了《易》學將興的種子，扮演開啟宋《易》之運的《易》學家。[23]有

23　詳參高懷民：《宋元明易學史》（桂林市：廣西師範大學出版社，2007年）。此外，
　　高教授尚有以下著名而重要的《易》學史專書，可以提供參考：（1）《先秦易學
　　史》，臺北市：東吳大學中國學術著作獎助委員會，1975年6月。（2）《兩漢易學
　　史》，臺北：文津出版社，1978年11月再版。（3）《大易哲學論》，臺北市：自行出
　　版經銷，1988年7月再版。（4）《邵子先天易哲學》，臺北市：作者自印，1997年3
　　月。（5）《偉大的孕育——中國哲學在皇皇易道中成長發展》，臺北市：作者自印，
　　1999年2月。（6）《易魂詩譚》，臺北市：樂學書局，2006年3月初版。

許多《易》學的傳說皆與陳摶相關，例如：宋《易》中之太極圖一支，傳說來自陳摶；〈河圖〉、〈洛書〉也有人說是來自陳摶；俞琰（玉吾，全陽子、林屋山人、石澗道人，約1253-1320）的六十四卦直圖，也有說是來自陳摶。這些傳說雖然難以斷其真偽，但由此可看出陳摶在《易》學家心目中的地位，亦可看出隱士藉圖示以表達思想，其與《易》學發展產生微妙的互動關係。

　　《易》學本為倚於象而建立的學問，各時代對於「象」皆相當重視，僅是表現方式有別。宋明時代的《易》學家，則善於透過創制《易》圖以說《易》。例如：周敦頤（茂叔，濂溪，1017-1073）太極圖、邵雍先天《易》圖、朱熹卦變圖、王夫之（而農，薑齋、船山病叟、南嶽遺民，1619-1692）重卦圖，以及《道藏》中亦存有許多《易》圖。而高懷民教授於《先秦易學史》中，將伏羲氏考定為：符號《易》時期——天道思想時代。高氏認為符號《易》時期，以伏羲氏為代表人物，以八卦為文獻記載所存留的唯一產物。

　　高懷民於《先秦易學史》一書中，環繞八卦的畫成、取象、名稱，以及排列方式為探討的對象。針對卦象的起源，高氏取伏羲氏「透過觀察萬物而畫成」的說法，認為陽陰並非取自某一形象，對於取象於山谷丘陵、男女生殖器之說，雖有其道理，但皆失之於簡單，因為八卦成為一套符號，有其內在邏輯以及哲學思想，若是取象於某一事物，要合理解釋各卦的畫成便說不通。陽與陰當是兩個「代表形上思想的符號，它們所代表的乃是超乎物體形象的抽象作用或動能」。高氏又針對陽與陰的起源作更進一步的探討：從兩儀到四象八卦，實為觀察萬物動能，表達物象平衡，逐一添加的過程，高氏採取「以意逆志」的方式，思考伏羲氏畫卦之時所作的種種思考，對於伏羲氏時代不該有如此完整哲學思考的看法，認為那是受了「齊頭並進的歷史觀」的影響。在文學、藝術與哲學領域中，皆有這般天才出現，故史上具創發性的卓見，鶴立於時代潮流之中，不被當時人所注

意，多俟後代才賦予公正的評價，故不必將伏羲氏畫卦一說，論以純樸遠代不可能出現如此成熟的哲學思想，而加以否定。[24]

　　至於八卦取象上，高氏採取了「力求古人其時其地為思想依據」的原則作推斷，對於天地、雷風、水火、山澤各初象的含意作分析，為各卦取象求得合理的解釋。雖為一家之言，但也可看出作者亟想證明伏羲畫卦之時，已具有哲學意涵說法的企圖。八卦的名稱，高氏從文字的本義與卦象相聯繫，以甲骨文、《十翼》（《易傳》）及其他典籍為例說明，認為卦象已隱含這些後起文字所具備的明白意義，而文字與符號互成體系，皆根源於卦象的畫成。對於八卦排序的方式，高氏認為與一新學說的創立有直接關係，如《連山》、《歸藏》、《周易》不同，卦象排列上也不同。漢代孟喜（長卿，？-？）卦氣、焦延壽（贛，？-？）變占、京房（李君明，公元前77-公元前37）八宮與虞翻（仲翔，164-233）卦變，都各有新的卦象排列方式。而伏羲八卦排列方式有二：一為「〈乾〉、〈坤〉、〈震〉、〈巽〉、〈坎〉、〈離〉、〈艮〉、〈兌〉」；二為宋時邵雍所提出的「先天圖」說，其排序為〈乾〉、〈兌〉、〈離〉、〈震〉、〈巽〉、〈坎〉、〈艮〉、〈坤〉。

　　高氏認為，歷代《易》家專務於自創體系，發展新的排列方式，對於伏羲八卦排列方式，少有關注；因此，對於邵雍所創伏羲八卦排序一說，無從定其是非。對於八卦排序此一問題，高氏以〈說卦傳〉所透露的訊息，認為其中包含了三種卦象的排序方式：

　　1.「天地定位」一段所載，推論為伏羲氏至文王之間所產生；2.「帝出乎〈震〉」所言的排序法，為戰國中葉的產物，是受了五行思想的影響；3. 依朱熹《周易本義》的分章第七、八、九、十、十一所載，以「象」言其排列方式。以〈乾〉、〈坤〉為首，天地配父母，

---

24 詳參高懷民：〈《易》象「—」與「--」源於「蓋天」說之推思〉，《政治大學哲學學報》第4期（1997年12月），頁159-166。

雷、風、水、火、山、澤配子女之說，高氏相信與伏羲制嫁娶之禮，倡婚姻之道相符合，認為這與伏羲序卦有所關聯，故推定〈乾〉一、〈坤〉二、〈震〉三、〈巽〉四、〈坎〉五、〈離〉六、〈艮〉七、〈兌〉八為伏羲卦序，而此實即邵雍伏羲先天之學。

　　高懷民教授有關單一《易》學人物的研究，邵雍所占的分量最重。見於其專書《邵子先天易哲學》與《宋元明易學史》中專闢一章討論邵雍的部分，以及各相關單篇論文，如〈邵雍的歷史哲學〉、〈邵雍先天《易》論史述評〉、〈邵雍先天《易》演天地之數〉、〈從《易》學史的發展看邵雍的《易》學成就〉等等。[25]筆者以下根據高氏的說法，綜合歸納以下三點加以申述：

（一）圖與數

　　邵雍《易》學與傳統《易》學最大的不同，在於邵雍不依從文王的卦序與經文，而就許多的《易》圖與數作推演。《宋元學案》列出邵雍《易》圖共十二種，其中八卦次序之圖、八卦方位之圖、六十四卦次序、六十四卦圓圖方點陣圖、方圖四分四層圖、卦氣圖等六圖，稱為「先天卦點陣圖」，為邵雍先天《易》學中的基本卦圖。另外六種則冠以「經世」之名，為上列各圖的經世演用。於蔡淵（伯靜，節齋，1156-1236）《纂圖指要》另列三種《宋元學案》不載的圖，可見邵雍以《易》圖表達思想的一斑。邵雍「數」說，接受了傳統的天地奇偶之數、筮占之數、河洛五行之數、曆法之數，並提出自己先天數原理加以融合，最基本有三項：第一，八卦之數。第二，元會運世之數，立「元會運世」之名於「年月日時」之上，成為以三十年為一世的系統，藉此考驗歷史、推斷時運。第三，則為天地體用之數。

---

25 詳參高懷民：〈從邵雍先天《易》卦氣看人類興衰〉，《政治大學哲學學報》第1期（1994年5月），頁63-75。高懷民：〈從《易》學史的發展看邵雍的《易》學成就〉，《政治大學哲學學報》第3期（1996年12月），頁131-147。

（二）《皇極經世》及其《易》學思想

　　此中所關涉有關《易》圖與論證過程使用的原始材料甚多，詳引將占據過多篇幅，請參考高氏原書所敘，此處僅擇要介紹。邵雍以「元會運世」考史，日甲一元，統十二會、三百六十運、四千三百二十世、十二萬九千六百年。「十二萬九千六百年」之「年」，是「元會運世年月日時」體系中一個數值，與實際生活的「年」是兩回事。探討的是「人變動發展的歷程大體」，目的並非精準地指出「某年某月人有某種變動」；邵氏的「數」也不是數目字的「數」，而是中國哲學傳統中運數或命數之「數」。此外，邵雍「開物寅中」、「閉物戌中」之說，以及對於歷史上人文鼎盛時期的看法，與自「三皇、五帝、三王、五伯」之後政治的每下愈況的分析，高氏皆有專節討論。邵雍以「數」表明天地的先天《易》數，包括：

1. 「天地終始之數」。見於《纂圖指要》之「經世天地始終之數圖」，此圖至少可視為蔡淵師邵雍之意而作。
2. 「天地體用之數」。《觀物外篇》與「經世天地四象圖」有相關討論。
3. 「天地圓方之數」。圓之數代表「天所以運行」，方之數代表「地所以生化」；圓之數近於「時」，方之數近於「位」。
4. 「天地生物之數」。在表達萬物之變方面，邵雍對於聲音的描繪，借助聲韻學的知識，配合他的經世四象之說，成「經世聲音圖」，此圖又見於「經世四象體用之數圖」後面之「正聲正音表」。

　　邵雍又認為萬化皆由心生，在《觀物外篇》中，他說：「先天之學，心法也。故圖皆從中起，萬化萬事生乎心也。圖雖無文，無雖日

言而未嘗離乎是，蓋天地萬物之理盡在其中矣。」「天地之心者，生萬物之本也。」從「先天方圖」的六十四卦排列圖，也可以看到邵雍以「萬化生於心」的概念處理之模式。

　　邵雍先天《易》之《易》圖與《易》數，係以宇宙自然法則為依據，關係到曆法之年月、日時、氣候、節令等，後人則將此部分稱為「卦氣」。高氏為了與孟喜首創的卦氣說作區別，名之為「先天《易》卦氣」。「先天《易》卦氣」以〈乾〉、〈坤〉、〈坎〉、〈離〉為四正卦，分居卦氣圖上下左右之位，統領其餘的六十卦。四正卦二十四爻，分主一年二十四節氣。此四卦又名「閏卦」，以其二十四爻分受每歲之閏差，但仍有小數之餘。對於五日又四分日之一的氣盈數，在漢《易》中是一大問題，這是因為占驗災異，必決定日期以便應用，故須斤斤計較，詳細分配，但邵雍目的不在占驗災異，在「置閏」的問題上就較為寬泛，這是學術旨趣不同，因而對學術思想產生輕重疏密的後續影響。

（三）太極三原理

　　明儒來知德（矣鮮，瞿塘，1525-1604）太極圓圖記有「對待者數」、「流行者氣」、「主宰者理」之語，將「對待」、「流行」之語分別與「數」與「氣」合，上有「理」支配。來氏認為「伏羲之圖，《易》之對待；文王之圖，《易》之流行」，來氏之圖「則兼對待、流行、主宰之理而圖之」。高氏特別指出，來氏所謂伏羲之圖，指邵雍《易》學的伏羲先天八卦，以及六十四卦圖；文王之圖，指邵雍《易》學的文王後天八卦圖。「主宰者理」為形上本質之存在，是天地人物所受之性，落實到人生中德業，以及學行亦為一理之分用。此觀點是繼承邵雍「畫前有《易》」而來。「對待者數」，從奇耦的對待上說數，由於重視「數」，故特別重視〈河圖〉，相信伏羲氏法〈河圖〉而畫卦之說。「流行者氣」，高氏指出就《易》學而言，很難離開

氣之流行而言奇耦對待，同樣無法離開奇耦之對待，而言陰陽流行，數之對待與氣之流行，可視為「理」的本體具有的兩種特質。來氏提出「流行者氣」，是從漢《易》中「氣」的運用漸趨普遍，到宋儒張載（子厚，橫渠先生，1020-1077）、朱熹一路發展自然的學術演變。來氏認為文王之《易》主要在於表現「流行者氣」，但將邵雍「文王八卦方點陣圖」歸屬文王則非是。

　　以上歸納述要高懷民教授的研究成果，可以知悉邵雍「伏羲先天《易》」圖書之學，與韓國國旗「太極」與「四正卦」的淵源所自，彼此關係密切。[26]

六　結論：民咸用之謂之神

　　「先天」、「後天」二語，首見於《周易・乾九五・文言傳》：

> 夫大人者，與天地合其德，與日月合其明，與四時合其序，與
> 鬼神合其吉凶；先天而天弗違，後天而奉天時，天且弗違，而
> 況於人乎！況於鬼神乎！[27]

邵雍據以說《易》，乃創設有「先天」與「後天」之學。然則，圖書之學蓋創始於陳摶；陳摶嘗作《易龍圖》，並有〈自序〉曰：

> 原夫龍馬負圖，出於羲皇之代，在太古之先。今存已合之位，
> 猶或疑之。況更陳其未合之數耶！然則何以知之？答曰：「於

26　並可參考張立文：《和境——易學與中國文化》（北京市：人民出版社，2005年1月第1版）；金演宰：《宋明理學和心學派的易學與道德形上學》（北京市：中國文史出版社，2005年3月第1版）。

27　詳參〔南宋〕朱熹：《周易本義》，卷之一，頁4。

仲尼三陳九卦之義，探其旨，所以知之也。」[28]

學者或懷疑此自序乃偽作，亦以其文義晦澀而疑之；然則，學者亦可藉此觀圖書《易》學的梗概。陳摶之學數傳至劉牧（先子，長民，1011-1064）、邵雍而大昌，然其傳授源流，各家所說，頗有異同。[29]

　　韓國國旗以「陰陽太極」與「伏羲先天四正卦 ── 〈乾〉、〈坤〉、〈離〉、〈坎〉」為主要構作，雖有推原究本的天地自然之《易》的義理蘊涵，而其實與邵雍「伏羲先天八卦」圖說創設密切相關，饒富《周易》「絜靜精微之教」。

　　總之，大韓民國「太極旗」國旗與宋儒邵雍「伏羲先天八卦圖位」之說，京城四大城門實與邵雍「文王後天八卦圖位」之說，皆淵源於《周易・乾・文言傳》、〈繫辭傳〉與〈說卦傳〉，殆無疑義。

---

28 詳參高明：《高明文輯》（臺北市：黎明文化事業公司，1978年），上冊，〈易圖書學傳授考源〉，頁141。

29 詳參高明：〈易圖書學傳授考源〉，頁141-144。此文乃在探索宋儒象數學的根源，於陳摶以來的傳授統系，及其象數學說的演進歷程，作一詳細的考證，其中有關邵雍受《易》淵源也十分詳贍，可供學者檢證參照，不贅述於此。

肆

栗谷李珥〈易數策〉證釋析論

　　李珥（1536-1584），字叔獻，號栗谷，原籍德水。十六歲時喪母，為排除心中煩悶，而前往金剛山閱覽佛書。明宗（1545-1567，李峘，對陽，1534-1567）時文科及第，任大提學、禮曹判書，在京畿道坡州留下生活足跡，在黃海道海州建立石潭書堂，有〈石潭九曲歌〉傳世。他的學術思想發展成為「栗谷學派」，與「退溪學派」並稱「雙璧」，他的作品總集為《栗谷全書》。〈易數策〉記錄在《栗谷全書》卷十四中。本來是以策文的形式寫成，是栗谷在玉堂中講論與《易》有關的內容時，回答提問並進行論述的紀錄。根據不同的論題，而展開辨說。〈易數策〉中涉及的內容包括《易》數的原理、學術開展過程，以及作為學者的栗谷對此課題的態度。因此，本文將透過對〈易數策〉中所提及之內容、概念進行耙梳、分析，進而認識栗谷李珥與《易》相關的學術思想。

一　知人論世：生平概述

　　李珥（1536-1584），字叔獻，號栗谷（以下皆以「栗谷」敬稱之），一五三六年出生於江原道江陵府北坪村申進士命和氏宅內「烏竹軒」，籍貫德水。為李元秀之子，其母申師任堂（仁善，師任堂、思任堂、師妊堂、妊師齋、任堂，1504-1551）[1]在詩文和書畫上有很

1　二〇〇六年發行的新版大韓民國五千韓圓的紙幣肖像畫，正面即為李珥及其出生地點江陵「烏竹軒」圖案和竹子，而背面則為李珥母親申師任堂的一副名畫草蟲圖。而二〇〇九年發行的新版五萬韓圓紙幣肖像畫，正面即為申師任堂。

高的造詣，因從小受到母親的薰陶，七歲時即為文〈陳復昌傳〉，諷刺表裡不一的政丞；八歲時更於坡州作漢詩〈花石亭〉，詩中流露出其寬大的胸懷；九歲時畫「兄弟奉父母同居圖」，表現出對父母的孝心與兄弟的友愛。一五四八年，年僅十三歲考中進士初試，震驚了當時江原道的教育界；十六歲時母親病逝，服心喪三年；十九歲時，入金剛山拜佛，並於此專研佛書一年；二十歲時因不認同佛家思想，而返鄉攻讀儒學典籍；二十三歲時在陶山拜儒學大師李滉（景浩，退溪，1501-1570）為師，後與「退溪李滉」並稱為朝鮮思想界的「雙璧」；二十九歲時明經及第，歷任戶曹佐郎、吏曹佐郎、弘文館副提學、戶曹判書、吏曹判書等官職，在職期間向君王提出多項改革方案，謀求國家的安全與繁榮富強；三十三歲時代表朝鮮出使明朝首都宣揚國威，使中國體認朝鮮乃東方禮儀之國。栗谷幾次因病辭官，皆返回坡州，從事學術與教育工作，為國家培養了一批經國濟世的人才。一五八四年，四十九歲時於京城大寺洞之寓所與世長辭。

　　〈易數策〉記錄在《栗谷全書》卷十四中，一定程度反映出栗谷在《易》方面的學術思想。本來是以策文的形式寫成，是他在玉堂中講論與《易》有關的內容時，回答提問並進行論述的紀錄。根據不同的論題，而展開辨說。〈易數策〉中涉及的內容，包括《易》數的原理、學術開展過程，以及作為學者的栗谷對此的態度。

二　辨章學術：學術思想簡介

　　宋儒以形而上學來解釋先秦儒學，將宇宙與人生的根源予以體系化，並展開其實踐理論，而隨著對先秦時代《易》中所謂「《易》有太極」的「太極」一詞解釋上的差異，有了不同的理論開展，其中以程、朱的理氣論最具代表性。程、朱的理氣論到了韓國朝鮮時代，在政治、社會、學術……各方面，具有極大的影響力，且在退溪李滉與

栗谷李珥的專精研究中達到了高峰。在此先就栗谷與《易》相關的學術思想進行簡介，以利後文針對〈易數策〉的理解與詮釋。

（一）太極論

「太極」一詞最早見於《周易・繫辭傳》：「《易》有太極，是生兩儀，……。」[2]隨著如何解釋「太極」及其與陰陽的關係，產生了許多不同的主張，對此栗谷的主張如下：

首先，太極（即引文中之「理」）與陰陽本就在一起，有太極則陰陽即在，有陰陽則其中亦必有太極存在，兩者不是互相獨立而單獨存在之物：

> 未嘗有不動不靜之時，一動一靜、一陰一陽，而理無不在，故聖賢極本窮原之論。不過以太極為陰陽之本，而其實本無陰陽未生、太極獨立之時也。[3]

其次，陰陽本有，並非太極所產生之物，而陰陽既為本有，為無法認定未生時之物，則太極與之同存並在，故亦同樣無法確立未生時的狀態及其如何生。然太極流貫於陰陽中，為萬化的樞紐與萬品的根柢，即太極在陰陽變易之中，而為變易之理，而非從陰陽外部來變易陰陽的原理：

> 大抵陰陽兩端，循環不已，本無其始，陰盡則陽生，陽盡則陰生，一陰一陽而太極無不在焉，此太極所以為萬化之樞紐，萬

2　《周易・繫辭上傳・第十二章》：「是故《易》有太極，是生兩儀，兩儀生四象，四象生八卦，八卦定吉凶，吉凶生大業。」

3　《栗谷全書》（漢城市：成均館大學校大東文化研究院，1971年），卷9，〈書一・答朴和叔〉，頁184。

品之根柢也。今若曰澹一寂然之氣乃生陰陽，則陰陽有始也，有始則有終矣，然則陰陽之機其息也久矣，其可乎？且澹一之氣，是陰陽耶？[4]

動靜之機有以始之也，理氣亦非有先後之言也，第以氣之動靜也，須是理為根柢。故曰：「太極動而生陽，靜而生陰。」若執此言，所謂太極獨立於陰陽之前，陰陽自無而有，則非所謂陰陽無始也，最宜活看而深玩也。[5]

對於「生」字不採「生成論」的解釋，而採「根柢」之義。作為陰陽動靜的根柢，太極一方面使陰陽之無始與動靜之無端成為可能，一方面又在陰陽不息的運行中，顯示出自己本身的存在。

（二）理氣論

栗谷提出不同於朝鮮傳統朱子學者的「理氣二元論」，試圖調和退溪李滉的「理一元論」，以及徐敬德（花潭，1489-1546）的「氣一元論」，此說成為後來朱子學的一個新的發展方向，其主張如下：

首先，一切自然現象皆因氣之陰陽變化、凝結聚散而產生，氣本身即具有活動性與能動性，並非有外在的「使之者」。而理則是乘於氣者，作為其樞紐與根柢、動靜之所以然，本身是無活動、非能動的：

竊謂萬化之本，一陰陽而已，是氣動則為陽，靜則為陰，一動一靜氣也，動之靜之者理也。[6]

4　《栗谷全書》，卷9，〈書一·答朴和叔〉，頁184。
5　《栗谷全書》，卷20，〈聖學輯要二〉，頁446。
6　《栗谷全書》，卷14，〈天道〉，頁308。

陰靜陽動機自爾也，非有使之者也，陽之動則理乘於動，非理動也；陰之靜則理乘於靜，非理靜也。[7]

其次，太極即理，陰陽即氣，正如「太極論」所提及，兩者密不可分，故從其渾淪之關係來看，可視作一物。然而，兩者關係雖密切卻不夾雜，故亦可分開來看，視為兩物：

既非二物，又非一物；非一物，故一為二，非二物，故二而一也。非一物者，何謂也，理氣雖相離不得，而妙合之中，理自理，氣自氣，不相挾雜，故非一物也。非二物者，何謂也，雖曰「理自理，氣自氣」，而渾淪無間無先後離合，不見其為二物，故非二物也。是故動靜無端，陰陽無始矣；理無始，故氣亦無始也。[8]

理無形也，氣有形也；理無為也，氣有為也。無形無為，而為有形有為之主者，理也；有形有為，而為無形無為之器者，氣也。[9]

理是無形、抽象之物，非現實的思維對象，若想將之現實化、具體化，必須藉由氣的作用，即理依氣的作用而產生萬物的個別性、差別性，成為主宰（「使實現」之意）。而氣也藉此主宰之理而得以成為現象，此便是所謂「氣發理乘」。

7　《栗谷全書》，卷10，〈書二・答成浩原〉，頁209。

8　《栗谷全書》，卷10，〈書二・答成浩原〉，頁197。

9　《栗谷全書》，卷10，〈書二・答成浩原〉，頁208。

（三）理有善惡

　　「理」在儒家被視為天理與道，當其流行於人間即為「性」，是內在於人之間的氣稟之具體展現。氣稟隨著氣化的清濁厚薄，剛柔緩急而有善惡之不同，故與氣稟相關聯的理，亦有善惡之別。關於此概念，栗谷的主張如下：

　　首先，有善惡之理是乘氣流行之理，其受到氣稟的影響產生差異，而有善惡美醜之別。而本然之理，即天理，則是純粹的善：

　　　　其所謂理者，指其乘氣流行之理，而非指理之本然也。本然之理固純善，而乘氣流行，其分萬殊；氣稟有善惡，故理亦有善惡也。[10]

　　其次，本然之理與流行之理的關係為「理一分殊」，即同一物的體用之別。「體究」便是親自作體驗與究明，而能在看到現象之多樣時，亦同時見其本體之同：

　　　　本然者理之一也，流行者分之殊也。捨流行之理，而別求本然之理，固不可；若以理之有善惡者，為理之本然，則亦不可。「理一分殊」四字，最宜體究。

　　　　本然之性使之蔽者，氣也；使之復者，亦氣也耶，曰「理無為，氣有為」，君言亦然也。[11]

理雖本為純善，然受氣影響可能失去本然，因而導致性有善惡。但人

10　《栗谷全書》，卷9，〈書一・答成浩原〉，頁194。

11　《栗谷全書》，卷31，〈語錄〉，頁231。

亦可藉由內心修養，使氣質由濁變清，而成為聖人，此即見人之主體
性與自由意志。

（四）「理通氣局」說

在「理一分殊」的基礎之上，栗谷提出了「理通氣局」說。此學
說自理的側面與性的側面作出獨特的解釋，在擴充「理一分殊」之理
氣觀的同時，更進一步補足其邏輯上的缺失，其主張如下：

首先，理是無形無為、形而上的客觀存在，並非任何感覺經驗所
能把握者，只能在氣之中，藉由氣之實質顯示本身的存在性。因此，
理可說無所不在，且具有圓通性與活潑性，一方面乘氣流行，另一方
面又能在不失其本然之妙的前提下，顯現出事物多樣的本性，此即
「理通」：

> 理、氣元不相離，似是一物，而其所以異者，理無形也，氣有
> 形也；理無為也，氣有為也。無形無為，而為有形有為之主
> 者，理也；有形有為，而為無形無為之器者，氣也。理無形，
> 而氣有形，故理通而氣局；理無為，而氣有為，故氣發而理
> 乘。「理通」者，何謂也？理者，無本末也，無先後也，無本
> 末、無先後，故未應不是先，已應不是後（程子說），是故乘
> 氣流行，參差不齊，而其本然之妙無乎不在。氣之偏，則理亦
> 偏，而所偏非理也，氣也；氣之全，則理亦全，而所全非理
> 也，氣也；至於清濁、粹駁、糟粕、煨燼、糞壤、污穢之中，
> 理無所不在，各為其性，而其本然之妙，則不害其自若也，此
> 之謂「理之通」。[12]

---

12 《栗谷全書》，卷10，〈書二·答成浩原〉，頁208。

其次，氣是有形有為、形而下的主觀存在，會隨著本身的升降飛揚，而成為有限的、被局限之物。因此，氣之本然雖可無所不在，但氣可能失其本然，故只能是多有不在，此即「氣局」：

> 「氣局」者，何謂也？氣已涉形跡，故有本末也，有先後也。氣之本，則湛一清虛而已，曷嘗有糟粕、煨燼、糞壤、污穢之氣哉？惟其升降飛揚，未嘗止息，故參差不齊，而萬變生焉。於是，氣之流行也，有不失其本然者，有失其本然者，既失其本然，則氣之本然者已無所在，偏者、偏氣也，非全氣也；清者、清氣也，非濁氣也；糟粕、煨燼，糟粕、煨燼之氣也，非湛一清虛之氣也；非若理之於萬物，本然之妙，無乎不在也，此所謂「氣之局」也。[13]

> 理通氣局，要自本體上說出，亦不可離了本體，則求流行也，人之性非物之性者，氣之局也，人之理即物之理者，理之通也，方圓之器不同，而器中之水一也。大小之瓶不同，而瓶中之空一也。氣之一本者，理之通故也；理之萬殊者，氣之局故也。本體之中，流行具焉，流行之中，本體存焉，由是推之，「理通氣局」之說果落一邊乎？

相對於理一分殊傾向從理的方面，說明理一與理分殊的體用關係，理通氣局提出「氣一本」的概念，此氣即本然之氣。理一的本然之理，即依著於本然之氣；而氣一的本然之氣，亦以本然之理為根柢。理一之所以成為分殊，是因氣的局限性，即氣的分殊所造成。同時，重視理氣而不偏向一方，則是發展「理通氣局」說最大的用意。

13　《栗谷全書》，卷10，〈書二·答成浩原〉，頁209。

三　探賾索隱：玉堂聽講者問題之提出

　　〈易數策〉是栗谷在玉堂中，講論與《易》有關的內容時，回答提問並進行論述的紀錄。以下將先針對提問部分內容，進行分段標點，以明白提問者所關心的議題為何。

（一）對天地之生與天意所示之惑

> 問：「儒者恥一物之不格，而況天地之大、象數之變乎？厥初混沌未分，睢盱渺茫，二儀筆闢，萬象繫焉。其所以闔闢者，孰主張是歟？伏羲首出，仰觀俯察，〈河圖〉[14]出而始畫八卦，若非圖出則八卦終不能畫歟？聖前後一揆，道古今一致，〈洛書〉[15]見而大禹則之，列〈洪範‧九疇〉之序。二聖所見，何據而有？繁簡不同，抑有微意歟？圖畫互位，易置生克，奇耦之數，大相懸絕，亦天示人之意，有前後之異歟？」（頁431）

全文之初，發問者即點出儒者皆以窮究事物的道理為目標，故對於廣大天地所蘊含之道理，必然無法忽視，而欲求其深意之念。緊接著，針對天地之生成、自然現象之產生，提出根源性的疑問，而以伏羲據〈河圖〉畫八卦、大禹見〈洛書〉列〈洪範‧九疇〉二事進行思考，伏羲、大禹兩人所得皆為天賜，然〈河圖〉、〈洛書〉間存在著差異，其各自所具有的內涵為何？是否上天所欲傳達之概念有所不同？

14　〔西漢〕孔安國《尚書‧洪範‧傳》：「伏羲王天下，龍馬出河，遂則其文，以畫八卦，謂之〈河圖〉，及典謨皆歷代傳寶之。」

15　〔西漢〕孔安國《尚書‧洪範》：「天與禹，洛出書，神龜負文而出，列於背，有數至於九。禹遂因而第之，以成九類，帝道所以次敘。」〈洪範〉是中國非常古老（秦代以前）的歷史文獻，它的起首第一段，記周武王訪問箕子，請教治國的方法，箕子說治國方法都是由天帝所傳授，最重要的就是〈洪範‧九疇〉：「初一日五行，次二日敬用五事，次三日農用八政，次四日協用五紀，次五日建用皇極，次六日乂用三德，次七日明用稽疑，次八日念用庶徵，次九日嚮用五福、威用六極。」

（二）對六十四卦明萬象與《易》數占卜示行止之惑

逮至文王、周公、孔子，推而策之，衍而翼之，《易》道大顯
於世。[16]如非三聖，則八卦五福之用不能變轉，而六十四卦終
不可成歟！天地之情無窮，六十四卦之變有限，而聖人以謂，
雖鬼神莫能遁其情狀。以有限之變，盡無窮之情者，何歟？蓍
短龜長，明告吉凶，聖人之意必欲使人人行止，一依龜蓍而然
歟？（頁431-432）

贊三聖於《易》道傳承發揚之貢獻，肯定文王、周公、孔子對《易》
之推衍，使六十四卦得以完成，而《易》之理得以顯示於世。然對於
聖人所言之卦象之數有限，然天地之間的變化，以及展現之情無窮無
盡一事，產生如何以有限之卦象，認識無窮之天地的疑惑。而面對聖
人藉由蓍龜策算，讓世人明白知道吉凶，更興起欲使眾人，只依照策
算結果而行動的質疑。

（三）對學《易》態度之影響、方圓圖與《易》之預知能
##　　　力之惑

秦漢以下，《易》道泯絕，揚雄、郭璞、淳風、一行之徒，紛
紜迭起，互為爭長，其有補益於畫《易》之遺意歟？洛陽邵子
學究天人，發前聖之未發，作方、圓之二圖，何所法而然歟？
且於圓圖之中，必置〈姤〉於〈乾〉之後，置〈復〉於〈坤〉
之後者，何意歟？天津鵑叫，知小人用事；枯枝自落，識元夫
之來伐。聖人作《易》之際，其能逆知千載之下，匠石之名、
豎儒之禍而然歟？（頁432）

---

16 《易經》全書分為上、下經，上經計有三十卦，下經則有三十四卦。上經「藉天道
以明人事」，下經則「用人事以推天道」。

對於秦、漢以下談《易》之人，如西漢揚雄（子雲，公元前53-公元18）、東晉郭璞（景純，276-324）、唐李淳風（道之，602-670）等人互爭長短之現象，提出了學《易》態度，以及對《易》之理解、流傳間關聯性的疑問。亦在肯定後世《易》學代表之一邵雍（堯夫，安樂先生、百源先生，諡康節，1012-1077）[17]繼承前人精神並有所創發表示的同時，對其所創的「六十四卦方圓圖」之來源，以及相關安排表示了好奇。進而針對從自然現象便能預測將發生之事，提出對於聖人作《易》之時，是否真能預見未來之事的疑問。

（四）對後代《易》註語差異，以及個人修養在學《易》重要性之惑

> 程、朱兩賢傳義于義經，而或有註語之不同，何得而何失歟？方今選玉堂之士，俾之專業學《易》，輪遞講論，若使有研覈潔淨（靜）精微之義者，則其有益於國家之治，而雖無格、致、誠、正之學可乎？願聞其說。（頁432-433）

針對宋代程頤、朱熹傳世的《易》學作品——《易程傳》與《周易本義》，在註語上並不完全相同一事，提出對二書各自得失之探問。且對於當今之世，有專業士人能對《易》之內容加以講述，使聽者掌握《易》中之精要，而有助於國家之情況，進一步提出了個人修養，是否為學《易》的必要條件之好奇。

---

17 邵雍，字堯夫，范陽人，自少慷慨有大志，周遊四方，後拜北海李挺之為師習先天象數，而李挺之學自陳希夷老祖。三十餘歲時，葬親伊水之濱，遂定居於此，邵雍一生淡薄功名，閉門學理，悠然自得，自稱「安樂先生」，所居之處，名為「安樂窩」。閒來研究命理，言必有中，深受當時士大夫敬重，熙寧十年七月五日卒，享年六十七歲。

四　鉤深致遠：栗谷針對提問之回應

〈易數策〉中栗谷根據不同的論題所提出的說法，以下將先進行分段標點，並藉由對各部分的重點整理，以掌握栗谷對《易》數的原理、學術開展過程，以及對此的態度。

（一）《易》之作用與傳衍

> 「對一理渾成，二氣流行，天地之大，事物之變，莫非理氣之妙用也。」如此說者，可與論《易》也。今執事先生特舉《易》學之微意，下詢承學，欲聞研覈之說，愚也。糟粕淺見，韋編未絕，枕書未破，安足以仰塞明問？既辱盛意，不敢囚舌，而為之說曰：「萬物一五行也，五行一陰陽也，陰陽一太極也，太極亦強名耳。其體則謂之《易》，其理則謂之道，其用則謂之神。」是故有天地自然之《易》，有伏羲之《易》，有文王、周公之《易》，有孔子之《易》。自然之《易》則不可以八卦求也，伏羲之《易》則不可以文字求也。有文王、周公，然後《易》道之用明於世；有孔子，然後《易》學之義昭於後。厥後道統不傳，人懷異見，雖窺《易》學，不本其初，文辭象數，或肆或拘。有宋真儒克紹遺緒，發前聖之餘蘊，而斯道復明矣。（頁433-434）

栗谷於回應之初，便清楚道出，欲認識《易》者必須先具備「明白萬事萬物皆理氣之用」的概念，唯有建立了正確的基本認知，才能進一步與其言《易》之道。而面對提問，栗谷以孔子「韋編三絕」與邵雍「枕破得《周易》」的事蹟為例，[18] 謙虛表示自己所下之工夫，以及學

18　此事據傳與《梅花易數》的創出有關。時邵雍隱居山林，全心學《易》，忘其寒

養皆不足。然因不願辜負對方求問之心，便仍以所知勉強針對提問，作出相關回應。

　　栗谷先言萬物與《易》之關聯，萬物乃由五行、陰陽、太極變化而成，《易》為其本體，當《易》運行於萬物之中則成理，落實於現象世界即為用。簡單幾句介紹便使《易》不再只是玄虛的存在，而能與人間之事產生聯結。進而闡述朱子《周易本義》卷前所提《易》之演進，由天地自然之《易》至伏羲之《易》，再至文王、周公、孔子之《易》，並論及後世《易》曾一度衰敗，直至宋代邵雍才又有復興之勢。

（二）理氣不二分

> 愚請因事而白之：「夫形而上者，自然之理也；形而下者，自然之氣也。」有是理，則不得不有是氣，有是氣，則不得不生萬物。是氣動則為陽，靜則為陰。一動一靜者，氣也；動之靜之者，理也。陰陽既分，二儀肇闢，二儀既闢，萬化乃生。其然者，氣也；其所以然者，理也。愚未知孰主張是，不過曰：「自然而然耳。」（頁434-453）

暑，每日畫卦象糊於壁上，專心瀏覽玩索，欲造《易》數而未獲訣竅，適逢一日午睡，有淘鼠擾其眠，惱怒舉瓷枕投擊，鼠走枕破，竟於破枕中發現字條：「此枕賣與賢人康節，某年某月午時擊鼠枕破。」邵雍覺得玄妙，遂向賣瓷者詢問，賣瓷者說：「昔日有一人手執《周易》，休憩於此，舉枕書字，至今已久，此人必老矣。」邵雍偕賣瓷者往訪，及家門時，正逢此人剛逝，不過家無恆產，難以殮葬，但遺書一冊，曾向家人囑咐：「某年某月某時，有一秀士到吾家來，可以將此書贈他，這人能安排我的後事。」家人依言以書授之，邵雍一看始知是《周易》之書，並得書中之秘，以前不解卦理，豁然頓悟，當下推演卦象，謂其家人：「汝父生前存有白金，藏於睡床西北角的地窖之中。」家人如言尋得藏金，營葬後事有餘，日後生活無憂。邵雍得書歸來，演練先天《易》數，得心法真傳，觀梅以雀爭，得知有鄰人少女折花，而墜傷其股，因其靈驗無比，故相傳後世，遂名「梅花《易》數」。事詳〔清〕黃宗羲撰《梅花易數》序）。

栗谷對於作為萬物之根本之理氣，指出兩者在特質有所差別，一為形而上之抽象存在，一為形而下之具體存在，然而兩者間亦有渾淪不分之關係，有理則有氣，有氣亦必有理。世間一切現象皆因氣之自發運行，在動而為陽、靜則為陰的過程中所形成，即氣為萬物形成之質料，然在氣之內亦有理作為其根柢，為萬物之所以然之因。

（三）天道之無私

> 混沌之氣雖為天地之始，而又未知混沌之前，天地萬物幾聚幾散耶？往復無際，終始無端，眇而視之，其惟無極乎？若稽古昔，伏羲首出，道統悠始，天不愛道，地不愛寶，於是龍馬負圖，予以則之，乃畫八卦。蓋天地必待聖人，然後乃以是數示之人，聖人必待文瑞，然後乃以是理著於世。天不得不生聖人，亦不得不出文瑞也，此則自然之應，而天人交與之妙也。
> （頁435）

氣為萬物生成之始，然其循環不已並無始終，故在萬物生成前的事，亦難以得知其真相。唯一可知的是，伏羲乃第一位以自然為本而有所創制之人，天地無私，使龍馬負圖而出，示意予伏羲，使之畫成八卦，伏羲亦順此將天地所示之理，藉由卦象彰顯於世。天地與聖人於顯道方面乃相輔相成，而《易》道之發揚，必將有益於世間百姓，此既為天道愛人之具體展現，亦為聖人回應天地美意的實際作為，實天人相交互通之玄妙所在。

（四）天理本存於心

> 然而《易》有太極，是生兩儀，兩儀生四象，四象生八卦，聖人仰觀俯察天地之間，萬物之眾無非一陰一陽之理，有是理，則有是象，有是象，則有是數，豈獨〈河圖〉為然哉？一草一

木亦可因之畫卦，則〈河圖〉未出之前，八卦之形已具於伏羲
方寸中矣，愚於程子賣兔之說深有感焉。及乎大禹治水，地平
天成，神龜貢書，予以則之，以敘九疇，人君為治之心法於是
乎在焉！（頁435-436）

萬物生成後，《易》即內化為萬物之理，故萬物中本具天地之理，且
此理可藉由其形象、現象所顯示。由此可知，並非〈河圖〉出現才給
了伏羲畫卦的靈感，此卦之靈感應早已存在伏羲意識中，〈河圖〉僅
是最後將之引出之物，使伏羲對心中本具之概念有清楚掌握，進而完
成原只存在於腦海中的構想。而「程子賣兔」[19]一事正可與此推測相
互呼應。而大禹因〈洛書〉以敘九疇，使心底的治國之方具體列出，
亦是同樣的道理。

（五）書圖異而理相同

〈河圖〉之數主全，故極於十，而天地自然之象也；〈洛書〉
之數主變，故極於九，而人事當然之道也。伏羲獨得乎圖，大
禹獨得乎書，雖若煩簡之不同，其實則〈河圖〉、〈洛書〉相為
經緯，八卦九疇互為表裡，前後一揆，古今一致，又何疑哉？
蓋一六居北，二七居南，三八居東，四九居西，五十居中，耦
贏而奇乏，左旋而相生者，〈河圖〉之數也。戴九履一，左三
右七，二四為肩，六八為足，五數居中，奇贏而耦乏，右旋而
相克者，〈洛書〉之數也。（頁436-437）

---

19 《朱子語類》，卷62，程子曰：「天地萬物之理，無獨必有對，皆自然而然，非有安
　排也。」程子見賣兔者曰：「聖人見〈河圖〉、〈洛書〉而畫八卦，然何必圖書，只
　有此兔亦可畫八卦。」

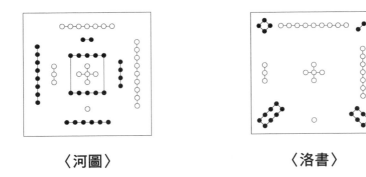

〈河圖〉　　　　　　　　　　〈洛書〉

關於伏羲與大禹所見之〈河圖〉、〈洛書〉，在內容上有繁簡之別一事，栗谷以為僅是上天在顯現方式上的不同而已。實則「前後一揆，古今一致」，上天同樣示意於聖人，同樣傳達天道之理，因此〈河圖〉、〈洛書〉、八卦、九疇，雖表面看來有所差別，其實是互為表裡，相輔相成，吾人見時不必困於表面之異，而對天所示之深意感到疑惑。

（六）理以不同面向示人

> 微伏羲，孰能揭其全以示常數之體？微大禹，孰能敘〈洪範〉以示變數之用耶？然而，〈洛書〉之數亦可因之以畫八卦，〈河圖〉之數亦可因之以敘九疇，圖未始不為書，書未始不為圖，奇耦生克雖曰懸絕，而其理則一也。此理在天而為八卦，在人而為九疇，愚未見前後之有異也。

八卦與九疇對於世人明天理有極大助益，而兩者之出，其創作者功不可沒。然而，栗谷在肯定伏羲與大禹的同時，亦承上所述，再次點出〈河圖〉、〈洛書〉提供的僅是一種意象，皆可以畫成八卦或敘成九疇，而非一定是「〈河圖〉——八卦」、「〈洛書〉——九疇」之配對，兩者所傳達之理相同，只是從自然萬物來看則是八卦，若反映在人事施用法則上則為九疇。

（七）卦爻辭產生之緣由

噫！伏羲之《易》，只有卦爻，初無文字，天地之理，陰陽之
變，必具於此。降及中古，民偽日滋，文王是憂，乃本卦義，
以繫象辭。爰及周公，因事設教，鉤深闡微，昭示天下。周德
既衰，斯道復晦，惟我夫子，乃作《繫辭》，發揮經義，三聖
一心，以衍義《易》，垂象千古，如日之中。箕子之陳〈洪
範〉於武王，亦述大禹之意也。夫聖人德合天地，明竝日月，
與四時合其序，與鬼神合其吉凶，求之於心術之動，得之於精
神之運，非聖人，烏能知《易》之微意乎？大《易》之義，實
理而已，真實之理，不容休息，則上天安得不生三聖，三聖安
得不衍大《易》哉？若六十四卦，則伏羲已畫其象，不待三聖
然後乃成也。（頁437-438）

伏羲之《易》原是以卦象示天地之理，並未用文字加以詮釋。然至後
世，人心衰敗日益嚴重，文王因憂心故為《易》繫象辭，希望藉此使
人民從中有所學習，而能導正心念。到了周公的時候，更以《易》作
為教化之根本，明白闡釋《易》之精神，使百姓以此為榜樣。其後周
禮崩化，《易》道之理不顯於世，幸而有孔子作《繫辭》，重新發揮了
《易》之精要。因為有文王、周公、孔子三代聖人在《易》方面的用
心，才使《易》之深意得以流傳千古。

栗谷更進一步表示，《易》之存在與《易》所存之義，皆實質之
理而已，可其所傳達的天之真實之理，是流轉變化的狀態，需要能知
《易》之微意的聖人，才可以隨時變動，而作出適當詮釋，故上天生
三聖，而三聖亦在機緣之下，傳衍《易》之內涵。至於衍生出後來一
系列詮釋之本源的六十四卦，其實早在伏羲時已畫出，而非後世所言
為文王重八卦而成。

（八）《易》之不定與無窮

> 大哉！《易》也。以之順性命之理，以之通幽明之故，以之盡
> 事物之情。其體至大而無不包，其用至神而無不存，人知六十
> 四卦之變有限，而不知六十四卦之用無盡也。自一而二，自二
> 而四，自四而八，自八而六十四卦，亦猶此也。自六十四而至
> 於無窮，則六十四亦無窮之本也，其可以無窮為多，而六十四
> 為少乎？其卦則六十四，而其理無窮，其用亦無窮也。是故時
> 不一而卦無定象，事不一而爻無定位。先儒氏曰：「以一時而
> 索卦，則拘於無變，非《易》也；以一事而明爻，則窒而不通，
> 非《易》也。必也窮其理而盡其變，然後可謂知《易》矣！」
> 聖人所謂鬼神莫能遁其情狀者，豈欺我哉？（頁438-439）

栗谷對於提問者質疑如何以有限之卦明萬象，給出了明確的回應。
《易》之理遍及天道、自然、人事各方面，所含廣泛。就表面看僅有
六十四卦，然實際運用之處就如「自一而二，自二而四，自四而八，
自八而六十四卦」，無限延展而無窮盡之處。因此，隨著時機不同，
同一卦象所能給予的啟發便不相同，而隨著所遇之事不同，每一爻所
傳達之義，亦隨之改動。由此可知，面對《易》，不可拘限於時與
事，唯有真正明白《易》之不定之理與無盡之變，才可能明白《易》
之廣大。

（九）「誠」為卜筮之本

> 《易》者，所以定吉凶，而生大業者也，吉凶之兆必稽卜筮。
> 蓋人謀未免乎有心，有心未免乎有私。是故古之聖王皇極雖
> 建，而不敢自是，國有大事參諸鬼謀以決，其疑必擇建立卜
> 筮，人乃命卜筮所以洗心齋戒，以聽天命也。武王以至仁伐至

不仁，尚曰：「朕夢協朕卜。」則聖人之謀及卜筮斯可知矣！但後世不擇其人，其龜蓍又出於私心，則與不卜何異哉？（頁439-440）

栗谷對於卜筮之事，提出關鍵提醒：至誠則靈。國家大業是否可成與事之各方面的吉凶相關，而為了知曉事之吉凶，則必透過卜筮。因為，人的謀略難免有自身主觀意識與私心，不易公正客觀分析事理，以求得較佳之行事方法。故即便是已建立功業之古代聖王，在面對國事時，依然會透過虔誠地占卜以明天意，作為決策的重要參考，而不敢師心自用。然而，傳到後世，卜筮之法雖存，然而過程皆出自私心，已失去最初之虔誠，如此占卜便同時失去意義。

（十）《易》之邪說與真知

嗚呼！秦漢以下聖學不傳，《易》道遂泯。知《易》之全體者，固不可得；知《易》之一端者，亦不世出。蓋《易》者，萬事之本也。善惡由是而生，邪正由是而出。是故，學《易》而失其宗，則流於邪說者，亦有之矣！漢之揚雄、晉之郭璞，唐之李淳風、一行之徒，或著《太玄》，或談性命，或推曆數，可謂知《易》之一端矣！然而惟求於《易》，而不求於理，徒見其然，不見其所以然，卒失《易》學之宗，則安能有補於四聖之遺意歟？不知理而能知《易》者，愚未之聞也。若魏伯陽之《參同契》，亦學《易》而流於邪說者也。豈特揚雄輩為然哉？若其生於千載之下，得契四聖之心，學究天人，通乎性理者，其惟邵子乎！（頁440-441）

關於《易》學在後代流傳的情況，栗谷感嘆秦漢以下《易》學不傳、《易》道泯絕，即便有少數看似知《易》者，也僅是知其一端而不全

面。更直言《易》為萬事之本，若不明其深意，便隨自身所以為的任意詮解，便會造成邪說流行，如：西漢之揚雄著《太玄》、東晉之郭璞談性命、唐之李淳風推曆數、東漢魏伯陽（雲牙子，151-221）之《參同契》皆僅知《易》之一端，僅求其表象而未明其根本之理，因此不明根本之理，便不可能契得《易》之深意。然而，在那看似《易》道已然難存之時，繼前聖之後，宋代邵雍的出現，為《易》道之傳提供了可能性。

（十一）邵雍「六十四卦方圓圖」

> 邵子之學出自陳希夷，而其獨知之玅，則青出於藍，而青於藍者也。推伏義之卦，作方圓之圖，圓於外者為陽，動而為天者也；方於中者為陰，靜而為地者也。天地之理皆在是矣！圓圖之中，〈乾〉盡午中，〈坤〉盡子中，〈姤〉卦則陰之始生者也，〈復〉卦則陽之始生者也。〈乾〉陽極而生陰，故置〈姤〉於〈乾〉後；〈坤〉陰極而生陽，故置〈復〉於〈坤〉後。皆可以理推也。冬至為〈復〉一陽初動，夏至為〈姤〉一陰初萌，豈不與此圖相應歟？邵子既明《易》理，又精《易》數，於伏義先天之學，文王後天之數，剖析精微，遊刃無礙，盡天地之終始，盡物化之感應，能知未來，運智如神，夫豈《易》言哉？（頁441-442）

邵雍隨陳希夷學《易》有所得，並繼承先人以圓為天，以方為地的說法，配以伏義所作六十四卦，成為「六十四卦方圓圖」。以圓圖在外象徵陽，而方圖在中象徵陰，圓圖代表動、為天，方圖代表靜、為地，將天地之理蘊含於其中。圓圖乃由「伏義先天六十四卦」橫圖從中分之所為而成，藉卦之排序顯示陰陽消長，連續而循環不已之理，如：〈乾〉卦後接〈姤〉卦，即表示陽氣到盡頭，便是陰氣始生之

時；而同理，〈坤〉卦後接〈復〉卦，亦即陰氣到盡頭，則陽氣便開始增長。且此卦理可與日常節令互為呼應，如：冬至是一年之中黑夜最長的一日，在這天之後，白天的時間便會漸增，而夏至是一年之中白天最長的一日，在這天之後，黑夜時間便會漸增。由此，可知天道與人世現象有相應之處。從六十四卦方圓圖，即可清楚知道邵雍為既明《易》理，又通《易》數，有通明之智慧，而能知未來之人。

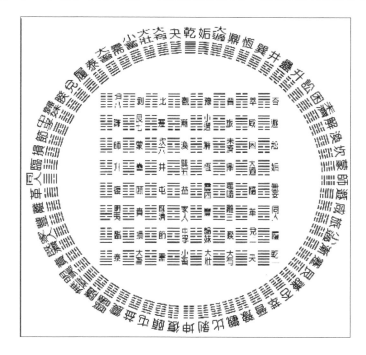

六十四卦方圓圖

（十二）《易》與卜筮之理

天氣自南而北，則便知小人之用事，此則以理觀時，而逆見其未然也；枯枝無風而墜，則便知匠石之來伐，此則以數推物，而預知其將然也。以理而推，則不待占而可見矣！何必天津鵑叫，然後乃知國步多艱耶？以數而推，則非占不可也。必待寓

物成卦，然後乃知物數當盡也。聖人作《易》寓無窮之用於一
簡編耳，豈必為某事而畫某卦哉？其理至微，其象至著，惟窮
理者可以盡其變耳。若元夫之名則偶然也，尤不可逆料也。
《易》理無窮，而必欲事事牽合，則無乃一曲乎！（頁442）

在其他推知世事的方法中，栗谷順著提問者的話，指出由氣之流行
變化預知小人將作亂，為觀天理所得，因是天之自然運行，故不需
藉由卜筮來推知；由枯葉落下的現象，預知木匠將來伐木，[20]這是觀
自然之象所得，因是象之變化，故需藉由卜筮來推算。天理微妙，現
象顯明，然而必須是真懂《易》道之人，才能不受局限而明白其萬變
之理。若必求事事有定理，而無法變通、延伸思考，則是對《易》之
曲解。

（十三）對程、朱之作的評斷

若夫程、朱二賢俱傳道統，洞明《易》學，悼斯道之湮晦，示
學者以真源。程子之《傳》，則發聖人之遺旨焉！朱子之《本
義》，則明吉凶之定數焉！其所獨見者，不可求之言語文字間
也。雖或註語之不同，愚安敢輕議其得失哉？（頁442-443）

在邵雍之後，又有程、朱繼承《易》之道統，而對於提問者對程、朱
所傳著作之註解有所不同的疑惑，栗谷以為，程頤《易傳》續前聖之
言對《易》理有所闡發，而朱熹《本義》則針對《易》道所述吉凶之

20　「枯枝墜地占」——戊子日辰時，偶行至中途，有樹蔚然，無風，枯枝自墜地於
　　〈兌〉方。占之，槁木為〈離〉，作上卦，〈兌〉方為下卦，得火澤〈睽〉。以
　　〈兌〉二〈離〉三，加辰時五數，總十數，去六零四，變山澤〈損〉，是〈睽〉之
　　九四。《易》曰：「睽孤，遇元夫。」卦中火澤〈睽〉變〈損〉，互見〈坎〉、〈離〉，
　　〈兌〉金為體，〈離〉火剋之，且〈睽〉、〈損〉卦名，俱有傷殘之義。斷曰：「此樹
　　十日當伐。」果十日，伐樹起公廨，而匠者適字「元夫」也。

數有所發揮。兩人有各自獨到的見解，難以藉由語言文字而全然表
達，故即便在註解上有所差異，然後輩亦不宜輕易判定其得失。

（十四）《易》之要義總述

> 恭惟　聖朝斯文大振，玉堂之士專業學《易》，深明潔淨
> （靜）精微之義，闡揚開物成務之道，承我　王文明之德，示
> 我民當行之理。佇見治教休明，鳳至圖出，豈曰小補之哉？然
> 而，《易》之為道，「體用一源，顯微無閒」。苟非格物致知，
> 則不得見其理；苟非誠意正心，則不得踐其實。格致誠正，
> 《易》中之一事也。不格致而欲見聖人之道，則譬如航于斷
> 港，而求泛大洋也；不誠正而欲之聖人之道，則譬如不移寸
> 步，而求陟泰華也。欲學大《易》者，捨是何以哉？愚既對執
> 事之問，而又有復於執事焉？夫「上天之載，無聲無臭」者，
> 《易》之至微者也；「鳶飛戾天，魚躍于淵」者，《易》之至顯
> 者也。天之高，地之厚，日月之明，人物之繁，山川之流峙
> 者，《易》之用也；天之所以高，地之所以厚，日月之所以
> 明，人物之所以繁，山川之所以流峙者，《易》之體也。大而
> 天地之外，小而秋毫之末，安有出於大《易》之外者哉？伏羲
> 畫卦，則此《易》寓於卦爻；文王作《象》，則此《易》寓於
> 《彖》、《象》；孔子《繫辭》，則此《易》寓於《繫辭》。卦
> 爻、彖辭，則《易》之已形、已見者也。須知伏羲未畫八卦，
> 此《易》未形、未見之前，不可謂無《易》也。執事以為何
> 如？謹對。（頁443-444）

以上結尾部分，栗谷先肯定國家當時的整體狀況，即文明振興，君王
有德，使《易》之道得以示民。再從《易》所發揮的教育功效，談到
其出現對人世間之重要性。緊接著，就提問者所問，針對《易》與個

人修養之關聯性作出回應，強調對於《易》所傳達的天理，人必須透過「格物致知」與「誠意正心」的修養工夫，才能真切掌握其理，並於日常生活中實踐。

最後，栗谷則為前文所述做一簡單統整，提及《易》為宇宙、萬事、萬物之本，其內涵可從兩方面觀之：（一）一切世間現象皆為「《易》之用」，而使一切世間現象所以如此者為「《易》之體」。有用即有體存在於其內，而有體亦需藉由用來顯示自身存在，故體用是不離的，究其根源為一而無分。（二）早在伏羲畫卦，彖辭、繫辭出現前便在，只是藉由有形可見之卦象，以及卦爻辭，顯現於世人面前。

五　結論：原始要終妙天人

栗谷李珥〈易數策〉是其在玉堂中，講論與《易》有關的內容時，回答提問並進行論述的紀錄，乃根據不同的論題，而展開辨說。藉由提問，栗谷可以有系統的將自己對《易》之理解傳達出來，故透過此文便可一窺其思想內涵。

全文從萬物之源與理氣觀切入，使讀者先對萬物之生與理氣之二而一的基礎概念有所掌握。緊接著，透過《易》之顯於世以及傳衍，點出「天不愛道，地不愛寶」之情，使天對人世間的寬容展露無疑。而人要知天意，並遵循其道，則需透過聖人傳遞：

> 天地必待聖人，然後乃以是數示人；聖人必待文瑞，然後乃以是理著於世。天不得不生聖人，亦不得不生文瑞，此則自然之應，而天人交與之妙也。

天對聖人有期望，而聖人亦實現此一期望以回應天。然而，這並非表示聖人具有優越性，高於其他人之上，相反地，聖人必須在天所期望

的某個特定時刻為世人的利益發聲，並有所行動。伏羲所造之八卦，即為聖人之心象，經長久醞釀後，與天意互感而出。

　　然而，隨著時間推移，人道日漸衰敗，文王、周公以及孔子，不得不對卦爻辭加上詮釋，以啟發百姓，使百姓有足以學習的規準。也因三聖之努力，才使《易》之理如日光般散發耀眼光芒。然而，《易》到後世難以流傳，究其原因，可以文章開頭的一段話來看：

> 「對一理渾成，二氣流行，天地之大，事物之變，莫非理氣之
> 妙用也。」如此說者，可與論《易》也。

在這段話中，栗谷清楚表達「理氣」在其《易》學中的重要性，並指出唯有明根本，才能真正理解《易》。在此基礎上，其批判由漢至唐的學者——「惟求於《易》，而不求於理，徒見其然，不見其所以然，卒失《易》學之宗。」只重表面之學，而未得其中心精神，這便是無法學好《易》，更使《易》學於後世近乎衰亡的關鍵所在。又進而肯定宋儒，特別是邵雍、程頤、朱熹等人，透過對象數的研究，恢復《易經》本義的努力。

　　栗谷在全文最後更強調個人功夫修養的重要性，徒知《易》理亦是不足，唯有藉有格物、致知、誠意、正心，才得以使所學深刻並能實踐，知而能行才是真正的通達，也才能對國家社會有正向的助益。

伍
恭默堂金濤《周易淺說》證釋析論

　　恭默堂金濤（巨源，1580-1646），嘗修學於清陰金尚憲（叔度，石室山人、西磵老人，1570-1652）與浦渚趙翼（飛卿，存齋，1579-1655），著書《恭默堂金先生文集》（《恭默堂集》）四卷二冊木活字本（奎章閣藏本：古3428-550），但遲至1909年，才由其十世孫金相鎮刊行於世。金濤《易》學主要體現在《恭默堂集》卷四所收錄《周易淺說》中，此書由〈序〉、〈先天說〉、〈後天說〉與〈六十四卦大象說〉所構成，末尾附有心石齋宋秉珣（東玉，1839-1912）跋文。〈先天說〉詮釋從太極、陰陽、四象、八卦到六十四卦的過程；〈後天說〉極為贊賞濂溪周敦頤（茂叔，1017-1073）〈太極圖說〉聖人「中正仁義」、「主靜立人極」的解說；〈六十四卦大象說〉則主要引用《伊川易傳》與《周易本義》，以證析六十四卦〈大象傳〉相關文字與義理問題，並揭示四聖作《易》的隱微旨意。因此，本文透過金濤《周易淺說》理與象的兩重向度，耙梳、分析與證論金濤《易》學的特色與價值——淺說義文周孔理，深研《易》象宋儒心。

一　前言：知人論世明其學

　　金濤（1580-1646），字巨源，號恭默堂。籍貫商山，金麒善之子，其母宜寧南氏，為曾任參奉的南尚夏之女。朝鮮宣祖十三年（明神宗萬曆八年，1580年）二月三日，在漢城鑄字洞出生。朝鮮宣祖二十五

年（明神宗萬曆二十年，1592年）「壬辰倭亂」時，[1]避難到湖南金堤。一五九七年，從金堤搬到水原鷗浦，修學於附近隱居的浦渚趙翼（飛卿，存齋，1579-1655）。後來回尚山（慶尚道「尚州」的古號）的舊庄（百源山下面），與鄰居申碩蕃（仲衍，百源，1596-1675）為道義之交。仁祖（1623-1649，李倧，和伯，松窓，1595-1649）時，被薦舉任命寢郎，但是婉拒就職。朝鮮仁祖五年丁卯（明熹宗天啟七年，1627年），後金入侵朝鮮戰爭時，因宣揚昭顯世子（李汪，1612-1645）的貢獻，被除授司憲府監察與義興縣監，不久就辭職了。卒於朝鮮仁祖二十四年（清世祖順治三年，1646年）十二月十日。

金濤與金尚憲（叔度，清陰、石室山人、西磵老人，1570-1652）為表親關係，金尚憲到安東時，曾寫贈「尊攘大義」詩。金濤十分瞭解《周易》，著述有四卷二冊的《恭默堂金先生文集》（《恭默堂集》，奎章閣藏本：古3428-550），但遲至一九〇九年，才由其十世孫金相鎮刊行於世。其中，與《易》學相關者為卷之四的《周易淺說》，分別為〈先天說〉、〈後天說〉，以及〈六十四卦大象說〉各卦按語所構成。[2]

金濤《易》學主要體現在《恭默堂集》卷之四所收錄《周易淺說》中，此書由〈序〉、〈先天說〉、〈後天說〉與〈六十四卦大象說〉所構成，末尾附有恩津宋秉珣（東玉，心石齋，1839-1912）書於一九〇九年的跋文。〈先天說〉詮釋太極、陰陽、四象、八卦到六十四卦的過

1　「壬辰倭亂」是一五九二至一五九八年（明朝萬曆二十至二十六年，日本文祿元年至慶長三年，朝鮮宣祖二十五至三十一年）間，日本豐臣秀吉（1537-1598）幕府政權與大明、朝鮮王朝之間爆發的戰爭，也是明朝萬曆三大征之一。

2　以上有關金濤傳略資料，根據崔錫起（1954-）編輯：《韓國經學家事典》（漢城市：成均館大學校大東文化研究院，1998年），頁47，韓文翻譯增補而成。案：一九八九年，成均館大學校大東文化研究院所編《韓國經學資料集成96‧易經十》，頁23，於《周易淺說‧解題》部分，將金濤生卒年（1580-1646），誤植為後來同名之金濤（？-1739），應當修正。

程；〈後天說〉極為贊賞周敦頤（茂叔，濂溪，1017-1073）〈太極圖
說〉聖人「中正仁義」、「主靜立人極」的解析；〈六十四卦大象說〉
主要引用《伊川易傳》與《周易本義》，以證析六十四卦〈大象傳〉
相關文字與義理問題，並揭示四聖作《易》的隱微旨意——太極濂溪
四聖同。

二　《周易淺說·序》釋讀述要

金濤《周易淺說·序》文末題識作：「崇禎十六年癸未二月二十
九日，商山金濤書。」可知此序作於崇禎十六年（朝鮮仁祖二十一
年，1643年），即明崇禎朝覆亡的前一年。以下標點分段，提綱挈
領，說明撰作此書的歸趣旨意。

（一）宋代之一伏羲：濂溪周敦頤

> 嗚呼！周室東遷，王綱解紐。自秦以下，英雄豪傑，无世无
> 之；而羲、文、周、孔之事，則概乎其未有聞也。天運循環，
> 无往不復；濂溪周夫子誕生於有宋之世，深得乎大《易》之
> 旨，所著「太極」之說，暗合於天地造化之妙。且「中正仁
> 義」之論，「主靜人極」之說，與周經之義，實相表裡。方天
> 下晦塞之際，能獨拔乎群萃，究極乎微妙之理則，真可謂宋代
> 之一伏羲也。（頁725）[3]

序文首段，回顧周代歷史變遷，感慨於羲、文、周、孔四聖之事，自
秦以下，聖道未得傳聞；所幸宋儒濂溪周敦頤《太極圖說》，暗合天

3　以下各段引文，錄自《韓國經學資料集成·易經卷·十》（漢城市：成均館大學校大
　　東文化研究院，1989年），頁725-729。

地造化妙詣，能發四聖作《易》旨歸。而其「中正仁義」、「主靜人極」的論說，實與《周易》相為表裡，出類拔萃，究極妙理，金濤譽之為「宋代之一伏羲」，可謂推重備至。

（二）不可以異同較之：程頤《易傳》與朱熹《本義》

> 兩程師受於濂溪，而伊川深得於《易》理，故作為《傳》說，以示來世。大概：其言，多主於學者用功，與朱子《本義》，往往有不同者矣。然朱子之說，皆所以發明程說之所未盡，則不可以異同較之也。後之學者，因程說而透用功之地；究《本義》而通占筮之法，則庶有得於羲、文、周、孔之旨矣。（頁725-726）

此第二段在於說明大小二程子（程顥、程頤），其學師承於濂溪；而小程子頤（正叔，伊川，1033-1107）《伊川易傳》深得《易》理，多主於學者用功，雖與朱熹（元晦，晦庵、紫陽先生，1130-1200）《周易本義》持論往往有所不同。金濤以為程說「透用功之地」，而朱義「通占筮之法」，兩相參較，知朱子「皆所以發明程說之所未盡」，故程、朱「不可以異同較之也」。如此，則庶幾有得於「羲、文、周、孔之旨」。

（三）專以持敬為主：金濤潛心修學進程

> 濤少而失學，壯而有志，遂就於有道。《四書》既畢，而少無所得，慨然發歎，曰：「如此，則雖讀百家之書，有何益也？」旋爾思之，曰：「此不敬之故也。」即以《近思錄》潛心讀之，然後始知太極、陰陽之理，求端用力之方，而專以持敬為主矣。然心放已久，難於持守，一息尚不能存；真氏所謂「銛鋒悍馬」之說，信不虛矣。然而，太極之說，无適之論，

> 未嘗忘于懷也。己巳、庚午年間，棄官歸家，復修前業，溫習
> 於章句之中，則其意味自別於前時矣。以此自信，漸漸致力，
> 而遂得《易》書一部。（頁726-727）

此段為金濤自述進學歷程，雖有所迷途，俟潛心研讀朱子《近思
錄》，乃悟「持敬」為究知「太極、陰陽之理」，「求端用力之方」，而
未嘗忘懷於聖道。因此，己巳、庚午年間（朝鮮仁祖七至八年，明崇
禎二至三年，1629-1630年），棄官歸家，修習前業，而研撰完成《周
易淺說》一書。

（四）六十四卦，皆從太極而生：悟得太極為人類與萬物之鼻祖

> 沉潛反覆，既有年矣。〈河圖〉、〈洛書〉之旨，不能詳究；而
> 傍无師友之可質，故鬱憫度日者，且數年矣。一日，又慨然歎
> 曰：「羲、文、周、孔，雖是生知，而皆人也。我雖昏蒙，同
> 受天地陰陽之理氣以生，則我亦人也，何可自暴自棄，不不求
> 四聖之所教哉？」遂探《啟蒙》之書，究索於〈河圖〉，而始
> 知六十四卦，皆從太極而生。自太極而言，則六十四卦，猶人
> 之千兒萬孫也；自六十四卦而言，則太極猶人之鼻祖也，豈徒
> 人理為然？今天下萬物，皆從太極而生，則所謂太極，亦萬物
> 之鼻祖也。況人之生最靈於萬物，則豈可自委於下流，而不求
> 其所自出乎？噫！孟子曰：「彼，丈夫也；我，丈夫也。」聖
> 賢豈欺我哉？（頁727-728）

此段金濤提到領會《易》理的過程，說明六十四卦、天下萬物都是從
太極而生，而六十四卦好像人類的千兒萬孫，因此推論太極也是人類
與萬物的鼻祖。

（五）四聖之旨，周公之大象：一主於占筮，一專言人事

> 濤篤信聖言，深求於《易》理者，幾十餘年；而數年以來，頗
> 有覺悟處。然質魯才鈍，昔者所悟，今日不知其忘也。故輒取
> 羲、文、周、孔之《易》，著為先天、後天之說，以備忘於他
> 日。大概：四聖之旨，皆主於占筮；而周公之大象，則專以人
> 事言之，故敢取六十四卦，載錄於下。而占筮之法，則一從乎
> 朱子《本義》之說。〈大象〉則是王公、大人、君子之事，故
> 取諸家註釋錄之，而後敢尾臆說，以辨〈大象〉之深旨云。
> （頁728-729）

最後一段金濤說明羲、文、周、孔四聖之《易》，都以占筮為主；但
是周公的大象，則專以王公、大人、君子相關人事加以闡釋。而占筮
方法都是跟隨朱子《本義》的詮說，〈大象〉則取錄諸家的註釋，並
在其後添加己見，以辨明〈大象〉的深旨。

三　理氣陰陽先後一：「先天說」與「後天說」解析

　　金濤在〈先天說〉一文中，主要說明從太極、陰陽、四象、八卦
到六十四卦的過程；太極是無形之理，很像「虛無」卻是「實有」的
存在本體，所以在「有」與「無」之間，必須要好好的加以分辨。而
在〈後天說〉一文中，首先說明先天與後天，都含有「扶陽抑陰」的
意思，並十分激賞濂溪周敦頤〈太極圖說〉闡揚聖人以「中正仁
義」、「主靜立人極」的說法，並添加意見加以詮釋。

（一）《周易淺說・先天說》

1　伏羲王天下：畫卦以示陰陽動靜之機，占筮吉凶之萌。

古者，包羲氏之王天下也，見龍馬負圖而出，因而畫卦，以示
陰陽動靜之機，占筮吉凶之萌，則其所以為天下後世慮，至深
且遠也。自此以前，則人不知太極陰陽之全體妙用矣。

2　先天之學：太極生兩儀，兩儀生四象，四象生八卦，而至六十四
卦。

蓋陰陽未生之前，謂之「太極」，所謂「沖漠无朕」者是也。
四象未生之前，謂之「兩儀」，所謂「奇偶已形者」是也。八
卦未生之前，謂之「四象」，所謂「老陽、少陰、少陽、老陰
者」是也。所謂「八卦」者，〈乾〉、〈兌〉、〈離〉、〈震〉、
〈巽〉、〈坎〉、〈艮〉、〈坤〉是也。八卦已生之後，則八卦之上
各加奇偶而成十六，十六之上亦各加奇偶而成三十二，三十二
之上又各加奇偶而成六十四卦，程子所謂「加一倍之法」者是
也，此則「先天之學」也。

3　聖人憂慮生民：仰觀天象，俯察時變，畫卦示民，使預知其吉凶。

洪荒之世，天下〈屯〉、〈蒙〉，吉凶悔吝之兆，災害禍亂之
萌，何自而知之？聖人有憂之，仰觀天象，俯察時變，畫卦而
示之，使斯民預知其吉凶，而不陷於禍患之中，則聖人之憂慮
生民者，可謂至矣。

4　太極者，無形之理也：主宰乎上，因陰陽而發達，而發達乎萬物。

噫！太極陰陽之下，奇偶象數之說，先儒論之詳矣，不必縷
縷。而但其說，散在卷帙，汗漫而不可攷；後之學者，何由得

會統，而知其宗旨也哉？試發此論之：蓋太極者，理也。無聲臭之可尋，亦無形影之可覩，只是主宰乎上，而發達乎萬物，然後知其為理。然太極之理，因陰陽而發達，若無陰陽之氣，則太極之理，何因而用事乎？只是徒然而已也。故曰：「形而上者，謂之太極；形而下者，謂之陰陽也。」所謂太極者，無形之理也。似无而實有，實有而似無。故聖人能察於有无之間，究其无而著實有之意，因其有而辨无形之理。

5　伏羲者，真可謂一太極也。

噫！伏羲者，真可謂一太極也。然則，周子所謂「與天地合其德，與日月合其明，與四時合其序，與鬼神合其吉凶」者，[4] 非虛語矣！[5]

上文中，程子所謂「加一倍之法」的「先天之學」，實則是邵雍（堯夫，康節，1011-1077）《易》學的推算曆法之學，此可參見於《二程集》：

堯夫《易》數甚精。自來推算長曆者，至久必差，惟堯夫不然，指一二近事，當面可驗。明道云：「待要傳與某兄弟，某兄弟那得工夫，要學，須是二十年工夫。」明道聞說甚熟，一日因監試無事，以其說推算之，皆合，出謂堯夫曰：「堯夫之數，只是加一倍法，以此知《太玄》都不濟事。」堯夫驚撫其

4　案：此引《周易・乾九五・文言傳》文：「夫大人者，與天地合其德，與日月合其明，與四時合其序，與鬼神合其吉凶。先天而天弗違，後天而奉天時。天且弗違，而況於人乎？況於鬼神乎？」

5　詳參金濤：《周易淺說》，《韓國經學資料集成・易經卷・十》，頁733-735。

背，曰：「大哥你恁聰明！」伊川謂堯夫：「知《易》數為知天？知《易》理為知天？」堯夫云：「須還知《易》理為知天。」因說今年雷起甚處。伊川云：「堯夫怎知某便知？」又問甚起處？伊川云：「起處起。」堯夫愕然。他日，伊川問明道曰：「加倍之數如何？」曰：「都忘之矣。」因歎其心無偏繫如此。[6]

姜廣輝（1948-）主編《中國經學思想史‧第三卷》，對於邵雍先天《易》學，曰：

> 邵雍對于《易》學乃至整個思想文化貢獻，在於以《易》數為框架建立起龐大的思想體系：其《易》學理論核心是《易》數。這種以《易》數推演天地萬物的理論，在《易》學史上被稱為「數學」。「數學」屬於「象數《易》學」的範疇。按照邵雍的理解，《易》學分為兩個發展階段，伏羲《易》與文王《易》。伏羲《易》是先天《易》，文王《易》是後天《易》。⋯⋯伏羲先天《易》，其實就是伏羲先天圖式，後天《易》即是融卦畫和文辭為一體的《周易》。
>
> 「先天」的概念並非由邵氏最先提出。《易傳》最早使用了「先天」概念：「先天而天弗違，後天而奉天時。」⋯⋯邵雍的《先天圖》四圖的卦序都遵循著一種邏輯法則，當時被稱為「加一倍法」。所謂「加一倍法」即是今天嚴格意義上的「二進制」的記數方法。[7]

6　詳參〔北宋〕程顥、程頤撰，王孝魚點校：《二程集》（北京市：中華書局，1981年），《河南程氏外書‧卷十二》，頁428。

7　詳參姜廣輝主編：《中國經學思想史‧第三卷》（北京市：中國社會科學出版社，2010年），頁576-597。

金濤在上文中引到「加一倍之法」之後，又以程、朱理學的角度闡釋此加一倍之法是「理」。那麼此「理」從何而來？曰：「蓋太極者，理也。」故知當由一太極而來。太極之理因為陰陽而發達，無聲無臭、無形無影，由形上的太極之理，產生形而下的陰陽之氣，而若不發達事用，則是徒存而已。太極似有實無、似無實有，而聖人則能夠明明白白分辨有無，進而通達事理，以此理明道。發明先天「太極」此理之後，再以《周易·乾九五·文言傳》會釋「先天說」的合理性。

（二）《周易淺說·後天說》

1　後天之學：先聖、後聖，其揆一也。

> 嗚呼！伏羲既歿，代各有《易》，夏則《連山》、商則《龜藏》（案：當作《歸藏》）。至于文王作象辭以繫之，周公作爻辭以明之；至于孔子作十傳以輔之，邵子所謂「後天之學」是也。其為書也，廣大悉備，將以順性命之理，通幽明之故；而其旨則皆本於伏羲之所畫，先後雖異，而理義則實同。孟子所謂「先聖、後聖，其揆一也」者，即此意也。

2　陰陽占筮之法：動靜吉凶，理跡義機，皆備於其中。

> 伏羲之畫，皆主於陰陽之動靜、占筮之吉凶；而文王之象辭，亦主於陰陽占筮之法，而天地萬物之理，屈伸往來之跡，消息盈虛之義，人事善惡之機，皆備於其中。可謂「建諸天地而不悖，質諸鬼神而無疑，百世以俟聖人而不惑」者也。[8]

8　案：此引《禮記·中庸·第二十九章》而通釋之：「故君子之道，本諸身，徵諸庶民，考諸三王而不繆，建諸天地而不悖，質諸鬼神而無疑，百世以俟聖人而不惑。」

3　扶陽抑陰，貴陽賤陰：羲、文、周、孔四聖，若合符節。

　　大概《易》之為書，有先天、後天之異。先天則伏羲之所畫
　　也，後天則文王、周公、孔子之辭，而其歸則皆是扶陽抑陰之
　　意也。以人事推之，陽為君子而陰為小人，君子進則天下治，
　　小人進則天下亂。而孔子之《十翼》，亦莫非貴陽而賤陰。則
　　孔子之《易》，與羲、文之旨，若合符節者，益可見矣。噫！
　　文王之《易》，皆本於伏羲；而周公之大象，皆以人事言之，
　　則聖賢之事業，王者之治民，凡學者自修之功，亦莫不備載於
　　其中矣。天子法其象，則天下治；諸侯法其象，則其國治；凡
　　學者法其象，則身可修，而家可齊矣。後之人君，若知扶陽抑
　　陰之意，而一遵乎四聖之教，則又豈有亂亡之禍哉？

4　中正仁義，主靜立人極：羲、文、周、孔之志，可以融會於心。

　　嗚呼！《易》書之在天下，如日月之在天上也。天无日月，則
　　萬古為長夜；人無《易》書，則舉世為禽犢。《易》書之於人
　　道，豈不大哉！周濂溪有言曰：「聖人定之以中正仁義，以主
　　靜立人極焉。」[9]至哉言乎！苟能損過以就中，勉不及以反於

9　詳參〔北宋〕周敦頤《太極圖說》：「無極而太極。太極動而生陽；動極而靜，靜而
　　生陰。靜極復動。一動一靜，互為其根。分陰分陽，兩儀立焉。陽變陰合，而生水
　　火木金土，五氣順布，四時行焉。五行一陰陽也，陰陽一太極也，太極本無極也。
　　五行之生也，各一其性。無極之真，二五之精，妙合而凝。〈乾〉道成男，〈坤〉道
　　成女。二氣交感，化生萬物，萬物生生而變化無窮焉。惟人也，得其秀而最靈。形
　　既生矣，神發知矣，五性感動而善惡分，萬事出矣。聖人定之以中正仁義（聖人之
　　道，仁義中止而已矣），而主靜（無欲故靜），立人極焉。故聖人與天地合其德，日
　　月合其明，四時合其序，鬼神合其吉凶。君子修之吉，小人悖之凶。故曰：『立天
　　之道，曰陰與陽。立地之道，曰柔與剛。立人之道，曰仁與義。』又曰：『原始反
　　終，故知死生之說。』大哉《易》也，斯其至矣！」

道，則所謂「中正」者在是，所謂「仁義」者在是，而義、
文、周、孔之志，可以融會於心，而所謂「人極」者，於是乎
立矣，豈不狷歟盛哉？[10]

　　由上文看來，先天、後天之說，名稱上雖然不一，然而其實相同。天
地萬物之理，皆備於此先天、後天之說。而此理者，金濤認為即「扶
陽抑陰」之意。形而下之氣有陰陽之分別，應該扶助陽氣而抑止陰
氣；在人則陽氣為君子，陰氣為小人。後引周敦頤「聖人定之以中正
仁義」、「主靜以立人極」，而會通《易》道。

　　總而言之，金濤《周易淺說》「先天說」、「後天說」的特色，在
於把兩者統而為一。「先天說」在說明邵雍加一倍之法：「太極（理）
→兩儀（氣、陰陽）→四象→八卦→十六→三十二→六十四卦」。「後
天說」則建立在「先天說」的基礎上，提出形而下的氣分陰陽，在人
事中陽為君子、陰為小人，進而要「扶陽抑陰」。又引用孟子之言說
明，先天伏羲畫卦與後天文王、孔子的說法可以統一起來，本末為
一。此又為程子「動靜無端，陰陽無始」[11]之說的闡揚。

四　潛參洛閩顯微功：「六十四卦大象說」釋論

　　金濤在「六十四卦大象說」中，首先標記六十四卦〈大象〉，以
「愚按」引用《程傳》、《本義》與其他學者說法加以證明；再加「愚
以為」，揭示四聖作《易》隱微旨意。以下標點分述「六十四卦大象
說」，提供學者深化研究的觀照參考：

10　詳參金濤：《周易淺說》，《韓國經學資料集成・易經卷・十》，頁736-738。
11　詳參〔北宋〕程顥、程頤撰，王孝魚點校：《二程集》，《河南程氏經說・卷第一》，
　　頁1029。

（一）上經

1 〈乾‧大象〉曰：「天行〈健〉，君子以自強不息。」

愚按：《本義》下，朱子所釋，凡四段；胡安定以下，諸儒所釋，又凡五段也，皆合於〈大象〉之義。而朱子末段，則曰：「如此不息，常存此心，則天理常行，而周流不息。」廣平游氏，則曰：「未能無息而不息者，君子之自強，而顏子三月不違仁是也。」[12]愚於此說，尤有所省發焉。

愚以為：自強不息者，聖人之事。而所謂君子，則賢與聖之通稱也。若使不息之君子，得天位行天道，則所施無不周徧，而「雲行雨施，萬國咸寧」矣。《中庸》所謂「天地位焉，萬物育焉」者，即此也。而天下之太平，不足言也。此乃聖人之極功，學者雖不可當之，然以朱子存心之說，游氏「顏子不違仁」之論，參而觀之，則凡學者皆可以馴致矣。周濂溪有言曰：「聖希天，賢希聖，士希賢。」[13]為士者，苟能循序著力，漸至於至誠無息之域。則雖在側微，而其德之盛，可及於聖賢矣，學者可不勉哉！又曰：「世之不學者，常曰聖本生知，非學可至，豈後世之所可及哉？」此則自畫者也。甚者，則或有侮聖言，而悖於理者，可憫也哉！（頁739-741）

據宋儒朱熹《周易本義》、胡瑗（翼之，安定先生，993-1059）《周易口義》，以及諸儒各分四或五段所釋，皆合於〈乾‧大象傳〉義理。並引朱熹與游酢（定夫，廣平先生，1053-1123），以及《中庸》、周濂溪諸說，證釋象義。

---

12 引《論語‧雍也》文，子曰：「回也，其心三月不違仁，其餘則日月至焉而已矣。」
13 引〔北宋〕周敦頤《通書‧志學》文。

2　〈坤‧大象〉曰：「地勢〈坤〉，君子以厚德載物。」

　　　愚按：《本義》下，朱子所釋，凡四段；李氏以下所釋，又凡
　　二段，而只是釋〈坤〉體之順且厚。〈坤〉之體，至廣至厚，
　　承天德合而已，則學者何因而下手乎？又何因而用功乎？六二
　　爻辭曰：「直方大，不習无不利。」此亦聖人之事也。惟〈文
　　言〉釋六二之爻曰：「敬以直內，義以方外。」此乃下手用功
　　之地，而聖學之成始成終者，都在於此。愚以為：常主於敬
　　義，而无少間斷，則〈坤〉厚載物之德，幾於有及矣。[14]天地
　　定位，尊卑有序，而〈坤〉道則臣道也。若使厚德之臣，得君
　　而行〈坤〉道，則天下之治，亦可以致之矣。學者亦可勉哉！
　　又曰：「讀《易》者須有箇包容底氣像（案：當作「象」），乃
　　可以學之。」[15]量狹者，豈能也哉？（頁741-742）

主要以宋儒朱熹《周易本義》分段所釋為據。並以〈坤六二‧文言
傳〉「敬以直內，義以方外」的聖教，以為學者下手用功之地，而聖
學成始成終之所在。

3　〈屯‧大象〉曰：「雲雷，〈屯〉；君子以經綸。」

　　　愚按：《本義》下，朱子所釋，惟一條；呂氏以下，諸儒所
　　釋，凡三條，而皆合於〈大象〉之旨矣。
　　　然，愚則竊有別意之得，故敢出臆說而示之耳！蓋以為〈屯〉
　　難之世，天下未定、名分未明，當建侯而統治，以濟天下之
　　屯，此人君之大事也。然嗣子初生，蒙無知識，此亦〈屯〉難

---

14 此亦受程子「涵養須用敬，進學則在致知」之說影響。
15 此似《朱子語類‧卷三十五‧論語十七》之言。

之時也。必立師傅之職，輔助而導之，經營其學業、開發其聰明，使之出乎〈屯〉難，以為他日治天下之本，豈非君人之始事乎？詳考諸儒所釋，皆无此意，故敢忘其僭陋，作為此說，尾載於諸儒之下，覽者宜詳之！

又曰：「象辭所謂『宜建侯』三字，疑已含此意耶！覽者亦可詳之。」又曰：「非徒人君為然也。凡士夫之家，皆可以法此象，而治身、治家，善教其子，預養於幼稚之時，則豈不美哉？」（頁743-744）

除本於宋儒朱子、呂氏諸儒所釋外，金濤於〈屯·大象傳〉有自得之見，以為處〈屯〉之時，當建侯而統治，此人君之大事；又必立師傅以輔導嗣子，為君人之始事；更進而推及士大夫之家，法此〈屯〉象，治身、治家，而善教其子，即為預養之美事。

4　〈蒙·大象〉曰：「山下出泉，〈蒙〉；君子以果行育德。」

愚按：《程傳》下，諸儒所釋，凡三條；而《本義》下，朱子所釋，只一條；徐氏所釋，又只一條，而皆合於〈大象〉之旨矣。然，愚之所得，又有一意焉：蓋天造草昧，雜亂無倫序，故〈屯〉之象，則曰「經綸」；「山下出泉」猶人之蒙稚，故〈蒙〉之象，則曰「果行育德」，此可以究見矣。〈屯〉之時，則君道為大，故專以君道為主，而師道附焉。〈蒙〉之時，則專以師道為重，而君道兼焉。〈屯〉之君道者，所謂「經綸」之道也；〈蒙〉之師道者，所謂「果行育德」之道也。〈屯〉之時，雖以君道為主，而豈可不預養其國本乎？〈蒙〉之時，雖以師道為重，而又豈可不養其德行乎？

此非愚自作之言也，乃祖述於「雙湖胡氏」[16]之說耳！〈蒙‧序卦傳〉下，胡氏有言曰：「〈屯〉之建侯，有君道焉。〈蒙〉之求我，有師道焉。」故愚於此說，深自取焉。又曰：「〈震‧初九〉一爻，為長男代父之象；〈艮〉為少男，方有待於開發，則君師之道，兼在於此者，益可見矣！」又曰：「此兩卦〈大象〉，小學、大學之教，皆備於其中，讀者尤宜究索。」（頁744-746）

金濤於〈蒙‧大象傳〉祖述雙湖胡一桂（庭芳，雙湖先生，1247-？）《易》說，參較〈屯〉、〈蒙〉二卦，又有自得之見，以為〈屯〉之「經綸」，專以君道為主，而師道附焉；〈蒙〉之「果行育德」，專以師道為重，而君道兼焉。〈屯〉以預養國本，〈蒙〉則長養德行，因此兩卦〈大象〉，皆備小學、大學教化，讀者自宜深究探索。

5　〈需‧大象〉曰：「雲上於天，〈需〉；君子以飲食宴樂。」

愚按：此下所釋，朱子一條，呂氏、胡氏凡二條，而皆合於〈大象〉之旨矣。

然，「飲食宴樂」者，人情之所好也。若使賢者當之，則節以制度，禮以行之，威儀言動，无不合宜，故志氣和平，而休命自至矣。使不肖者當之，則殊无需待之意，而沉於麴蘖，酖於所好，放僻奢侈，无不為已。[17]而必至於亡國喪身，可勝惜哉！後之人君，其鑑于茲。（頁746）

16　「雙湖胡氏」，指胡一桂（庭芳，雙湖先生，1247-？），其學源於其父胡方平（師魯，玉齋，生卒年不詳），治朱熹《易》學，得朱子源委之正。既承其家學，復依朱子原書，撰成《易本義附錄纂疏》、《易學啟蒙翼傳》二書，以還朱子《易》學之原貌。

17　此引《孟子‧滕文公章句》：「茍无恆心，放僻邪侈，无不為已。」

此象專注於「飲食宴樂」一義，賢者當之，無不合宜，故志氣平和，而休（同「庥」，美、善之意）命自至。不肖者當之，沉於麴蘗，瓻於所好，放僻邪侈，無所不為，故亡國喪身。故勉後之人君，當以為龜鑑。

6　〈訟·大象〉曰：「天與水違行，〈訟〉；君子以作事謀始。」

　　愚按：《本義》下，諸儒所釋，凡四條，而皆合於〈大象〉之旨矣。

　　蓋「作事謀始」者，乃哲人之為也。若非明哲之君子，則何以見幾而謹始乎？子曰：「聽訟，吾猶人也。必也使无訟乎！」[18] 此非至論乎！必使人无訟，豈非道明德立，而人自畏服之致也。是以，君子欲民无訟，則必先致其知，而明其明德；[19] 然後，自然畏服民之心志。故絕訟端，於事之始謀；始之義，廣矣！大矣！後之學者，可不法之哉。（頁747）

此象特重「作事謀始」之義，明哲君子乃能見幾謹始。而欲民無訟，必先致其知，而明其明德，故勉後之學者，法此義，絕訟端，其要在於事之始謀。

7　〈師·大象〉曰：「地中有水，〈師〉；君子以容民畜眾。」

　　愚按：《本義》下，朱子所釋，惟一條；李氏以下，諸儒所釋，凡三條，而皆合於〈大象〉之旨矣。

　　蓋「容民畜眾」，固非在下者之所為也，必須王公、大人者，有含弘[20]之德；然後，致比閭族黨之化，而民得以容焉。又必

18　此引《論語·顏淵》、《禮記·大學》之言會釋之。
19　此引《禮記·大學》之言會釋之。
20　此引《周易·坤·象傳》「含弘光大，品物咸亨」會釋之。

須臨事而懼，好謀而成；[21]然後，終致克捷之慶，而居者、役者，並受其福矣。此乃王者之師，而「容民畜眾」之明效大驗也。孟子所謂「君子有不戰，戰必勝矣」者，即此意也。然則，世之人君，可不法此象，而以為王政之本乎？嗚呼！人君勗勉之哉！（頁748-749）

此象以「容民畜眾」必須王公、大人有「含弘」之德，而人民乃得以容蓄；又必須「臨事而懼，好謀而成」，方能克竟其功。此為王政之本，人君當勗勉力行。

8　〈比‧大象〉曰：「地上有水，〈比〉；先王以建萬國，親諸侯。」

愚按：《程傳》下，朱子所釋，惟一條；《本義》下，諸儒所釋，凡四條，而皆合於〈大象〉之旨矣。

夫「建萬國，親諸侯」，總而言之，皆是比天下之道。而分而言之，則「建萬國」者，所以比萬國之民也；「親諸侯」者，所以比萬國之君長也。萬國之民，如許其至眾，則天子豈可人人而比之，必須先撫其君長；然後，可得以比萬國之民也。比天下之道，莫切於撫諸侯；而撫諸侯之道，又有其要，九五爻之「顯比」[22]者是也。天子苟有「顯比」之德，則天下孰不願戴？此則〈比〉道之盡善盡美者也。世之人君，可不法此象，而以為治天下之綱領也哉。（頁749-750）

此以〈比〉象「建萬國，親諸侯」，總以比天下之道，莫切於比諸

---

21 此引《論語‧述而》：「暴虎馮河，死而無悔者，吾不與也。必也臨事而懼，好謀而成者也。」

22 此引〈比九五〉爻辭「顯比」，以會釋之。

侯；分以比萬國之民，必須先撫其君長，此則為〈比〉道之盡善盡美，亦為世之人君治天下之綱領。

9　〈小畜‧大象〉曰：「風行天上，〈小畜〉；君子以懿文德。」

　　愚按：《本義》下，朱子所釋，惟二條；陳氏、胡氏所釋，又惟二條，而皆合於〈大象〉之旨矣。

　　夫「文德」者，乃文章才藝之屬，而所以「懿」之云者，只是做得於這裡，而欲其施用於事為之間也。此雖是美好之事，而譬之於道德，則抑末也。《本義》所謂「未能厚積而遠施」[23]者，即此也。後之人，不達此意，而惟飾乎言語文字之末，則不幾於文勝之史乎？[24]學者苟能自小而求大，即末而探本，[25]則道德經綸之業，可反於吾身矣。勉之哉！（頁750-751）

以「文德」為文章才藝之屬，而欲其施用於事為之間；勉學者如能自小而求大，即末而探本，則道德經綸之業，可反身而誠，樂莫大焉。

10　〈履‧大象〉曰：「上天下澤，〈履〉；君子以辯上下，定民志。」

　　愚按：《本義》下，朱子所釋，惟一條；游氏、馮氏所釋，凡二條，而皆合於〈大象〉之旨矣。

　　然，朱子《本義》曰：「《程傳》備矣。」所謂「備矣」者，惟「辯上下，定民志」之事也。固善矣！然學者踐履之事，則無矣。大概以立卦之義言之，象辭、〈象傳〉，皆以踐履為主；而

23　此引朱熹《周易本義‧小畜‧大象傳》末句文為釋。

24　此引《論語‧雍也》：「質勝文則野，文勝質則史；文質彬彬，然後君子。」

25　「自小而求大，即末而探本」，義似〔南朝‧梁〕劉勰（彥和，約465-520）《文心雕龍‧章句》：「振本而末從，知一而萬畢。」〈序志〉：「振葉以尋根，觀瀾而索源。」

所謂踐履之實，莫切於顏子之四勿。[26]學者苟能從事於四勿，而拳拳服膺，[27]則私可克，而禮可復矣！若使復禮之君子，得位而行道，則《程傳》所備之事，可從而理之也。豈不善哉！豈不休哉！（頁751-752）

〈履〉卦卦辭、〈象傳〉以踐履為主義，金濤以為踐履之實，莫切於拳拳服膺顏回（子淵，公元前521-公元前481）之「四勿」──「非禮勿視，非禮勿聽，非禮勿言，非禮勿動」，則私可克，而禮可復，故朱子《本義》開宗明義即言曰：「《程傳》備矣。」

11 〈泰·大象〉曰：「天地交，〈泰〉；后以財成天地之道，輔相天地之宜，以左右民。」

愚按：《程傳》下，程子所釋，惟一條；《本義》下，朱子所釋，又一條；諸儒所釋，凡二條，而皆合於〈大象〉之旨矣。蓋「財成」、「輔相」，皆是聖王之事，而與天地合德者也。天地以生物為心，而不能以自成，故必須聖人之財輔；然後，民物皆遂其生矣！若无聖人財輔之教，則生民之道有闕，而義理必至於晦塞矣！義理晦塞，則倫序有所不明，而則近於禽獸矣！故聖人設為法制，輔之，翼之，俾遂其生養之道，得免乎禽獸之歸，則聖人制度之意，「浩浩其天」也。[28]後世則未嘗有教，而只治其闕，可哀也哉！（頁752-753）

以此象義皆為聖王之事，設為法制以輔翼生養之道，故能與天地合

---

26 此引《論語·顏淵》，子曰：「非禮勿視，非禮勿聽，非禮勿言，非禮勿動。」

27 「拳拳服膺」，語出《禮記·中庸》：「拳拳服膺，而勿失之矣！」

28 此引《禮記·中庸》：「唯天下至誠，……夫焉有所倚？肫肫其仁，淵淵其淵，浩浩其天。」

德，而人民萬物皆可遂其生。如此，則義理達，而倫序明。

12 〈否‧大象〉曰：「天地不交，〈否〉；君子以儉德避難，不可榮以
祿。」

　　　愚按：《程傳》下，張子、李氏所釋，凡二條；《本義》下，項
　　　氏、丘氏所釋，又凡二條，而皆合於，〈大象〉之旨矣。
　　　蓋〈否〉之時，君子道消，小人道長。君子當晦處窮約，以免
　　　夫小人之禍，可也。小人以害物為心，故猜忌撐腸，而妨賢病
　　　國。《孟子》所謂「不祥之實」者，[29]即此人也。當此之時，辭
　　　榮困處，乃君子之得計，而小人之禍，必不及於其身矣。〈坤
　　　卦‧六四〉「括囊」，[30]正合於此卦之旨，而終得无咎矣！大概
　　　君子得志，則小人革面，而順從之。小人得志，則君子不得容
　　　其身，而禍患必及矣。
　　　噫！君子，則陽類也；小人，則陰物也。陰陽消長，自然之
　　　理，今雖消矣，豈无他日之長乎？然則，君子當何以哉？收歛
　　　其德學，藏踪秘跡，而以俟其亨泰之時，則豈不善哉？（頁
　　　753-755）

〈否〉象為君子道消，小人道長；金濤以為君子處〈否〉之時，辭榮
困處，收歛德學，藏踪秘跡，禍患不及，終得無咎，而以俟亨泰長善
之時。

13 〈同人‧大象〉曰：「天與火，〈同人〉；君子以類族辨物。」

　　　愚按：《程傳》下，朱子所釋，惟一條；《本義》下，朱子所

---

29 此引《孟子‧離婁》：「言無實不祥，不祥之實，蔽賢者當之。」
30 此以〈坤卦‧六四〉爻辭「括囊」，會釋〈否‧大象傳〉。

釋，又一條；馮氏以下諸儒所釋，又凡四條，而皆合於〈大
象〉之旨矣。

然而，「類族辨物」之義，最難分析，程、朱兩賢之見，各有
不同，非後學之所可詳知也。大概天之生物也，无不覆燾；[31]
火之燭物也，无不均照。君子法此象，而知上達之義，則天地
萬物之情，皆可以推測，況類辨之事乎？然則，當何以哉？格
致之功立，然後物理可辨；下學之事盡，然後上達可言。[32]君
子可不知所務哉？又曰：「〈大象〉之中，有理一萬殊之義。天
與火同者，理一也；物各異形，而族類不同者，萬殊也。」君
子苟能見物象之不同，而究其理之一致，則於為學也，何有？
（頁755-756）

金濤以為程、朱二賢於「類族辨物」之義，所見各有不同；然深受
程、朱理學「理一分殊」的思想影響，以為君子法此象義，上達之情
與下學之事，都能盡致圓成。

14 〈大有・大象〉曰：「火在天上，〈大有〉；君子以遏惡揚善，順天
　　休命。」

　　　愚按：《本義》下，朱子所釋，惟一條；楊氏以下，諸儒所
　　釋，凡三條，而皆合於〈大象〉之旨矣。
　　　蓋「遏惡揚善」，非特用人者為然；君子之治心，實不外於此。
　　「遏惡」者，去人欲也；「揚善」者，明天理也。當人欲始發之
　　時，無以遏之，則惡因以滋；當天理藹然之初，无以明之，則
　　善不能存。善惡之不能相无，其幾甚明，學者不可不察。

---

31 此引《禮記・中庸》：「辟如天地之無不持載，无不覆幬。」
32 此引《論語・憲問》：「不怨天、不尤人，下學而上達。知我者，其天乎？」

夫天命者，人所受之正理也。為人者，能不以人欲，害其性之
本然，則善可存，而惡可去矣，則所謂「順天命」者此也。王
者用此道於眾，則惡懲善勸，而能保有其眾；學者用此道於
身，則善積惡去，而能養有其德，豈不休哉？（頁756-758）

「遏惡揚善」為君子治心之要，金濤以「遏惡」為去人欲，「揚善」
為明天理；而順天休命，要在受其正理，則善存惡去，養有其德，可
謂深契宋儒程、朱義理。

15 〈謙・大象〉曰：「地中有山，〈謙〉；君子以裒多益寡，稱物平
　　施。」

　　　　愚按：《程傳》下，程子所釋，惟一條；《本義》下，朱子所
　　　　釋，凡二條；吳氏、馮氏所釋，又凡二條，而皆合於〈大象〉
　　　　之旨矣。
　　　　蓋〈謙〉者，君子之美德，而「裒多益寡，稱物平施」者，乃
　　　　君子治盈之道也。盈滿者不治，則多者益多，寡者益寡，而政
　　　　不得其平矣。是以，君子待己則卑下，而處物則平均。〈謙〉
　　　　之德，其可謂至德也已。後世則不然，昧於〈謙〉德，而民不
　　　　見平，亂日之常多，無足恾（案：同「怪」）也。（頁758-759）

謙為君子美德，而「裒多益寡，稱物平施」乃〈謙〉之至德，實為君
子治盈持平之道。因恐篇幅過長，以下各卦不再上承原文綜括要義，
僅將金濤〈大象傳〉內容鋪陳，提供閱覽參考。

16 〈豫・大象〉曰：「雷出地奮，〈豫〉；先王以作樂崇德，殷薦之上
　　帝，以配祖考。」

愚按：《本義》下，朱子所釋，惟一條；司馬氏以下，諸儒所釋，凡五條，而皆合於〈大象〉之旨矣。

蓋古之聖王，莫不以禮、樂治天下，而「禮之用，和為貴」，[33]則和者，樂之所由生也。是以先王禮以制心，和以作樂；薦上帝，配祖考，而天下和平，樂之用大矣哉。昔者，虞舜命夔典樂，而「百獸率舞，神人以和」者，即此也。反是，則亂亡隨至，豈不痛哉？（頁759-760）

17　〈隨・大象〉曰：「澤中有雷，〈隨〉；君子以嚮晦，入宴息。」

愚按：《程傳》下，程子所釋，惟一條；朱子所釋，又惟一條；《本義》下，諸儒所釋，凡三條，而皆合於〈大象〉之旨矣。

蓋君子之動靜，各隨其時，時可動而靜，則非中也。時可靜而動，則亦非中也。若雷者，以動為主者也；然而，動於秋冬，則非雷之正也，乃妄動也。故君子法此之象，而可動則動，可靜則靜。若嚮晦而不息，則是妄也，豈君子之時中乎？[34]昔者，或有逃世者，趺坐而達朝不寐，此則釋氏之流也。學者所當明辨也。（頁760-761）

18　〈蠱・大象〉曰：「山下有風，〈蠱〉；君子以振民育德。」

愚按：《程傳》下，程子所釋，惟一條；王氏所釋，又惟一條；《本義》下，朱子惟一條，王氏、吳氏凡二條，而皆合於〈大象〉之旨矣。

33　此引《論語・學而》：「禮之用，和為貴，先王之道，斯為美。」
34　此卦中多言「中」、「時中」者，本於程頤《伊川易傳》釋《易》之體例。

蓋天道循環，治亂无常，治則生亂，亂則生治，自然之理也。
〈蠱〉之為卦，〈艮〉山居上，〈巽〉風在下，而風遇山而回，
則物皆散亂。此亂之極，而治之兆也。君子以之「振民育
德」，則亂可變，而治可回矣。

大概：君子之所事，莫大於斯二者，大學之自新新民，[35]皆不
外於此矣。然此非二事也，先自治，而後治人；後治人，而又
反於己，[36]則本末一致，而始終无端矣！[37]為人上者，苟能極
涵育之功，而推以及物，振作其自新之民，則於為治也，何
有？（頁761-762）

19 〈臨‧大象〉曰：「澤上有地，〈臨〉，君子以教思无窮，容保民无
疆。」

愚按：《本義》下所釋，惟有蔡氏、胡氏二說，而其說最為精
當，可因此而推究其旨矣。

蓋〈臨〉之為卦，以上臨下為義，而〈大象〉則專以臨民，而
教民、保民之意思存焉！君子之所尚，豈外於斯二者哉？是以，
聖人設為法象，以示其教保之意，其至誠无斁，廣大含容之氣
象，於此可見，豈徒臨民為然哉？凡在上者，皆可以法之矣。
《程傳》曰：「〈臨〉者，臨民、臨事，凡所臨者皆是。」愚則
以為：師道之尊，亦附於此矣。為師者，苟能法此象，而說而
教之，含而容之，竭兩端，而俾充其所賦之量，則豈不善哉？

---

35 此引《禮記‧大學》：「大學之道，在明明德，在新民。」湯之盤銘曰：「苟日新，
　日日新，又日新。」〈湯誥〉曰：「作新民。」

36 此與〔宋〕岳珂（肅之，亦齋，1183-1243）編：《鄂國金佗稡編》卷15，所錄其祖
　民族英雄岳飛（鵬舉，1103-1142）經典名言：「正己而後可以正物，自治而後可以
　治人。」可相觀善。

37 此受程子「動靜無端，陰陽無始」一語之影響。

孔子曰：「我學不厭，而教不倦也。」[38]孟子曰：「得天下英才，
教育之，三樂也。」[39]愚於二訓，深有取焉。（頁762-763）

20　〈觀・大象〉曰：「風行地上，〈觀〉；先王以省方，觀民設教。」

　　愚按：《本義》下，諸儒所釋，凡三條，而皆合於〈大象〉之
　　旨矣。
　　蓋古之聖王，所以巡視諸侯者无他，欲其化民，而成禮俗也。
　　〈觀〉之為卦，有遊歷周覽之象，故先王體之，歷覽而省方，
　　以施政教，而民莫不從化，〈觀〉之時義大矣。夫然，〈關雎〉
　　之化，[40]造端於袵席之間；桑濮之行，[41]必由於淫亂之主，則
　　民之所以觀感而化之者，豈待於省方之後哉？躬行之化，其所
　　由來者漸矣。[42]然則，人君者當何以哉？必也極誠敬之功，使
　　天下之人皷舞其化，而莫測其所以，則豈不神哉？豈不妙哉？
　　（頁763-765）

21　〈噬嗑・大象〉曰：「雷電，〈噬嗑〉；先王以明罰勅法。」

　　愚按：《本義》下，所釋凡四條，而皆合於〈大象〉之旨矣。
　　蓋天下之事，離合相隨，而所以不合者，有間故也。君臣不合
　　者，譖夫間之也；父子不合者，狐婦間之也。〈噬嗑〉者，去

38　此引《論語・述而》：「默而識之，學而不厭，誨人不倦，何有於我哉？」
39　此引《孟子・盡心》：「君子有三樂，而王天下不與存焉。父母俱存，兄弟無故，一
　　樂也。仰不愧於天，俯不怍於人，二樂也。得天下英才而教育之，三樂也。君子有
　　三樂，而王天下不與存焉。」
40　此引《詩經・周南・關雎》為釋。
41　此引《禮記・樂記》：「桑間濮上之音，亡國之音也。」
42　此引《周易・坤初六・文言傳》為釋。

間之卦也。〈離〉明在上，雷威在下，何地不照？何物不威？
是以，先王法此象而治之，使天下怨隙者罔不和且合，則〈噬
嗑〉之用至矣哉！

大概：〈噬嗑〉者，治天下之大用，去天下之有間者，必在乎
任刑罰，而刑罰得中，則民服不中，則民无所措手足。[43]文王
之「克明德，慎罰」者，良以此也。後之人君，苟能明以察
之，威以行之，小大罪惡，莫不明察，而使不至於失刑之歸，
則豈不忠且厚也哉？勉之哉！慎之哉！（頁765-766）

22 〈賁·大象〉曰：「山下有火，〈賁〉；君子以明庶政，无敢折獄。」

愚按：《本義》下，所釋朱子惟一條，胡氏、程氏凡二條；而
朱子之論，至明且詳，可以因此而推極矣。

蓋政者，治眾之具；獄者，用刑之地。政而不明，則眾不能治
之矣！獄而不慎，則必及於无辜矣。〈賁〉之為卦，山與火成
卦，火則在下，山則居上，火體雖明，而不及於遠；山體至
靜，而可止於物。是以，君子體火之象，而庶政以明；體山之
象，而无敢於折獄，君子之明慎，可謂至矣。

大概：文明以止，乃君子之美德，而「觀乎天文，以察時變；
觀乎人文，以化成天下」，[44]則〈賁〉之為用，豈不大哉！後之
人，苟能法此象，而用以為治身，則剛柔並立，本末俱到，而
可增其光彩矣！豈不休哉！（頁766-767）

---

43 此引《論語·子路》：「名不正，則言不順；言不順，則事不成；事不成，則禮樂不
　興；禮樂不興，則刑罰不中；刑罰不中，則民無所措手足。」
44 此引《周易·賁·象傳》：「剛柔交錯，天文也；文明以止，人文也。觀乎天文，以
　察時變；觀乎人文，以化成天下。」

23 〈剝‧大象〉曰:「山附於地,〈剝〉;上以厚下,安宅。」

　　愚按:《程傳》下,所釋朱子、胡氏、蔡氏、馮氏,凡四條,
　　而皆得於〈大象〉之旨矣。
　　蓋陰陽消長,自然之理也。此長則彼消,此消則彼長;而
　　〈剝〉之為卦,諸陽消剝已盡,獨有上九一爻尚存,則君子道
　　消,小人道極盛之時也。〈大象〉則以「厚下安宅」取義,其
　　旨可見矣。天下之理薄,下而奉上,則上危而不安;損上而益
　　下,則上安而不危。上安則下亦安,上危則下必困;下困而上
　　危,則天下未有不亡者矣,可不懼哉!
　　大概:君子雖處於消剝之時,而屏心寧耐,以待陽復之日可
　　也。豈可憤群陰之並進,而盡力以抗之,自取糜爛之禍哉?嗚
　　呼!其可懼哉!(頁767-769)

24 〈復‧大象〉曰:「雷在地中,〈復〉;先王以至日閉關,商旅不
　　行,后不省方。」

　　愚按:《程傳》下,程子所釋,惟一條;《本義》下,朱子所
　　釋,凡三條;丘氏以下,諸儒所釋,又凡六條,而皆合於〈大
　　象〉之旨矣。
　　蓋陰陽往復,乃天運自然之理也。陽往則陰來,陰往則陽復,
　　而〈復〉之為卦,陽復之卦也。陽之在地中,潛藏而不發;至
　　其初動也,其端甚微,不可不順養以長之也。至於至日,則陽
　　氣始萌之時也,當靜養而不害,故先王於是日也,閉關息旅,
　　后不省視四方。莫非順天之道,而其所以扶陽者,至矣!盡
　　矣!豈止天道為然哉?[45]至於人之一心,亦有陰陽往復之理,

---

45 此亦〈後天說〉「扶陽抑陰」之理也。

善端之初萌，是陽之初復也。[46]其端亦甚微而難復，若不安靜以養之，則與事物滾了，而又隨而亡矣。故善學者，必莊敬持養，然後能不遠而復矣。可不「拳拳服膺，而勿失」也哉！[47]（頁769-770）

25 〈无妄・大象〉曰：「天下雷行，物與〈无妄〉；先王以茂對時，育萬物。」

愚按：《程傳》下，程子所釋，凡三條；《本義》下，朱子所釋，惟一條；蔡氏以下諸儒，凡四條，而皆得於〈大象〉之旨矣。蓋雷者，陰陽相薄之聲也。陰陽交和，相薄而成聲，則於斯時也驚蟄，藏振萌芽，而萬物發生矣。既為發生，則皆得性命之正，而无有一理差忒矣，此所謂「物與无妄」者也。先王之所以「茂對時，育萬物」者，莫非法此象也。天道生萬物，而萬物各正其性命；王者育民生，而昆蟲草木，亦各得其宜，王者之法〈无妄〉，豈不大哉！

大概：王者之〈无妄〉，動以天而不以人，故「所過者化，所存者神」，[48]「日月所照，霜露所墜」，[49]莫不願戴，而父母之矣！嗚呼！其盛矣哉！（頁770-772）

26 〈大畜・大象〉曰：「天在山中，〈大畜〉；君子以多識前言往行，以畜其德。」

---

46 此受程朱理學影響，言心有陰陽往復之理。

47 此引《禮記・中庸》：「回之為人也，擇乎中庸，得一善，則拳拳服膺，而弗失之矣。」

48 此引《孟子・盡心》：「所過者化，所存者神，上下與天地同流。」

49 此引《禮記・中庸》：「日月所照，霜露所隊，凡有血氣者，莫不尊親，故曰配天。」

愚按：《本義》下，所釋胡氏、魏氏、丘氏，凡三條，而皆合於〈大象〉之旨矣。

蓋德者，一心之所蘊，而發於外者也。[50]所蘊者既大，則所發者亦大；而光輝之發外者，莫非所蘊之大也。是以，君子法〈大畜〉之象，多識前古之言與行，考跡以觀其用，察言以求其心，日新又日新，以成其德，故以之養賢，則能養賢；以之涉險，則能濟難；君子之所畜者，豈不大哉！

嗚呼！君子之所尚，雖在於大；而以工程言之，則由小而至於大，自末而反於本；然後，作聖之功，幾於可踐矣！子曰：「由也升堂矣，未入室也。」[51]此非聖學之階梯乎！愚以為：先以〈小畜〉之「懿文德」致力，而後及於〈大畜〉之成大德，可也。（頁772-773）

27　〈頤・大象〉曰：「山下有雷，〈頤〉；君子以慎言語，節飲食。」

愚按：《本義》下，朱子所釋，惟一條；張氏以下諸儒，凡三條，而皆得於〈大象〉之旨矣。

蓋人之一身，萬物皆備，而所以養萬物者，惟此心也。[52]此心不正，則身且不能養，況何以養萬物乎？〈頤〉者，養身之物，而言語飲食，皆從此出入，故言語不慎，則禍因而至之；飲食不節，則病從而生之，所係豈不大哉？是以，君子觀象於〈頤〉，「慎言語」以養其德，「節飲食」以養其身；而所以養萬物者，皆由於此二者矣。然，耳目口鼻，皆備於身，而所以

50　內以心為德之本體，而外發用。

51　此引《論語・先進》：「由之瑟，奚為於丘之門？」門人敬子路，子曰：「由也升堂矣，未入於室也。」

52　此引《孟子・盡心上》：「萬物皆備於我矣。反身而誠，樂莫大焉。」

主之者，心也。心而不正，則從四物之所好，而不能以制之，放僻奢侈，无不為已。[53]則言語之不慎，飲食之不節，固不足以責之也。

大概：君子所養之道，近而自養，遠而養物；養育萬物之道，豈求於他哉？只是正正已。心者，一身之主，而若不得其正，則萬物皆失其所，可不敬哉！可不慎哉！（頁773-775）

28 〈大過·大象〉曰：「澤滅木，〈大過〉；君子以獨立不懼，遯世无悶。」

　　愚按：《本義》下，朱子所釋，惟一條；丘氏、王氏凡二條，而皆得於〈大象〉之旨矣。

　　蓋過者，常人之所不能無，而大則必陷於罪惡，而終滅其身；小則或犯於不義，而污辱其身。聖人則不然，不失於動靜，而所踐者，常理也。堯、舜之揖遜，湯、武之放伐，以常人觀之則變也。然堯、舜之有朱均，湯、武之遇桀紂，皆不幸之時也。遇不幸之時，而以常道處之者，豈聖人之心哉！〈大過〉之卦，所以為大過者，以其澤滅於木，而木能以自立無懼，憫之意故也，故名謂之〈大過〉，其義可謂大矣。是以，君子觀象，於此獨立而不懼，遯世而无悶，君子過人之行，孰大於此哉！伯夷之采薇，獨立不懼也；顏子之陋巷，遯世无悶也。天下非之而不顧，舉世不見知而不憂，則君子所養之大，至此而益可見矣。嗚呼！其聖矣哉！（頁775-776）

---

53 此引《孟子·梁惠王上》：「苟無恆心，放辟邪侈，無不為已。」

29 〈習坎‧大象〉曰：「水洊至，〈習坎〉；[54]君子以常德行，習教
　　事。」

　　　　愚按：《本義》下，所釋丘氏、司馬氏、潘氏，凡三條，而皆
　　　　得於〈大象〉之旨矣。
　　　　蓋水者，有信之物也。自天一以後，晝夜不息，放乎四海，則
　　　　可謂有孚，而不失其信矣。若或滯止而不流，則安有所亨者
　　　　乎？〈坎〉之為卦，兩〈坎〉相重，則乃水之洊至者也。洊至
　　　　而有常，故君子法之，常久其德行，習熟其教事，而治己、治
　　　　人，兩盡其道矣！然而，世之不學者，不知德行之有常，以視
　　　　教事為外物，本末倒施，內外不分，可悶也哉！
　　　　大概：水之為物，有源，而有常觀之者，必先觀其瀾，然後可
　　　　知其有本矣。孔子曰：「水哉！水哉！」[55]朱子有詩云：「惟有源
　　　　頭活水來。」[56]斯理也，知道者，默而觀之可也。（頁776-778）

30 〈離‧大象〉曰：「明兩作，〈離〉；大人以繼明，照于四方。」

　　　　愚按：《本義》下，所釋朱子惟一條，耿氏以下凡四條，而皆
　　　　得於〈大象〉之旨矣。
　　　　蓋火之為物，其體則陰，而其用則陽也。一自地二之後，不絕
　　　　於天下，而能使為民者，賴此而生活。火之為用，豈不大哉！

---

54 《程傳》中談及卦名應為「習坎」，金濤從之。
55 此引《孟子‧離婁》，徐子曰：「仲尼亟稱於水，曰：『水哉，水哉！何取於水
　　也？』」孟子曰：「原泉混混，不舍晝夜。盈科而後進，放乎四海，有本者如是，是
　　之取爾。苟為無本，七八月之閒雨集，溝澮皆盈；其涸也，可立而待也。故聲聞過
　　情，君子恥之。」
56 此引朱熹〈觀書有感〉：「半畝方塘一鑑開，天光雲影共徘徊。問渠哪得清如許？為
　　有源頭活水來。」「惟有」當作「為有」。

〈離〉之為卦，明兩相繼，而所麗者正，所照者遠，故大人觀〈離〉明相繼之象，世繼其明德，能照於四方，而四方之民，莫不一歸於順正。《大學》所謂「明明德於天下」者，[57] 即此也。大概：人之生也，受天地精英之氣，而最靈於萬物者，以其有五行也。五行之中水火居先，而得水者為精，得火者為神。而精神所發，无非水火之使然也。然而，多欲者多，寡欲者寡，此何故也？莫非稟受之清濁耳！然則，學者當何以哉！先儒氏有言曰：「陽明勝，則德性用；陰濁勝，則物欲行。」[58] 苟能法〈離〉明遠照之象，而繼日新之功，自昭其明德，則物欲退聽，而德性用矣！可不勉哉！（頁778-779）

（二）下經

31 〈咸・大象〉曰：「山上有澤，〈咸〉；君子以虛受人。」

愚按：《程傳》下所釋，朱子惟二條，張氏惟一條；《本義》下，郭氏、丘氏、胡氏，凡三條，而皆合於〈大象〉之旨矣。蓋天下之事，感應而已。此感則彼應，彼感則此應，此理之常也。〈咸〉之為卦，澤水在上，山土居下，而水性潤下，土性受潤，則二物之相應為何如哉。二物之性，自然相應，而虛中无我之象，亦在乎其中矣。是以，君子觀山澤通氣之象，虛心受人，而擴然大公，故物來而順應。達之於天下萬事，其所以感應者，可謂大矣！況〈咸〉者，男女相感之卦，而少男少女同處一卦之中，其為相感，必深於他矣。男在下，女上，男

---

57 此引《禮記・大學》：「古之欲明明德於天下者，先治其國；欲治其國者，先齊其家；欲齊其家者，先脩其身；欲脩其身者，先正其心；欲正其心者，先誠其意；欲誠其意者，先致其知；致知在格物。」

58 此引張載《正蒙・誠明》：「莫非天也，陽明勝則德性用，陰濁勝則物欲行。」

先感而動，女後說而應，其事正而得宜，故聖人取以為夫婦之義，此亦謀始之義也。為夫婦者，可不謹其始乎！（頁779-781）

32 〈恆·大象〉曰：「雷風，〈恆〉；君子以立不易方。」

愚按：《程傳》下，所釋李氏、丘氏、胡氏、王氏，凡四條，而皆合於〈大象〉之旨矣。

蓋〈恆〉者，常久之道也。日月得天而能久照，四時變化而能久成，聖人久於其道，而天下化成。〈恆〉之為道，豈不大哉！〈恆〉之為卦，雷風相與，而變動无常，變則動；動則變者，此理之常也。是以，君子觀雷風變動之象，而自立於常久之道，不易其方所，則其所以體風雷之象者，可謂至矣！

大概：此卦〈震〉陽在上，〈巽〉陰居下，〈震〉則長男也，〈巽〉則長女也。男在上，而女在下，男女得位，尊卑有序，則此夫婦居室之正也。正以居室，則恆久而家道立矣。〈咸〉、〈恆〉，皆夫婦始終之事，而有始則有終者，乃天地自然之理也。[59]為夫婦者，可不有其始，而有其終也哉。（頁781-782）

33 〈遯·大象〉曰：「天下有山，〈遯〉；君子以遠小人，不惡而嚴。」

愚按：《本義》下，所釋朱子惟一條，王氏、張氏、胡氏凡三條，而皆得於〈大象〉之義矣。

蓋君子與小人，其分如天淵，而君子則常退，小人則常進，何

---

59 此以「理」會釋夫妻終始之事者，受程、朱理學所影響。

哉？君子則以義制心，而見幾者也；小人則徇於利欲，而害物者也。〈遯〉之為卦，天在上而上進，山在下而高起，二陰生於下，而將有剝陽之漸，則君子當遯避，而免乎小人之害可也。然而，遠小人之道，不在乎惡聲屬色，而惟在乎矜莊，則小人自不能近之矣。

大概：君子進則天下治，小人進則天下亂，而天下之治亂，皆係於君子之進退，則為人君者，豈可使君子長往不返，而獨善其身乎！（頁782-784）

34 〈大壯‧大象〉曰：「雷在天上，〈大壯〉；君子以非禮不履。」

愚按：《本義》下，所釋朱子惟一條，張氏、丘氏、吳氏、胡氏凡四條，而皆得於〈大象〉之義矣。

蓋雷者，〈震〉動之物，而今在乎天上，則其威極嚴，其決極果，此豈非〈大壯〉者乎？君子所以體天上雷在之象，而不履乎非禮者，以其有至大至剛之氣耳！君子之動以天不以人，故能消融其渣滓，蕩滌其邪穢，而自不踐於非禮之地耳。顏子之「克己復禮」，[60]大禹之「聲律身度」，莫非〈大壯〉之為耳！學者不可不察也。（頁784-785）

35 〈晉‧大象〉曰：「明出地上，〈晉〉；君子以自昭明德。」

愚按：《本義》下，所釋徐氏以下諸儒，凡四條，而皆得於〈大象〉之旨矣。

蓋格致誠正，乃《大學》始終之事。而必以致知為先者，欲其

---

60 此引《論語‧先進》：「顏淵問仁。子曰：『克己復禮為仁。一日克己復禮，天下歸仁焉。為仁由己，而由人乎哉？』」

去蔽，而復其本然之明也。[61]〈晉〉之為卦，〈離〉明初出於地上，而漸進而上行，則猶人之昏暗者，初脫於舊染，而復其明之象也。是以，君子法〈晉〉卦日出之象，而自昭其明德，則其為格致之功，可謂至矣。然而，格致誠正，皆不可偏廢；格致，則知之事也；誠正，則行之事也。未有知而不行者，亦未有行而不知者。比之於物，則如車之兩輪，如鳥之兩翼，未有廢其一，而可行可飛者也。《中庸》所謂「存德性而道問學」者，[62]實莫非知行兼致之意也。然則，學者可不以《庸》、《學》所傳之訓，為終身事業也哉！（頁785-786）

36 〈明夷‧大象〉曰：「明入地中，〈明夷〉；君子以莅眾，用晦而明。」

　　愚按：《程傳》下，所釋朱子惟一條，郭氏以下諸儒凡四條，而皆得於〈大象〉之旨矣。

　　蓋君子所以用明者，必有其道；用明而察者，過察者也。用明而晦者，含容者也。明而過察，則失其所以為明之道；晦而含容，則得寬裕簡重之道，而眾和而安之矣。[63]〈明夷〉之卦，〈離〉明在下，〈坤〉地在上，乃傷明之卦也。若全用過察之明，而處无道之世，則傷害必及。故古之人戒而不用，利艱貞者有之矣。至於莅眾也，則君子不極其明察，而用晦之道，故能容物而和眾，自至於安妥矣。其所以外晦而內明之意，至矣

---

61 格物、致知、誠意、正心為《大學》之道。

62 此引《禮記‧中庸》，子曰：「君子尊德性而道問學，致廣大而盡精微，極高明而道中庸。」

63 此引《禮記‧中庸》：「唯天下至聖，為能聰明睿知，足以有臨也；寬裕溫柔，足以有容也；發強剛毅，足以有執也；齊莊中正，足以有敬也；文理密察，足以有別也。」

盡矣。然則，凡天下莅眾者，可不以此為法哉！（頁786-787）

37 〈家人‧大象〉曰：「風自火出，〈家人〉；君子以言有物，而行有恆。」

愚按：《本義》下，所釋朱子二條，勉齋以下諸儒凡四條，而皆合於〈大象〉之旨矣。

蓋言者，自內出者也；行者，著於外者也。言而不實，則身不能治；行而不慎，則業不能常，如此則何以正身，而正家乎？〈家人〉之卦，〈離〉火在內，〈巽〉風在外，而火氣衝上，則風因而發；比之於人，如言行之自內而出也。是以君子體風自火出之象，言出而必有物，行謹而必有恆，故身必修，而家必齊矣。

大概：家之本在身，而身之所以修治者，惟在於言行之能謹耳。孔子曰：「庸言之慎，庸行之謹，閑邪存其誠。」[64]君子之事業，莫大於斯二者矣。況家者，國之本也；身者，家之則也。自古治天下國家者，莫不以身先之故，躬行之化，自家而國，而天下定矣。然則，為人君者，可不以言行之能謹，為天下國家之模範也哉。（頁788-789）

38 〈睽‧大象〉曰：「上火下澤，〈睽〉；君子以同而異。」

愚按：《本義》下，所釋朱子二條，丘氏以下諸儒凡五條，而皆得於〈大象〉之旨矣。

夫天下之事有可同者，有不可同者。可同者，理也；不可同

---

64 此引《禮記‧中庸》：「庸言之行，庸言之謹，有所不足，不敢不勉。」

者，事也。可同而不同，則亂常者也；不可同而同，則苟同者也。〈睽〉之為卦，中少二女合成一卦，此則所同者也。〈離〉火炎上，澤水潤下，此則所異者也。是以君子觀二體異同之象，可同者同之，可異者異之。君子同異之辨，可謂明矣。姑就至近而易見者喻之，君臣父子，人道之大綱，而人皆曰當盡其忠孝，見孺子入井，而人皆有怵惕惻隱之心，[65]斯二者所同者也。飲食宴樂，聖凡之所同，而君子則節以制度，不至於喪德；功名富貴，眾人之所樂，而君子則進退，惟時不陷於非義，斯二者所異者也。以此推之，則天下同異之事，可不勞而辨矣。況「和而不流」，[66]子思之言也。「群而不黨」，孔子之訓，[67]而正合於此象之義。學者可不以此為法哉！

大概：〈睽〉之為卦，本非睽離者也。天地睽，而其事同也；男女睽，而其志通也；萬物睽，而其事類也。則其所以本同者，於此可見矣，學者不可不察也。（頁789-791）

39 〈蹇・大象〉曰：「山上有水，〈蹇〉；君子以反身修德。」

愚按：《程傳》下，所釋朱子惟一條，胡氏以下凡四條，而皆得於〈大象〉之旨矣。

蓋君子自修之道，固非其一，而所以益自致力者，險難之時也。「困於心，橫於慮，而後作；徵於色，發於聲，而後喻」，[68]則其為遇艱阻，而自修者何如哉！〈蹇〉之為卦，山上有泉，而

---

65 此引《孟子・公孫丑》：「所以謂人皆有不忍人之心者：今人乍見孺子將入於井，皆有怵惕惻隱之心，非所以內交於孺子之父母也，非所以要譽於鄉黨朋友也，非惡其聲而然也。」

66 此引《禮記・中庸》：「故君子和而不流，強哉矯！」

67 此引《論語・衛靈公》：「故君子矜而不爭，群而不黨。」

68 此引《孟子・告子》：「人恆過，然後能改。困於心，衡於慮，而後作。徵於色，發於聲，而後喻。」

曲折多艱，則固非順地，而乃逆境也。遇逆境者，豈可順以自
治也。必自反而求諸己，然後身不失義，而德益光顯，其所以
體驗於身心者，可謂至矣。[69]

大概：為卦，〈艮〉土在下，〈坎〉水在上，而水能滋潤，土能
受潤，則此君子德充而潤身之象也。苟能修德，而以至於光明
正大之域，則終必有濟難之慶，豈不善哉！太公之東海，終遇
文王之獵；傳說之板築，竟遭高宗之夢。學者不可以遇〈蹇〉
難之時，而自止其修德之功也。（頁791-793）

40 〈解‧大象〉曰：「雷雨作，〈解〉；君子以赦過宥罪。」

愚按：《程傳》下，所釋丘氏以下凡四條，而皆合於〈大象〉
之旨矣。蓋天地之氣，鬱塞則藏於地中，而萬物不生。遇春而
發達，則生物无餘矣。雷者，天地之氣也，冬則潛閉，春則發
散，莫非陰陽動靜而然也。天地以生物為心，而發散之後，則
天下萬物昆蟲草木，莫不被其澤矣。〈解〉之為卦，〈坎〉險在
下，〈震〉動在上，乃二氣和暢，萬物發生之時也。是以，君
子觀雷雨作〈解〉之象，體其發育，則施恩仁；體其解散，則
行寬釋，其所以生物覆育之仁，可謂與天地合其德矣。天地以
生物為心，而昆蟲草木莫不被其澤，聖人以愛民為心，而有過
者赦而勿問，有罪者宥而從輕，則聖人之與天地一體者，益可
見矣。然則，王者可不以此為法，而解天下无辜之氓哉！大舜
歌〈南風〉，而萬姓解慍，聖人之仁民，固如是也。然則，後
之王者，可不以此為法，而解天下萬民之所慍哉！（頁793-
794）

---

69 此引《孟子‧離婁》：「行有不得者，皆反求諸己；其身正，而天下歸之。」

41 〈損‧大象〉曰：「山下有澤，〈損〉；君子以懲忿窒欲。」

　　愚按：《本義》下，朱子問答凡四條；龜山以下諸儒，又凡四
　　條，而皆得於〈大象〉之旨矣。
　　蓋忿者，突兀起來者也；欲者，渣滓污人者也。忿而不懲，則
　　必至於殘酷；欲而不窒，則必陷於淫濁，所係豈不大哉？
　　〈損〉之為卦，〈艮〉山在上，〈兌〉澤居下，澤水浸潤，而山
　　受其潤，則剝民奉君之象也。至於君子之修身，則懲戒其忿
　　怒，窒塞其意欲，亦莫非法此象；而所貴於君子者，以其懲治
　　二者而已。[70] 二者不治，則不徒其身之有害，至於天下國家，
　　莫不被其殃，則其為禍患，豈不大哉！秦皇、漢武之窮兵黷
　　武，皆以不治二者之故，而病天下生民之業，後世之所當警戒
　　者也。況學者不當忿而憤，不當怒而怒，終至於喪德失義。然
　　則，當何以哉？莫若先治其二者之萌，而斷絕其根本，終使此
　　心之天，如日月之光明，則豈不美哉！嗚呼！其勉之哉！（頁
　　795-796）

42 〈益‧大象〉曰：「風雷，〈益〉；君子以見善則遷，有過則改。」

　　愚按：《本義》下，所釋朱子二條；張氏以下諸儒，凡四條，
　　而皆合於〈大象〉之旨矣。
　　蓋善者，本然之理也；過者，人欲之發也。善而不遷，則理不
　　能復；過而不改，則欲不能制，所係豈不大哉！〈益〉之為
　　卦，〈震〉雷在下、〈巽〉風居上，而風烈則雷迅，雷激則風
　　怒，二物之相益，為如何哉？君子之遷改，亦猶是也。是以，

---

70 此當是受程、朱「存天理，去人欲」之影響。

君子觀風雷相益之象，而見善則遷，有過則改，其所以盡善而无過者，可謂至矣。

大概：盡善，則聖人也；无過者，亦聖人也。若使无過之聖人，得天位，治天民，則損上益下之政，自然流及於萬民，而天下被其澤矣。大抵為卦以損上益下為主，則豈徒學者遷改而止哉。凡為人上者，皆可以法此，而終作保民之大計可也。勉之哉！勉之哉！（頁796-798）

43 〈夬・大象〉曰：「澤上於天，〈夬〉；君子以施祿及下，居德則忌。」

　　愚按：《本義》下，所釋張氏、李氏、項氏凡四條，而胡氏之說最為明備矣。

　　大概：《程傳》、《本義》意各有異，而「居德則忌」，《程傳》備釋之，《本義》則未詳。愚不敢強為之說，姑闕之，以竢他日學進，然後更為之說云。[71]（頁798）

44 〈姤・大象〉曰：「天下有風，〈姤〉；后以施命，誥四方。」

　　愚按：《程傳》下，所釋蔡氏以下，凡四條，而皆合於〈大象〉之義矣。蓋風者，太虛往來之物也。无形可見，无臭可尋，而所觸，則萬物靡然，[72]是以，王者法此象，而發號施令，周誥於四方，則民莫不靡然矣。聖人之為教可謂至矣！

---

71 金濤嘗謂：「前儒未詳，己意未創，闕義以待後學釋之。」此又為一例。

72 此亦〔北宋〕張載《正蒙》所云：「太虛者，氣之體。氣有陰陽，屈伸相感之無窮，故神之應也無窮；其散無數，故神之應也無數。雖無窮，其實湛然；雖無數，其實一而已。陰陽之氣，散則萬殊，人莫知其一也；合則混然，人不見其殊也。」

大概：民者，蒙蔽无知之物也。后无號令，則安有服從之理乎？聖人有憂之，發號而施令誥之，以為民之道，使之皷舞於風化之下，則君民相遇之意為如何哉？若先不號令，而瀆之以慮外之事，則此罔民也。孟子曰：「焉有仁人在位，罔民而可為也？」[73]豈非垂教之大法乎？然則，為人后者，當何以哉？古語曰：「以身教者，從必也。」身自先行，而使仁聲、仁聞，浹洽於民髓，則雖无號令，而自然畏服民之心志矣，安有不從者乎？（頁798-800）

45　〈萃·大象〉曰：「澤上於地，〈萃〉；君子以除戎器，戒不虞。」

愚按：《本義》下，所釋朱子惟一條，張氏以下凡三條，而皆合於〈大象〉之旨矣。

蓋天下之事，盛衰有時，眾寡不同。物盛則必衰，人眾則必爭，此理之常也。〈萃〉之為卦，〈兌〉澤之水，上於〈坤〉地之上，水勢極盛，而有潰決之象，不可无預防之戒也。是以，君子法此象，而除治戎器，以備不虞之患，其意甚盛也。

大概：〈萃〉之時，物盛而人聚，則必有衰亂之漸，而爭奪者將至矣，可无預防之事乎？水有潰決之象，則豫慮而防塞之；人有爭奪之漸，則豫憂而治戎器。此非右武之計也，特慮其有不測之患也。方盛而慮衰，古聖之深戒，而後世則不然，耽於富盛，樂於淫侈，心志蠱惑，而不知其亂亡之將至，可勝痛哉！（頁800-801）

---

73 此引《孟子·梁惠王上》：「無恆產而有恆心者，惟士為能。若民則無恆產，因無恆心，苟無恆心，放辟邪侈，無不為已。及陷於罪，然後從而刑之，是罔民也。焉有仁人在位，罔民而可為也？」

46 〈升·大象〉曰:「地中生木,〈升〉;君子以順德,積小以高大。」

愚按:《程傳》下,所釋朱子惟一條,張氏、郭氏凡二條;《本義》下,所釋朱子又惟一條,黃氏、胡氏凡二條,而皆合於〈大象〉之旨矣。

蓋天下之事,不進則退。以行途者言之,欲往之地,雖在萬里之外,苟自一步而漸進,則必有至到之期矣。以積穀者言之,所欲之數,雖在萬石之多,苟自一石而聚畜,則必滿其所欲之多矣。君子之修德,何以異此?〈升〉之為卦,〈巽〉木生於〈坤〉地之中,有漸進高大之象,故君子法此象,而以為修德之功,可謂得其妙矣!君子之所欲,只是學業之充實,道德之崇高,而終至於充實崇高者,皆由於積累而至矣!其所以致其積累者,亦由於銖累寸積而然矣。

大概:木之成高大,實由於順以漸進;德之成高大,亦由於順以漸進。豈有舍順道,而能成者哉?世之學者,多不識此義,而少無收拾之功;甚者,則或有逆德而悖理者,可勝痛哉!(頁801-803)

47 〈困·大象〉曰:「澤无水,〈困〉;君子以致命遂志。」

愚按:《程傳》下,所釋程子惟一條;《本義》下,所釋朱凡二條,丘氏以下凡三條,而皆合於〈大象〉之旨矣。

蓋命者自天降,而人所受之正理也。人之死生、榮辱、富貴、貧賤、得失、存亡,皆係於此。然則,得之者,非私得也;失之者,非私失也。為卦〈兌〉上而〈坎〉下,若〈坎〉水居上,澤水居下,則澤中有水之象也。此卦則〈坎〉水居下,澤

水居上，而水若下漏，則枯涸无餘矣。故君子法此象，而委致其命，以遂其為善之志，其為志節，嘉可尚矣。當困窮之時，若欲私智而免之，則豈所謂君子者乎？是以，君子雖遭禍患而不動其心，惟以行吾義，而仰不愧於天，俯不怍於人，[74]則其所以知天命，而自守正理者，為何如哉？孟子曰：「人之有德慧術知者，恆存乎疹（案：當作「疢」）疾。」[75]其斯之謂乎？孟子又曰：「窮則獨善其身，達則兼善天下。」[76]不幸而遭窮困之時，則當泰然自居，不動於非義之事。有幸而遇亨泰之時，則當幡然而改，不失於萬民之望。豈不休哉！豈不善哉！（頁803-805）

48　〈井‧大象〉曰：「木上有水，〈井〉；君子以勞民勸相。」

愚按：《本義》下，所釋朱子凡三條，吳氏以下又凡三條，而皆合於〈大象〉之旨矣。

蓋天降生民，「首出庶物」者，[77]君也。然則，君者，養民者也；民者，奉君者也。君有養民之道，民有奉君之義，則為君者，豈可徒自養，而不養民乎？井之為物，則所以養人者也。閭閻之中，若有一大井，則人莫不賴養而生活。〈井〉之功用，豈不大哉！是以，古之王者建國之初，必先相井泉之所在，然後居之者，以其為養民眾也。

74　此引孟子「三樂」說之，前文已詳，此不細述。

75　此引《孟子‧盡心》：「人之有德慧術知者，恆存乎疢疾。獨孤臣孽子，其操心也危，其慮患也深，故達。」

76　此引《孟子‧盡心》：「古之人，得志，澤加於民；不得志，脩身見於世。窮則獨善其身，達則兼善天下。」

77　此引《周易‧乾‧象傳》：「大哉〈乾〉元，萬物資始，乃統天。雲行雨施，品物流形。大明終始，六位時成，時乘六龍以御天。〈乾〉道變化，各正性命，保合太和，乃利貞。首出庶物，萬國咸寧。」

大概：〈井〉之為德，无喪无得，而往者、來者皆井其井，故
君子法其象，而勞民勸相，使之有相生、相養之道，則其所以
養育斯民者，可謂廣矣！後世則不然，徒知自養，而不知養民
之道，故剝民奉己，而國隨以亡，可勝痛哉！（頁805-806）

49 〈革·大象〉曰：「澤中有火，〈革〉；君子以治歷明時。」

愚按：《本義》下，所釋朱子凡四條，楊氏以下又凡四條，而
皆合於〈大象〉之旨矣。

蓋天下之事，只是常與變而已。常者，常道也；變者，變道
也。當常而變，則非道也；當變而常，則亦非道也。〈革〉之
為卦，澤中有火，此水火相息而有變革之象也。故君子觀此
象，而推日月星辰之遷易，以治歷數，其所以明四時之序者，
可謂與天地合其序矣！

大概：〈革〉之為事，雖曰變道，而以天道推之，則此常道
也。日月往來，而四時以成；成之以後，則為常道。湯武革
命，而黎民以安；安之以後，則為常道；豈可以二事觀之哉？
愚故曰：「變亦常也，常亦變也。」後之觀者，最宜深省也！
（頁806-808）

50 〈鼎·大象〉曰：「木上有火，〈鼎〉；君子以正位凝命。」

愚按：《程傳》下，所釋朱子惟一條，王氏惟一條；《本義》
下，諸儒凡四條，而皆合於〈大象〉之旨矣。

蓋〈鼎〉者，法象之器也。耳對植於上，足分峙於下，而有腹
有鉉，則可以致烹飪，而享上帝、養聖賢矣！以此言之，其為
物象，豈不重哉！其形端正，其體安重，故君子法其象，而正

其位，凝其命，以為施政令之所出，其為取象之意，可謂嚴且
正矣！

大概：人君，位不正，則无以出令；命不凝，則无以使民，二
者之於人君，大矣哉！〈鼎〉之位不正，則不能出否，而必有
覆餗之患；君之位不正，則不能出令，而終致亂亡之禍。然
則，為人君者，當何以哉？凡動作起居，莫不一出於正，而端
莊安重，一似乎鼎之形體，則其所以命令之出者，必合於義理
之正，而致天下民物於泰山之安，可不敬哉！可不慎哉！（頁
808-809）

51 〈震・大象〉曰：「洊雷，〈震〉；君子以恐懼修省。」

愚按：《程傳》下，所釋諸儒凡五條，而皆合於〈大象〉之旨矣。
蓋雷者，上天之威也。方仍洊雷〈震〉之時，人莫不恐懼，而
象獨以君子言之者，何也？試取而論之：夫君子之恐懼修省
者，无時而不然矣！「戒慎乎其所不覩，恐懼乎其所不聞」
者，[78]莫非修省之功，則可見其所守之確然矣，雷豈能奪之
哉？然，《書》有「雷雨不迷」之言，[79]《傳》有「迅雷必變」
之語，[80]此則二聖人，處雷之道耳。〈大象〉之說，亦猶是也。
若遇雷風大震之時，而或頑然而不懼，顛倒而失措，則豈君子
處雷之得中乎？故聖人垂戒於〈大象〉，以示其修省之意，其
所以敬天怒，而盡事天之道者，可謂至矣！

大概：為卦〈乾〉〈坤〉之交，一索而成〈震〉，則〈震〉者，
〈乾〉〈坤〉之長男也。凡所以統主於天下國家者，莫大於長

78　此引《禮記・中庸》：「是故，君子戒慎乎其所不睹，恐懼乎其所不聞。莫顯乎隱，
　　莫顯乎微，故君子慎其獨也。」
79　此引《尚書・舜典》：「納于大麓，烈風雷雨弗迷。」
80　此所言《傳》文，其實出於《論語・鄉黨》：「迅雷風烈必變。」

男，則為長男者，豈可不恐懼修省，而終致上帝之震憤乎？嗚呼！其敬之哉！（頁809-811）

52 〈艮・大象〉曰：「兼山，〈艮〉；君子以思不出其位。」

愚按：《程傳》下，所釋諸儒凡三條，而皆合於〈大象〉之旨矣。蓋〈艮〉者，山之象；而重〈艮〉，則兩山之謂也。兩山並立，而无往來之理，則乃止居之義也。天下之理，動則不止，止則不動，此常理也。是以，君子法兼山不動之象，思不出其位，則其所以「知其所止」[81]而止之者，可謂至善者矣。君止於仁，父止於慈，凡臣子之孝敬，皆其所當止之處，豈可越所當止，而求止於不當止之位乎？

大概：凡人之所思，以非義求之者，以其多欲故也。苟能如〈象傳〉之義，而時止則止，時行則行，不失於動靜之時，則道德光明，而得止於至善之地矣。卦辭所謂「艮其背，不獲其身；行其庭，不見其人」者，以其忘我而无欲也。聖人之心，如太虛之无片雲也，豈有一毫私意於其間哉？《通書》曰：「學者要寡欲，寡而又寡，以至无无於欲，則聖人也。」[82]學者可不以此為準則，而期至於无欲之地哉。嗚呼！其勉之哉！（頁811-813）

53 〈漸・大象〉曰：「山上有木，〈漸〉；君子以居賢德善俗。」

愚按：《本義》下，所釋朱子惟一條，楊氏以下凡三條，而皆合於〈大象〉之旨矣。

---

81 此引《禮記・大學》，子曰：「於止，知其所止，可以人而不如鳥乎？」
82 此引周敦頤《通書》會釋〈艮・大象傳〉。

蓋天下萬事，无忽遽而得成者也。人而忽遽，則學不能成；國
而忽遽，則俗不能善。至於萬事萬物，莫不皆然矣。〈漸〉之
為卦，山上有木，而其所以致高者，非一朝一夕之所能成也。
是以，君子法此象，而進德，則居而有漸；化俗，則亦必有
漸。二者之所能成，莫非因此而致之也。木者，至微之物，而
不漸則不能高，況居賢德善俗乎？

大概：德學之進、不進，化俗之善、不善，皆由於所行之漸不
漸。自初學為學，而終必至於為聖為賢。以善人為邦，而亦必
至於「勝殘去殺」。[83]從古聖賢，豈有无漸，而有成者乎？凡學
者勉之哉！（頁813-814）

54　〈歸妹・大象〉曰：「澤上有雷，〈歸妹〉；君子以永終知敝。」

愚按：《本義》下，所釋丘氏、張氏、胡氏凡三條，而皆合於
〈大象〉之旨矣。

蓋天下之事，惟正與不正而已。正則合而久，不正則離而隙，
理勢然也。〈歸妹〉者，〈震〉男居上，〈兌〉女居下；而
〈震〉則長男也，〈兌〉則少女也。男先動於上，女後說而
從，則此乃不正而合者也。以不正而合，則終必有敝壞之時
矣！是以，君子觀雷震澤隨之象，而擬之於男女之配合，其曰
「永終知敝」者，戒慎之辭也。男女之合，有始有終，始焉而
正，尚有終弊之時，況有不正者乎？君子所以知弊，而戒之
者，可謂至矣！然而，天下或有反目者，而善惡相雜；男女豈
皆不善？男善，則女「從而化之」云者，天下之常談。而女或
有難化者，則當何以處之？理有當不當，勢有可不可，惟觀其

83　此引《論語・子路》，子曰：「善人為邦百年，亦可以勝殘去殺矣！誠哉是言也。」

理勢之當不當，善處而進退之，可也。豈可怒其不善，而終莫
之顧也。當包容而育之，不失其在我之道，則豈不善哉？（頁
814-816）

55 〈豐‧大象〉曰：「雷電皆至，〈豐〉；君子以折獄致刑。」

愚按：《本義》下，所釋朱子惟一條，蔡氏以下凡四條，而皆
得於〈大象〉之義矣。

蓋獄者，用刑之地；刑者，折獄之事。獄而不明，則民不可
服；刑而不威，則惡不可懲。二者之於治民，豈不大哉！
〈豐〉之為卦，〈離〉明在下，雷威在上，而二體相合，威照
並行。故君子觀此象，而以為折獄致刑之法；卦之為用，可謂
善矣。然而，世之司寇者，多不知此，而有明則无威，有威則
无明；又或有明威并无，而不慎於刑獄之事，以至於失民而敗
國，可勝歎哉！然則，當何以哉？用人一事，乃是人君之責，
必也；人君先擇其明威兼備之人，掌之以邦禁，使之詰奸慝、
刑暴亂，則寇賊梗化者，罔不慴伏，而天下和平，豈不善哉！
（頁816-817）

56 〈旅‧大象〉曰：「山上有火，〈旅〉；君子以明慎用刑，而不留
獄。」

愚按：《本義》下，所釋朱子惟一條，毛氏以下凡四條，而皆
得於〈大象〉之義矣。

蓋火者，照物者也；山者，止物者也。火能照，而山體重，明
慎之義，備在於其中矣。是以，君子觀象於此，以之用刑，而
又不留獄，其為明照剛決之意，可謂切矣。

大概：火之所及，久則延燒；人之所囚，留則不決。君子所以
取象，而為用者，慮有二者之患耳！獄者，非得已者也；有罪
而入者，豈可留滯，而不決乎？惟在乎明慎而已。古者，皋陶
作士，明于五刑，而民協于中者，用此道也。周之設官，司馬
掌邦政，而主戎馬之事；司寇掌邦禁，而主禁暴之事。邦政、
邦禁，莫不均平，寇賊奸宄，自底於革面，而順從之，此豈非
盛世之美政乎？後之人君，如欲反古道，而於吾身親見之，則
必也先擇明威兼備之人，宅之于冢宰之職，而使之總百官，而
均四海，則凡厥庶事，无不底平，況刑獄之事乎？愚故曰：冢
宰得人，則天下之治，可不勞，而馴致矣。（頁817-819）

57 〈巽・大象〉曰：「隨風，〈巽〉；君子以申命行事。」

愚按：《本義》下，所釋朱子惟一條，李氏以下凡四條，而皆
得於〈大象〉之旨矣。
蓋天下之事，順則入，不順則不入。而以在位者言之，發號
令、施政事，必以〈巽〉順，而連續之；然後，吾之言易入，
而彼之聽易從也。〈巽〉之為卦，兩風相重，而有相繼之象，
故君子法之，以申其命令，而行其政事，其所以丁寧反覆之
意，可謂至矣。
大概：民者，蒙昧无識之物也。上不能申飭，則下必有悖逆，
而无所不至矣。聖人有憂之，必先三日而告之，後三日而飭
之，莫非慮斯民之犯罪，而終陷於刑戮也。後世則不然，「慢
令致期」，[84] 而用刑於无辜之氓，此則罔民也。孟子曰：「焉有

---

[84] 此引《論語・堯曰》，子張曰：「何謂四惡？」子曰：「不教而殺謂之虐，不戒視成謂之暴，慢令致期謂之賊，猶之與人也。出納之令，謂之有司。」

仁人在位，罔民而可為也？」[85]此非萬世之明訓乎？嗚呼！古
若无聖人，而垂戒於後世，則生人之類，滅久矣。亂臣賊子接
跡於世，而必至於篡弒之患，可不懼哉！愚之此言，雖似於卦
外之意，而以世變推之，則庶有一得之見，覽者宜詳之。（頁
819-821）

58 〈兌‧大象〉曰：「麗澤，〈兌〉；君子以朋友講習。」

　　愚按：《程傳》下，程子所釋惟一條；《本義》下，蔡氏、徐氏
凡二條，而皆得於〈大象〉之義矣。
　　蓋朋友者，五倫之一，而相資以為益者也。所謂相資以為益
者，何也？《語》曰：「學而時習之，不亦悅乎！」又曰：「有
朋自遠方來，不亦樂乎！」[86]所謂悅樂者，何事也？講習是
也。天下之悅樂，莫大於講習；而講習之功，亦有切不切，真
不真之異，若徒講而不習，則言語雖詳，而溫繹无得，豈能悅
樂於心乎？〈兌〉之為卦，二澤相麗，而有浸潤滋益之象，故
君子觀此象，而以為講習之法，其所以設法象而為教者，可謂
切矣。世之朋友者，不識此義，而博奕好飲酒者居多；切瑳琢
磨，而導人為善者甚鮮，則可見世道之偷薄也。
　　大概：朋友之益，豈徒自己之益而已；推之事物，莫不皆然。
以之事君，則君信之；以之事父，則父慈之；以至於夫婦、長
幼之道，皆得其序，而倫紀大明於天下。子思曰：「不信於朋

---

85 此引《孟子‧梁惠王上》，文曰：「無恆產而有恆心者，惟士為能。若民，則無恆
　產，因無恆心。苟無恆心，放辟邪侈，無不為已。及陷於罪，然後從而刑之，是罔
　民也。焉有仁人在位，罔民而可為也？」

86 此引《論語‧學而》，子曰：「學而時習之，不亦說乎？有朋自遠方來，不亦樂乎？
　人不知而不慍，不亦君子乎？」

友，不獲乎上。」[87]斯言盡之矣！（頁821-823）

59 〈渙・大象〉曰：「風行水上，〈渙〉；先王以享于帝，立廟。」

　　愚按：《程傳》下，所釋程子惟一條；《本義》下，諸儒凡五條，而皆得於〈大象〉之義矣。

　　天下之事，離與合而已。離則合，合則離者，理勢之當然也。〈渙〉之為卦，風行水上，而有渙散之象，故先王觀此象，而設教享上帝，立其廟而以救天下之渙散。其所以合人心，聚天下之意，可謂切矣。係人心，合離散之道，莫大於此二者，而民德亦歸於厚，[88]則其化之及民者，豈不大哉？大凡天下之患，莫大於人心之渙散，而亦莫貴於人心之收合。人心合，則天下治；人心散，則天下亂。未有人心合，而天下不治者也；亦未有人心散，而天下不亂者也。然則，失天下人心，而欲天下治安者，豈其理也哉？後之人君，欲天下治安者，苟能於燕閒之中，常存敬畏之實，而威儀言動，一似乎假廟之時，則民感而化之，自然澤及於天下，安有一夫之不獲哉？子曰：「為政以德，譬如北辰；居其所，而眾星拱之。」[89]此豈非萬世之明鑑乎？嗚呼！人君尚監茲哉！（頁823-824）

60 〈節・大象〉曰：「澤上有水，〈節〉；君子以制數度，議德行。」

---

87 此引《禮記・中庸》：「獲乎上有道，不信乎朋友，不獲乎上矣。信乎朋友有道，不順乎親，不信乎朋友矣。順乎親有道，反諸身不誠，不順乎親矣。誠身有道，不明乎善，不誠乎身矣。」

88 此引《論語・學而》：「慎終追遠，民德歸厚矣！」

89 此引《論語・為政》，子曰：「為政以德，譬如北辰，居其所，而眾星拱之。」

愚按：《本義》下，所釋王氏、胡氏，凡二條，而皆為精密，最可詳翫矣。蓋〈節〉者，有限之謂也。天下萬物，莫不有限，而人之所以踰限，而不節者，以其所操之，不先定也。天地節，而四時成；聖人節，而萬用備。〈節〉之為道，豈不大哉？〈節〉之為卦，澤上有水，而滲漏无患，此則有定限者也。是以，君子觀其有限之象，制數度，議德行，則其所以立法，而中節者，可謂切矣。天下萬物皆有定限，而或時有過限者，則其害大矣！姑以用財者喻之，一家財用，其入不多，而愚婦妄妾，濫用不貲，以至於家道窮迫，而顛沛流離者，或有之；不能祭祀，而得罪神明者，亦或有之，則傷財之歎極矣。然則，欲治家道，而以歸於齊正者，當何以哉？必也躬行以德，而禮以待之，節以制度，則自无二者之患矣。孟子曰：「身不行道，不能行於妻子。」[90]此非萬世之明訓乎？戒之哉！戒之哉！（頁825-826）

61 〈中孚・大象〉曰：「澤上有風，〈中孚〉；君子以議獄緩死。」

愚按：《本義》下，所釋朱子凡四條，楊氏以下又凡三條，而朱子答或人之問，則曰：「此卦取象，不甚親切，諸儒則頓无如此之意，是未可知也。」
大概：卦中論刑獄者凡五卦，而〈中孚〉則取聖人誠懇惻怛之意；而好生之心，不弛於瞬息之頃，則議獄而緩死者，不亦宜乎！然，元惡大姦，其罪罔赦者，則不必用此典也。愚意則如此而已，故不敢多為之說，覽者宜詳之。（頁826-827）

---

90 此引《孟子・盡心》：「身不行道，不行於妻子，使人不以道，不能刑于妻子。」

62 〈小過‧大象〉曰：「山上有雷，〈小過〉；君子以行過乎恭，喪過
　　乎哀，用過乎儉。」

　　　愚按：《本義》下，所釋朱子凡四條，丘氏以下又凡五條，而
　　皆合於〈大象〉之旨矣。
　　　蓋天下之事，有大有小，而所謂過者，非過惡之謂也，乃是宜
　　下之意也。〈小過〉之卦，山上有雷，而其聲下來之象也。是
　　以，君子觀此象，而行過乎恭，喪過乎哀，用過乎儉，此三
　　者，皆可過而過者也。三者過極而失宜，則有矯情干譽之事，
　　而非君子得中之舉也。難矣哉！中道也。以莫敖之節，而有趾
　　高之病；以宰予之賢，而有短喪之問；[91]以管仲之才，而有三
　　歸之失，[92]此豈非所當戒者乎？然則，當以何術，而求中哉？
　　莫如力學之為愈也。聖人之意，惟在乎大道之得；而大道之
　　得，都在於能敬而已。能敬，則言動舉止，自中乎禮耳，焉有
　　三人之失乎？子曰：「吾嘗終日不食，終夜不寢，以思，無
　　益，不如學也。」[93]愚於此，深有所取法焉。（頁827-829）

---

91 詳見《論語‧陽貨》，宰我問：「三年之喪，期已久矣。君子三年不為禮，禮必壞；
　　三年不為樂，樂必崩。舊穀既沒，新穀既升，鑽燧改火，期可已矣。」子曰：「食
　　夫稻，衣夫錦，於女安乎？」曰：「安。」「女安則為之！夫君子之居喪，食旨不
　　甘，聞樂不樂，居處不安，故不為也。今女安，則為之！」宰我出。子曰：「予之
　　不仁也！子生三年，然後免於父母之懷。夫三年之喪，天下之通喪也。予也，有三
　　年之愛，於其父母乎？」
92 詳見《論語‧八佾》，子曰：「管仲之器小哉！」或曰：「管仲儉乎？」曰：「管氏有
　　三歸，官事不攝，焉得儉！」「然則管仲知禮乎？」曰：「邦君樹塞門，管氏亦樹塞
　　門；邦君為兩君之好有反坫，管氏亦有反坫。管氏而知禮，孰不知禮？」
93 此引《論語‧衛靈公》，子曰：「吾嘗終日不食，終夜不寢，以思，無益，不如學
　　也。」

63 〈既濟・大象〉曰：「水在火上，〈既濟〉；君子以思患，而豫（預）防之。」

愚按：《程傳》下，所釋諸儒凡六條，而皆得其詳矣。

蓋天下之事，不進則退，未有既進，而不退者也。〈既濟〉之卦，以人事言之，則事已成，而盛極之時也。盛極則衰來，治極則亂□（案：疑為「生」），此天道之常，而自然之勢也。然，為人者，豈可一委於天，而不慮其後日之患乎？是以，君子居極盛之時，而豫慮而防之，其旨深遠矣。古之王者，設城郭溝池之險，除戎器，戒不虞者，莫非豫防之意也。世之人，不識此義，而居極盛，則逸樂而不返；處亂危，則不思其去亂之方，而終至於敗亡，可勝痛哉！子曰：「人无遠慮，必有近憂。」[94] 斯言，正合於〈既濟〉之時矣！嗚呼！人君其鑑于茲。（頁829-830）

64 〈未濟・大象〉曰：「火在水上，〈未濟〉；君子以慎辨物，居方。」

愚按：《本義》下，所釋諸儒凡四條，而皆得其詳矣。

蓋天地之道，不過乎陰陽五行；而五行之中，水火居先，故聖人作《易》，必以水火為重矣。[95]〈未濟〉之卦，〈離〉火在上，〈坎〉水在下，而水火異物，各居其所，故君子體之，以之辨物，以之居方，其為法象，可謂明且詳矣！

---

94 此引《論語・衛靈公》，子曰：「人無遠慮，必有近憂。」

95 此引周敦頤《太極圖說》：「無極而太極，太極動而生陽；靜而生陰，靜極復動，一動一靜，互為其根。分陰分陽，兩儀立焉。陽變陰合，而生水火木金土，五氣順布，四時行焉。五行一陰陽也，陰陽一太極也，太極本無極也。五行之生也，各一其性，無極之真，二五之精，妙合而凝，〈乾〉道成男，〈坤〉道成女，二氣交感，化生萬物，萬物生生，而變化無窮焉。」

大概：陰陽往返，一息不停，而无終止之理。〈未濟〉之卦，雖有停止之義，而豈有終停之理乎？以節時喻之，則是花未開之春，月未圓之夜，而二物又豈有終不開、終不圓之理乎？以此言之：〈未濟〉者，終必有〈既濟〉之理；〈既濟〉者，亦將有〈未濟〉之漸，《易》道之消息盈虛者，固如是也。〈大象〉所謂「慎辨物，居方」者，特君子法象之道，而使物物各止其所之意也。非論於陰陽之往復，卦體之如何耳！愚意如此，故敢忘其孤陋，而輒出此說以尾於諸儒之下，極知僭妄，無所逃罪；然以其志觀之，則亦可以尚之矣！覽者勿以人陋，而終始推究，則豈不幸哉！（頁830-832）

以上六十四卦〈大象〉說之後，尚有金濤按語一則，敬錄於下，提供參考：

謹按：《易》之為書，蓋天下之最難言者也。義、文、周、孔之旨，皆載於其中，若非知四聖之道者，則安得窺其門戶哉？愚之所以著先、後天及〈大象〉說，以記四聖之微意者，非知四聖之道而然也，實欲其通占筮而然也。

蓋寂寞之中，麗澤之事，全廢其功，則日前所得，反失於日後，《中庸》所謂「半途而廢之」者，不幸而近之矣。故隨錄其大概，覽者宜詳之；而占筮之法，則備載於《啟蒙》之書，學者亦當詳翫而求之也。（頁832-833）

此卷最後，又有宋秉珣（東玉，心石齋，1839-1912）[96]跋文，特標點

---

96 宋秉珣為朝鮮孝、肅二朝大儒恩津宋時烈（英甫，尤庵，1607-1689）後胤，現在韓國忠清北道永同郡永同邑桂山之「永同驛」（京釜線火車站）站前，建立有「殉國義士心石齋宋先生秉珣之像」。

分段錄釋於後，提供學者研究參考：

> 右《周易淺說》一卷，恭默堂金先生諱濤之所編書也。
>
> 先生貫於商山，而仍世家焉。十世孫相鎮甫，賚是書來語余，曰：「吾先祖之物，殆二百年餘矣。後承零丁不振，今始裒粹遺文，將謀剞劂，並附是書，而為壽傳之圖，願以一言識其尾。」余固諛寡，何敢焉？牢辭不獲，命顙而掔翫。
>
> 蓋首明先後天之異，以闢戶牖；次列〈大象〉之旨，為我儀則。而演繹洛、閩諸儒所釋之義者，條條井井，如視諸掌，可謂讀《易》之指南也。竊念朱夫子嘗以《易經》之不易讀，譬之畫鬼神。若使先生之所演繹者，得閱於夫子之眼，則殊未知以為如何？而其推究精微之功，幾不遜於邵堯夫之手探足躡也。
>
> 夫且念：讀其書，而不知其人，不可也。跡先生平素之風猷（案：同「猶」）一，自棄官而歸，德益進，業益修。日與從兄洛涯公安節、百源申公碩蕃，共案劻經，家學之懿，門路之正，蔚然為士林矜式。又從遊於清陰、浦渚兩先生，磨礱道義，偲偲不已。古人所云：「見其木，而知其山。」可驗於先生矣。
>
> 然則，是書也，亦必與當世諸名勝互相。講質之深，而以「淺說」名者，顧乃君子謙謙之意乎！余忘其僭陋，搦筆如此云。時屠維作噩，[97]殷春之下澣，恩津宋秉珣謹跋。

讀此跋，對於此書之刊刻傳世、書中內容旨趣，以及金濤之師友交誼與進德修業之跡程，都有明確敘述鋪陳，《周易淺說》「可謂讀《易》之指南」，誠非虛語。

---

97 據《爾雅・釋天》「屠維」於天干為「己」，「作噩」於地支為「酉」；此「己酉」歲，為清宣統元年（1909，朝鮮純宗李坧三年）。

五　結論：演繹程朱宗德業

知人論世明其學，太極濂溪四聖同。

理氣陰陽先後一，潛參洛閩顯微功。

（一）金濤於《周易淺說·序》中，自述進學歷程，雖然一度有所迷途，但經潛心研讀朱子《近思錄》後，領悟「持敬」為究知「太極、陰陽之理」、「求端用力之方」。因此，於己巳、庚午年間（朝鮮仁祖七至八年，明崇禎二至三年，1629-1630），棄官歸家，修習聖業，觀其序末題識：「崇禎十六年癸未二月二十九日，商山金濤書。」可知金濤費時十餘年工夫，所研撰《周易淺說》一書，當完成於崇禎十六年（朝鮮仁祖二十一年，1643年），即明崇禎朝覆亡的前一年。由宋秉珣跋文，可知至二百餘年後之一九〇九年，始由其十世孫金相鎮刊刻傳世。

（二）金濤《周易淺說·先天說》以周敦頤「太極」、程朱「理」會通邵雍「加一倍之法」，總結出「先天之學」生生衍化的推演體系：太極（理）→兩儀（氣、陰陽）→四象→八卦→十六→三十二→六十四卦。從而領會《易》理的過程，體悟六十四卦如人類的千兒萬孫，與天下萬物，都同從太極而生，而推論出「太極」為人類與萬物的鼻祖。又推尊「伏羲者，真可謂一太極也」，進而推崇周敦頤為「宋代之一伏羲」，深得大《易》玄旨，所著「太極」之說，暗合天地造化妙詣；其「中正仁義」、「主靜人極」之論，則實與《易》義相為表裡。

（三）金濤《周易淺說·後天說》，建立在「先天說」的基礎上，提出形而下的氣分別陰陽，在人事中陽為君子、陰為小人，進而要「扶陽抑陰」、「貴陽賤陰」。引用《孟子》「先聖、後聖，其揆一也」，說明先天伏羲畫卦，與後天文王、周公、孔子的述作，本末為

一；而羲、文、周、孔主於占筮之志，可以融會於心。

（四）金濤《周易淺說‧六十四卦大象說》，大抵根本於程頤《伊川易傳》、朱熹《周易本義》，以及宋儒諸家的詮釋說解，純以「宋學：存天理，去人欲」為之證釋，而聚焦於「象」與「理」，專以王公、大人、君子相關人事加以闡釋，並在其後添加自得己見，斟酌損益，闕疑匡補，以辨明〈大象〉的微義深旨。

（五）通觀金濤《周易淺說‧六十四卦大象說》，歸納有以下五項特色：1. 以《大學》、《中庸》、《論語》、《孟子》四書，會釋《周易‧大象傳》。[98] 2. 以經、傳引文，會釋《周易‧大象傳》。3. 以諸家註釋，會釋《周易‧大象傳》。4. 前儒未詳，己意未創，闕義以待後學釋之。5. 思想上受到宋儒周敦頤太極說、張載氣學、邵雍先天學與程朱理學的深刻影響。[99] 故宋秉珣譽之「可謂讀《易》之指南」，信然。

（六）金濤《周易淺說》，思想深受周敦頤、二程、朱熹與許多宋儒理學的影響，除了繼承闡述前賢說法之外，在某些《易傳》的意涵上，參同較異之餘，時有推陳出新的獨到見解，值得正視肯定。如論二程多主於學者用功，與朱子往往有不同者；然朱子之說，皆所以發明程說之所未盡，故不可以異同較之。後之學者，因程說而透用功之地；究《本義》而通占筮之法，庶幾有得於羲、文、周、孔四聖《易》旨。而金濤自得之見，亦頗有可觀者：如於〈蒙‧大象傳〉祖述雙湖胡一桂《易》說，以為〈屯〉之「經綸」，專以君道為主，而師道附焉；〈蒙〉之「果行育德」，專以師道為重，而君道兼焉。

---

98 以《大學》、《中庸》、《論語》、《孟子》四書，會釋《周易‧大象傳》的特點，在經學史上已經有相關的論述，詳參姜廣輝主編：《中國經學思想史‧第三卷》，「二程四書學思想」，頁482-523。

99 金濤《周易淺說》「思想上受到宋儒周敦頤太極說、張載氣學、程朱理學之影響」，亦可參見姜廣輝主編：《中國經學思想史‧第三卷》，「周敦頤《太極圖說》、《通書》的經學思想」，頁407-442。

〈屯〉以預養國本，〈蒙〉則長養德行，因此兩卦〈大象〉，皆備小學、大學教化，後之觀者，最宜詳覽玩省，深究探索。

陸
尤庵宋時烈《易》學析論

　　尤庵宋時烈（英甫，1607-1689）為韓國朝鮮王朝（1392-1897，大韓帝國，1897-1910）中後期鴻儒重臣、黨首大師與性理學思想名家，朝鮮儒士敬稱「宋子」、「宋夫子」。尤庵及其弟子所共同創立的「華陽書院」，更是當時最大書院之一，對於朝鮮儒學發展有重要的影響力。尤庵於二十七歲時，赴生員試，以《周易‧繫辭上傳》「一陰一陽之謂道」詮論，受到太學士崔鳴吉（子謙，遲川，1586-1647）賞識，極稱「洞論太極陰陽之辨，天地造化之源」。本文通過考述尤庵生平事略年表，析論其《易》學思想，有助於進一步把握尤庵「直」的哲學思想與其時代背景，彰明其學術淵源與著作歷程，特別是以其《易說》為主要核心，輔之以「一陰一陽之謂道」等相關詮論，分別就「《易》，變易也」與「理通氣局」二面向切入，探討其《易》學所蘊涵的文化內涵，對於開顯尤庵宋時烈《易》學思想的潛德幽光具有重要作用。

一　前言：海東乾坤尊大義

　　尤庵宋時烈（英甫，1607-1689，以下皆以「尤庵」敬稱之），忠清道沃川郡恩津（今大田廣域市儒城區）人。[1]韓國朝鮮王朝（1392-1897，大韓帝國，1897-1910）中後期鴻儒重臣、黨首大師與性理學思

1　大田市儒城區即是紀念尤庵宋時烈而命名，區內有其故居與尤庵紀念公園可供遊覽憑弔，嘗二度拜謁懷想其人其學。

想名家，朝鮮儒士敬稱「宋子」、「宋夫子」，是朝鮮儒學家中唯一被尊稱「子」者，從祀文廟，贈謚號為「文正」。尤庵及其弟子所共同創立的「華陽書院」，更是當時最大書院之一，而朝鮮書院祠中，奉享尤庵者共有三十六所，可略窺其影響力與重要性。[2]

　　朝鮮王朝明宗（1545-1567，李峘，對陽，1534-1567）、宣祖（1567-1608，李昖，1552-1608）之世，儒學鼎盛，朱子（熹，元晦，晦庵，1130-1200）性理學大熾，其中以「二李」——李滉（景浩，退溪，1501-1570）與李珥（叔獻，栗谷，1536-1584）最為傑出。[3]自此以下，朝鮮儒學發展不出二家「理氣」之說。尤庵師承金長生（希元，沙溪，1548-1631），可算是栗谷李珥之再傳弟子。前人研究多以「直」作為貫穿尤庵思想的關鍵處，[4]並以為其「正直哲學」扎根自栗谷，並上承朱子的道學精神與孔子（丘，仲尼，公元前551-公元前479）的仁學思想，尤庵嘗云：

　　天地之所以生萬物，聖人之所以應萬事，「直」而已。孔、孟以來相傳，惟是一「直」字。而朱子臨終，所以告門人者，亦不外此矣。[5]

2　據蔡茂松統計，韓國書院祠共有二百七十四所，其中祀孔子者為六所、祀朱子者為二十二所、祀趙光祖者十七所，李滉二十七所、李珥二十一所，而以祀尤庵宋時烈者數量最多，高達三十六所，可見其重要性。詳參蔡茂松：〈韓國李朝的教育〉，《成大歷史學報》第1號（1974年7月），頁175。

3　詳參李丙燾：《韓國儒學史略》（漢城市：亞細亞文化社，1986年），頁143。

4　關於尤庵宋時烈「直」的哲學闡述，可參閱：(1) 李甦平：《韓國儒學史》（北京市：人民出版社，2009年），頁424-446。(2)〔韓〕韓國哲學會編，龔榮仙譯：《韓國哲學史（中）》（北京市：社會科學文獻出版社，1996年），頁280-294。

5　詳參〔朝鮮〕趙持謙：《宋子大全·附錄》，卷11，〈年譜〉，收錄於《韓國文集叢刊》（漢城市：民族文化推進會，1990年），頁a_115_433a。見於韓國古典總合DB網站：http://db.itkc.or.kr/itkcdb/mainIndexIframe.jsp

天地以何「生萬物」？聖人以何「所以應萬事」？孔孟以何「相
傳」？朱子臨終以何「告門人」？尤庵以為皆為一「直」字，此義理
主要源自二處：其一，《周易‧坤六二》爻辭：「直，方，大，不習无
不利。」〈文言傳〉曰：

> 「直」，其正也；「方」，其義也。君子敬以直內，義以方外，
> 敬義立而德不孤。「直，方，大，不習无不利」，則不疑其所行
> 也。[6]

其二，《孟子‧公孫丑上》篇：

> 敢問夫子惡乎長？曰：「我知言，我善養吾浩然之氣。」敢問
> 何謂浩然之氣？曰：「難言也。其為氣也，至大至剛，以直養
> 而無害，則塞于天地之間。其為氣也，配義與道；無是，餒
> 也。是集義所生者，非義襲而取之也；行有不慊於心，則餒
> 矣。」[7]

尤庵秉承《周易‧坤六二‧文言傳》「敬以直內」與《孟子‧公孫丑
上》篇「以直養氣」之說，故曰：

> 天尊地卑，陰降陽升，亦無非理之所直也。直之道，顧不大
> 歟？然而，學者之所從者，必以其近而至要者，生蓋亦以「敬

6　詳參〔魏〕王弼、〔晉〕韓康伯，〔南宋〕朱熹著：《周易二種——周易王韓注、周
　　易本義》（臺北市：大安出版社，1999年），頁10-13。

7　詳參〔東漢〕趙岐注，〔北宋〕孫奭疏：《孟子注疏》，卷3上，〈公孫丑上〉，頁54-
　　55。〔清〕阮元校刻：《十三經注疏（附校勘記）》，臺北市：藝文印書館，1985年12
　　月10版。

以直內」、「以直養氣」者為先哉。[8]

因此，可約略看出尤庵以「敬以直內」、「以直養氣」作為「直」的第一層次，以之為學習者所切近且至要的涵養；然而，觀尤庵「浩然章質疑」之說，則可發現其解釋「直」思想的內化歷程，其言曰：

> 此「直」字即上文曾子「自反而縮」之意，此蓋養氣之根本也。不可以此「縮」字作「浩然」看也，方其縮時，此心無所愧怍，故不懼千萬人。至於以此而養成浩然，則塞乎天地，不但不懼千萬人而已也。[9]

孟子（軻，子輿，公元前372-公元前289）引述曾子（參，子輿，公元前505-公元前432）轉述孔子的說法，所謂「自反而縮，雖千萬人，吾往矣」。[10]若合於義理，心無所愧怍，則雖千軍萬馬，亦不足以為懼，此「直」存於心中之故，因而光明正大，毫無畏懼。尤庵繼而言之：

> 以直養者，以道養之之謂也。夫氣，始從道義，而生而養之；既成，則此氣還以扶助道義，正如草木始生於根，而及其枝葉暢茂，則其津液反流於其根，而其根亦以深長。[11]

尤庵進一步將「直」提升至「道」的層次，然此處所謂「道」，實指

---

8 詳參〔朝鮮〕宋時烈：《宋子大全・四》，卷135〈雜著〉，東京：斯文學會，1971年影印縮刷版，頁704-705。

9 詳參〔朝鮮〕宋時烈：《宋子大全・四》，卷130〈雜著〉，頁622。

10 詳參《十三經注疏（附校勘記）》，《孟子注疏》卷3上，第二章，頁54：「昔者，曾子謂子襄曰：『子好勇乎？吾嘗聞大勇於夫子矣：『自反而不縮，雖褐寬博，吾不惴焉。自反而縮，雖千萬人吾往矣。』」

11 詳參〔朝鮮〕宋時烈：《宋子大全・四》，卷130〈雜著〉，頁622。

「載道之氣」。氣自道義而生，而反扶助道義之成，如草木枝葉一般。故尤庵曰：「先生（朱熹）嘗以為養氣之藥頭，只在於以直養及集義上。」[12]繼而復曰：「義亦是直義。」[13]可知，尤庵以為朱子所謂「集義」之說，其實即為「直」；其所謂「直」，除正大光明、無有畏懼外，實則以「道義」為其內涵。[14]

　　綜上所述，「直」的義理思想，實為貫穿尤庵「正直」哲學的一大要點，而「正直」學說也展現在尤庵《易》學思想之中。此外，關於理、氣的論述，同時也成為尤庵《易說》的重要論點，因此下文首先針對尤庵學術淵源與著作歷程，加以考述梳理；繼而，以其《易說》為析論核心，探討尤庵「正直」哲學與其對於理、氣論述的性理脈絡背景，期能開張其《易》學思想的潛德幽光。

二　生平事略年表考述

　　本節主要以尤庵論著中，相關其生平者，加以整理歸納而成。[15]尤庵為朝鮮王朝中後期非常重要的性理思想家與政治人物，此與其生平事略有著密切的關係，尤庵於學術方面，自幼便天資過人，三歲即能識字，且受到家學薰陶，八歲時，與親族宋浚吉（明甫，同春、同春堂，諡文正，1606-1672）同業，此後二人思想多有契合，始因於此。十二歲時，其父睡翁公以栗谷李珥《擊蒙要訣》教授之，嘗責勉

---

12 詳參〔朝鮮〕宋時烈：《宋子大全・四》，卷130〈雜著〉，頁625。

13 詳參〔朝鮮〕宋時烈：《宋子大全・四》，卷130〈雜著〉，頁625。

14 尹絲淳於《韓國哲學史》中，提及此說：「宋時烈的直哲學從根本上來說，是洞然通達為私欲淨盡的、真實無妄的、生的純粹性和原始性，並且包括了光明正大的生之正大性。」詳參〔韓〕韓國哲學會編，龔榮仙譯：《韓國哲學史（中）》，頁282。

15 主要參考文獻有二：(1)《宋子年譜》，收錄於〔朝鮮〕趙持謙：《宋子大全・附錄》卷二至卷十二。(2)〔朝鮮〕金平默：《重庵先生文集・尤庵宋先生事實記》，收錄於《韓國歷代文集叢書》（서울市：景仁文化社，1999年）。

之曰：「學朱子，當自栗谷始。」[16]自此尤庵即以栗谷作為學術思想的圭臬。青年時期，尤庵從學於栗谷高徒沙溪金長生，而沙溪逝世後，續受業於其子金集（士剛，慎獨、慎獨齋，諡文敬，1574-1656）門下，完成學問德業深厚的基礎與篤實的能力。[17]

政治方面，尤庵歷仕仁祖（1623-1649，李倧，和伯，松窗，1595-1649）、孝宗（1649-1659，李淏，靜淵，竹梧，1619-1659）、顯宗（1659-1674，李棩，景直，1641-1674）、肅宗（1674-1720，李焞，明普，1661-1720）等四朝。於明崇禎六年癸酉（1633），參加生員試，以「洞論太極陰陽之辨」而入仕，並成為鳳林大君（李淏，朝鮮孝宗）之師，此一經歷奠定尤庵日後於政壇上顯要的地位。以下歸納梳理尤庵生平事略，以窺知尤庵學思歷程與其政治哲學。

公元	明朝、朝鮮紀年[18]	年齡	生平事略
1607	萬曆三十五年丁未 宣祖四十年	1	生於忠清道沃川郡（今「大田廣域市」）九龍村。 母郭夫人夢吞明月珠而有身，至是父睡翁先生（景獻公，尤庵父），適以宗家祀事，在青山衙舍，夢孔子率諸子至家。俄而，解娩之報至，故小字「聖賚」。
1610	萬曆三十七年己酉 光海三年	3	已能識字，父母所不欲，不敢復為。
1612	萬曆三十八年庚戌 光海四年	4	行商過門而遺其貨，亟追而予之，人皆奇之。

---

16 詳參〔朝鮮〕金平默：《重庵先生文集·尤庵宋先生事實記》，以及權尚夏〈墓表〉：「睡翁公（尤庵父）……嘗責勉曰：『朱子，後孔子也；栗谷，後朱子也。學朱子者，當自栗谷始。』先生（尤庵）自兒時已受此教，遂自任以聖賢之學及師沙溪先生，盡得其所傳之學於栗谷者。」

17 詳參蔡茂松：〈韓國李朝的教育〉，頁174。

18 朝鮮王朝無自訂年號，以宗主國明代年號紀年。

公元	明朝、朝鮮紀年[18]	年齡	生平事略
1613	萬曆四十一年癸丑 光海五年	7	始就學。
1614	萬曆四十二年甲寅 光海六年	8	於宋爾昌宅與其胤子（宋浚吉，同春先生）同業。 兩先生道義之契，實本於此。
1618	萬曆四十六年戊午 光海十年	12	父景獻公乃授栗谷李先生《擊蒙要訣》，而告之曰：「朱子，後孔子也；栗谷，後朱子也。學朱子，當自栗谷始。」既受此教，便以聖賢德業自勵。
1625	天啟五年乙丑 仁祖三年	19	讀書於金泉寺。 自少時，為讀書多在山房，攻苦食淡，或連夜不寐，或連日不食，而亦不少懈。李忠肅公尚吉[19]嘗語人曰：「吾見宋君，非溪則谷也，蓋擬牛（牛溪）、[20]栗（栗谷）兩先生也。」
1630	崇禎三年庚午 仁祖八年	24	就學於文元公沙溪金先生。[21] 文元公受學於栗谷李文成公，為東方理學之世適。先生自幼已出入其門下，文元公甚獎與之。及是，睡翁公喪制既畢，專意致事。……先受《近思錄》、《心經》、《家禮》等書，文元公期許益重。每同其寢食，夜間，數字呼，而問其寢否？

---

19 李尚吉（士祐，東川，諡忠肅，1556-1637），其生平事略功績，詳參宋時烈撰、宋浚吉書、金壽恆篆：〈忠臣贈議政府左議政諡忠肅李公神道碑銘〉。

20 成渾（浩原，牛溪、默庵，諡文簡，1535-1598）。

21 金長生學於栗谷，為世儒宗。宋時烈自幼即已出入金氏門下。

公元	明朝、朝鮮紀年[18]	年齡	生平事略
			詢扣格致、心性、情意等說，為之諄諄論說。先生益自奮發，自任以聖賢之學焉。
1631	崇禎四年辛未 仁祖九年	25	金長生逝世，先生在其子金集門下完成學業。
1633	崇禎六年癸酉 仁祖十一年	27	赴生員試，中生員試第一。時崔相鳴吉為太學士，以《易》義「一陰一陽之謂道」試諸生，先生因洞論太極陰陽之辨，天地造化之源，諸考官謂非程式欲去之，崔相擢置上第，曰：「為此文者，其作名世大儒乎。」是歲，拜敬陵參奉，就職；旬望，以遠離老母，謝歸。
1635	崇禎八年乙亥 仁祖十三年	29	除大君（鳳林大君）師傅，乃孝廟初潛也。……自是大君所得於先生者，日以深遠，其大要曰：「學以明其心，行以踐其實也。」
1636	崇禎九年丙子 仁祖十四年	30	大君請講《易》數及《書》朞三百、璣衡、律呂之法，先生反覆開陳，大君無不言下領解。時有人訟其田入宮莊，先生曰：「以大君與小民爭田，可乎？」大君遂即棄無辨。先生際遇之隆，實始此云。 丙子胡亂後，鳳林大君迫為人質。
1638	崇禎十一年戊寅 仁祖十六年	32	先生才經大亂，痛念國家羞辱，有謝世長往之意。愛黃澗冷泉里山高水深，遂寓居焉。環堵蕭然，蔬糲屢空，而處之晏如，絕口不談時事，日與四方學者講學。有時終日瞑目，對案危坐，蓋驗未發時氣象

公元	明朝、朝鮮紀年[18]	年齡	生平事略
			也。時同春（宋浚吉）亦家居講道，有請學者，輒辭之曰：「黃溪有大師，君輩之從我游，惑也。」
1642	崇禎十五年壬午 仁祖二十年	36	辨尹鑴[22]理氣說。尹鑴者，先生始甚親愛，以為英材。至是，鑴忽著說論理氣，斥退溪、栗谷諸先生之說，而牛溪先生則尤不數焉。先生大加驚愕，責之以為程子不云乎——「不敢信己，而信其師」。後生末學，但當虛心遜志，以求通夫先正之說，何敢自主己見，遽生慢侮之心乎？此背眞而售偽，毀冠而裂冕，不可與共學者也。又自著說痛辨，鑴聽之邈然，益肆其誣悖，而終又攻斥朱子經書集註，皆以己意去取。至於《中庸》則掃去章句，全以其意易之。先生乃以為朱子，孔子後一人也。堯舜、禹湯、文武、孔孟之道，至朱子大明於天下後世，而鑴敢肆其訾侮，以立其說，則此乃詖淫邪遁，夷狄禽獸，為斯文世道之亂臣賊子，遂嚴辭以斥之。尹宣舉[23]每攘臂助鑴，

---

22 尹鑴（斗魁、希仲，白湖、夏軒，1617-1680），奸臣孝全子也，戾氣所鍾，應時而生。聰敏巧黠，文詞絕人。始瞞一世，自以為知道。當時名公，皆期與以大儒，而於先生戚屬不遠。尤庵於孝宗九年（1658）舉薦尹鑴入朝為吏，然己亥（1659）禮訟時，尹鑴則以「卑主二宗」、「壽嫡奪宗」、「貶降君主」等批評尤庵。

23 尹宣舉（吉甫，薑村、魯西、山泉齋），坡平人，朝鮮王朝中期的學者。丙子胡亂時，家屬遭殃，隱居錦山，致力於性理學研究而成名。後同尤庵不和，引起老少分裂。他同兵曹參知俞棨合編的《家禮源流》，成為他死後老少黨爭的火種，著作有《魯西遺稿》、《癸甲錄》等。詳參崔成德主編：《朝鮮文學藝術大辭典》（長春市：吉林教育出版社，1992年7月），頁797。

公元	明朝、朝鮮紀年[18]	年齡	生平事略
			以先生為已甚。先生又以為《春秋》之法，治亂賊先治其黨與，並與宣舉而攻之。
1644	崇禎十七年甲申 仁祖二十二年 （清世祖順治元年）	38	崇禎皇帝殉社稷。
1645	崇禎十八年乙酉[24] 仁祖二十三年 （清世祖順治二年）	39	鳳林大君回朝鮮。
1647	崇禎二十年丁亥 仁祖二十五年 （清世祖順治四年）	41	入飛來庵，與諸生講學。 先生最好朱子書，教授後學，亦以是書為先，曰：「讀書，當以栗谷先生所定次第為主。而後學得力處，無如朱書。」又授以《書經》朞三百、璣衡之制，及《皇極經世書》、《易學啟蒙》、《律呂新書》、《洪範》、《皇極內篇》等書，曰：「此雖非後學急務，而看得此文字，識得此義理，則胸中開豁，為學自有進步處云。」
1649	崇禎二十二年己丑 仁祖二十七年 （清世祖順治六年）	43	鳳林大君登基，是為孝宗。
1650	崇禎二十三年庚寅 孝宗元年 （清世祖順治七年）	44	撰〈沙溪先生行狀〉。 作〈同春校栗谷先生年譜〉。

---

24 朝鮮於明朝滅亡後，仍然使用崇禎年號，稱之「崇禎紀年」。有謂以鳳林大君（孝宗李淏，1619-1659，在位：1649-1659）堅信古訓曰：「胡人無百年之運。」依然尊崇明朝。他為了揮兵北伐清朝，而起用西人黨的尤庵。在非外交場合中，清朝的年號被棄而不用，而使用崇禎的年號。

公元	明朝、朝鮮紀年[18]	年齡	生平事略
1658	崇禎三十一年戊戌 孝宗九年 （清世祖順治十五年）	52	出任贊善，後升任吏曹判書。 特命褒贈睡翁公。
1659	崇禎三十二年己亥 孝宗十年 （清世祖順治十六年）	53	多次入侍晝講、召對，内容以《心經》為主。 己亥服制問題（己亥禮訟）。[25]
1662	崇禎三十五年壬寅 顯宗三年 （清聖祖康熙元年）	56	時遠近學者頗來會，先生每以朔望詣書院焚香，與諸生行相揖禮，仍與講學。 校勘《栗谷先生年譜》。慎齋先生以《栗谷先生年譜》託先生，先生極意編摩。尹宣舉亦數來同其校勘，先生每病宣舉不明於陰陽之辨，至是又責之，以為鑴既以排斥朱子，為斯文之亂賊。而今又假託禮論，謀害士流。雖聖明在上，奸計未售，而此如射人偶未中者，將必禍國凶家，無所不至。而公乃周旋其間，左右扶護，亦與鑴無殊科。宣舉以為此乃希仲輕脫之過，不可疑之太深、斥之太甚，反以規先生。先生以為此正中鑴毒而不自覺，將為斯文世道無窮之禍，極以為憂。其所以開諭斥責者，或傷太迫，而不之恤焉。
1663	崇禎三十六年癸卯 顯宗四年 （清聖祖康熙二年）	57	行大享于竹林書院。院在兩湖之交，始享栗谷、牛溪、沙溪三先生。至是先生又奉靜菴、退溪二先

---

25 己亥禮訟是發生在朝鮮王朝孝宗十年（1659）五月，因為孝宗過世，孝宗繼母莊烈王后該如何服喪一事所引發的爭論。尤庵與尹鑴因此禮訟，反覆辯論，因而決裂。

公元	明朝、朝鮮紀年[18]	年齡	生平事略
			生，蓋倣石潭舊規，而亦遵朱夫子滄洲祠遺意也。祀罷，先生升講席講《玉山講義》，諸生環聽者，殆千餘人。 此院至肅宗乙亥，亦享先生。
1674	崇禎四十八年乙卯 肅宗元年 （清聖祖康熙十三年）	69	先生被奪官職，流放京外，遠竄德源府，後移慶尚道長鬐。始作《朱子大全劄疑》。
1678	崇禎五十一年戊午 肅宗四年 （清聖祖康熙十七年）	72	《朱子大全劄疑》草稿完成。 先生嘗曰：「退溪《節要記疑》，頗有未甚安者，故不免因其所疑，作為問目，質之知舊，而如此處頗多，心甚不安。然茍其所疑不妄，而諸友商證，終得其是，則亦退溪先生之所願聞也。」又曰：「吾之為此，抑又有一事。賊鑴既攻斥朱子不遺餘力，而宣舉父子終始黨助，以厄斯文。」鑴於甲寅[26]秋，到金監司澄家，大斥朱子而終之曰：「吾功不在禹下。」金監司族姪榦、栽兄弟，親聞而言於我，此其禍甚於洪水猛獸矣！若使人人知讀朱子書，則邪說自無所售。倘蒙諸賢不憚用力，終見究竟，則庶可為明聖學、扶世教之一助。遂自乙卯以後，專心《大全》，隨手箚錄，晨夕孜孜，未嘗少輟。孫疇錫實執筆硯之役，悶先生疲精苦心，

---

26 甲寅為萬曆四十二年、光海六年（1614），尤庵時年八歲。

公元	明朝、朝鮮紀年[18]	年齡	生平事略
			時請少休，則輒引朱子所謂「你懶惰，教我懶惰」以責之。間與文谷金公，往復訂正，至是始克成編。又以《二程全書》編次錯亂，各以類分，而名之以《程書分類》，以便考閱。又證訂退溪《經書質疑》及《記善錄》等書，未嘗一日暇逸，常有惟日不足之意云。
1679	崇禎五十二年己未 肅宗五年 （清聖祖康熙十八年）	73	流放至巨濟島。[27] 《朱子語類小分》成。 先生每嫌《語類》記事錯雜，且多煩複。自入島中，與孫疇錫，日夕對勘，整其錯雜，刪其煩複，隨類移分，雖危禍迫頭，而亦不以為意，惟專心用工於此事也。 以《朱子年譜實紀》互有煩複，故合為一冊，名之以《文公先生紀譜通編》，又錄其所疑於行外。
1681	崇禎五十四年辛酉 肅宗七年 （清聖祖康熙二十年）	75	流放結束。 校正《心經釋義》。
1683	崇禎五十六年癸亥 肅宗九年 （清聖祖康熙二十二年）	77	作《節酌通編》。 先生摘選退溪《朱子學節要》與鄭經世《朱文酌海》裡遺漏《朱子大全》的重要句子，作《節酌通編補遺》。
1685	崇禎五十八年乙丑	79	入華陽。

---

27 2012年5月12日至8月12日，韓國全羅南道麗水市舉辦「2012年世界博覽會」，筆者適講學於首爾韓國外國語大學校，與中國教授聯誼會同仁偷閒前往觀賞，分別後獨自搭乘遊艇至慶尚南道「巨濟島」，憑弔歷史古蹟。

公元	明朝、朝鮮紀年[18]	年齡	生平事略
1685	肅宗十一年 （清聖祖康熙二十四年）		獻〈經筵講書次第議〉。 以朱子所定次第觀之，則《書經》之後，繼以《周易》者，不啻分明，後學似不敢有異議也。《春秋》雖是聖人所作，然傳者多失聖人本旨，其中胡傳最為稱善，然朱子猶病其穿鑿，又以為不曉事情。而終乃舉郢書燕說、范明友家中奴事，以譏傳者之妄說，恐不可遽以是進講也。《大學衍義》，蓋是史學，此則或恐以為暇日兼講之書無妨矣。上遂從先生議，進講《周易》。
1689	崇禎六十二年己巳 肅宗十五年 （清聖祖康熙二十八年）	83	己巳換局。 遭肅宗賜死。臨終前曰：「朱子學問，致知、存養、實踐、擴充，而敬則通貫始終，此於勉齋所撰行狀，詳之矣。」又曰：「天地之所以生萬物，聖人之所以應萬事，直而已。孔孟以來相傳，惟是一『直』字。而朱子臨終，所以告門人者，亦不外此矣。」

李丙燾於《韓國儒學史略》中認為尤庵：

> 天資嚴毅剛大，有英雄豪傑之姿，長於辯論，志介如時，主義主張，少不屈於人，時或過高。由是，往往被時所激，而實為屈指的學者政治家也。[28]

---

28 詳參〔韓〕李丙燾：《韓國儒學史略》，頁181。

既是學者亦是政治家，自小尤庵便天資過人，十分聰慧，其任鳳林大君之師時，即開啟了仕途之路；然一生幾起幾落，在晚年甚至遭流放，並遭肅宗賜死，結束其政治家的一生。

　　學者方面，八歲時與宋浚吉同業，二者同宗同門，又同在金長生門下，可稱之為「溪門雙傑」，道學並稱於世。[29]十二歲，景獻公（尤庵父）乃授栗谷李先生《擊蒙要訣》而告之曰：「朱子，後孔子也；栗谷，後朱子也。學朱子，當自栗谷始。」[30]尤庵既受此教之後，便以聖賢德業自勵，並自栗谷以溯朱子之學。故當時李尚吉嘗曰：「吾見宋君，非溪則谷也，蓋擬牛、栗兩先生也。」[31]二十七歲時，以生員試作「一陰一陽之謂道」文，而獲當時崔相之賞識，讚其為名世大儒。由此試文，亦可看出當時尤庵對於《易》學的造詣頗高。

　　其中有一點值得注意者，則是關於宋時烈對於朱子書的整理過程，姜文植〈宋時烈朱子書研究與編纂：以《朱子大全劄疑》、《節酌通編》為中心〉中，認為綜觀十六世紀中葉以後，朝鮮學者對於朱子性理學的研究有一特點，即是整理與註釋朱熹著述的重要內容的著作，尤庵也不例外。然觀上表所述，可知尤庵於晚年流放時，才著手進行，主要是因為當時以尹鑴（斗魁、希仲，白湖、夏軒，1617-1680）為中心，批判朱子的風氣正盛，故尤庵將整理朱子著述，視為其晚年的使命，主要是希望透過真正瞭解研究朱子學，以恢復朱子學的重要性。[32]

---

29 詳參〔韓〕李丙燾《韓國儒學史略》，頁179：「尤庵字英甫，同春字明甫，兩宋以同宗同門，道學並稱於世，屢被召徵，官至宰相，具從祀文廟。又二人俱為溪門之傑，而同春天資溫粹，不露圭角，且問學於妻父鄭愚伏，多被退溪學風之影響，故常折衷於退溪。尤庵則承溪門之傳缽，紹述師說，每於退溪、愚伏說深甚攻之。」

30 詳參〔朝鮮〕趙持謙：《宋子大全・附錄》，卷2，〈年譜〉，頁a115-a203。

31 詳參〔朝鮮〕趙持謙：《宋子大全・附錄》，卷2，〈年譜〉，頁a115-a203。

32 詳參姜文植：〈宋時烈朱子書研究與編纂──以《朱子大全劄疑》、《節酌通編》為中心〉，黃俊傑編：《朝鮮儒者對儒家傳統的解釋》，收錄於《東亞儒學研究叢書（15）》（臺北市：臺灣大學出版中心，2012年），頁197-212。

尤庵門人權尚夏（致道，遂菴、寒水齋，謚號文純，1641-1721）
有言：「朱子之道，至栗谷而復明；栗谷之業，至先生（尤庵）而益
廣。」以此，學者李丙燾（1896-1989）亦曰：「朱子之學，至栗谷而
發展之以論理，栗谷之論理，至尤菴而益徹底矣。」[33]作為一重要的
學者政治家，尤庵對於當時以及後世儒學的發展，動見觀瞻，可謂
十分具有影響力。

三　《易》學思想析論

關於尤庵的《易》學相關論述，主要可分為兩方面，一為《易
說》，是尤庵對於《周易》的說解，是書大抵與朱熹《周易本義》的
結構基本相同，序文後有《易》圖，為「先天變後天圖」、「先天配河
圖」、「後天配洛書」、「河圖」、「洛書」等，並於「後天配洛書」圖下
云：「此下又有先天配〈洛書〉、後天配〈河圖〉之圖，而按此可推，
故不復畫耳。」[34]於經註正文前，錄有「河洛說」、「九六說」、「卦畫
說」、「說卦取象」等，為尤庵簡述其於《周易》相關基本論點。進而
不錄原文，逐條說解各卦各爻，與〈繫辭〉、〈說卦〉、〈序卦〉、〈雜
卦〉等，卷末則附有〈十翼辨〉。

然細觀《易說》內容，可知尤庵實非如中國傳統註經模式，錄原
文後加以註釋詮解，而是將〈說卦〉分為兩部分探討，一為正文前「說
卦取象」，是將原〈說卦〉第八章，後移至正文前加以討論，並引歷來
學者，如孔穎達（沖遠、仲達，574-648）、邵雍（堯夫，安樂先生、
百源先生，謚康節，1011-1077）、項安世（平甫，平庵，1129-1208）

33　〔韓〕李丙燾《韓國儒學史略》，頁181。

34　〔朝鮮〕宋時烈：《易說》，收錄於《韓國經學資料集成（易經卷上）》（서울特別市：
　　成均館大學校出版部，1996年），第23冊，頁5。以下為免累贅，不再加注，直接於
　　引文後注明頁碼。

等人說法，梳理〈說卦〉取象之理。正文後所述〈說卦〉則為前七章之內容，此可謂《易說》特色之處。

　　然而，欲探討尤庵《易》學思想，除了上述《易說》以外，其於生員試中所論「一陰一陽之謂道」的文章，其中所蘊涵的內容也可作為瞭解其《易》學思想的重要內容。故就上述二種資料，初步探討尤庵《易》學思想要點。

（一）《易》象與人道相符

　　尤庵在解釋〈繫辭上傳・第一章〉時有言：「〈乾〉、〈坤〉生六子而成德業；賢人體〈乾〉、〈坤〉而成人道。成位其中者，參三才之位也。」（頁152）而此處朱熹則解為：

> 成位，謂成人之位；其中，是謂天地之中。至此則體道之極功，聖人之能事，可以與天地參矣。[35]

是故，朱子以聖人成位於天地之中，而能與天地參；相較朱子之說，尤庵則將此分為二個層次詮解：第一層是以為人道是賢人體〈乾〉〈坤〉而得，其人道與〈乾〉、〈坤〉的關係更為密切。故尤庵亦曰：

> 《易》之象，象中有箇道，蓋《易》象與人道相符也，爻之動及三才之道也。（頁152）

明言《易》象與人道相符，人道既是賢人體〈乾〉、〈坤〉而得，自然能相為契合。第二層更進一步提出所謂：

35　〔南宋〕朱熹：《周易本義》（臺北市：大安出版社，1999年），頁235。

至德者，聖之事。蓋言天地日月，亦皆為配聖人而設象也。
（頁153）

聖人極策著之數之變化之道。（頁153）

天地日月是為配聖人而設象，天為〈乾〉、地為〈坤〉，天地所設之象
即為〈乾〉、〈坤〉。〈乾〉、〈坤〉是為天地為聖人設象，而聖人又能極
策著之數之天地變化之道。

綜上所述，天地日月配聖人而設象〈乾〉、〈坤〉，聖人又能極策
著之數以論變化之道，賢人則體〈乾〉、〈坤〉而能設人道。尤庵層層
推衍，使《易》象與人道相符之說具有其必然性。

（二）論「一陰一陽之謂道」

尤庵在解釋「一陰一陽之謂道者，何也？」這個問題時，首先提
出「理氣之說」，[36]可知理、氣問題是理解尤庵思想的重要關鍵，以下
就其對於「《易》，變易也」之詮解與其「理通氣局」切入，探討尤庵
論「一陰一陽之謂道」的思想內蘊。

1　《易》，變易也

尤庵解釋「變易」，簡而略之是為「變化」之論，其曰：

《易》，變易也。〈乾〉、〈坤〉兩卦是純陽純陰之卦，逐爻不得
不變易，變易然後變化生矣，不然只是純陽純陰而已，況為諸
卦之父母，此天地變化萬物始生之意。（頁21）

---

36 尤庵有言：「或問於余曰：『陰陽，氣也，道，理也，而夫子曰「一陰一陽之謂道」
者，何也？』余應之曰：『善乎子之問也，子知理氣之說乎？』」詳見〔朝鮮〕宋時
烈：《宋子大全・五》，卷136，〈雜著〉，頁10。

尤庵以為〈乾〉、〈坤〉為純陽純陰之卦，若不變則只是純陰純陽，而不可能有〈乾〉、〈坤〉生六子之說，故「變易」實則是為天地變化、萬物始生的動力，此動力可謂為理，而天地變化之理即為「易」也。此則與伊川（程頤，正叔，1033-1107）《易程傳》中所言：「《易》，變易也，隨時變易以從道也。」強調「隨時變易以從道」之說，可謂大相逕庭。

自純陽純陰逐爻變易，然後天地變化自此而始。尤庵又曰：「每爻皆變易，變易生變化，變化配四時，四時之道元亨利貞也。」（頁4）可知，不論春夏秋冬亦或元亨利貞，天道運行或人倫變化皆以〈乾〉、〈坤〉為源，以「變易」為動力而成。

2 理通氣局

「理通氣局」四字，是為栗谷之創見，[37]尤庵承之而謂：

> 所謂「氣局」者，何也？陽之體非陰之體，陰之體非陽之體，則所謂局也。所謂「理通」者，何也？陽之理即陰之理，陰之理即陽之理，則所謂通也。局故兩立，通故兩在，非局則通無所發見，非通則局何以原始乎？必著一陰一陽之謂道，然後器亦道、道亦器，而精微之蘊，活潑潑矣！然則，夫子所言之意，又何疑乎？[38]

因為陰陽為氣、道為理，然二者實為一而二，二而一之關係，故氣局則兩立，陰陽二體分立而成。理通則兩在，陰陽二氣中所蘊涵之理實為一也。尤庵極為強調理、氣二者「既非二物又非一物」的觀點，

---

37 關於栗谷李珥「理通氣局」之說，可參見張敏：〈李栗谷理通氣局說辨析〉，《韓國學論文集》（瀋陽市：遼寧民族出版社，2003年），第十輯，頁70-89。
38 詳參〔朝鮮〕宋時烈：《宋子大全・五》，卷136，〈雜著〉，頁11。

又曰：

> 太極者，本然之妙也；動靜者，所乘之機也。妙者，理也；機
> 者，氣也。非氣，則理無所依著；而非理，則氣無所根柢。故
> 一動一靜者，氣也；而動之靜之者，理也。一陰一陽者，氣
> 也；而使陰使陽者，理也。今以陰陽與道，為判然二物，則固
> 陷於二歧之惑，而直以陰陽為道，則又昧於道器之分矣。[39]

太極為理、動靜為氣，若判然二物則有二歧之惑，若以陰陽即道又有
道氣之分。一陰一陽實貫陰陽而言也；若此，有言聖人單謂「一陰一
陽」，而不曰「之謂道」，其意似無不妥。然則，尤庵反對此說，認為
聖人既言「一陰一陽之謂道」，實有其意義所在，故曰：

> 自陰陽而言之，則曰「一陰一陽之謂道」；自其道而言之，則
> 曰「沖漠無眹」。動靜陰陽之理，已悉具於其中，「體用一源，
> 顯微無間」，蓋自體而言，則即顯而微不能外；自微而言，則
> 即體而用在其中，不可謂見一陰一陽，而後知有此道也。[40]

理與氣實則一而二，二而一，既非二物又非一物者也。不論自體而言
或自微而言，二擇一說皆不備。前文有謂尤庵以「直」的哲學貫穿其
思想，此亦可由其對於太極與陰陽的解釋中看出，如其言曰：

> 陰陽生乎太極，而及其陰陽既生，則反以運用乎太極，以生萬
> 化，大小雖殊，而其理則一也。[41]

---

39 詳參〔朝鮮〕宋時烈：《宋子大全・五》，卷136，〈雜著〉，頁10。

40 詳參〔朝鮮〕宋時烈：《宋子大全・五》，卷136，〈雜著〉，頁11。

41 詳參〔朝鮮〕宋時烈：《宋子大全・四》，卷130，〈雜著〉，頁622。

此自可通栗谷李珥「理通氣局」之論。「一陰一陽之謂道」，陰陽為氣、道為理，尤庵以理、氣為一而二，二而一之論，並貫穿其「直」的哲學，通過對於栗谷「理通氣局」的思想，詮釋《易傳》「一陰一陽之謂道」的中心思想。

四　結論：敬以直內道義方

「直」的哲學為貫穿尤庵思想的核心要點，此可從其《易》學思想檢證觀照。尤庵所謂「直」，實以「道義」為內涵，故本之《周易‧坤六二‧文言傳》「敬以直內」、《孟子‧公孫丑上》篇「以直養氣」，要皆不出「道義」之說。

尤庵自幼天資不凡，加上家學薰陶，並受業於栗谷高徒金長生門下學習，於二十七歲參加生員考試，便嶄露頭角。在政治方面，從被任命為鳳林大君的老師，自此開啟尤庵一生起起落落的政治生涯。在學術方面，則承襲栗谷之說，宗朱子之學，並在晚年為保朱子正統，力抗以尹鑴為首的「南人黨」反朱子勢力，而以整理朱子書為其文教使命，成為當時首屈一指的性理學者與「西人黨」政治家。

尤庵《易》學思想主要呈現在對於「《易》，變易也」的詮釋，他認為〈乾〉、〈坤〉是萬物之源，而「變易」是天地化生的動力。此外，承繼栗谷李珥「理通氣局」的思想，認為「一陰一陽之謂道」所載理氣之說，實為一而二，二而一的學問。

柒

槐泉朴昌宇《周易傳義集解》析論

　　朝鮮王朝（1392-1897，大韓帝國，1897-1910）碩學鴻儒對於朱熹（元晦，晦庵，1130-1200）理學與《易》學，推崇有加，影響朝鮮王朝政教發展極為深遠。本文以朝鮮王朝中後期學者槐泉朴昌宇（汝寅，易南先生，1636-1702）《周易傳義集解》為研究核心，著重分析與詮釋槐泉所闡發《易》學特色及其思想。《周易傳義集解》以程頤（正叔，1033-1107）《伊川易傳》與朱熹《周易本義》二書為主，汲取《伊川易傳》的「理」與朱熹《周易本義》的「象」，同時參照各家釋義重點，故以「集解」名之。槐泉象數思想主要採取王弼（輔嗣，226-249）「卦主」、「初、上無陰陽定位」之說，以及「承乘比應」卦爻位的取象觀，並兼賅朱熹卦變思想；而在義理方面，則兼採程、朱之說，並開展槐泉自覺體證的觀點。槐泉以陰陽會合的「沖和之氣」與「天」為中心，作為宇宙萬物生成的本源思想，進而建構其宇宙觀；槐泉對於「聖人」的看法，尤其強調「效天法地」，並兼有君王之職，一為萬民表率，二則教化百姓，以治理天下。復以「誠」為修養工夫的核心，以「誠」修身、治事、臨人，乃至於臨險遇難，達到內在心性的呈顯。至於槐泉所強調的政治觀點，則以君臣上下必須各居其位，而各司其職，如此國家方能長治久安。要之，槐泉《周易傳義集解》針對程《傳》與朱《義》含英咀華，始終條理，又融合當時諸家學說，證實運虛，大有功於朝鮮王朝的《易》學研究。

一　前言：程傳朱義解精純

　　由於地理與歷史的關係，韓國文化與中華文化淵源深遠，自古在政教、經濟、思想，甚至語言文字，形成極為微妙的互動發展與密切聯結。據《三國史記》與《高麗史》記載，傳統認為古朝鮮（公元前2333年至公元前238年），由傳說中的古朝鮮始祖王檀君（王儉）於公元前二三三三年建國，定都平壤。公元一世紀分裂為高句麗、百濟、新羅三國，公元七世紀新羅統一朝鮮。

　　公元九〇四年新羅僧人善宗金弓裔（？-918）建立摩震國，又稱泰封國。公元九一八年王建（若天，877-943）建立高麗王朝，建都開京，定國號「高麗」，深受中國儒家與佛教思想影響。公元1392年，高麗大將李成桂（君晉，松軒，1335-1408）取代高麗王朝，建都於漢陽（漢城，今「首爾」），定國號為「朝鮮」，歷史上稱為「朝鮮王朝」（1392-1897，大韓帝國，1897-1910）——朝鮮最後一個封建王朝，國祚五百餘年。

　　朝鮮在十九世紀末，俄、日勢力相繼入侵，不得不開放國門，其後更受到日本帝國侵略，陷入黑暗的殖民統治時代。一八九六年，朝鮮宣布獨立，改國號為「大韓帝國」。[1]朝鮮王朝存在了五百多年，對於韓國民族文化具有極為重要的時代意義，也深具傳承發展的代表性。

> 自三國以後歷朝均設有儒學教育機關，如太學、國子監等，其授課內容全部都以中國的儒學經典為主。新羅、高麗、朝鮮歷代各朝也均實施科舉考試的任用官吏制度，考試科目也全都是中國之儒學經典。[2]

1　有關於韓國朝鮮王朝的歷史內容，詳參簡江作：《韓國歷史》（臺北市：五南圖書出版公司，1998年11月初版），第五章至第八章，頁57-361。

2　詳參簡江作：《韓國歷史》，頁9。

《易》學伴隨著中國儒學傳播到朝鮮半島，日益受到重視，而蓬勃發展，尤其青睞於伊川程頤（正叔，1033-1107）《伊川易傳》（《易程傳》）、晦庵朱熹（元晦，1130-1200）《周易本義》與《易學啟蒙》。因此，韓國《易》學的相關研究，必由朝鮮王朝入手。

　　本文以朝鮮王朝中後期槐泉朴昌宇（汝寅，易南先生，1636-1702，以下皆以「槐泉」敬稱之）《周易傳義集解》為研究對象，著重於槐泉所闡發的「朱子《易》學類」特色與思想。經筆者與朱熹《周易本義》詳加比對，約十有六、七內容相近。而事實上，槐泉《易》學係統攝程頤《易程傳》與朱熹《周易本義》。因此，徐坰遙教授《周易傳義集解‧解題》曰：

> 在討論「理」的程子的《傳》和討論「象」的朱熹的《本義》中，收集互補部分和疏略部分來集解《周易》而作。[3]

可知，槐泉《周易傳義集解》是對程頤《易程傳》與朱熹《周易本義》有關義理與象數進行集解。因此，可以理解槐泉論理精要之處如程頤，取象觀點則與朱熹相近。兩宋以降，學者對於本體論的研究不離理、氣，或為本體一元論，或為理氣二元論，朝鮮學者的性理學也有同樣的系統取向：

> 當時的性理學分成兩個系統，其一是主氣派，另外一派則是主理派。主氣派的先驅者是花潭徐敬德，徐敬德一生隱居，專心於學問的研究與思想的探索。針對過去朱子的理氣二元論加以

3　朴昌宇：《周易傳義集解》，《韓國經學資料集成‧易經卷上‧第七冊》（漢城市：成均館大學校出版部，1996年），頁13。本文所引用朴昌宇之著作皆以此書為據，為免引文出處注釋太多，而有累贅之病，因此凡以下所錄引文，均加注頁碼於後，不另作注。

自己的詮釋，首先提倡氣的一元論。而另外由晦齋李彥迪提倡
主理的學說，成為主理派的先驅者。李彥迪係擔任官吏多年的
學者，其創導的主理學說對儒學界之影響很大。[4]

朝鮮性理學主理派與主氣派兩者之間，針對《孟子》所言的四端，即
「惻隱、羞惡、辭讓、是非」；以及《禮記‧禮運》所提「喜、怒、
哀、懼、愛、惡、欲」七情，曾經發生歷時久遠的「四七論爭」：

> 主理派和主氣派之間學理上的對立，也發生了有名的「四端七
> 情」的論爭，即「四七論爭」。由李滉和奇大升之間經過八年
> 論爭之後，又有成渾和李珥的六年論爭，自此之後，兩派之間
> 的「四七論爭」就綿綿不斷，永無終止。[5]

但《周易傳義集解》在此思想論辯主題中，卻沒有隨波逐流，反而抽
身而退，以程、朱之學說為主要的集解研究，呈顯出精純的《易》學
思想。

　　本文耙梳槐泉《周易傳義集解》的要義，分析其釋《易》特色，
至於與程、朱論《易》的異同，由於牽涉甚廣，未免篇幅冗長，內容
雜蕪，本文並不詳加論析，僅針對集解內容進行特色分析，並析論槐
泉象數與義理思想。

二　生平著述考略

　　首先，知人論世，尚友先賢。朴昌宇（1636-1702），祖籍密城，

4　詳參簡江作：《韓國歷史》，頁300-301。
5　詳參簡江作：《韓國歷史》，頁302。

字汝寅，號槐泉。出生於大庵之家，幼時受學於伯父朴曒（？-？）膝下，師從許穆（文甫，眉叟，1595-1682），後成為南州第一流人物。弱冠時，廣泛涉獵經學史書，在慶州府所考的夏課試上，以狀元被選拔，三十歲時司馬試及第，任命為內舍。在成均館儒生時期，欽受王命，力求謹慎完備，對出版的《朱子大全》有諸多貢獻，而且更加用心鑽研先賢們，關於朱子經學的訓詁、章句與集注，對於退溪李滉（景浩，陶翁、清涼山人、真寶人，1501-1570）的注解給予高度評價。

　　槐泉因受到湖南儒生們上疏文事件而被流配，後來以無嫌疑而獲得釋放。在成均館進士時期，和同鄉金邦翰（鰲亭，1635-1698）、柳克培（？-？）等一起撰述《周易集解》三卷，並在經筵上撰寫講義，進疏肅宗（1674-1720，李焞，明普，1661-1720）曰：

　　　　竊伏聞殿下，天資離照，聖學日躋，務推心得之餘，窮探
　　　　《易》理之奧，尤有以起臣等之愚也。夫帝王之《易》，必究
　　　　其陰陽邪正之消長，人事氣化之污隆，而明於天之道，察於民
　　　　之故，然後可以行之無疑，故古之聖王以此洗心，以通天下之
　　　　志，以斷天下之疑，遂成天下之亹亹，則《易》之用，信乎其
　　　　大矣。殿下之潛心於《易》，其不以此矣乎？今臣所述，固知
　　　　其不足補萬一，而葵忱自傾芹誠，尤激不憚千里，敢此冒進，
　　　　伏願殿下，特垂恕察，經筵之暇，或賜叡覽，則方知《集解》
　　　　中某義從程《傳》中出，某義從《本義》中出，難解之處自可
　　　　瞭然，而修齊治平之道，豈不外是，其於辭、變、象、占之
　　　　理，定吉凶成大業之方，亦不無少補矣。（頁512-514）

對於槐泉忠誠之進疏，肅宗感動之餘，特別讚賞，即批閱奏疏云：

省疏具悉。所進冊子，雖未知果合於經旨，而蓋其草野愛君之
誠，予用嘉之，可不留意焉。戊辰（案：1688年）四月十六日，
在泮館時，與金進士邦翰，柳進士克培，進於經筵。（頁514）

俟後於經筵中屢得印證，肅宗深受感動，還批奏其所獻冊子與經旨相
符，遂命內閣予以勘訂出版，但由於泮長成大鉉（？-？）受到槐泉
大庵伯父的嫌疑，而惜未完成。

　　槐泉在《易經》研究上，訓解卦爻辭義，綜合伏羲、文王、周
公、孔子四聖微旨，並深中程《傳》、朱《義》肯綮，詮釋經義，超
凡脫俗。《周易傳義集解》正是槐泉綜合各家注解，相互考證，具有
集注性質的書。因此，當時學者將槐泉與高麗王朝第一位研究與整理
《周易》的學者——原籍丹陽的「易東先生」禹倬（天章、卓甫，
1263-1342）並稱，譽之為「易南先生」，可謂先後輝映。

　　槐泉在學術研究上，不僅注意學問的精深與廣博，更著重實學的
展現，希望能將學問應用在社會國家的治理上。同時，槐泉也強調主
上必須修省的道理，以及有感於地方官員施政造成百姓生計困厄，怨
懟於國家，因此期望能實行無怨無爭的理想政治。槐泉針對當時社
會、國情的弊端及其矛盾，廣求提出時務策略，著重於聖學精神，列
舉六項重要的振興治國政策——勉聖學、行仁政、用賢才、勸農業、
興學校、修兵備。

　　此外，槐泉傳世著作計有《槐泉文集》三卷一冊與《周易傳義集
解》六卷三冊。[6]《槐泉文集》中關於鄉飲酒禮各種禮儀型式，著重
在教化並淨化社會風俗；《周易傳義集解》六卷三冊，目次：〈序文〉、
《周易集解·總目》，卷一從《周易·上經·乾》卦為始，至〈大

6　關於朴昌宇生平，以及相關著作內容，詳參《周易傳義集解·解題》，頁13-16。《周
　　易傳義集解》，原版分成三冊，如今集錄於《韓國經學資料集成》中則合成一冊單
　　行，特此說明。

有〉卦為止；卷二以《上經・謙》卦為始，以〈離〉卦為止，以上第一冊。卷三以《下經・咸》卦為始，以〈井〉卦為止；卷四從〈革〉卦到〈未濟〉，以上第二冊。卷五〈繫辭上傳〉，卷六〈繫辭下傳〉、〈說卦傳〉、〈序卦傳〉與〈雜卦傳〉，以上第三冊。槐泉《周易傳義集解》六卷內容重在綜合程《傳》與朱《義》，並收集眾說辨析，以補全缺漏，因此以「集解」名之。

　　槐泉認為《周易》最初是用卦爻象闡明吉凶的道理，並運用筮術來教化人民。卦爻象雖容易理解，但其中難以理解而隱密的義理，聖人便假象加以闡明其中的微言大義——理。槐泉在後跋中，附錄〈進《周易集解》疏〉中提到：

> 故聖人假至著之象，明至微之理，則象也理也，誠不可以偏一者也。程《傳》論乎理，而於象則或闕焉；《本義》論乎象，而於理則或畧焉。其餘訓解間有異同，此臣之所以不能無疑，而竊嘗反覆乎〈河圖〉之數、大衍之策、先後天之同異、圓橫圖之順逆，而推原乎卦爻之象，參考乎性命之理，似有得其要領者，然後乃敢會《傳》、《義》之所論，集眾說之所辨，就其所要，補其所闕，編成三卷，名以《集解》，謀所以質諸先覺之君子，僭踰之罪，極知難逃，誠以生平用功，不忍自棄，時復玩繹者，蓋亦有年矣。[7]

《周易傳義集解》綜合程《傳》、朱《義》，並集眾說而加以斟酌損益，以簡明扼要的方式闡述釋義，槐泉認為程《傳》議論「理」時，對於「象」的闡發卻有遺漏之處；而朱《義》議論「象」時，對「理」也有間罅或忽略之處，二者訓解也各有異同，這就是槐泉所疑而慎行

---

[7] 疏文詳參朴昌宇：《周易傳義集解・進周易集解疏》，頁512。

釋義的用心。所以，槐泉反復考察〈河圖〉的數、大衍的策、先後天的同異，以及圓橫圖的順逆等，推原卦爻的象，參證性命精微的義理，進而得到要領，並收集《傳》、《義》與眾說，加以論辯補充。

《周易傳義集解》在卦爻象與卦爻辭之下，並未標識地整理程《傳》、朱《義》，又將〈象傳〉、〈彖傳〉、〈文言傳〉按照順序加以編輯，而在第五、六卷根據傳統排列為〈繫辭傳〉、〈說卦傳〉、〈序卦傳〉與〈雜卦傳〉。本書卷末附錄有〈進《周易集解》疏〉、金邦翰〈《易集解》贊〉，以及李能允（1850-1930）、李中轍（1848-1937）與柳喬榮（1854-1920）的後序。[8]

槐泉朴昌宇《周易傳義集解》以鉛活字出版的書名，與驚亭金邦翰《周易集解》雷同，並流傳於後世。兩書序文雖然同寫於「一六七八年」（案：肅宗四年），但是，《周易傳義集解》金道和（？-？）的序文出版於「一七〇五年」（案：肅宗三十五年），而槐泉《集解》卷末附有驚亭之贊，從李中轍後序即可知箇中原委：

> 以金氏之始事逕庭，有涉未安者為言，則只幸此後人題跋之遽爾入手，而獨不見其先公之為槐翁有贊其書乎？有曰：「永陽宿師，深有得於程、朱微旨。」從而總之曰：「易南先生及沒，有士林請禮葬之單，則首題銜者，又金公也。」以此證彼，庶無歧惑之有貳，何況槐翁之註解，無「傳」與「義」之標字，而幷書〈繫辭〉之註；金公之註解，有「傳」與「義」之標字，而元無〈繫辭〉之註，又或斷取多寡之自相不同，則似當各尊其尊，各書其書，何必為嫌於混蒙題名，而取二書以一之哉？噫！衛道之書，可謂質鬼神而無疑，過時之事，亦可集眾言而有裁，今此兩家之不幸，安知無爛漫渙釋之日也耶？

8　詳參《周易傳義集解·解題》，頁13-16。

聊貢此愚見以歸之。壬子（案：1912年）正月下浣，將仕即惠
陵參奉，眞城李中轍謹書。[9]

鰲亭《集解》分為卷上、卷中與卷下，並分別為天、地、人三冊，卷
上從《上經‧乾》卦開始到〈復〉卦為止，卷中從〈无妄〉卦開始到
《下經‧震》卦為止，卷下從〈艮〉卦開始到〈雜卦傳〉為止，其編
輯與槐泉《集解》也各不相同。同時，跋文上都沒有干支，將鰲亭
《集解》序文、上疏文與槐泉《集解》相對照，可以查找到很多的脫
字。[10]因此，可知槐泉作《周易傳義集解》與當時金邦翰《周易集
解》內容稍有不同，卻同時流傳於世，不能不察。

三　《易》學特色分析

　　槐泉朴昌宇《周易傳義集解》一書中，沒有見到當時論爭的學術
主題，如「四七論爭」，以及「禮學」、「仁學」與「敬義」思想的相
關課題。而槐泉釋《易》特別強調每一卦第二與第五爻「中」位的優
越性，無論任何一卦，居於中道必然能得吉慶喜悅；若是無法得到吉
慶，即使凶象、也能減輕凶險程度。其次，對於陽居陽位、陰居陰
位，亦即得位、當位、得正，也是相當重視；若某一爻得正，代表著
當爻可以得到正向趨善的解釋，即使有凶、悔、吝，也能減輕其負面
的程度。槐泉解釋卦爻辭義，皆相當精微簡要，很少有長篇大論針對
某一特殊卦爻辭進行闡釋。對於取象釋義，承繼王弼（輔嗣，226-
249）卦主，初、上無陰陽定位，以及承、乘、比、應之說，並兼採
朱熹卦變思想，也有以史事釋義的運用。又十分強調每一卦上爻時位

9　參見朴昌宇：《周易傳義集解‧進周易集解疏》，頁519-521。引文中金氏指金邦翰。
10　關於朴昌宇與金邦翰《易》著編排與內容之差異，詳參朴昌宇：《周易傳義集解‧
　　解題》，頁13-16。

的窮極概念，因此上爻大抵都可以找到「窮、變、通」的釋義痕跡。
以下綜合槐泉《易》學分析五項特色，提供參考觀照。

（一）承繼王弼重要《易》學觀點

兩漢以降，象數《易》學蓬勃發展，並融合陰陽五行災異之說，
開展以占驗禨祥論定吉凶的《易》象系統，直至魏朝王弼橫空出世，
「盡黜象數，說以老、莊」，[11]於是象數《易》學遂轉向為老莊玄學，
自此義理派《易》學幾定於一尊，歷隋、唐而不衰。然而，王弼所掃
象數，乃是兩漢以降多數牽強附會的取象觀，如互體、變爻、卦變、
陰陽五行等取象方法；但是，對於合理的取象觀點，也是多所包容採
納其說。王弼主張「卦主」、「初上無陰陽定位說」，以及「承乘比
應」的爻位觀，都是十分合理的釋《易》方法進路。因此，槐泉釋
《易》，也多採取王弼以下重要觀點。

1　卦主釋《易》說

卦主之說，先儒已有提及，而以卦主觀點解釋《周易》的卦爻
辭，前賢亦多所應用；將卦主之說，以理論觀點正式提出者，王弼為
第一人。王弼指出：

> 夫少者多之所貴也，寡者眾之所宗也。一卦五陽而一陰，則一
> 陰為之主矣；五陰而一陽，則一陽為之主矣。夫陰之所求者陽
> 也，陽之所求者陰也。陽苟一焉，五陰何得不同而歸之，陰苟
> 隻焉，五陽何得不同而從之。故陰爻雖賤，而為一卦之主者，
> 處其至少之地也。[12]

---

11 文見〔清〕紀昀：《四庫全書總目》（北京市：中華書局，1965年），《經部一・易類
　一》，頁1。

12 〔魏〕王弼：《周易註》（臺北市：臺灣商務印書館景印《文淵閣四庫全書》本第7

王弼認為多者以少為貴，眾者以寡為主，所以若一卦五陽一陰者，以一陰少者為主；若是一陽五陰者，則以一陽少者為主。因此，他常以這樣的觀點以某卦之某爻為卦主，藉以解釋卦爻辭義。王弼雖以卦主釋《易》，但並不是每一卦皆如此，譬如二陽四陰的卦，陽雖少而堪稱卦主，而那一爻方得為卦主，也有不同的看法。槐泉承繼王弼卦主的釋義觀點，可證驗於以下三例：

（1）〈坤・六二〉：「直方大，不習，无不利。」釋義曰：

六二柔順而中正，又以陰位在下，得〈坤〉道之純者，故為〈坤〉之主。其德內直外方，而又盛大，不待學習，而无不利也。（頁36）

槐泉認為六二爻為〈坤〉卦的卦主，以柔順陰居陰位，所以能得〈坤〉之主，因此具有直方大之德行，展現於外，則不習無不利。

（2）〈屯・初九〉：「盤桓（案：經文作「磐桓」），利居貞，利建侯。」釋義曰：

盤桓，難進之貌。初以陽剛，當〈屯〉難之世，居下位者也。又居動體，而上應陰柔險陷之爻，未能便往濟也，故盤桓也。然居得其正，故利於居貞，又本成卦之主，以陽下陰，為民所歸，侯之象也，故利於建侯。（頁47）

冊，1986年3月），頁275。為免引文出處注釋太多，而有累贅之病，因此凡以下所錄引文，均加注頁碼於後，不另作注。

槐泉認為初九爻是〈屯〉卦之主，又能以陽居於陰之下，故有民心所歸之象，所以釋義為「利於建侯」。

> （3）〈賁・六五〉：「賁于丘園，束帛戔戔，吝，終吉。」釋義曰：

> 六五柔中，為〈賁〉之主。敦本尚實，得賁于丘園，為農圃之象，然陰性吝嗇，故有「束帛戔戔」之象。束帛，薄物；戔戔，淺小之意。人而如此，雖可羞吝，而禮奢寧儉，故得終吉也。舊說指上九作高尚隱于丘園之賢，而用束帛之禮聘召之。（頁166）

槐泉認為六五陰柔居中，是〈賁〉卦的卦主，敦本尚實，故能得賁於丘園。他指出各卦的卦主，並不見得都遵從王弼的看法。如下一例：

> （4）〈无妄・初九〉：「无妄，往吉。」釋義曰：

> 以剛實在內，〈无妄〉之主也。如是而往，何所不吉。（頁180-181）

槐泉認為初九爻是〈无妄〉卦之主，但王弼卻認為九五爻「居得尊位，為〈无妄〉之主者也。」（頁224）槐泉大抵釋義為卦主者大多與王弼相同，卻也保有個人獨見的部分。一般取卦主釋義都是以六爻卦為原則，但槐泉以三爻的經卦卦主釋義，也時有所見。如下四例：

> （5）〈蒙・九二〉：「包蒙，吉；納婦吉，子克家。」釋義曰：

包，含容也。九二以陽剛，為內卦之主，當發蒙之任者，而爻
之德，剛而不過，為能有所包容之象。（頁55）

槐泉以九二陽剛，為內卦之主，亦即九二為下卦〈坎〉三爻卦的卦
主，具有陽剛之德，故有「剛而不過，為能有所包容之象」。

（6）〈訟・九二〉：「不克訟，歸而逋，其邑人三百戶，无
　　　眚。」釋義曰：

九二陽剛，為險之主，本欲訟者也，然以剛居柔，得下之中，
而上應九五，陽剛居尊，勢其可敵乎。若能知其義之不可退，
歸而逋，避以寡約自處，則得无過眚也。三百戶，邑之至小
者。（頁67）

槐泉認為九二陽剛，為險之主，亦即為〈坎〉險之卦主。剛居柔得中
而應九五，故能有此无過眚之占例。

（7）〈隨・初九〉：「官有渝，貞吉，出門交有功。」釋義曰：

以陽居下，為動之主，卦之所以為隨者也。既有所隨，則有所
偏，主而變其常矣。唯得其正則吉，又當出門以交，不私所
隨，則有功也。（頁132-133）

槐泉認為〈隨・初九〉以陽居下，為動之主，卦之所以為隨者也。其
中為動之主，亦即為〈隨〉之下卦〈震〉卦主之意。

（8）〈革・六二〉：「已日乃革之，征吉，无咎。」釋義曰：

柔順中正，而為文明之主，有應於上，足以革天下之弊，新天
下之治矣。然必詳緩，而无遽急，已日然後革之，則征吉而无
咎。（頁326）

槐泉以六二爻為下卦〈離〉卦之主，故云「柔順中正，而為文明之
主」，其中文明之主，乃指〈離〉卦之意。

　　由上述諸例，可知槐泉對於卦主之說，有承繼王弼觀點，也有自
得開展者。

2　初、上無陰陽定位說

　　《易》之卦爻有六位，分三才而兩之，然而王弼的看法，認為
初、上兩個爻位在整部《周易》之中並沒有特別提到得位、失位的問
題：「象无初、上，得位、失位之文。」（頁279）又曰：「〈繫辭〉但論
三、五，二、四同功異位，亦不及初、上，何乎？唯〈乾上九・文
言〉云：貴而无位。」（頁279）在上位時無論陰爻或陽爻都有非關當
位、不當位的爻辭，王弼舉例曰：

　　〈需・上六〉云：「雖不當位。」若以上為陰位邪，則〈需・上
　　六〉不得云：「不當位也。」若以上為陽位邪，則〈乾・上九〉
　　不得云：「貴而无位也。」陰陽處之，皆云非位。（頁279）

因此，王弼認為上位非關陰陽，皆不論其位。而針對初爻之位，又指
出：「初亦不說當位、失位也。」（頁279）王弼認為初、上兩個爻位所
代表的意義是事之終始，並沒有陰陽定位的問題：「初、上者是事之終
始，无陰、陽定位也。」（頁279）王弼舉例強調初爻無位的觀點，云：

　　〈乾〉初謂之潛，過五謂之无位，未有處其位而云「潛」，上

有位而云「无」者也。歷觀眾卦，盡亦如之。初、上无陰陽定
位，亦以明矣。（頁279）

由此可知，王弼主張初、上無位的觀點是非關陰、陽爻與陰、陽位之
關係，而主要是關於事之終始。槐泉繼承王弼這個觀點，可驗證於以
下四例。

（1）〈大有・上九〉：「自天祐之，吉无不利。」釋義曰：

在〈大有〉之極，而居无位之地，是不居其有者也。以剛居
上，而能下從六五，是能履信思順而尚賢也。其處如此，自當
獲天之祐，故所往皆吉，无所不利也。（頁116）

槐泉以為〈大有・上九〉爻，是居无位之地，有不居其有，功成而弗
居，自身以剛居上，卻能下從六五，故能獲天之祐，當然能吉，而无
所不利。

（2）〈謙・上六〉：「鳴謙，利用行師，征邑國。」釋義曰：

謙極，有聞人之所與，故可用行師，然以其質柔而无位，故可
以征己之邑國而已。（頁124-125）

槐泉認為上六質柔而无位，雖可行師，但僅局限於征自己的邑國而
已，未能大有作為。

（3）〈噬嗑・初九〉：「屨校滅趾，无咎。」釋義曰：

初、上无位，為受刑之人，中四爻為用刑之人，初在卦始，罪
薄過小，屨校於足，以滅傷其趾，則當知懲懼，不敢進於惡
矣，故小傷而无咎也。（頁157-158）

槐泉認為初、上无位，在〈噬嗑〉卦中扮演著受刑人的角色，而中間
四爻乃是用刑之人。所強調的是，初、上无位的概念，而是受刑人的
角色，而初爻代表著是犯罪輕者，或是初犯者，概以事之終始角度來
論述。

　　（4）〈賁・初九〉：「賁其趾，舍車而徒。」釋義曰：

初雖陽剛，明體而在下无位，无所施於天下，唯自賁飾其所行，
守節處義，其行不苟，是乃舍車之榮，而寧徒行者也。（頁163-
164）

槐泉認為〈賁・初九〉爻是居於下卦〈離〉卦明體之下，而初九「在
下无位，无所施於天下」，指〈賁〉卦之初爻居下，且在无位之處，
因此無所施於天下。

3　承乘比應說

　　兩漢以來，象數《易》學家闡述卦爻辭義的方法，趨於多元而龐
雜。至王弼始剪除不合理，而穿鑿附會的取象，改以單純「乘承比
應」的釋義方式，宋代以後義理派學者也常使用，但也有例外者。槐
泉對於王弼釋義的取象方法，顯然有所承繼，今各舉數例加以驗證。

（1）承

　　承為「本爻」對上爻說，即本爻為上爻所乘，而本爻承上爻。

如：初承二，二承三，三承四，四承五，五承上。一般本爻為陽爻而其上爻為陰爻者，此狀況為陰凌駕於陽之上，多半為凶悔咎害；反之，本爻為陰而其上爻為陽爻者，多半為吉。但也不全然如此，時有例外，須依各卦爻位，以及其他取象觀點而定。茲舉槐泉四例，以明其義：

> 甲、〈豫・九四〉：「由豫，大有得，勿疑，朋盍簪。」釋義曰：

> 卦之所以為豫者，由九四也。動而眾陰悅順，故為大有得。然居大臣之位，承柔弱之君，危疑之地也。唯當盡其至誠，勿有疑慮，則朋類合而從之矣。（頁129）

槐泉認為〈豫・九四〉居大臣之位，上承六五爻為柔弱之君，處於危疑之地，當以至誠之心以對，方得朋類而相從。其所釋義，乃以九四陽剛承六五之陰柔。

> 乙、〈離・九四〉：「突如，其來如，焚如，死如，棄如。」釋義曰：

> 後明將繼之時，而居近君之位，自處不中正，剛盛之勢，突如而來，非善繼者也。又承陰柔之君，陵爍之勢，氣焰如焚然，故云「焚如」。所行不善，必被禍害，故曰「死如」。眾所棄絕，故云「棄如」。（頁213-214）

槐泉云九四「又承陰柔之君」，意指九四上承六五陰爻，故有凶象。

> 丙、〈兌・九四〉：「商兌未寧，介疾有喜。」釋義曰：

四上承中正之五，而下比柔邪之三，故商度所說，未能有定，
然質本陽剛，故能介然守正，而疾惡柔邪，則有喜矣。（頁381）

槐泉解釋〈兌‧九四〉爻「上承中正之五」，意指九四在九五之下，
承居上卦之中的九五陽爻，能守正道，故能有喜。

丁、〈蠱‧六五〉：「幹父之蠱，用譽。」釋義曰：

柔中居尊，而九二承之以德，以此幹蠱，可致聞譽也。（頁141）

槐泉以六五爻與九二爻為應爻，以九二應承之以德，因此能幹蠱而得
譽；也就是在「承」的釋義概念中，一般是相鄰兩爻之間的關係，而
槐泉以相應之爻亦有承的作用，實為比較特殊的釋義觀點。

（2）乘

乘以上位者為主，本爻乘下爻；若下爻為陽爻，稱為「乘陽」或
「乘剛」；反之，下爻為陰爻，稱為「乘陰」或「乘柔」。茲舉槐泉四
例，以明其義：

甲、〈比‧六三〉：「比之，匪人。」釋義曰：

陰柔不中正，承乘應皆陰，所比皆非其人之象，雖不言凶，凶
可知矣。（頁79-80）

槐泉云「六三的承乘應」皆為陰爻，意指承爻六四，乘爻六二，應爻
上六等三爻皆為陰，因此有「比皆非其人」之象，其凶可知矣。

乙、〈震・六二〉：「震來厲，億喪貝，躋于九陵，勿逐，七日得。」釋義曰：

二乘初剛，不能禦其猛厲，故度不能當，而喪其貨貝，升至高以避之也。然柔順中正，足以自守，故過則復其常，是勿逐而自得也。（頁338）

槐泉以〈震・六二〉乘初九之陽剛，無法抵禦初九陽剛的猛厲，因此有喪貝之象。

丙、〈節・六三〉：「不節若，則嗟若，无咎。」釋義曰：

陰柔而不中正，乘剛而又臨險，處說之極，非能節者也。說極則悲，故至於感嗟，己所自致，无所歸咎也。（頁391）

槐泉以〈節・六三〉「陰柔而不中正」，即陰居陽位，又未居二、五之中位；「乘剛而又臨險」，即六三乘九二之陽剛，又面臨上卦之〈坎〉險，己身又居下卦〈兌〉悅之終爻，故有此自致之感嗟，無所怨嘆歸咎。其中以六三之陰爻居於九二陽爻之上，故有乘剛之象。

丁、〈臨・六三・小象〉：「甘臨，位不當也。既憂之，咎不長也。」釋義曰：

陰柔媚說，復乘二陽，是處不當位也。既知危懼而憂之，則其過咎不長也。（頁147）

槐泉指出六三爻不僅乘陽，而且是乘二陽，因〈臨〉卦下卦為〈兌〉

卦，初、二兩爻皆為陽爻，有六三同時乘二陽之象，這是以「乘」釋義時，較為特殊的釋例。

（3）比

　　比者，相比鄰也。一般相鄰的兩爻，若為一陰一陽者，稱之為比應或相比。槐泉亦以此為釋義的重要方式。以下列舉四例，以為驗證：

> 甲、〈小畜・九三〉：「輿說輻，夫妻反目。」釋義曰：

> 九三亦欲上進，然剛而不中，暱比於陰，而又非正應，為其係，畜不能前進，猶車輿脫其輪輻也。陰反制陽，而陽與之爭，如夫妻之反目也。（頁85）

槐泉以九三陽爻之鄰為六四陰爻橫阻於前，使之無法上進；因此，陰陽互爭相制，有如夫妻之反目。

> 乙、〈大過・九二〉：「枯楊生稊，老夫得其女妻，无不利。」
> 　　釋義曰：

> 陽過之始，比於初陰，陰陽相與，故有生象，如枯楊之生稊也。楊者，近澤而陽氣易感之物，稊，根也。榮於下，則生於上矣。夫雖老，而得女妻，則猶能成生育之功，无所不利也。（頁201）

槐泉以九二比初六之陰，有陰陽相與，具生生之意，因此有枯楊生稊之象。

丙、〈家人‧九三〉：「家人嗃嗃，悔厲，吉。婦子嘻嘻，終
　　吝。」釋義曰：

剛而不中，過乎剛者也。治內過剛，則傷於嚴急，故家人嗃
嗃。然雖悔於嚴厲，未得寬猛之中，然而家道齊肅，人心祇
畏，猶為家之吉也。若婦子嘻嘻，則失於放肆，終至羞吝矣。
嗃嗃者，嚴厲之意；嘻嘻者，笑樂无節也。三比乎二柔，又若
易昵於婦子者，故設此戒。（頁253-254）

槐泉以九三陽爻比於六二陰爻，有易昵於婦子的現象，故以此為戒。

丁、〈遯‧九三〉：「係遯，有疾厲，畜臣妾，吉。」釋義曰：

〈遯〉貴速而遠，三下比二陰，當〈遯〉而有所係者也，故有
疾而危也。係戀之私，恩懷小人，女子之道也，故以畜養臣
妾，則得其心為吉也。（頁232）

槐泉此例以〈遯‧九三〉爻下比六二、初六二陰爻為釋義，可說是
「比」爻之應的特例。

（4）應

「應」主要是上下兩經卦中，每卦上下六爻能有一陰一陽的對應
關係，如此稱為「相應」，否則稱「敵應」或「不應」。以下例舉槐泉
釋義七例，以為驗證：

甲、〈屯‧六四〉：「乘馬班如，求婚媾，往吉，无不利。」釋
　　義曰：

陰柔居屯，不能上進，故為乘馬班如之象。然初九守正，居下
以應於己，若能求賢以自輔，則可濟而吉也。（頁50）

六四爻與初九分別為上卦與下卦之初爻，又為一陰一陽，故為正應。

　　乙、〈蒙・六三〉：「勿用取女，見金夫，不有躬，无攸利。」
　　　　釋義曰：

　　以陰處暗，不中不正，近見九二，為群蒙所歸，得時之盛，故
　　舍其正應而從之，乃女之見金夫，而不能保有其身者也，无所
　　利矣。（頁56）

六三之應爻本為上九，但六三卻近比於九二而從之，故槐泉曰「舍其
正應而從之」，意指六三之正應為上九，六三卻近比應九二而從，故
有見金夫而未能保其身節。

　　丙、〈訟・初六・小象〉：「不永所事，訟不可長也。雖小有
　　　　言，其辯明也。」釋義曰：

　　訟非可長之事也，故因六柔弱戒之。於初、上有剛陽之正應，
　　辯理之明也。（頁66-67）

槐泉以初六陰爻與上卦之九四陽爻為正應，故能辯理明析。在《周易
傳義集解》一書中，槐泉所用相應釋義者極為普遍，幾乎卦卦皆有。

　　丁、〈屯・六三〉：「即鹿无虞，惟入于林中，君子幾，不如
　　　　舍，往吝。」釋義曰：

以柔居剛，不中不正，又无應援，妄動取困，如逐鹿而无虞人導之，惟陷入于林中也。君子見幾，不若舍去，若往而逐之，必取羞吝。（頁49-50）

因〈屯・六三〉與上六同為陰爻，故无應援，此例為槐泉利用相應爻同性而不應（或敵應、无應）的概念加以釋義。

戊、〈履・九二〉：「履道坦坦，幽人貞吉。」釋義曰：

九二居柔，寬裕得中，其素履坦坦然，平易之道也。以其无應於上，故為幽獨守貞而吉也。（頁90）

〈履・九二〉與九五爻同為陽爻，無陰陽相應，故槐泉云「无應於上」。

己、〈乾・九二〉：「見龍在田，利見大人。」釋義曰：

九二剛健中正，其德已著，如龍之出見於地上也。利見大德之君，以行其道，五二純體，故不分剛柔，而以同德相應。（頁11）

槐泉認為〈乾〉卦為純陽之卦，雖然九二爻與九五爻皆為陽剛，卻能以「同德相應」，此為較特別的相應爻釋義形式，即是同為陽爻也可相應。

庚、〈睽・初九〉：「悔亡，喪馬勿逐，自復，見惡人，无咎。」
　　釋義曰：

在〈睽〉乖之時，以剛動於下，宜有悔也，而所以得亡者，以九四在上，同德相應也。〈睽〉而无與，則不能行，是喪其馬也；四既與之合，則能行矣。是勿逐而馬自復也。又若以惡人，而棄絕之，則安能化不善而使之合乎，故須見惡人，乃能避咎。如孔子之於陽貨也。（頁258-259）

槐泉釋義〈睽·初九〉時，認為初九爻與九四爻同為陽爻，能同德相應，故能喪馬復得。這也是在「應」爻的釋義中，較為特別的釋例。

（二）卦變釋義觀

以卦變取象釋義是相當複雜的系統，一般針對重卦中以十二消息卦為基本卦，[13]除〈乾〉、〈坤〉兩卦之外的十卦，其他五十卦皆以有相同的陰陽爻數目，依此十卦為分類，概指某卦是自某卦而來。槐泉以卦變觀點釋義，大抵上皆體現於〈象傳〉，以下列舉三例，以為驗證：

1. 〈訟·象傳〉：「〈訟〉有孚，窒惕，中吉，剛來而得中也。」
   釋義曰：

剛來，以卦變而言也。二三兩爻互換而變，乃三爻之陽來居二，而得中也。（頁65）

---

13 十二消息卦又稱十二辟卦，皆自〈乾〉、〈坤〉而出，〈坤〉陰交乎〈乾〉陽，即〈復〉、〈臨〉、〈泰〉、〈大壯〉、〈夬〉自〈坤〉卦來，而〈乾〉陽交乎〈坤〉陰，即〈姤〉、〈遯〉、〈否〉、〈觀〉、〈剝〉自〈乾〉卦來。十二消息卦由〈乾〉、〈坤〉所衍，並且由十二消息卦再進一步推變出其他的各卦，這種推定卦變的模式，即虞翻卦變說的主體，虞翻卦變說中不論是一陽一陰或二陽二陰、三陽三陰等等的卦變統緒，都是以十二消息卦的本卦，以進而定出之卦來。詳參陳伯适（陳睿宏）：《義理、象數與圖書之兼綜——朱震易學研究》（臺北市：文史哲出版社，2011年9月1日），頁347-351。

槐泉意謂〈訟〉卦是由〈遯〉卦的六二與九三兩爻互換而來，故云
「剛來」。

　　2.〈隨‧彖傳〉：「〈隨〉，剛來而下柔，動而說，〈隨〉。」釋義
　　　曰：

　　　剛來下柔，以卦變言之，乃上爻之陽，來居初而下柔也。（頁
　　　132）

槐泉認為〈隨〉卦以卦變的角度來看，是由〈否〉卦而來；即〈否‧
上九〉陽爻，來居於初爻之位，則成為〈隨〉卦。

　　3.〈蠱‧彖傳〉：「〈蠱〉，剛上而柔下，巽而止，〈蠱〉。」釋義
　　　曰：

　　　剛上柔下，以卦變言之，兩體初、上爻互換也。下順而上止，
　　　更无所施為，所以為〈蠱〉也。（頁138）

槐泉認為〈蠱〉卦以卦變的觀點來看，是由〈泰‧上六〉與初九兩爻
互換而來。
　　槐泉使用卦變的角度解釋〈彖傳〉的內容，大抵與朱子相去不
遠，普遍展現了對於朱熹《易》學觀點的繼承，而這是程《傳》所不
採用的釋義方法。

（三）參用以史釋《易》

　　槐泉《周易傳義集解》精要簡略，但卻不乏以歷史事件或故事，
精簡表達輔以釋義者。茲舉四例，以為驗證：

1. 〈蒙・六三〉：「勿用取女，見金夫，不有躬，无攸利。」釋
   義曰：

以陰處暗，不中不正，近見九二為群蒙所歸，得時之盛，故舍
其正應而從之，乃女之見金夫，而不能保有其身者也，无所利
矣。金夫若魯秋胡之為者。（頁56）

槐泉以魯秋胡[14]的作為喻為金夫，但守節者其妻，卻不為金夫所動；
但以形容女之見金夫，不能守節保身，唯利是圖，故无所利，是說明
若為金夫者，其圖謀必定不軌，節義之婦必不為所動，若為所動者，
下場堪慮。

2. 〈師・上六〉：「大君有命，開國承家，小人勿用。」釋義曰：

〈師〉之終，順之極，論功行賞之時也。〈坤〉為土，故有開
國承家之象，小人雖有功，亦不可使之得有爵土，但優以金帛
可也。小人平時易致驕盈，況挾其功乎。漢之英、彭所以亡
也，聖人之遠戒也。（頁75-76）

槐泉以為小人不能挾功，而授以爵位，恐其亂邦危國。如漢之英布
（？-公元前195）與彭越（？-公元前196）終至敗亡。

3. 〈履・六三〉：「眇能視，跛能履，履虎尾，咥人，凶。武人
   為于大君。」釋義曰：

---

14 詳參〔漢〕劉向：《列女傳・節義》，臺北市：臺灣商務印書館，1966年。

三不中正，志剛體柔，安能堅其所履。如盲眇之視，其見不明；跛躄之履，其行不遠。其履如此，必及禍患，如履虎尾，必見咥嚙也。又為剛武之人，得志而肆暴之象，如秦政、項籍豈能久也？（頁75-76）

槐泉列舉秦王嬴政（公元前259-公元前210）與西楚霸王項羽（公元前232-公元前202）的暴虐無道，終必招致凶禍。

　　4.〈睽·初九〉：「悔亡，喪馬勿逐，自復，見惡人，无咎。」
　　　釋義曰：

在〈睽〉乖之時，以剛動於下，宜有悔也，而所以得亡者，以九四在上，同德相應也。〈睽〉而无與，則不能行，是喪其馬也，四既與之合，則能行矣，是勿逐而馬自復也。又若以惡人而棄絕之，則安能化不善而使之合乎，故須見惡人，乃能避咎。如孔子之於陽貨也。（頁258-259）

槐泉以孔子見陽貨惡人為例，以論證爻辭「見惡人」，「乃能避咎」的意涵。

　　以上四例是槐泉在釋義中，例舉歷史故事或事件，論證卦爻辭義理，以強化釋義的內容。

（四）居中守正

　　中國學術傳統以中庸之道為善，故有居中、守中、致中等中和之道為修身處世，乃至於持家治國的重要圭臬。因此，在釋《易》的過程中，特別注意第二與第五爻位。此二爻位皆居中位，二為內卦之中，五為外卦之中；以政治的觀點來看，五為君位，二為臣位，能居

於中表示君、臣能以中道行事，則不會有什麼大的偏差。若二五又能以得正，即二爻為陰爻，五爻為陽爻，就是更好的狀態，亦即能得中正之道。以人的修養與權位來說，就是有才德，又有權位，能夠以其才德權位治理國家，達到國治家齊天下平的良好狀態。

　　槐泉尤其稱許居中的爻位，釋義〈需・九五〉爻辭：「九五，需于酒食，貞吉。」曰：

> 陽剛中正，位乎天位，克盡其道矣。宴樂酒食，安以待之也，既得貞正，而所需必遂，可謂吉矣。（頁62）

他認為〈需・九五〉，居中得正，貞正而需必遂，必然得吉。又釋義〈訟・九五〉爻辭：「九五，訟，元吉。」曰：

> 五以中正居尊位，聽訟得其平者也，所以元吉也。元吉，大吉而盡善也。（頁69）

於〈訟・九五〉爻，他亦釋義中正居君王之尊位，能得大吉。釋義〈泰・九五〉爻辭：「六五，帝乙歸妹，以祉元吉。」曰：

> 帝乙制王姬下嫁之禮法者也，而〈歸妹〉之時，亦嘗占得此爻，五以陰居尊，柔中虛己，下應九二，吉之道也。能降其尊貴，倚任賢臣，則有祉而元吉矣。（頁98）

又如釋義〈大有・六五〉爻辭：「六五，厥孚，交如，威如，吉。」曰：

> 五虛中為孚信之象，柔順守中，而虛己以應九二之賢，上下歸

之，是其孚信相交也。然君道貴剛，太柔則廢，當以威濟之則吉。威如，有威嚴之謂也。（頁115-116）

皆以居五，在上卦之中位而得以吉象。在居二，居下卦之中位而得吉者，如釋義〈謙‧六二〉爻辭：「六二，鳴謙，貞吉。」曰：

柔順中正，以謙有聞，正而且吉者也。（頁122）

又釋義〈豫‧六二〉爻辭：「六二，介于石，不終日，貞吉。」曰：

逸豫之道，易以溺人，故〈豫〉之諸爻，多不得正，而獨此爻，以中正自守，其介如石也。其德安靜，而堅確，故其思慮明審，不俟終日，而見事之幾微，如二可謂正而吉矣。（頁128）

以上二例，皆以居下卦之中又陰居陰位而有中正之道，故皆得吉。
　　釋義〈臨‧九二〉爻辭：「九二，咸臨，吉，无不利。」曰：

剛得中而勢上進，故吉而无不利也。吉者已然如是，故吉也。无不利者，將然於所施為，无所不利也。（頁146）

又釋義〈大畜‧九二〉爻辭：「九二，輿說輹。」曰：

二亦為五所畜，以其處中，故能自止而不進，如車輿脫去輪輹，而不行也。（頁187）

以上二例皆以陽居陰位，然因居中位，而有吉象，即使有凶事，亦能有所止，而得減其凶事程度。

　　當然，居中也未必一定得吉，每一卦皆有不同的爻位與對應關係，其吉凶之象必須參照各種不同的因素，才能加以決斷。但不可否認，當居於上下卦之中位時，能得吉的機會自然大些，這也是槐泉對於釋義中位的爻時，特別強調居中之道的觀點來解釋中位之爻。

（五）上位者之「窮、變、極」釋義

　　研究《易》理者皆明白，上爻的爻位是一卦之終；因此，大都在此爻說以「窮」、「極」的概念，以及其窮極思「變」的精神。槐泉對於上爻的釋義，大抵上都可以找到「窮、變、通」的釋義痕跡。槐泉基於《易》的本來精神，能暢其所言，釋其「窮、變、通」之義，如釋義〈需・上六〉爻辭：「上六，入于穴，有不速之客，三人來，敬之，終吉。」曰：

> 陰居險極，无復有需，險而入穴之象。九三為應，而與下二
> 陽，需極并進為不速客三人之象。不速，不促之而自來也。柔
> 不能禦，而能順之，故敬以待之，則得終吉也。（頁63）

槐泉認為上六爻「陰居險極」，意指陰爻居於上卦〈坎〉卦之最上爻的極位，已是〈需〉卦之窮極之位，「无復有需」，而有居險入穴之象。又釋義〈訟・上九〉爻辭：「上九，或錫之鞶帶，終朝三褫之。」曰：

> 鞶帶，命服之飾；褫，奪也；以剛居訟極，終訟而能勝之，故
> 設或有錫命受服之賞。然无理取勝，豈能安久，故終一朝而三
> 見褫奪也，言其所得，終必失之，聖人為戒之意深矣。（頁70）

槐泉以上九爻居〈訟〉卦之極，有終訟之意。又如釋義〈小畜・上九〉爻辭：「上九，既雨既處，尚德載，婦貞厲。」曰：

> 畜極而成，陰陽和矣。既雨，和也，既處，止也。蓋尊尚陰，
> 德至於積滿而然也。載，滿也，婦，謂陰；陰加於陽，故雖貞
> 亦屬也。（頁87）

上九爻居〈小畜〉卦之最上位，槐泉認為是「畜極而成」，故有「陰
陽和矣」之象，所以能既雨既處。又釋義〈履‧上九〉爻辭：「上
九，視履考祥，其旋元吉。」曰：

> 視履之終，以考其祥，周旋无虧，則得元吉。（頁93）

槐泉指出上九視履之終，終而反旋檢視而无虧，終得大吉。
　　一般終爻皆帶有窮極之意，這是必然的顯象，但不論爻辭中是否
呈顯出終、窮、極等相關意義，槐泉的觀點大抵上都展現了對於上爻
具有窮、極的看法，進而以此觀點加以闡述爻辭之意。

四　義理思想闡論

　　隨著歷史演變的脈動，釋《易》的型態與內容亦隨之而變化，與
整個歷史推進過程所呈現的政治、社會、經濟與人文的發展，而有不
同的釋《易》方法與詮釋觀點，皆能豐富《易》學的涵蓋層面。本以
卜筮而產生的《周易》占筮系統，經過《易傳》時代的義理闡發，成
為饒富哲學的專書。兩漢以降象數釋《易》的發展，產生了極為龐雜
豐富的取象方法；但於王弼「盡黜象數，說以老、莊」之後，掃除兩
漢以來很多他認為牽強附會的取象觀，而以老、莊的玄學觀點來釋
《易》，因此發展出較為純樸，而以義理釋《易》的一支，於是象數
《易》學見絀於玄理《易》學，義理派《易》學的地位幾定於一尊，
歷隋、唐而不衰。在兩宋理學發達的時代，所論述的哲學內容涵蓋層
面最為廣泛。蔡方鹿教授指出：

> 在宋明理學的理構成中，以心性論為最難掌握，理論難度最
> 大，它是合本體論、認識論、倫理學、人性論和修養論為一體
> 的思辨性的哲學體系。[15]

的確，宋明時期各家學說大都環繞在如何闡發萬物生成，以及宇宙演
變的問題上，進而形塑對於本體論或宇宙觀的建構。然而，本體論與
宇宙生成建構問題的論述，其背後主要目的，在於如何聯結到所要構
築的心性論、倫理學，以及修養工夫與道德觀上，張立文教授指出：

> 在道範疇的歷史演變中，儘管有重本體、重倫理之別，但本體
> 與倫理的統一可說是普遍的特徵，因此，有所謂中國哲學為倫
> 理型、只講倫理本位而不講自然本體之說，這當然不符合中國
> 哲學的實際，然亦有本體倫理化，倫理本體化的傾向。[16]

因此，研究《易》學家的義理思想，必然由其萬物生成的本體論出
發，以其建構一套完整體系，如何聯結到心性、修養、認識等觀點
上，乃至於政治與道德觀。經由細部耙梳《周易傳義集解》後，發現
槐泉釋義精簡而不拖泥帶水，以致未能充分發揮他個人的宇宙觀，或
是本體觀點。因此，以下就其所呈顯的釋義內容中，截取其相關的哲
學思想，對於具有哲學性命題的內容，如「氣」、「理」、「道」、
「性」、「天」、「天命」、「天德」、「天道」。另外，他對修養工夫
「誠」的見解，亦提出對聖人意境的看法，以及闡述政治倫理君臣上
下之間的觀點。

---

15 蔡方鹿：《宋明理學心性論》（成都市：巴蜀書社，2009年5月第2版1刷），頁1。
16 張立文：《中國哲學範疇精粹叢書——道》（臺北市：漢興書局，1994年5月初版1
　　刷），頁15。

（一）陰陽二氣沖和，以生萬物

　　槐泉認為萬物之生成，皆有接受到陰陽沖和的「太和」之氣；萬物受性而生，天賦予命而成，能常存常和此性命的陰陽二氣之會，就是保有此太和之氣，此太和之氣即陰陽會合的沖和之氣。他指出：

> 變者化之漸，化者變之成。物所受為性，天所賦為命。保謂常存，合謂常和；大和，陰陽會合，沖和之氣也。各正者，得於有生之初，保合者，全於已生之後。此言〈乾〉道變化，无所不利，而萬物各得其性命以自全。（頁14）

他認為〈乾〉道變化，能無所不利，也就是能保合太和的沖和之氣，則萬物各能得全其性命，可以生生不息。他的看法並沒有直接表明這是氣化宇宙論，但卻具有這樣的精神。他認為「萬物之化生，由二氣之交感也」（頁219），萬物由天地之氣，即陰陽之氣交感而成。他指出：

> 天高地下，其體〈睽〉也，而陽降陰升，合成化育之事，則同也；男女異質，〈睽〉也，而相求之志，則通也。生物萬殊，〈睽〉也，而得天地之和，稟陰陽之氣，則類也，物雖異，而理本同。（頁257-258）

槐泉認為雖天高地卑的形體有所不同，而「天地者，陰陽形氣之實體」（頁417），但陽降陰升合成化育萬物是一樣的事；物類男女陰陽各有不同，但陰陽相求合的現象融通。所以，萬物生成之理相通，皆得天地之和，而稟陰陽二氣以生。槐泉特別提到此二氣即天地之氣，也就是陰陽二氣陽降陰升，合成化育萬物之事，如此運行操作，而萬

物得以交感生成。他認為萬物的化育，是由天道之陽氣下降，與地道的陰氣上行而相交，因此萬物得以化育：

> 天之道以其氣下際，故能化育萬物，其道光明，天之〈謙〉也；地之道處卑，而以其氣上行交於天，地之〈謙〉也。（頁119-120）

這說明了以天地二氣，即陰陽二氣的交感而化育萬物。因此，他指出天地之氣能交通，則能化育萬物，陰陽二氣若能通暢，就如在政治上，君臣能各得其位，則天下亦太平，更得以長治久安。槐泉指出「陰陽相交，為交感之義，二氣感應而和合，是相與也」（頁218），也就是陰陽二氣相交，陰陽感應，而「陰陽迭運者，氣也；其理則所謂道」（頁428），相互給與，互相融通會流；陰中有陽，陽中有陰。所以，他在〈泰・彖傳〉中提到：

> 〈泰〉，通也，為卦天地交，而二氣通，故為〈泰〉，正月之卦也。小謂陰，大謂陽；往，〈坤〉往居外也，來，〈乾〉來居內也。陽氣下降，陰氣上交，陰陽和暢，則萬物生，遂天地之〈泰〉也。君子得位於內，小人往處於外，天下之〈泰〉也。〈泰〉之道，吉而且亨也。（頁93-94）

> 陰往而陽來，則天地之氣相交，而萬物得遂其通泰也。（頁94）

槐泉強調天地交〈泰〉，正是陽氣下降與陰氣上交，得到陰陽和暢，萬物以生。所以他指出「天地之氣不交，則萬物无生成之理」（頁100-101）。因此，更說明槐泉對於宇宙萬物的生成觀點，乃陰陽二氣交感，而萬物得以生成，進一步稱保有此常存常和的陰陽二氣之會，

就稱之為「太和」，而二氣會合的狀態，稱之為「沖和之氣」，這是槐泉對於萬物生成的重要觀點。然而，一切萬物生成變化，皆順乎自然，是天地運行自然而成，故槐泉曰：「天地无心而成化，聖人有心而无為。」（頁429）

（二）天為萬物之祖

對於「天」的看法，隨著時代遞嬗，社會需求的擴充，文化發展的變化，歷來在「天」的觀點上，有著各種不同角度的轉變：

> 儒家論天，或主天命論，或倡天人合一說，或立天人相分論。從社會人事、心性存養、天體自然等各視角、側面理解和解釋天。天為多義範疇。[17]

的確，各時代的《易》學家對於天的看法，有著不同面向的哲學詮釋；各家學說也呈現不同的意義，說明天所扮演的角色，尤其在政治、社會，以及修身養性上，都賦予了特別的哲學性意涵。

槐泉認為：「天者，天之形體；〈乾〉者，天之性情；〈乾〉，健也；健而无息之謂〈乾〉。」（頁10）他稱天能被見到，以它的形體呈現，而具有特殊的性情，也就是〈乾〉，即是健；能剛健不息，就是〈乾〉的特質，亦即天能表現出剛健不息的性情，而所能見到的天是它的形體。槐泉將「天」視為能被見到，而具有剛健不息的性情的有形體。這個觀點是自然普遍性，人類仰頭見天，乃自然現象；進一步解釋天的情性特質，以〈乾〉的剛健不息代表它的性情，亦由自然界的春、夏、秋、冬四時運行變化的角度加以解釋。槐泉解釋〈乾〉卦

---

17 張立文：《中國哲學範疇精粹叢書——天》（臺北市：七略出版社，1996年11月初版），頁3。

「元亨利貞」四德之「元」，表示「元者，萬物之始」（頁10），又云：
「〈乾〉元，天德之大始。」（頁10）〈乾〉之剛健是天之德，元為萬物
之始，亦即以〈乾〉元表示「天」是蘊育萬物德行展現之始，充分表
示天具有萬物生成之能。因此，他認為「物所受為性，天所賦為命」
（頁14），萬物受性而生，必待天所賦命以成。也就是天賦萬物以
命，如此萬物才能生成，進而得以生生不息。所以，他說：

> 天為萬物之祖，王為萬邦之宗。（頁15）

槐泉強調「天」不僅是生天地萬物，更是萬物之祖；就像君王一樣，
是四海萬邦之宗。在槐泉的認知下，天是萬物之祖，這無異說萬物為
天之所生。槐泉認為：「五以剛居中正，二復以中正相應，是順理而
不妄也，乃天命也，天命謂天道也。」（頁179）能順應中正之理而不
妄，這便是天命，而天命就是天道。事實上，天道也就是自然運行之
理，存在於自然之中，垂降萬有生生不息之理。因此，他主張在天的
理域之中，是純善無惡之美境，但落於萬物之形下時，不免質性偏
執。故對惡類必須有所遏抑，而善類則須加以闡揚。他指出：

> 天命有善而无惡，故遏絕眾惡，揚明善類，所以順天休美之命
> 也。（頁112）

槐泉指出，對於天命之有善无惡進行順從，這就是順天休美之命，而
要如何做呢？他認為必須遏絕眾惡，揚明善類。因此他藉四時變化的
自然順天之理，說明湯武革命之順天：

> 推革之道極乎？天地變易，時運終始也。春革冬，夏革春，而
> 四時推遷；湯革夏，武革商，而天命改易；非湯武強為，不過

順天應人而已，〈革〉之時豈不大哉，當其可之謂「時」。（頁
324-325）

強調「時」的概念，事實上就是強調改變的時機已經到來，那麼變革
只是「順天應人」之舉而已，並非強為。所以，槐泉認為在適當的時
機，做適當的事，正是順天應人之事：

四時不忒，天之所以為〈觀〉也；神道設教，聖人之所以為
〈觀〉也；天道至神，故運行四時，化育萬物，无有差忒，聖
人默契，故體其妙用，設為政教，天下自服，極言〈觀〉之道
也。（頁150）

槐泉由自然的四時運行不輟，推演至聖人之神道設教，乃至讚頌天道
至神，能夠運行四時，化育萬物，以至於能設為政教，治理天下。其
內涵更強調天之至善，觀自然運行之理，當知惡之不可繼續張揚，而
必須得到遏止，進而實行仁義之治國，才能真正彰顯天之「有善无
惡」的精神。這樣的理域推演，並不是為了個人的私欲，或是滿足個
人欲望而強行變革。因此，他認為「无私天德也」（頁106），並指出：

言天行，則見其一日一周，而明日又一周；若重複之象，非至
健不能也。君子法之，不以人欲害其天德之剛，則自彊而不息
矣。（頁15-16）

他認為君之法〈乾〉剛健不息之性情，不能以人心私欲而損害天德之
剛健，如此才能像天行一樣剛健不息。這樣的天德〈乾〉元，乃是
「萬物之生，皆資之以為始也」（頁13），這是〈乾〉卦四德之首，能
資萬物之始生，又具不息之剛健精神，得以貫乎天德之始終，是以稱
之為「萬物資始乃統天」的內涵。

（三）聖人之道效天法地

　　槐泉在其《易》著中，多以聖人之德行為警戒，或言行以為天下法、天下則，在在突顯聖人效天法地，以此教化世人，治理天下的精神。在槐泉的釋義中，他所稱的聖人，或指德位高尚之聖人，或指古之帝王。三皇五帝時，政教皆合為一。能居尊位，體天道治理好天下，是聖人之德行，事實上指稱聖人也是君王。他指出：

> 君道尊臨天位，而四海從王者，體天之道，則萬國咸寧，乃聖人得天位，行天道，而致大和也。此聖人之利貞也。（頁15）

　　槐泉認為聖人能得天位，而行天道，即居九五之中正之位，有德有位施教於天下，四海從之。在萬類之中——「蟲獸草木，物各從其類，聖人，人類之首也，故興起於上，則人皆見之。」（頁22-23）槐泉指稱聖人，是人類之首，故能為眾人所見，譬如北辰，眾星拱之。為人類之首，是以具足德行，善教化天下，為眾人所感。聖人能順動之道，適時而行，故「聖人之道，以順動。所以，經正，而民興於善；刑罰清簡，而萬民服也」（頁126）。

　　槐泉在感動卦爻辭義的內涵下，指稱這是作《易》聖人對於教化世人的用心之處。他指出「〈謙〉者，人之至德，故聖人詳言，所以戒盈，而勸謙也」（頁121），這是聖人以〈謙〉德教化世人，認為：「以陰柔居豫極，昏冥於豫者也。以其動體，故其事雖成，而若能有渝，變則能補過，而可以无咎矣。聖人設此義，所以廣遷善之門也。」（頁130-131）槐泉釋〈豫・上六〉爻辭認為聖人以「廣遷善之門」來繫此爻辭，以教化百姓，善補過而遷善，得以无所咎害。又如釋義〈臨〉卦卦辭，特別提到「聖人豫為之戒深矣」（頁143），以釋「至於八月有凶」之涵義。

　　對於天下萬民之眾，聖人何以能獨自一人，行教化天下之能事。
槐泉認為：「聖人則養賢才，與之共天位，食天祿，以施澤於天下；
養賢，所以養萬民也，其道配天地。」（頁193）也就是聖人養天下有
賢德之才士，讓這些賢才同心同德一起治理天下百姓，以達養萬民之
境。然治理天下，亦有難以教化，為惡難改者。槐泉認為聖人面臨這
樣的問題，治人以刑罰懲治亦難以避免，但重要的是教化，更必須使
百姓能安居樂業，有生產的事可做：

> 聖人則知天下之惡，不可以力制，故察其機，知其要，不尚威
> 刑，而修其政教，使之有農桑之業，知廉恥之道，雖賞之不竊
> 矣。（頁189-190）

聖人以德教化天下，「觀人文以教化天下，成其禮俗，乃聖人用賁之
道也」（頁163），讓百姓有事業可做，明白廉恥之心，自然能夠有內
心受到教化與感動。是以，聖人效天法地，天地以无心，而化成天
下，聖人有心效法，能行教化萬民之於无為。[18]

（四）誠積於中

　　自古有提及「誠」之修養工夫者，以《大學》「誠於中，形於
外」，《中庸》「至誠無息」、「誠則明矣」、「至誠如神」等見解最為精
闢。誠，乃是由內心發出毫無勉強進行某種事情或是對某事之情態，
充積日久，自然形成內在的涵養工夫，成為特有的氣質與能量，而呈
顯於個人行為之中。而槐泉將「誠」的內涵融鑄於對《易》學思想的
詮釋，更有所承繼與開展。他發揮了《大學》「誠於中，形於外」的
觀點，認為「无妄」是一種誠的工夫，他說：「〈无妄〉者，誠也。」

---

18 參見朴昌宇：《周易傳義集解・繫辭傳》，頁429。朴氏云：「天地无心而成化，聖人
　　有心而无為」。

（頁181）天真無邪，存心无妄，就是「誠」的表現。又曰：

> 〈无妄〉者，誠也。誠之於物，无不能動；以之修身，則身
> 正；以之治事，則事得其理；以之臨人，則人感而化；无所
> 往，而不得其志也。（頁181）

他認為自然无妄之心，純樸無私欲，而自然表現的存心，這就是
「誠」。而「誠」的力量表現出來，則沒有不能改變的事。所以，他
指出，無論是以誠修身、治事，乃至於處世臨人，都能受到感化，無
往不利。對於誠所發用出來的能量，槐泉確實十分肯定。因此，更能
證明與體現槐泉對於《中庸》「誠」感化萬物，「唯天下至誠為能化」
的精神。

　　槐泉認為能夠心一存誠，所能發揮出來的力量足以金石為開，甚
至臨險難而能亨通。他說：

> 維其心誠一，故能亨通。至誠可以通金石、蹈水火，何險難之
> 不可亨也，以是而行，必有功矣。（頁204-205）

能夠誠一不變，則至誠之心足以讓人通金石，蹈水火而無所懼，暢行
無所礙；因此，槐泉認為能以誠一至誠之心待人處世，必能成功。反
之，他認為：「不能以至誠感物，而發見於口舌之間，小人女子之常
態也，豈能動於人乎？」（頁222-223）不能以至誠之心感格萬物，僅
於口舌之上逞能，則如小人、女子之一般行為，如何能感動於人？對
於君臣相處之道，他指出，若為人臣菹險之狀，「唯至誠見信於君，
又能開明君心，則終得无咎也」（頁208）。能夠以至誠相見於君，彼
此信任，則臨險而无咎矣。即便是「君心未合」，而「臣當盡誠，宛
轉以求其合」（頁260）。槐泉強調臣當以誠侍君，即便處險難與君心

不合，皆當竭盡為臣之忠誠，如此必能化解。槐泉對於誠的功能看得特別重，他認為無論什麼狀況，什麼時間，只要「至誠相合，則何時之不能濟」，則「雖處危厲而无咎也」。（頁261）足見槐泉對於誠之存心與人相處，所能展現的力量多麼驚人。因此，能「孚誠以命眾」，即使「使知尚有危道，則无不虞之悔」（頁287-288），而能夠「盡誠信以命其眾，而知有危懼，則君子之道，乃无虞而光大也」（頁289）。這也就是說，槐泉認為上下相交，無論是君臣或對待百姓，「盡誠，所以无咎也」，反之，若「上下之交不以誠，則其能免於咎乎」（頁308）？

　　槐泉認為誠之涵養，能久積於心，則能蓄積修養之功；因此能「〈謙〉德發於外者」，必是「由其誠積於中也」（頁122）。他強調誠的修持要積於中，其意不僅要能久積不息，更要能合理无妄地守中之誠，必須「孚誠積於中，動為合於道，以明哲處之，則又何咎之」（頁135）。能夠積於中，行而合道，自然能感格於物。

　　綜上所言，槐泉認為「誠」能久積於心，則當能有涵養德行之功，若能无妄謹守中道，雖蒞險難，必能化險為夷；雖君心上下不合，以誠德相見，婉言相勸必能上下一心，君臣同德。若能以誠待民，即使知前有險難危殆之境，也能為此而效忠效死。因此，足見槐泉看重誠的德養，超越生死險難，展現出宏大的內在德行之功。

（五）君臣上下

　　歷來各家學說，雖高唱仁義道德，乃至宇宙生成哲學，皆不脫離政治觀點而立說，創制一套合理的說詞。因此，槐泉在釋《易》過程中，亦透露出個人的政治觀點。他強調的是君臣上下之間的相互關心，雖然對於君王有至高治權的推崇，而相對其責任以及必要具備的德行，也有應有的要求。他認為一個國君應當：

　　君道不可專尚謙柔，必須威武相濟，然後能懷服天下。（頁124）

為國家統領者，不能只崇尚謙柔仁義，必須有威武刑罰的管理相互搭配，如此恩威並濟，才能懷服天下。他強調一位為君者，必須教養萬民百姓，若僅坐擁權勢以賴萬民的恭敬擁戴，那麼也不能有什麼作為，他說：

　　君者養人者也，反賴人之養，故不能大有所為。（頁197）

這說明了槐泉認為身為國君者所必須擔負的使命，是要照顧百姓，這是一位君王必須肩負的責任；他強調的是責任義務，而不是權利福利。因此，居於上位者「君雖柔暗，能用賢才，則天下之福慶也」（頁366），君上雖是柔弱，須有任用賢才的智慧與雅量，才能造福天下百姓。萬民百姓愚迷，民智未開，難以自保，必賴君王加以教化治理：

　　民不能自保，故戴君以求寧；君不能獨立，故保民以為安。不寧而來比者，上下之志相應也。（頁78）

然而，只有君王沒有百姓，也難以建立邦國。因此，民賴君治理以達安居樂業，君也須有民擁戴而建立邦國，是為上下之志相應相成。槐泉特別強調君臣一心，上下各司其職的看法，所以在詮釋的內容上，多有君臣或是上下兩者之間的敘述：

　　上以至誠順巽於下，下以孚信說從其上，是其孚乃能化於邦國也。（頁394）

上下之間彼此誠信相互悅從，得以化成邦國。他認為「上順道以出

命」，而「下奉命而順從」，如此就是呈現「上下皆順，重〈巽〉之象也」（頁372）的表現。無論怎樣的政治體系，不能上下一心，君臣誠信互助，斷難以將國家治理好，也無法得到長治久安。因此，槐泉指出：

> 上下交孚，協心同力，則其志可以行，不止无咎而已。（頁261）

能夠上下交孚，同心合力，當然能化解一切問題，更可以國泰安和。若能「君臣上下皆有明德，而處中正，可以化天下，成文明之俗也」（頁211），然而現實的政治狀況，並未能一直是君正臣忠。槐泉亦提出了為臣者當面臨與君心未合時，定要盡心盡力加以磨合，他說：「君心未合，臣當盡誠宛轉，以求其合。」（頁260）也就是要能盡臣子進諫君上的責任，但「為君不明於所擇」，而「為臣不審於自擇」，終「以至亡身誤國」，這「皆由不勝任之故」（頁470）。槐泉提出告誡，上下皆不適才適任，這確實是必須正視的問題，君臣皆無法量度個人才德與能力，亡身敗國顯然是早晚的事了。槐泉認為「君臣之以媚說，上下之以邪僻，皆相感之不以正也」（頁217），要杜絕上下邪僻媚說敗國，故為「人君觀己所行，不但一身之得失，又當觀民德之善否，以自省察也」（頁154）；而身為「大臣之任，上畜止人君之邪心，下畜止天下之惡人」（頁189），這是必須君臣上下皆有所用心，方能成就富強康樂的國家。因此，他強調君王之責，萬民百姓人多事雜，顯然良莠不齊，故人君者審度眾人之邪妄，不能僅以刑殺強力壓制，必摻以文明教化，他指出：

> 夫以天下之眾，發其邪欲之心，人君苟不知教，而欲以力制之，則雖刑殺日施，其能勝億兆利欲之心乎？（頁190）

槐泉認為人君若只知用刑罰抑制人心之惡是不夠的，一定要加諸以教化，才能真正調整百姓邪欲惡妄的言行。

綜上所述，槐泉對於政治上的觀點，著重在於君臣之責，強調君王的自身修養，至於才德若有不足，則能以善用賢才之臣加以輔佐，亦可以補足而無憾了。

五　結論：聖道誠天萬物生

槐泉朴昌宇《周易傳義集解》針對程子《伊川易傳》與朱子《周易本義》，含英咀華，綜合其說，可說集菁華中的菁華。又融合當時諸家學說，加以考據引證，對於朝鮮王朝《易》學研究具有歷史發展的意義與貢獻。他截取程《傳》的義理思想，並鎔鑄朱子《本義》之象說，將兩者《易》學思想的重要部分加以提煉。

在象數部分，融攝了朱子卦變思想，並應用來解釋〈彖傳〉的內容；更融入王弼的卦爻承乘比應的釋義觀點，包括卦主，以及初、上無陰陽定位的看法，顯然繼承王弼、朱子的重要《易》學觀點與思想。槐泉認為中位的特殊性，幾乎可視為是一個人性化的釋義觀，意指一個人能守中道，行為言語，語默出處都能合於中，那麼便能居吉，或至少也能逢凶化吉，凶事減少。對於上位是一卦之窮極之位，他特別以「窮變通」的循環之理，變化自然之狀加以說明，呈顯了他圓融的釋《易》觀點。

槐泉對於義理思想在宇宙生成的問題上，卻未特別磨合於程、朱二者。他參考了程氏的理先氣後，而以理為第一性的觀點；朱子的理氣二元看法，大抵遵從二程而來，並以「理或性或太極」皆為等同，說明萬化之源。[19]但是，槐泉最後並沒有以太極一氣分陰陽的說法，談

---

19 有關二程與朱子宇宙觀、心性論，請詳參林啟彥：《中國學術思想史》（臺北市：書

論宇宙生成。而直接以陰陽之會、沖和之氣為生成之最高層次，綜觀其書，即使於「《易》有太極，是生兩儀⋯⋯」章，亦沒有提及以太極為宇宙論的第一性。反而他以「天」的概念，釋義諸多生成宇宙變化的論點，「天」因而具有實質形體，又具有演化生成萬物的根本性。

　　雖然，在槐泉《周易傳義集解》極其精簡的釋義內容中，要析理出他的各種觀點，確實不易。不過，他承繼中國《易》學家的釋義觀點，卻是很明顯的事實。此外，槐泉對於〈繫辭傳〉的釋義，參考很多文籍或前人的觀點，提出是錯簡或是缺文、重出等的看法，總體而言，槐泉的用心良苦，必須予以肯定。

　林出版公司，2002年4月七刷），頁197-210。

捌
三山柳正源《易解參考》析論

　　朱子學被確立為朝鮮王朝正統思想之後，《易》學研究才開始具有較嚴格的學術規範。三山先生柳正源（淳伯，1703-1761）《易解參考》為朝鮮王朝中後期時代之作品，承繼晦齋李彥迪（復古，紫溪翁，1491-1553）與退溪李滉（景浩，陶翁、清涼山人、真寶人，1501-1570）之學說。其書輯錄一百七十六家，涵蓋象數、義理、圖書《易》學研究的三大重要範疇。徵引用書豐碩，涵蓋經、史、子、集諸家之說。承襲兩漢以來象數《易》學家之取象觀點，尤其取用王弼（輔嗣，226-249）「初、上無陰陽定位」與「卦主」之說來釋義，又以動爻、互體為其常見之卦變釋義方式。三山釋《易》彙集漢、宋以來，呈顯之義理思想，具有高度代表性的朝鮮王朝《易》學特色。關於宇宙萬物生成，三山認為「氣」是生成萬有的第一性概念，「理」只是因「氣」之成形後，隨附其中罷了。對於「四端」與「四德」之聯結，他說「仁義」由「心」而出，「心」就和「太極生兩儀」一樣；而「禮智」與「仁義」就像「兩儀生四象」，與「四端」結合正如「四象生八卦」。他認為「敬」、「義」體用一原，兩者既是體亦為用。人的心性一切活動皇皇四達，如泉水疏通無礙，成為內心運作的仁體，與天地萬物結合一體。三山認為君子之成德，恰為小人之戒鑒。君子者，民族大義之所在，非關吉凶之事。治國者，如能推治家之道於極至，則天下大安久治矣。

一　前言：轉益多師理氣心

　　韓國《易》學發展隨著中國儒學傳播到朝鮮半島，因受到重視而得以蓬勃發展。尤其特別青睞於二程與朱子之學，以及重視朱子《周易本義》與《易學啟蒙》的研究。本文針對朝鮮王朝三山先生柳正源（淳伯，1703-1761，以下皆以「三山」敬稱之）《易解參考》為研究重點，聚焦於三山所闡發之《易》學特色與義理思想。《易解參考》一書中羅列《子夏易傳》以降共一百七十六家之《易》說，引用釋義的內容亦約有一百六十家左右。而書中所倚重者，主要有王弼《周易注》、孔穎達（仲達，沖遠，574-648）《周易正義》、胡瑗（翼之，安定先生，993-1059）《周易口義》、[1]程頤（正叔，伊川，1033-1107）《易程傳》、朱震（子發，漢上先生，？-1138）《漢上易傳》、林栗（黃中、寬夫，生卒年不詳）《周易經傳集解》、朱熹（元晦，晦庵，1130-1200）《周易本義》、胡一桂（庭芳，雙湖先生，1247-?）《周易本義附錄纂疏啟蒙通釋》、馮椅（儀之、奇之，厚齋，1140-1227）《厚齋易學》、都潔（聖與，生卒年不詳）《易變體義》、項安世（平甫，平庵，1129-1208）《周易玩辭》、李舜臣（懋欽、夢虞，愚谷、末村居士，1499-1559）《易讀外編》、來知德（矣鮮，瞿塘，1526-1604）《周易集註》等十三家。其中，較特別的引用內容有五：

　　（一）引用者大都為宋以後《易》學家，明朝則主要倚重來知德。（二）宋以前，大抵以魏王弼與唐孔穎達兩家之引用為主，尤以王弼《周易注》為顯著，可以看出三山對王弼觀點的認同。（三）朱熹以朱子稱，周敦頤、邵雍、張載、程頤等亦稱子，足見對於宋儒的看重。（四）對於朱子《周易本義》以《本義》稱之，孔穎達《周易正義註疏》以《正義》稱之，書中十之八九皆引用這兩家看法；至於引

1　《周易口義》為胡瑗弟子倪天隱（茅岡，千乘先生，生卒年不詳）所纂。

用其他《易》學家的著作，則以人名「某地名某氏曰」或「某氏曰」的方式呈現。（五）諸多輯錄的《易》學家中，也輯錄了韓國學者李彥迪（復古，紫溪翁，1491-1553）與退溪李滉（景浩，陶翁、清涼山人、真寶人，1501-1570），三山對二位稱呼為「先生」，可見十分敬重。由上述可知，三山用功之勤，功夫之深，足以為成德進業之津梁。

　　三山《易解參考》除引用諸家，亦有其個人觀點，於書前〈凡例〉中，特別提到：「淺說附入處悉用『案』字，以別他說『按』字。」[2]三山引用各家之說，皆經過思索後所裁截輯錄，而其「案」語更能表現出詮釋經義的看法。因此，本文以三山直接表達的「案」語為主，試圖由詮釋「案」語中，梳理三山詮釋《周易》經傳中的義理思想，包括：宇宙觀、本體觀、修養工夫，以及相關四端七情等哲學思想範疇。

二　生平與著作述略

　　柳正源（1703-1761），字淳伯，號三山，祖籍全州，出生於安東。一七三五年文科及第，因父親過世很長時間沒有出仕。一七四九年任成均館典籍，後為慈仁縣監。一七五一年辭官返鄉後，致力於盧江書院講學，以振作學風。一七五四年，為世子侍講院弼善，輔導司徒世子。歷任修撰、司諫等內職，以及通川郡守、春川縣監等外職，後陞至大司諫、戶曹參議。工於經學，參加多次經傳演講，並知遇於英祖（1724-1776，李昑，光叔，養性軒，1694-1776）。《易解參考》為三山代表著作，也有《三山文集》傳世。[3]三山生年正橫跨中國清朝康熙、雍正、乾隆時期，從不認同滿清，經過了一段相當長時間的

2　柳正源：《易解參考》，《韓國經學資料集成・易經卷》（漢城市：成均館大學校出版部，1996年11月），第15冊，頁19。

3　柳正源：《易解參考・解題》，《韓國經學資料集成・易經卷》，第15冊，頁13。

掙扎，直到接受而學習、交流：

> 李朝視中國明朝為宗主國，明朝的滅亡也引起韓國知識階層對
> 清廷的憤恨和疏離感。但康熙、雍正、乾隆三朝光輝燦爛的學
> 術文化，使李朝人崇明排清的正統主義立場，漸漸被崇拜學習
> 清代學術偉大成就的現實主義所取代。李朝時代韓國派出了無
> 數赴燕使者遠赴中國去進貢清廷，而隨行的貴族士大夫們自然
> 成為了中韓學術交流、交織的樞紐和中心。[4]

因此，在兩國政治互動與學術研究的環境中，三山從與中國隔絕的禁
錮中，已經化解對於清朝的憤恨與疏離感，重新又與中國學術聯繫交
流，能以開闊的胸襟，廣納諸家之見，實屬難得。

《易解參考》共分七卷十冊，木活字本。一八五二年，玄孫柳衡
鎮刊行，[5]收錄於《韓國經學資料集成・易經卷》第十五冊與第十六
冊，是書編撰共分十七卷，另有卷首相關彙整資料，其卷首與各卷內
容如下：

卷首：《易解參考・序》、目錄、凡例、引用諸書先儒姓氏。卷
一：總目（《易傳・序》、《易・序》、上下篇義、《易》圖說、《易》五
贊、筮儀、《易》說綱領）。卷二至卷七：上經（〈乾〉至〈離〉三十
卦）。卷八至卷十三：下經（〈咸〉至〈未濟〉三十四卦）。卷十四至
卷十五：〈繫辭傳〉。卷十六：〈說卦傳〉、〈序卦傳〉、〈雜卦傳〉。卷十
七：〈河洛指要〉。

卷首刊錄海隱先生姜必孝（1764-1848）與定齋柳致明（誠伯，
1777-1861）序文。關於此書的編輯體制，以及所收錄諸家學說與簡

4　文炳贊：〈朝鮮時代的韓國以及清儒學術交流〉，《船山學刊》2011年第1期，頁177-
　　180。並可互參文炳贊：〈朝鮮時代的韓國以及清儒學術交流——以阮堂金正喜為個
　　案研究〉，《文化中國》2011年第2期（總第69期），頁90-115。

5　柳正源：《易解參考・解題》，《韓國經學資料集成・易經卷》，第15冊，頁13。

介，在卷首〈凡例〉十四組中，有一些精要的說明。[6]《易解參考》
輯錄與編纂〈凡例〉與〈後記〉如下：

（一）古《易》的編制至朱、呂（朱子和呂祖謙）兩先生始復
　　　孔氏之舊，今當從之，而《傳義大全》（《周易傳義大
　　　全》）已行成本，姑依以為解。

（二）所載經文依漢儒「釋經例」，只記載了首尾中間「至」
　　　字。

（三）朱子於經傳悉加音訓，而於《易》獨否者，以其有東萊
　　　音訓也。（文公孫鑑《古易・跋》有此語）茲依他經之
　　　例，先正音訓，次及諸說。

（四）古今《易》學家各說一般道理，添枝接葉，不勝其煩
　　　蔓，然其間亦有可備一說者，並為探採。

（五）董氏《會通》悉載諸家學說，而太涉支離，今就其中
　　　抄入。

（六）王弼以老、莊解《易》，故先儒都不取。然程子曰：「須
　　　觀王弼、胡先生、王荊公三家《易》理，會得文
　　　義。」朱子曰：「據辭中之象求象中之意，使足以為訓
　　　戒。如王氏、程子與吾《本義》可矣。」然則，王弼之
　　　涉於老、莊者固不可取，而其近理者，程、朱之所稱
　　　許，今刪節掇入。

（七）胡廣等纂註多有謬誤。而今不得一一釐正，令讀者自
　　　擇焉。

（八）諸家說已載於《大全》（《周易傳義大全》）者，不收；
　　　或有文不同而意疊者，亦不收。

6　柳正源：《易解參考・解題》，《韓國經學資料集成・易經卷》，第15冊，頁14。

（九）《左傳》、《國語》及百家占辭，雖非大義，而亦可見古
　　　人《易》占變例，並收入。

（十）《傳義》（《周易傳義大全》）及《小註》引古事名物出
　　　處，姑取其大略探錄。

（十一）苑洛韓氏（案：韓邦奇，汝節，1479-1556）意諸圖
　　　　猶有未備，更依朱子說為《河洛指要》，因附篇末。

（十二）《傳義》（《周易傳義大全》）諸說或有推未盡者，輒以
　　　　淺見論附，以廣餘義。

（十三）淺說附入處，悉用「案」字，以別他說「按」字。

（十四）聖人假象以明理。此諸家所以多就象上說，然若溺心
　　　　於象數之末，而不本於義理，則非編輯是書之義也，覽
　　　　者知之。[7]

　　我族兄三山先生裒粹《易》家諸說為是書，而未及脫稿，長源
竊嘗與聞次輯之意。與先生之孫宗文，更加勘訂釐為十七卷，
仍述先生遺旨，列為〈凡例〉如右。先生諱正源，字淳伯，以
經學受知元陵（案：朝鮮王朝英祖的陵寢，借指英祖），官至大
司諫。[8]

〈後記〉屬名「甲辰臘月日，完山柳長源識」，[9]可知《易解參考》由
柳長源（叔遠，東巖，生卒年不詳）與柳正源之孫柳宗文，彙整勘
定。從〈凡例〉可知，此書輯錄體例十分嚴謹。總之，三山《易解參
考》內容涉及象數、義理以及圖書三大領域，萃集兩漢至宋代以來
《易》學名家諸說，輯錄廣泛，涉及宏肆，後出轉精，保留《易》學
文獻，有助於《易》學發展，功不可沒。

7　柳正源：《易解參考‧凡例》，《韓國經學資料集成‧易經卷》，第15冊，頁17-20。

8　柳正源：《易解參考‧凡例》，《韓國經學資料集成‧易經卷》，第15冊，頁20。

9　柳正源：《易解參考‧凡例》，《韓國經學資料集成‧易經卷》，第15冊，頁20。

三　《易》學特色分析

三山《易解參考》涉及《易》學發展過程中，象數、義理以及圖書三大領域。此書雖以輯錄各家之說，但皆多所剪裁，並加入個人意見或看法，以下論述分析其特色：

（一）輯錄眾家《易》說

以韓國歷代《易》學家，以及中國《易》學史上彙集諸家之說者，收錄一百七十六家，雖然內容數量不一，實為不易，就數量而言，三山堪稱首屈一指。三山於卷首〈引用諸書先儒姓氏〉中，輯錄者計有：

> 卜商子夏、孟喜、費直、京房、劉向、揚雄、黃穎、鄭眾、馬融、鄭玄、許慎、宋衷、劉熙、蔡邕、孟康、荀爽、王肅、王弼、何晏、傅玄、董遇、崔氏、姚信、陸績、虞翻、韓伯（康伯）、蜀才、李軌、郭璞、薛虞、周氏、顧懽、荀柔之、賈達、王廙、劉遵、翟氏、徐邈、干寶、張衡、陸玄朗、孔穎達、李鼎祚、東鄉助、沙門一行、郭京、陸贄、劉禹錫、陸希聲、張璠、陳皐、陳摶、王昭素、胡旦、胡瑗（安定，倪天隱）、周敦頤、石介（徂徠）、劉牧、歐陽修、余靖、王安石（臨川）、邵雍、陸佃、張載、司馬光（涑水）、蘇洵（眉山）、蘇軾（眉山）、晁說之（嵩山）、鄭厚（莆陽）、謝顯道（上蔡）、呂大防、尹焞（和靖）、游酢（廣平）、郭忠孝（兼山）、楊時（龜山）、劉絢（緱氏）、鮑若雨、李元量、張汝明（吉州）、張汝弼（莆田）、龔原（括蒼）、耿南仲（開封）、劉概（東明）、閻彥升、李士表、李彥章、朱震（漢上）、鄭汝諧（東谷）、邵伯溫、祁寬、凌唐佐、郭雍（白雲）、楊繪、晁公

武、鄭湘卿、張根（吳園）、王師心、王湘卿、鄭樵（夾漈）、馬氏（樂平）、李開、洪邁（容齋）、丘程（建陽）、李光、都潔（丹陽）、鄭東卿（合沙）、鄭剛中、程迥（沙隨）、胡宏（五峰）、蘭廷瑞（白雲）、王大寶（潮州）、李春年（饒州）、李覯、李舜臣（隆山）、馮當可（縉雲）、王宗傳（童溪）、楊萬里（誠齋）、吳仁傑（平江）、張栻（南軒）、呂祖謙（東萊）、林栗、黃榦（勉齋）、蔡元定（西山）、董銖（盤澗）、陳亮、潘柄（瓜山）、劉爚（雲莊）、蔡淵（節齋）、李過（西溪）、馮椅（厚齋）、陳氏、毛璞（潼川）、易祓（山齋）、姚小彭、錢時（融堂）、徐幾（進齋）、馮去非（馮椅子）、真德秀（西山）、劉彌邵（莆陽）、趙汝楳、項安世（平庵）、楊文煥（泰州）、柴中行（強恕齋）、陳友文（隆山）、徐直（古為）、葉采（水心）、孫奕（履齋）、丘富國（建安）、金君卿、單氏、雷氏、方逢辰（蛟峰）、謝枋得（疊山）、許衡（魯齋）、胡次焱（餘學齋）、齊夢龍（節初）、熊禾（勿軒）、胡允（潛齋）、胡方平（玉齋）、胡一桂（雙湖）、徐之祥（方塘）、胡炳文（雲峰）、余芑舒（息齋）、吳澄（臨川）、龍仁夫（廬陵）、鄭原善（思誠齋）、程珌、鮑雲龍（魯齋）、董真卿（鄱陽）、韓邦奇（苑洛）、丘濬（瓊山）、來知德（梁山）、李彥迪（晦齋）、李滉（退溪）等。

以上計一百七十六家，涵蓋《易》學研究各大領域，可知三山《易》學積累之深遠。

（二）廣引諸書釋義

三山釋義除了引用諸《易》學家著作相關內容之外，亦廣徵博引經、史、子、集四部與小學類書籍證釋卦爻辭義。經細覽《易解參

考》書中,《易經》類之引用書目,除上述所載錄引用諸家之《易》學著作外,《易》類相關之作還有:《易緯‧乾鑿度》、《皇極經世書》、《太玄經》、《元包經》、《洞林》等。

　　經典類有:《尚書》、《詩經》、《周禮》、《儀禮》、《禮記》、《中庸》、《大學》、《春秋》、《左傳》、《公羊傳》、《穀梁傳》、《爾雅》、《論語》、《孟子》、《韓詩外傳》等。

　　史傳類有:《國語》、《史記》、《漢書》、《魏志》、《晉書》、《唐書》、《北史》、《後漢書》等。

　　諸子類有:《道德經》、《莊子》、《列子》、《荀子》、《素問》、《法言》、《孔子家語》、《中說》、《朱子語錄》等。

　　集部類有:《楚辭》、《離騷經註》、《昭明文選》等。

　　小學類有:《說文解字》、《廣韻》、《集韻》、《經典釋文》、《廣雅》、《古今韻會舉要》、《海篇心鏡》等。

　　其他尚有:《看命書》、《源髓歌》、《玉堂閒話》、《崇文總目》等。

三山廣泛徵引各類書籍,一則強化其論述的證據;再者突顯其學問之淵博與踏實,允為後生學習之典範。

(三)承繼王弼重要《易》學觀點

　　朝鮮王朝對於中華文化的重視,深受朱子學的影響,解光宇〈圖說學與韓國儒學的發展〉因此述說:

> 中國儒學傳播到朝鮮半島後,經高麗朝的白頤正、李齊賢、李穡、鄭夢周和朝鮮朝的鄭道傳等儒家,通過親明、排佛、崇儒,成為一種體系化了的理念和道德準則。到了朝鮮朝統治的500年間,儒學特別是朱子學,不僅在學術文化,而且在政治、倫理道德等各方面,已成為指導理念和實踐綱領。從此,朱子學在

韓國思想史上成為一種占據十分重要地位的指導思想體系。[10]

朱子學不僅在朝鮮王朝受到重視，而且具有極高地位；因為排拒佛、道，而王弼《易》學具有高度玄學思想，則被拒於大多數學者之門。然而，柳正源卻不畏當時思潮，寫道：

> 王弼以老、莊解《易》，故先儒都不取。然程子曰：「須觀王弼、胡先生、王荊公三家《易》理，會得文義。」朱子曰：「據辭中之象求象中之意，使足以為訓戒。如王氏、程子與吾《本義》可矣。」然則，王弼之涉於老、莊者，固不可取，而其近理者，程、朱之所稱許，今刪節掇入。[11]

三山認為只要能合於理者，於程頤、朱熹都有所稱許認同，有何不予節錄的道理？因此，三山在書中確實輯錄王弼《周易注》與《周易略例》相當多的內容。足見三山釋義，並非完全遵循時代潮流，而是以實際的經義詮釋為認同。因此，從三山《易解參考》中可以看到對王弼《易》學重要觀點的繼承，分析如下三點：

1　初、上無陰陽定位說

　　《易》卦六爻六位，兼三才而兩之，王弼認為初、上兩爻位在整部《周易》之中，並沒有特別提到得位、失位的問題：「象无初、上，得位、失位之文。」[12]又曰：「〈繫辭〉但論三、五，二、四同功異

---

10 詳參解光宇：〈圖說學與韓國儒學的發展〉，《哲學動態》2012年第5期，頁64-67。

11 柳正源：《易解參考‧凡例》，《韓國經學資料集成‧易經卷》，第15冊，頁18。

12 〔魏〕王弼：《周易註》（臺北市：臺灣商務印書館景印《文淵閣四庫全書》本第7冊，1986年3月），頁279。為免累贅，以下凡徵錄引文，不再加注，只書頁碼於引文之後。

位，亦不及初、上，何乎？唯〈乾上九・文言〉云：『貴而无位。』」
（頁279）在上位時，無論陰爻或陽爻，都有非關當位、不當位的爻
辭，王氏舉例曰：

> 〈需・上六〉云：「雖不當位。」若以上為陰位邪，則〈需・上
> 六〉不得云「不當位」也。若以上為陽位邪，則〈乾・上九〉
> 不得云「貴而无位」也。陰陽處之，皆云「非位」。（頁279）

王弼認為上位非關陰陽，皆不論其位。而針對初爻之位，指出：「初
亦不說當位、失位也。」（頁279）他認為初、上兩個爻位所代表的意
義是事之終始，並沒有陰陽定位的問題：「初、上者是事之終始，无
陰陽定位也。」（頁279）王氏舉例強調初之無位的觀點，云：

> 〈乾〉初謂之「潛」，過五謂之「无位」，未有處其位而云
> 「潛」；上有位而云「无」者也。歷觀眾卦，盡亦如之。初、
> 上无陰陽定位，亦以明矣。（頁279）

由此可知，王弼主張初、上無陰陽定位的觀點，並非陰陽爻與陰陽位
之關係，而主要是著眼於「事之終始」。王氏觀點確為三山繼承，試
看以下數例：

（1）釋義〈大有・初九〉爻辭：「无交害，匪咎，艱則无咎。」
　　　曰：

> 九居〈大有〉之初，有德而无位，是賢而在下者也。上无係
> 應，而隱居獨善，无出位干進之事，則何咎之有？克念艱難，
> 戰兢自持，則終无咎也。「匪咎」，人不咎我也；「无咎」，我自

无咎也。[13]

認為初九居〈大有〉之初，有德而无無位，但因賢者在下，因此匪咎。

（2）釋義〈師・上六〉爻辭：「大君有命，開國承家，小人勿
　　　用。」曰：

錫命行賞，皆出於五，而上六居无位之地，則不可謂「大君」
也。而以其比近於五，故有「大君」之象，而居高无位，故不
稱大人。（頁292）

認為上六居无位之地，所以不能稱為「大君」。

（3）釋義〈謙・上六〉爻辭：「鳴謙，利用行師，征邑國。」
　　　曰：

上六一卦之將老也，或非年高，大將退處无位，不與內政，或
不得已強起省事，則慮必難危，策必完全；如王翦之伐楚，廉
頗之堅，趙充國之屯田，皆是「鳴謙」之象也。（頁366-367）

指出「上六一卦之將老也，或非年高，大將退處无位，不與內政」，並
非年高，而是退處无位，不能參與內政，是居高无位，故不稱「大人」。

（4）釋義〈萃・上六〉爻辭：「齎咨涕洟，无咎。」曰：

---

13 柳正源：《易解參考》，《韓國經學資料集成・易經卷》，第15冊，頁352。為免累
　贅，以下凡徵錄引文，不再加注，只書冊數頁碼於引文之後。

齎咨涕洟，善形容小人之情狀，然憂己之窮迫，患人之莫與，而齎咨涕洟，自不安於上，又居无位之地，能知由己自取，而終无歸咎之心，則亦足為无咎，善補過之路也。（頁34-35）

指出上六居无位之地，但能知由己自取，而終无歸咎之心。

　　由上述諸例可知，三山堅定表達認同王弼「初、上無陰陽定位」的觀點。

2　卦主釋《易》

　　卦主之說，先儒雖曾提及，然正式提出此理論觀點者，王弼為第一人，曰：

夫少者多之所貴也，寡者眾之所宗也。一卦五陽而一陰，則一陰為之主矣；五陰而一陽，則一陽為之主矣。夫陰之所求者陽也，陽之所求者陰也。陽苟一焉，五陰何得不同而歸之，陰苟隻焉，五陽何得不同而從之。故陰爻雖賤，而為一卦之主者，處其至少之地也。（頁275）

王氏認為多者以少為貴，眾者以寡為主，若一卦五陽一陰者，以一陰少者為主；若是一陽五陰者，以一陽少者為主。所以，三山承繼王弼以卦主釋《易》的觀點，常以這樣的觀點確認某卦之某爻為某卦之「卦主」，可見證於以下數例。

　　（1）釋義〈蒙・六三〉爻辭：「勿用取女，見金夫，不有躬，无攸利。」曰：

九二為群蒙之主，而謂之「金夫」，何也？蓋三之正應在上，

而不能違從，近見九二得時之盛，舍其正應而從之，是三之所
說者，不在九二之德之如何，而所見者九二之金多也。（頁
259）

三山指出，九二為〈蒙〉卦之主，因此稱為「金夫」。

> （2）釋義〈謙·象傳〉：「〈謙〉，亨。天道下濟而光明，地道卑
> 　　而上行，天道虧盈而益謙，地道變盈而流謙，鬼神害盈而
> 　　福謙，人道惡盈而好謙，謙尊而光，卑而不可踰，君子之
> 　　終也。」曰：

> 〈謙〉之為德，九三實為之主，備以天、地、人、鬼之道言
> 之，得益流福好之盛者，皆是有九三之德也。（頁360）

三山認為〈謙〉卦之德，實以九三為主，因此備有天、地、人、鬼之
道，所以有益流福好之盛，這都是九三爻之德。

> （3）釋義〈同人·九四〉爻辭：「乘其墉，弗克攻，吉。」曰：

> 四近於五，而必欲比二，何也？《易》以少為主，故二為一卦
> 之主。朱子所謂「只爭六二一爻」者是也。（頁346）

三山指出「《易》以少為主，故二為一卦之主」，以二為〈同人〉卦中
唯一的陰爻為卦主，因此眾陽爻皆欲與二相親比。

> （4）釋義〈豫·六三〉爻辭：「盱豫，悔，遲，有悔。」曰：

> 三近於四，四〈豫〉之主也。三之趨附盱視，溺於〈豫〉者
> 也。（頁374）

三山認為四是〈豫〉卦之主，三爻趨附盱視溺於〈豫〉，故有悔。

　　由上述諸例可知，三山在於釋義卦爻辭的過程中，著實參用王弼
重要的釋義觀點，不因時流之所趨，而加以揚棄。

（四）以象數釋《易》

　　兩漢以來《易》學家象數釋《易》的觀點，所用方法趨於多元而
龐雜。至王弼而剪除不合理或穿鑿附會的取象觀，改以單純「乘承比
應」的釋義方式，這也是宋代以後義理派學者所常使用的釋義方法，
但亦有例外。三山雖承繼王弼「乘承比應」取象釋義的方法，卻不用
「承」，各舉數例如下：

1　乘

　　「乘」以上位者為主釋義。如釋義〈屯・六二〉爻辭：「屯如，
邅如，乘馬班如，匪寇婚媾，女子貞不字，十年乃字。」曰：

> 〈震〉為馬，而二乘初，故曰「乘馬」，乘馬則可進矣。然而，
> 〈屯〉難之時，非其正應，豈可遽進乎？故曰：「邅如，班如。」
> （頁246）

三山以二乘初，故有「乘馬」之象。三山對於「乘」的使用，經細覽
全書，僅找出此例，似乎不太用「乘」的釋義取象。

2　比

　　「比」者相比鄰也。一般相鄰兩爻為一陰一陽者，稱「比」。三

山使用「比」取象釋義。

（1）釋義〈比・六四〉爻辭：「外比之，貞吉。」曰：

> 四不比初，而外比於五，以正道而合者也。如伯夷、太公之避
> 紂歸周是也。（頁302）

三山指出，四不比初，而外比於五，為陰陽比應之故。

（2）釋義〈復・上六〉爻辭：「迷復，凶，有災眚，用行師，終
　　有大敗，以其國君，凶，至于十年，不克征。」補充曰：

> 此卦二四比應初陽，有樂善從人之美，而五則不比不應，而自
> 以中順之德，篤於復善，是所謂不踐跡之善人也。（頁459）

三山認為〈復〉卦六二與初九比應，六四與初九居上下卦同位之應，
而六五卻與初九不比亦不應，但能以居中之順得，故能復善如初。

3　應

「應」主要是上下兩卦對應之爻位，能有一陰一陽的對應關係，
如此稱為「相應」，否則稱「敵應」或「不應」。

（1）釋義〈小畜・初九〉爻辭：「復自道，何其咎，吉。」曰：

> 陽本上進之物，而為陰所畜，則不能上進，而失其道矣。然
> 而，初九陽居陽位，自守以正與四為正應，而同志相合，故得
> 其進，復之常道。（頁308）

三山指出初九與六四一陽一陰之正應，故云「同志相合」，得進為復之常道。

（2）釋義〈同人‧六二〉爻辭：「同人于宗，吝。」曰：

> 〈同人〉之時，與天下同其道，與天下同其心，乃吉亨之道也。以六二之中正上應九五之中正，時位相合，志趣相同，然畢竟是二人之偏私，而不能與天下大同，是吝之道也。（頁344-345）

三山指出六二與九五陰陽相應，時位相合，志趣相同；但是，畢竟僅兩者之私，未能廣與天下大同，相合而進，故稍有吝惜之狀。

（3）釋義〈暌‧初九〉爻辭：「悔亡，喪馬勿逐，自復，見惡人，无咎。」曰：

> 初與四同德相應，而三陰間之，惡人此指六三。（頁605）

三山認為能喪馬自復，是初九與六四相應之故。此例為特殊釋義，初九與九四兩爻皆為陽爻，本為不應或敵應，三山以「同德相應」稱之，是為特例。

（五）以史占釋《易》

歷來釋《易》占斷吉凶，各執一說，莫衷一是。因此，皆以史傳中記載的占例為依據，進行判讀。三山在書前〈凡例〉指出：

> 《左傳》、《國語》及百家占辭，雖非大義，而亦可見古人《易》占，變例並收入。（頁19）

以下列舉其收錄占筮數例。

《國語》晉公子重耳筮得晉國，得貞〈屯〉悔〈豫〉皆八。（頁239）

《左・昭・七年》，衛孔成子夢康叔謂己立元（靈公），筮之，遇〈屯〉之〈比〉。（頁243）

《左・宣・十二年》，楚圍鄭，荀林父將中軍救鄭，先縠佐之荀首為下軍，大夫聞鄭及楚平，桓子欲還，先縠不從，而欲進，荀首曰：「此師殆哉。《周易》有之，在〈師〉之〈臨〉。曰：『師出而律，否臧凶。』執事承順為臧，逆為否，眾散為弱，順壅為澤，有律以如己也，故曰：『律否臧。』且律竭也，盈而以竭，天且不整，所以凶也，不行之謂臨，有帥而不從，臨孰甚焉，果遇必敗，尨子尸之，雖歸而免必有大咎。」（頁285）

《左・莊・二十二年》，陳公子完犇齊，初生敬仲，周史筮之，遇〈觀〉之〈否〉，曰：「觀國之光，利用賓于王。」此其代陳有國乎？不在此，其在異國，非在其身，在其子孫，光遠而自他，有耀者也。〈坤〉土也，〈巽〉風也，〈乾〉天也，風為天於土上山也。有山之材，而照之以天光。於是乎，居土上，故曰：「觀國之光，利用賓于王。」（頁408-409）

《家語》孔子筮得〈賁〉，愀然有不平之色。子張進曰：「師聞卜得〈賁〉卦者吉也，而夫子有不平之意，何也？」孔子曰：「以其〈離〉耶，在《周易》山下有火〈賁〉，非正色之謂也。

夫質也，黑白宜正焉，今得〈賁〉非吾兆也，吾聞丹漆不文，白玉不雕，質有餘不受飾也。」（頁423）

《左・成・十六年》，晉侯伐鄭，楚子救鄭遇鄢，陵公筮之，史曰：「吉其卦〈復〉。」曰：「南國蹙。王中厥目，國蹙王傷，不敗何待。」（頁447）

《左・昭・五年》初，穆子之生也，筮之，遇〈明夷〉之〈謙〉。卜楚丘曰：「是將行，而歸為子祀，以讒人入其名。」曰：「牛卒以餒死，〈明夷〉日也。日之數十，故有十時，亦當十位，自王已下，其二為公，其三為卿，日上其中，食日為二，朝日為三，〈明夷〉之〈謙〉，明而未融，其當朝（案：原徑作「旦」）乎？」[14]（頁547）

《左・僖・十五年》初，晉獻公筮嫁伯姬於秦，遇〈歸妹〉之〈睽〉，史蘇占之曰：「不吉。」其繇曰：「士刲羊，亦无血，女承筐，亦无實也。」（頁139）

可見三山對於史傳筮例相當重視。

（六）以卦變、互體與變爻釋義

1 卦變

以卦變系統釋義的取象觀相當複雜，而且有不同的卦變取象方

---

14 兩「朝」字改作「旦」字，實為避朝鮮太祖（1392-1398）李成桂（1335-1408）即位後，更名為「李旦」，改字「君晉」之名諱。

式。一般針對重卦中以「十二消息卦」[15]為基本卦，除〈乾〉、〈坤〉兩卦之外的十卦，其他五十卦皆以有相同的陰陽爻數目，依此十卦為分類，概指某卦為某卦而來。三山釋義〈睽・九四〉爻辭：「睽孤，遇元夫，交孚，厲，无咎。」曰：

> 〈睽〉之卦變，自〈中孚〉而來，九來居四，六上居五，故〈象〉曰：「柔進而上行也。」（頁608）

三山認為〈睽〉卦自〈中孚〉卦而來，兩者同屬四陽二陰之卦，以為〈睽・九四〉是從〈中孚・九五〉而來，而〈中孚・六四〉上居於五，如此則成〈睽〉卦。

2 互體

　　互體又稱互卦，將原來重卦上下二體的本體取象，融合上下卦為一體的情況下，互體因此而建立。除了上下兩卦本體的取象外，針對重卦六爻的結構中，由二三四爻另組一卦，三四五爻另組一卦，這種互卦取象的方法稱為「互體」。三山釋義採用互體的取象觀，如釋義〈需〉卦卦辭：「〈需〉，有孚光亨，貞吉，利涉大川。」曰：

> 互體為〈離〉，亦有光亨象，又有虛舟象。（頁264）

15　十二消息卦又稱十二辟卦，皆自〈乾〉、〈坤〉而出，〈坤〉陰交乎〈乾〉陽，即〈復〉、〈臨〉、〈泰〉、〈大壯〉、〈夬〉自〈坤〉卦來；而〈乾〉陽交乎〈坤〉陰，即〈姤〉、〈遯〉、〈否〉、〈觀〉、〈剝〉自〈乾〉卦來。十二消息卦由〈乾〉、〈坤〉所衍，並且由十二消息卦，再進一步推變出其他的各卦，這種推定卦變的模式，即虞翻卦變說的主體。虞翻卦變說中，不論是一陽一陰或二陽二陰、三陽三陰等的卦變統緒，都是以十二消息卦的本卦，以進而定出「之卦」來。詳見陳伯适（睿宏）：《義理、象數與圖書之兼綜——朱震易學研究》（臺北市：文史哲出版社，2011年9月初版），頁347-351。

三山指出三四五爻互體為〈離〉卦，因此有光亨之象；亦因有〈離〉中虛，故亦有虛舟之象。又釋義〈萃·初六〉爻辭：「有孚，不終，乃亂乃萃，若號一握為笑，勿恤，往无咎。」曰：

> 上體〈兌〉號笑象；自二至四為〈艮〉，手握象。（第16冊，頁30）

三山指出因〈萃〉卦二至四爻互卦為〈艮〉卦，故有手握之象。

3　以變爻取象

變爻者，乃釋義該爻位時，陰爻變陽爻，陽爻變陰爻以取象釋義。南宋沈該、都絜皆以變卦（即一爻動）取象，整部《易》著三百八十四爻之釋義皆是如此，[16]三山《易解參考》則偶取之釋義而已。如釋義〈同人·初九〉爻辭：「〈同人〉于門，无咎。」曰：

> 初九變〈艮〉，〈艮〉有門之象。宋祖洞開重門，曰此。如我心小有邪曲，人皆見之，正合此爻之象。（頁344）

---

16 沈該與都絜在其相關《易》著中，釋義範式大抵一致，皆以一爻動釋義三百八十四爻。例如：沈該釋〈乾·初九〉爻，即以「之〈姤〉」；九二爻以「之〈同人〉」；九三爻以「之〈履〉」；九四爻以「之〈小畜〉」；九五爻以「之〈大有〉」；上九爻以「之〈夬〉」進行取象釋義，其餘六十三卦中各爻，皆以此模式釋義。詳見沈該：《易小傳》（臺北市：臺灣商務印書館景印《文淵閣四庫全書》本第10冊，1983年3月初版），頁463-467。又如都絜釋〈乾·初九〉爻，即以「此〈乾〉之〈姤〉也」；九二爻以「此〈乾〉之〈同人〉也」；九三爻以「此〈乾〉之〈履〉也」；九四爻以「此〈乾〉之〈小畜〉也」；九五爻以「此〈乾〉之〈大有〉也」；上九爻以「此〈乾〉之〈夬〉也」進行取象釋義，其餘六十三卦中，各爻皆以此模式釋義。詳見都絜：《易變體義》（臺北市：臺灣商務印書館景印《文淵閣四庫全書》本第11冊，1983年3月初版），頁632-635。

三山指出下卦本為〈離〉卦，初九變爻成陰爻後，下卦成〈艮〉，以〈艮〉釋義門之象。又釋義〈剝‧初六〉爻辭：「剝牀以足，蔑貞凶。」曰：

> 初動則為〈震〉，足也。以陰居下，受制於陽，貞正之道也，而居下剝陽，則正道蔑矣。（頁437）

三山指出下卦本為〈坤〉卦，初六變爻成陽爻，則下卦成〈震〉，以此取〈震〉足之象。

四　義理思想闡論

　　隨著歷史演變的脈動，釋《易》的型態與內容亦隨之變化，本以卜筮而產生的《周易》占筮系統，經過《易傳》的義理闡發，成為饒富哲學的專書。兩漢象數《易》學的發展，產生極為繁富的取象方法；至王弼「盡黜象數，說以老、莊」，[17]掃除兩漢以來的取象觀，而以老、莊玄學釋《易》，發展出義理釋《易》的一派，於是象數《易》學見絀於玄理《易》學，義理派《易》學幾定於一尊，歷隋、唐而不衰。及宋融合佛、道之理於儒學中，以理學釋《易》，成為宋《易》主流。元、明諸儒，大抵篤守程、朱遺說。在兩宋理學發達的時代，論述的哲學內容涵蓋層面最為廣泛。蔡方鹿教授指出：

> 在宋明理學的理構成中，以心性論為最難掌握，理論難度最大，它是合本體論、認識論、倫理學、人性論和修養論為一體的思辨性的哲學體系。[18]

---

17 參見紀昀：《四庫全書總目‧經部一‧易類一》（北京市：中華書局，1965年），頁1。
18 詳參蔡方鹿：《宋明理學心性論》（成都市：巴蜀書社，2009年5月第2版1刷），頁1。

的確，宋明時期各家學說大都環繞在如何闡發萬物生成，以及宇宙演變的問題上，形成本體論或宇宙觀的建構。然而，本體論與宇宙生成之建構問題，背後主要目的在於如何聯結構築至心性論、倫理學，以及修養工夫與道德觀上，張立文教授指出：

> 在道範疇的歷史演變中，儘管有重本體、重倫理之別，但本體與倫理的統一可說是普遍的特徵，因此，有所謂中國哲學為倫理型、只講倫理本位而不講自然本體之說，這當然不符合中國哲學的實際，然亦有本體倫理化，倫理本體化的傾向。[19]

因此，研究《易》學家的義理思想，必然由其萬物生成的本體論出發，進而聯結到心性、修養、認識等觀點上，乃至於政治與道德觀。

三山的《易》學義理思想承繼宋、明以來的理學思想，大抵不出理、氣、心等範疇。以下就三山《易解參考》中，直接闡述之內容（案語），分成下列幾項進行分析研究。

（一）理氣生成論

宋代學者對於哲學論述之重心，多圍繞宇宙生成的觀點上。為與佛、老抗衡，其宇宙生成觀便求創新。因此，有別於道家思想所建構的本體論，儒家學者不以「道」為萬物生成的第一性代表，轉而以「理」、「氣」或是「心」為生成萬物的中心。但就其生成的架構來說，大致雷同，張立文教授即將道、理與太極等同視之：

> 道與太極同體而異名，並不是兩個東西：道體的極至叫做太極，太極的流行叫做道。在程頤和朱熹的哲學邏輯結構中，

---

19 詳參張立文：《中國哲學範疇精粹叢書——道》（臺北市：漢興書局，1994年5月初版1刷），頁15。

道、理、太極同為最高範疇，是天地萬物的根源和人類社會的
最高原則。[20]

程頤則提出「性即理」的心性論命題，與其兄程顥一樣以理本論為主
張，而所不同者，程頤更強調體和用、形上和形下的區別，所以在論
述上特別強調主體與客體之分。朱子則以理先氣後的觀點，闡述宇宙
生成的架構，「認為萬物的本源是理與氣。但理是第一性的，氣是理
所衍生的」。[21]朱子之學在朝鮮王朝受到高度的重視，這些理、氣的觀
點也深刻影響到朝鮮學者。三山雖尊崇朱子之學，但看法卻有不同，
如釋義〈乾〉卦卦辭「元亨利貞」時，對朱子之說指出：

> 既曰：「元亨利貞，理也。」又曰：「氣上看。」蓋以生物之始
> 通遂成言之，則不得就氣上看。无是氣則理无掛搭處，有是氣
> 則理便在這裏。（頁145-146）

三山認為沒有「氣」，則「理」無處存在，只要有氣，理便存在。因
此，理的存在並非自主，而理是依附在氣的作用，伴隨氣的運行而存
在。這樣的觀點似乎理解為氣是宇宙萬物生成的第一性。至於「氣」
的運行生成，處於一種冥冥杳杳的模式，為天地先，為萬有之前。三
山指出：

> 此理洋洋在太虛中，无一處空缺，无一刻停歇。至著而隱，至
> 顯而微，行於有物之後，而未嘗不在於无物之先，在於陰陽之
> 中，而未嘗不立於陰陽之前。（頁40）

---

20 詳參張立文：《中國哲學範疇精粹叢書——道》，頁15。
21 詳參林啟彥：《中國學術思想史》（臺北市：書林出版公司，1994年1月1版，2002年
　4月7刷），頁205。

三山指出這生成宇宙萬物的本體，充塞整個太虛，而且無時無刻不在
運作。氣的運行「至著而隱，至顯而微」，行於有物之後，卻又在无
物之先；處於陰陽之中，卻又立於陰陽之前。這樣的立論與《老子》
以道為本體核心的思想十分類似。但不能不承認三山的論述，其實也
融鑄老、莊思想於其中。萬物的生成，氣以成形，理只是因氣之成形
而後同時賦予。因此，三山指出：

> 天以陰陽五行化生萬物，氣以成形，而理亦賦焉。於是人物之
> 生，因各得其所賦之理以為健順，五常之德所謂性也，正說此
> 節之意。蓋以理言，則初无人物貴賤之別，而是氣之運行交
> 錯，自有通塞偏正之殊。唯人得其正且通者，故方寸之間，虛
> 靈洞澈，而健順五常之德全具於此。彼物則得其偏且塞者，而
> 禽獸或通一路，如虎狼之父子，蜂蟻之君臣，馬之健，牛之順
> 之類。草木則全塞不通，无知覺之可論，然亦皆各一其性。雖
> 至枯木死灰亦有枯木死灰之性，此无非天之所賦，物之所受而
> 各正性命者也。然性有本然、氣質之異，命有於穆不已、夭壽
> 不貳之命，須兼看方備。（頁158-159）

三山認為萬物生成由陰陽五行變化組成，由「氣」化生其形，一旦萬
物生成具有外在形象之後，則理便賦於其中。因此，三山的觀點認為
氣在演化萬有的運行交錯過程中，對於萬物的形建自然有通、塞、
偏、正的不同，各種物類也會產生不同的表現。他強調人得天地化生
之「氣」的「正」，而且運行「通達」，所以為萬物之靈，「方寸之
間，虛靈洞澈」，而天地之間健順五常之德全由人所承繼。其他物類
得此氣之偏或是閉塞，故只具某種德性；或甚至像草木植物，全塞不
通，沒有知覺可論。其中，也提到橫渠先生張載（子厚，1020-
1077）所主張性有本然、氣質之性；而命亦有於穆不已、夭壽不貳之

命，三山強調必須兩者兼看，不能單看一方面，就認為是本然之性或是氣質之性。至於，人為萬物之靈的看法，三山認為人能稟受天地陰陽五行之氣而生，一併齊有。指出：

> 人之稟陰陽五行之氣者，一齊都稟得，更无先後之序。故其理之渾然在中者，亦无先後之序。（頁164）

三山在人之稟五行之氣的認知下，指出這是一齊受得而不分先後。因此，理也是與之具存，不分先後，且有四端不同的呈現，故曰：

> 然就渾然中看，則溫然慈愛者，仁也；才溫然便粲然有條者，禮也。才粲然便肅然不亂者，義也；才肅然便凝然有定者，知也，此其渾然之中，有不相殽亂者，其本體然也。是以見入井，則惻隱發；過宗廟，則恭敬發；自外感之者无次第，故隨感而應者，亦无次第。所謂發時无次第也，就其所生之端而言，則始發者仁也，宣著者禮也，收斂者義也，凝定者智也。是所謂生時有次第也，此亦猶專偏說。无次第者，所以統言乎四德者也；有次第者，所以惕言乎一情者也。（頁164-165）

在所發用的中心點來說，皆在本體氣之運行下產生，故無先後，然就呈現之後的外顯特質來說，則由「仁」始發，依次禮、義、智。雖是生時之次第，但也正就氣所運作交錯過程中的專偏而言。三山認為萬物與自身渾然一體，一切飛、潛、動、植皆一理所附，都是「氣」所凝結而成，強調人之靈得其全，得其正，故能具足五常之德。因此，三山釋義程子之言，云：

> 程子曰：「仁者，渾然與天地萬物為一體。」夫吾身自吾身，天

地萬物自天地萬物，其所謂渾然一體者，何也？竊謂天地間渾
全涵育者，只是生生之理也。逼拶充塞者，只是生生之氣也。
萬物之生生於天地間者，雖有飛、潛、動、植之異，聲、色、
臭、味之殊，而无非此理所寓，此氣之所鍾也。（頁173-174）

三山強調萬物生生於天地間，雖然有形象的差異，體態氣味的不同，
完全是理之所寓，氣之所鍾。因人得理、氣之全，故為萬物之靈。以
這樣的角度聯結至人的心性修養，人身合此理、氣者，為人之一心，
而這具全氣、理的心，在人身上流露之材者，稱之為「仁」，因此，
強調「唯人之靈得其全，氣得其正，合此理、氣而為心，心之為物，
沖瀜溫粹，惻怛慈良全是天地間生生之本來，材具而以其在人，故名
之以仁。」（頁173-174）三山氣論觀以氣的動靜、陰陽運作不同，而
產生形象的差異，他闡釋朱子二氣與一氣之論：「以二氣言，則鬼
者，陰之靈也；神者，陽之靈也。以一氣言，則至而伸者為神，反而
歸者為鬼。」指出：

《本義》所謂陰精陽氣，魂游魄降，以二氣言也。聚而成物，
散而為變，以一氣言也。蓋天地間都是陰、陽之屈伸，而萬物
各是氣中之許多形色，其陽氣為魂，即是神也；陰精為魄，即
是鬼也。魂聚氣凝而有生，魂升魄降而有死。凡百物之生也，
氣萌而形滋；其枯敗也，氣上而形腐，即是二氣之合散也。氣
之滋長，即是神也，氣之衰謝，即是鬼也。凡百物之生死呼
吸，榮悴開落，與夫雨露、風霆，動靜、闔闢，晝夜、寒暑都
是一氣之往來也。（第16冊，頁269）

三山認為《本義》所述關於精氣以及魂魄，是以陰、陽二氣講述；但
若以「聚而成物，散而為變」的角度來看，確實為一氣之運化。其中

陰、陽二氣亦可視為一氣運化下的呈現形態，繼之陰、陽由一氣中各得一氣之特質，因此，陽氣為魂，即是神；陰精為魄，就是鬼。魂聚氣凝而生，魂升魄降而死。萬物之形滋形腐，皆由陰、陽二氣之合散所成。然而，百物之生死榮悴，乃至於自然運行的寒暑、晝夜，雨露、風霆、動靜之變化，都是由氣之聚散往來而衍化成形。因此，三山強調氣之運作下，呈顯為陽或陰各有不同的表徵意義，隨著氣的運行作用，其質自然隨之而呈顯。因此，指出：

> 氣為陽，而質為陰。錯而言之，則未有氣獨運而質不與，亦未有質自凝而氣不寓。（頁52）

三山認為氣為陽的概念下，猶孟子之謂性善，此性善並非善惡之善，而是自性本然之善。亦即此氣是生成之本源的陽，以區別本體流露出來所呈現的陰、陽之陽，而質為陰則是氣之厚重、薄輕運作下的偏正特質。這樣的認知下，可以進一步說明，氣之運作下質必然會產生；若已有特質呈現，此氣必然在其中流竄，兩者自然同時共存，無法私偏。

（二）四端四德之說

中國哲學範疇對於四端與七情最早提出者，四端應是《孟子》：「惻隱、羞惡、辭讓、是非。」七情則是《禮記·禮運》：「何謂人情？喜、怒、哀、懼、愛、惡、欲，七者，弗學而能。」而提出問題者，應是朱子。解光宇指出：

> 「四端」與「七情」是中國哲學的常用範疇，《朱子語類》將兩者一起討論，「四端是理之發，七情是氣之發。問：『看得來如喜、怒、愛、惡、欲，卻似近仁、義』。曰：『固有相似處』」。

「四端」就是孟子所說的惻隱、羞惡、辭讓、是非,「七情」就
是喜、怒、哀、懼、愛、惡、欲。朱子雖提出「四端七情」問
題,但沒有進行詳細的詮釋。在朝鮮朝圍繞著這個問題發生了
激烈的論爭,開這場論爭先河的是奇大升(1527-1572,號高
峰)和李退溪,自1559年至1566年兩人論爭持續八年之久。[22]

四端與七情這個問題在朝鮮產生了很大、很久的論爭,三山在《易解
參考》中僅有關於四端的闡發,對於七情則觸及不多。因此,以下就
三山論及四德與四端的相關內容加以分析。三山指出仁、義、禮、
知(智)分配元、亨、利、貞四德,並與四端相聯結,而四端內容的
闡發,到孟子才十分詳細:

> 朱子嘗謂:仁、義、禮、知孔門未嘗備言,至孟子而始備言
> 之。今以仁、義、禮、知分配元、亨、利、貞,則四德之目,
> 自夫子已言,而至於惻隱、羞惡、恭敬、是非四端,至孟子而
> 始說得詳備。如後天雖發於文王,而《連山》之《易》已有後
> 天之象。(頁179-180)

四端闡發雖然直至孟子才說得詳盡,卻在孔子時代已經提及;這樣的
看法就像後天八卦的闡發概念一樣,後天八卦雖是大揚於文王,卻在
《連山易》時已能見其端倪。三山更以《易》之演化聯結仁、義、
禮、知,以及四端之衍生,指出:

> 仁、義、禮、知,如卦爻之生出次第。心如太極,仁、義如太
> 極之生兩儀;仁、義、禮、知如兩儀之生四象;惻隱、羞惡、

---

22 解光宇:〈圖說學與韓國儒學的發展〉,《哲學動態》2012年第5期,頁64-67。

辭讓、是非如四象之生八卦；仁之寬柔溫裕，義之發剛強毅，
禮之齊莊中正，知之文理密察，如八卦之生十六也。（頁179）

三山認為仁、義、禮、知與卦爻生出次第一樣。他說心就和太極一
樣，仁、義是由心而出，猶如太極生兩儀；接著禮、知與仁、義就像
兩儀之生四象，而與四端正如四象生八卦。其中論述仁、義、禮、
知的「寬柔溫裕」、「發剛強毅」、「齊莊中正」以及「文理密察」，如
同八卦生十六數的推衍一般。

　　三山此一等同的論述，緊密聯結《周易》生成的本體論。由心而
仁、義，由仁、義構添禮、智，而成仁、義、禮、智；再由仁、義、
禮、智添置四端，而成仁義禮智與惻隱、羞惡、辭讓、是非四端，合
成八卦之對應；再由仁、義、禮、智與惻隱、羞惡、辭讓、是非等八
項，細述聯結至八卦之內涵，而成十六之二倍法衍化。結合《周易》
卦爻生成二倍法的說法，這可視為三山的創見。因此，三山對於仁、
義、禮、知與四端的呈顯與聯結有詳盡的說明，指出：

　　　人之稟陰陽、五行之氣者，一齊都稟得，更无先後之序。故其
　　　理之渾然在中者，亦无先後之序。然就渾然中看，則溫然慈愛
　　　者，仁也；才溫然便粲然有條者，禮也。才粲然便肅然不亂
　　　者，義也；才肅然便凝然有定者，知也，此其渾然之中，有不
　　　相殽亂者，其本體然也。是以見入井，則惻隱發；過宗廟，則
　　　恭敬發；自外感之者无次第，故隨感而應者，亦无次第，所謂
　　　發時无次第也。就其所生之端而言，則始發者仁也，宣著者禮
　　　也，收斂者義也，凝定者智也，是所謂生時有次第也，此亦猶
　　　專偏說。无次第者，所以統言乎四德者也；有次第者，所以惕
　　　言乎一情者也。（頁164-165）

人齊備陰陽五行之氣，能「溫然慈愛」，則具備仁的德行；繼之能「粲然有條」，則具備禮的德行；能「肅然不亂」，則具備義的德行；而「凝然有定」，則具備知的德行。仁乃其發端，繼之以禮、義、智。而這四端、四德的特質為生成之本體所具備，「此其渾然之中，有不相殽亂者，其本體然也」，非假外求，自然而成。

　　三山強調四端之發，並沒有次第，不必依照什麼特別的順序；遇境而自然展現，不假運化的步驟順序，所謂「无次第者，所以統言乎四德者也」。如有次序，他認為是針對生之端而言——「始發者仁也，宣著者禮也，收斂者義也，凝定者智也，是所謂生時有次第」。

（三）敬義思想

　　敬義思想為三山《易》學的重要觀點，他認為學《易》的根本，尤其一個「敬」字，更是整體的核心，指出：

> 然羲、文以來相傳旨訣，不過如此，則敬之一言，實《易》學之本原也，讀《易》者，盍於此警省焉。（頁235-236）

三山認為伏羲、文王相傳下來的重要旨趣要訣，可以總括學《易》的重要本原，就是「敬」而已，更以此勸勉讀《易》者必須以此為警惕反省，足見三山極為重視「敬」的涵養工夫。因此，釋義〈坤·文言傳〉強調「敬」的重要性，指出：

> 敬、義二字雖見於〈坤〉卦二爻，而實一篇之綱領，聖學之始終也。蓋敬是收斂底，義是裁制底，未發也敬為之主，而義具焉，已發也義以之方，而敬行焉，則時分有動靜之異，地頭有內外之分，而若動、若靜、若內、若外，无不相須而互用，故先儒以敬之一言，為用功之節度準的，涵養本原，而敬之體立

焉；隨事省察，而敬之用行焉。一顯微而該本末，徹表裏而貫始終，无一刻无敬之時，无一席无敬之地。後人之留心聖學者，舍夫敬，將從何入也？（頁228-229）

三山認為「敬、義」雖是〈坤〉卦第二爻一爻之釋義，卻是〈坤·文言傳〉的重要綱領，更是聖學徹始徹終所重視的本源。敬與義兩者之間關係極為密切，三山指出人在對外物未發出情感之呈現時，以敬為主，而義已具於其中；當已發而現於外時，則以義為呈顯之形式，自然敬承之行現於外，時時刻刻以動靜之不同，而有內外之別。無論是動靜或是內外，兩者都相互依須，相互為用。因此，三山強調「一顯微而該本末，徹表裏而貫始終，无一刻无敬之時，无一席无敬之地」。進一步認為「後人之留心聖學者，舍夫敬，將從何入也」，人如忽略涵養「敬」的工夫，那麼對於聖人之學將無從入手。三山視敬為主體的根本，也認為「敬、義」體用一原，兩者既是體亦為用，於釋義〈坤·六二〉爻辭時，指出：

〈坤〉體中虛，〈坤〉象偶方；虛者，敬之所以為體也。方者，義之所以為用也。此敬體義用之說。而朱子又以義體敬用為言，其於體用一原之義何如也？曰：「心具寂感，方其寂然而未發也，无形象可見，故特據其操存持守之工，而以敬為體。及其形外也，則有事物可見，故特據其斷制齊整之宜，而以義為用，此敬義體用之所以分也。然自其事物裁制之主於心者，而言則義為之體也，事之各當其則，无紛擾走作之患者，乃敬之用也。」故勉齋黃氏曰：「敬該夫動則方外者，乃敬之流行，義主於心，則直內者，乃義之根本。」由此觀之，則義未嘗不為體，而敬亦未嘗不為用也。（頁227-228）

以敬為體、義為用，虛是敬體，方是義用；朱子則以義體敬用，顯然看法不一樣。三山認為心具寂感在未發之前，無形象外顯，以持守為工，因此以敬為體。當感而遂通顯象於外時，則事物可見，當斷制齊整之宜，所以以義為用。這是以已發、未發的觀點來看，故敬體義用。但事物裁制之主宰在心，當以義為體，事之各有其則，無紛擾走作，乃敬之為用。因此，三山認為「敬、義」體用一原，是以不同的角度來看，而且皆無不當的釋義觀點。因此，三山對於古人之行誼，以敬、義的觀點釋義卦爻辭，故曰：

> 如子游能養，而或失於敬；子夏能直義，而或少溫潤之色，皆非幹蠱之中道也。說親有道，反身自誠，剛不至於傷恩，柔不入於陷義，庶得其中道矣。（頁393）

三山認為子游（言偃，公元前506-公元前443）對於父母的奉養過程中，主要是沒有表現出恭敬之心；而子夏（卜商，公元前507-？）雖能直言進諫，但重點在於沒有溫潤的好臉色，因此無法達到幹蠱的中庸之道。所以，三山認為要「說親有道，反身自誠」，才能達到「剛不至於傷恩，柔不入於陷義」，符合幹蠱的中道。又三山釋義〈觀〉卦時，特別強調在國家祭祀的過程中，最主要就是在於「敬」字，指出：

> 觀而不薦，言觀民之道，誠敬如始，盥之時也。然而以祭祀言之，方祭之始，誠意專一，而既薦之後，此心易懈，此夫子所以發歎於既灌之後也。一心精白，始終不懈，始盥也，只是這箇敬，既薦也，亦只是這箇敬，則郊焉而天神，格廟焉而人鬼，享鬼神猶感而況於人乎。唯此心以往，則觀民之道，斯可見矣。（頁404）

三山認為祭祀之始在誠意專一之敬，一旦開始進行之後，就容易疏忽
而懈怠，所以強調要能「一心精白，始終不懈」，因此認為「始盥
也，只是這箇敬，既薦也，亦只是這箇敬」，無論是過程中的那一個
環節，最重要的關鍵就在「敬」字，釋義〈萃〉卦時，也強調以敬的
重要性，指出：

> 〈萃〉道之成莫大於宗廟，宗廟之禮莫重於誠敬。二五之中誠
> 敬之所由生也，先王之祭祀，嘗占得此卦歟。（第16冊，頁25）

三山認為二、五居中，為誠敬之所由生，而誠敬就是宗廟之禮的重
心，能夠匯萃百姓之心就必須重視宗廟。因此，誠敬是國君應該用以
祭祀的重要態度，也是引領國家百姓重要的內德涵養。三山又將
「敬」引申為天地萬物生化的終極表現，指出：

> 「敬」固是人分上用工底道理，然天地之道，流行充塞，无一
> 息停，无一毫差。自其一理无雜而言，則便是不容一物也。自
> 其萬化各正而言，則便是整齊嚴肅也，這便是天地底「敬」。
> 猶言於穆不已，忠也；各正性命，恕也。（第16冊，頁287）

三山認為「天地之道，流行充塞，无一息停，无一毫差」，其中自有
一理在其中，使得「萬化各正」，「整齊嚴肅」，就是「天地底敬」，此
與解釋「於穆不已，忠也；各正性命，恕也」的道理一樣。可知，三
山對於「敬」之一字特別重視，認為天地之造化，國家之治亂，乃至
於個人的處世態度以及涵養，無不由「敬」所涵括。

（四）仁學闡義

　　仁道之強調者首推孔夫子，而仁學之闡揚繼歷代聖哲的發微，至

朱子特別針對仁學而立說，高會霞指出：

> 朱子仁學匯百家所成，上承孔、孟，下續二程，會通《易》、
> 《庸》，才形成了這個規模龐大，結構精密的仁學。朱子的仁
> 學不僅是貫通宇宙界，而且是包含人生界，是宇宙萬物通為一
> 體之仁，正如錢穆所說：「天與人，心與理，宇宙界與人生
> 界，皆在此仁字上綰合成一，許多道理條件，皆由此處生出，
> 此處亦可謂朱子講學一大總腦處，由此而推出其逐項分散
> 處。」「仁」可謂高屋建瓴，統貫一切，是朱子哲學體系的總
> 腦，朱子據此建立了他的仁學宇宙觀。使他的本體與人性終於
> 融為一體。[23]

高氏對於朱子仁學有統整性的概說，認為朱熹建立了仁學宇宙觀，亦
即將本體與人性鎔鑄為一體，同時也是對朱子仁學的高度肯定。三山
繼承朱子之仁學理論，將人的心性一切活動皇皇四達，如泉水疏通無
礙，比喻成仁體的內心運作與天地萬物一體的結合。指出：

> 夫仁者，即吾心所具，惻怛慈愛之理與天地萬物渾然一體者是
> 也，而公者己私淨盡，皇皇四達，使仁之體，无所痿痺，用无
> 所闕齾。比如水泉為沙石罨靸，則去其罨靸，使其疏通者，即
> 是公之為也。然則公不是仁，公底裏面有至親至切，藹然生生
> 之意方是仁，須別公與仁，然後可得程、朱論仁之旨。（頁456）

三山認為仁就是吾心所具，內心的相關人性發用，惻怛慈愛與天地萬
物生成便渾然一體，沒有公私之分，能通達四方，無所痿痺，無所闕

23　高會霞：《朱熹仁學思想研究》（鄭州市：河南大學中國哲學院碩士學位論文，徐儀
　　明教授指導，2003年5月），頁6。

靐。而且強調仁體，有思為公之心，則並非仁，而是在公之中有至親至切，藹然生生之意的真情實意才可稱為仁。所以，必須明白公與仁，當有所差別，不能等同視之。其重要的精神在於生生之意，意即仁為天地萬物生物之本心，所以三山亦認同朱子之言：

> 天地之德曰生，聖人之德曰仁，朱子所謂：「仁者天地生物之心。」（第16冊，頁392-393）

天地之德在於「生」，而於聖人，則具有「仁」德之內涵，這就是朱子所謂的仁，亦即「天地生物之心」。因此，在萬物之初生時，可以觀看仁的生命之具體表現，三山說：「凡物初生夭夭，柔嫩皆可觀仁，此偶見雛而言。」（頁163）當萬物初生夭夭之時，那一分柔嫩可愛的容貌，都可以感受到生命呈顯仁的體現。三山這裡所謂的仁，與一般所謂仁德之心確有不同。三山之謂仁乃是生成天地萬物之本體，能含藏萬物又不離方寸，能流貫於萬物之內，又如血氣灌注毫髮而無空闕，天地萬有的運化毫無止息，他說：

> 夫是仁也，不出乎腔子之裏，而含具天地萬物為體，不離乎方寸之間，而貫徹天地萬物為用，血氣灌注无毫髮之空闕，脈息貫通无頃刻之停歇，仁道之所以為大者，然也。（頁174）

三山所謂的仁，正是宇宙萬物生成之本源，能生成萬物，在萬有之先，萬物既有之後，又能存在於萬物之中。因此，稱「仁道之所以為大者，然也」，「然人固有是心，心固有是仁，不待體行而自无不仁之人」（頁174）。每一個人都有主宰之心，而心中自有此仁體，所以與生所具，不必行持呈現，每個人都不會是無仁心之人。而事實上，人與天地萬物同具此仁體，萬物一體，堪稱其無量而大自在，故他說「所謂天地

萬物一體者，无量大自在矣」（頁174）。三山釋義〈乾・文言傳〉時特別提出，為什麼要去實踐效法於元的內涵，而且要以仁為體？他說：

> 〈文言〉之必欲體法於元，以仁為體者，何也？夫人之所稟乎天地生生之妙，而以為一身之主者，潔淨純粹圓備无久，而唯其氣稟所拘，物欲所蔽，无以盡本然之體，存乎腔子者，或有昏昧之時，由乎方寸者，亦多闞闇之處，譬如一膜之上，猶有手足之痿痺，一肚之中，尚有肝膽之楚越也，則況可望其天下一家，中國一人，而盡其仁道之大也哉？此不可以任其固有，而必待乎人之體行者明矣。（頁174-175）

三山認為人能稟天地生生之妙，而能為一身之主，展現出「潔淨純粹圓備无久」，但是為氣稟所拘，後天的習氣所染蔽，無法呈現本然仁體之性。所以，有時候會有昏昧處事不當。因此，必須有待於好好體踐仁行，才能真切而深刻地明白仁體的內涵與真實的本體。但是三山指出，都知道要體行仁道，但仁體很容易就被誤解偏差，因此特別指出：

> 然則其體之也，將奈何仁道雖大，而只從其大處求之，則便以天地萬物認作吾心，茫茫蕩蕩全无交涉，終日言仁，而不出乎釋氏之委身飼虎，沒世為仁，而不越乎墨子之无父兼愛，其所謂同天地，而貫萬物者，即一无主宰，无情意之天地萬物也，其為不仁，豈有甚於此哉？（頁175-176）

仁道內涵廣大，雖然知道實踐體察仁體，一般只能看到大的特質，所以認為天地萬物就是吾心，萬物一體。於是茫茫蕩蕩全无交涉於真實仁的本體，以為「終日言仁」、「沒世為仁」，都成為各家強調的偏說

之論。如釋氏的「終日言仁，委身飼虎」，墨子的「沒世為仁，无父兼愛」。他們所謂「同天地，而貫萬物」的想法，其實和「无主宰，无情意之天地萬物」沒什麼兩樣，堪稱「不仁」了，怎可以稱之為仁體？因此，在對於體仁這細微的關鍵中，三山引宋儒張載〈西銘〉說法，加以引申曰：

> 〈西銘〉推極仁體之大，而必從一「吾」字為之樞領，則仁者，不過吾心所有愛之之理也。須就吾身上識得溫然愛人利物之心，方是仁體，而親切體認端的，推擴氣稟不能拘之，內己私不能誘之，外沖瀜和粹之體，渾全无闕，惻怛慈祥之用，普徧无滯，則吾之所得於天地間，生生之本來材具者，充得方盡，而廓然大公，皇皇四達，體之所存，方與天地同大，而用之所行，方與萬物相貫，仁者之渾然與天地萬物為一體者是也。（頁176-177）

三山指出，〈西銘〉推極仁體之大，但從「吾」字為樞領，所以認為二者，不過是「吾心所有愛之之理」。三山申述其義，認為就是必須從自己身上去辨識「溫然愛人利物之心」，這才是仁體。仁體之展現「親切體認端的，推擴氣稟不能拘之，內己私不能誘之」；而且「外沖瀜和粹之體，渾全无闕，惻怛慈祥之用，普徧无滯」，這正是吾人得之於天地間，生生之本來，而材具者能呈顯「廓然大公，皇皇四達」，因此體之所存，與天地同大，用之所行，與萬物相貫。這是仁者之渾然，而能與天地萬物為一體的重要觀點。同時，三山強調程、朱門下有不同說法的原因，在於釋義之不同，但當體仁到成熟時，其內在精神則是一致：

> 此與夫程、朱門下諸公，或有以天地萬物一體為二者，其主客

之勢，虛實之分，豈可同年而語哉。此又體仁者，所當知也。
程、朱說此體字不同，一以效法身行言之，一以主宰幹骨言
之，然體仁到熟時，自覺二說之不相妨礙矣。（頁177）

三山認為有以「效法身行」的觀點來看「體仁」之體，但說仁體者是
以「主宰幹骨」的觀點來說。因此，如能真正體仁到熟蘊的程度，其
實這兩觀點不相妨礙，而這也正是三山對於仁的全面論述，不僅述及
仁之體，同時也強調體踐仁的實際看法──「體仁」與「仁體」，成
為三山仁學理論完整學說的兩個重要部分。

（五）君子成德與小人之戒鑒

《易》為君子謀，不為小人謀。君子當具有德行，避免小人之
害，精進不已以成君子，並辨識君子、小人之別，故《周易》以修身
寡過，為惕厲進德之重要修習原則。三山於《易解參考》中，亦流露
出對於君子、小人之見，以為讀者之鑒，亦為自我之期許。他解釋
〈乾‧文言傳‧初九〉爻，指出：

君子之行，自格、致、誠、正至於治國、平天下，自戒懼、慎
獨至於位天地、育萬物，乃謂成德之行也。初九之龍德不得其
時，不得其位，潛藏隱晦其行未見，未見則未成矣。非謂德行
之未成也。（頁194）

三山認為君子之行，當以「格、致、誠、正、修、齊、治、平」為修
習目標，而自我要求「戒懼、慎獨，位天地、育萬物」為修習工夫，
這才能成為君子的成德過程。所以，認為〈乾‧初九〉爻雖龍德不得
其時，也不得其位，故潛藏隱晦，不見其行。不見所以未成，但並非
指不具德行的未成。因此，君子處困難之境，亦不怨天尤人，反而能

內修己德，因此指出：「君子之處〈蹇〉也，反身以求之，修德以俟之，則於濟〈蹇〉乎何有？」（頁615）處〈蹇〉難之時，君子之人能反身自求，內修己德以面對，因此對於濟度〈蹇〉難，也沒有什麼困難。君子以義為行事之前提，不當以謀利為慮，此面對事情的態度，正是君子小人之不同，於釋義〈坤・文言傳〉指出：

> 蓋君子唯當正其義而已，不當預謀其利。有謀利之心，則是有所為而為之，非正其誼矣。今夫利物雖異於自利，然若先有利物之心，則不得以和義，〈文言〉之意卻倒言之，以明其和義，故能利物也。（頁178）

三山認為君子唯正其義，不當謀利為心；若有謀利之心，則存在有為之心，那就無法正其誼（義）。因此，他強調若先有利物之心，則無法和於義；但若能明於和義，則能利物矣。對於君子之德行，三山尤重視修辭立誠之德，故於〈乾・文言傳〉特別強調內在「誠」之重要，指出：

> 忠信積於中，則符采驗於外，當有自然而修，自然而立者矣。今曰「修辭立誠」者，猶若內欺於忠信之實，而外加財處之功用，意於修之立之何也，用意修辭則辭不幾巧，用意立誠則誠不近偽耶，曰：「內之忠信愈積，則外之修為愈篤，此其表裏无間，自不得不然也。」（頁184）

三山認為如果一個人能「忠信積於中，則符采驗於外」，則必然「有自然而修，自然而立」的表現成果。因此，強調如果一個人「內欺忠信之實，外加財處之功用」，那麼修立無用，即使修立了也是「辭巧誠偽」。若能「用意修辭，則辭不幾巧，用意立誠，則誠不近偽」，則

「內之忠信愈積，則外之修為愈篤，此其表裏无間，自不得不然」，是為一位成德君子之展現。不過，三山對於聖人的層級仍認為有較高的道德表現，因此君子稍有不經於心，亦有犯錯悖禮的可能：

> 除非聖人之不待思勉吐辭為經外，雖其誠心好善，進進不已之君子，一有言辭不經於心，不折於理，而擅出於口者，則鄙悖躁妄，禮壞樂崩，无以著腳安身，立其忠信之實事，故顏氏之克己為仁，不過曰：「非禮勿言。」曾子將死之言，亦不越乎辭氣上工夫，則於此可見，哭死而哀，非為生者也。經德不回，非以干祿也，豈可謂騖外為人之學哉。苟能十分惓惓，發之言語之間者，无非片片赤心所自來者，則此是修辭立誠之道，而符采之著外者也，於乎小人之厭然自揜，用意非不深也，措辭非不美也，而若使忠信之君子觀之，則其為詖淫邪遁之實，如見肺肝，此與修其忠信之辭，立其忠信之道者，何啻千里之遠也。然則其所謂修者，豈用意可修其所謂立者，豈用意可立，君子之於此，亦非全无所用其心，而唯其所用者異也，今以修之立之，乃疑其用意，則不亦過乎。（頁184-186）

三山認為雖具誠心好善，努力進進不已的君子，稍有言辭不慎，亦可能成為鄙悖躁妄，禮壞樂崩，難以成忠信的實事。他舉顏回（子淵，公元前521至公元前481年）與曾子（參，子輿，公元前505至公元前432年）為例，兩位都擔心如此，而謹慎小心「克己為仁」，所以顏子提出「非禮勿言」。曾子則將死之時，也不忘在辭氣上用心，而小人則反是。用意不是不深，措辭也不是不美，若由具忠信的君子眼光來看，則「其為詖淫邪遁之實，如見肺肝」，也就是說能立其忠信之道，修辭立誠，全在於真誠用意上之修立，此君子、小人之別矣。因此，三山指出：

吉一而已。凶悔吝三焉。人心之天理常少，而人欲常多。君子
常少，而小人常多，天下之治日常少，而亂日常多，是固天運
之所使而或一或三歟。然人心本有善而无惡者，其旁出也。天
理本有吉而无凶，凶者其變處也，故於此結之曰：「吉无不
利。」君子學《易》之功，亦不過「復其初」而已。（第16
冊，頁259-260）

為什麼吉、凶、悔、吝，好的面向只有吉一項，而不好的卻有凶、
悔、吝三項。這並不是沒有原因，三山認為人心之中「天理常少，人
欲常多」、「君子常少，小人常多」，而且「天下之治日常少，亂日常
多」，此之所以吉事少而凶事多。顯然，三山強調君子學《易》之功，
就是要能明善復初，使君子可以多些，人欲少些，自然能天下治日多
矣。他強調天理本有吉而沒有凶，凶是因為有變動之處，所以要君子
學《易》而能於變亂之中，不失天理之常道，而能有吉化凶。因此，
面對吉凶、禍福之事，三山認為君子不以眼前的吉、凶為主要判別依
據，而是能超越吉、凶之認知，以合乎貞正之道為念，進一步指出：

然而，君子不以吉凶動心，唯鞠躬盡瘁，殺身成仁，則是乃貞
正之道，而亦可謂凶中之吉也。（頁251）

三山認為君子面對國家民族之大義時，唯有「鞠躬盡瘁，殺身成
仁」，絕不苟且偷安。因此，雖是凶事，其中亦有吉兆在，而不因循
苟且，為偷安而害仁傷義。這正是他所強調君子之人，所重在修己而
已，因此指出：

君子之道，內修諸己而已。仕止進退之義，彌綸範圍之道，皆
當視己為定，吾斯之能信，則特立獨行，而无所疑懼，眾毀群

> 譽而不為沮勸，要之內不愧而已。己心不定，則其出也，豈无
> 因緣希慕之心，其比也，豈无浮沉諂諛之弊哉。故《傳》曰：
> 「由己。」此「由己」字，當以「己志」兼看。（頁299-300）

三山認為君子之道，重點在內修諸己。為仕、在家進退之義，種種行
事決定，皆由自己來決定。如果能信任，那麼雖特立而獨行，亦無所
疑懼，雖「眾毀群譽而不為沮勸，要之內不愧而已」。但是若是己心
不定，則容易受「因緣希慕之心」，而有「浮沉諂諛之弊」，因此《易
程傳》曰「由己」，[24]實有深層之意涵：

> 君子之道，廓然大公，內文明而察盡人心之情偽，外剛健而克
> 去人欲之私邪，如日之无私照，如天之无私覆，是大同之道，
> 而君子之正也。（頁343）

君子之道廓然大公而無私心人情，故能以自昭明德洞悉人心之情偽，
以外在剛健之心克除人欲之私心邪妄。就如同「日之无私照」、「天之
无私覆」一般，這就是大同之道，也是君子剛正不阿的呈現。

（六）治國之道

　　《易》為群經之首，歷來有國有家者，皆注重其內在治國齊家之
道，亦即《易》中涵蘊諸多經國治世與修身齊家的思想。因此，治
《易》者對於治國之道多有所闡發，三山認為首要政通人和，治國者
要能政令有所暢達，使民被其德澤：

> 人之一身血氣貫通，然後千毛百竅，汗出周遍，人君之政令由

24　〔北宋〕程頤：《易程傳》（臺北市：文津出版社，1987年6月初版1990年10月2
　　刷），〈比‧六二〉文辭「比之自內，貞吉」之釋義，頁81。

中出外，无一物不被其澤者，有此象。（頁192）

而且要能德澤廣佈天下，百姓都被蒙德澤。三山的觀點，以為一個國就像一個家一樣，君王當以天下為家：「王者以天下為家，極其治家之道，則是治天下之道也。」（頁599）對於治家的綱常倫理移置於朝廷治理天下，家家和樂，天下治矣。三山認為如果一個人有驕傲盤怠之心，則很難有人會與之親比，即使是親戚朋友也會睽離，更何況人君，因此指出：

> 凡人有驕傲盤怠之意，則人不親比，雖親戚朋友鄉黨之間未免有睽乖之恨，況人君居至尊之位，求臣鄰之輔者，苟或自聖、自智、自暇、自逸，則眾叛親離，其不為獨夫也者，幾希矣。然則，求比之道在我，雖有長人之三德，而又必謙牧自卑，夙夜祇懼，有不遑寧處之心，然後信服者多來附者矣。如其不然而獨立自恃，乃逸厥逸，所以求比者，緩慢怠後，則雖剛強之夫，鮮有不凶者夫。（頁295-296）

三山認為如果一個君王處至尊之位，卻自尊自智，終必眾叛親離。因此，君王如能「謙牧自卑，夙夜祇懼」，而以「不遑寧處之心」，然後信服者必然越來越多。又針對國家處於劣勢或是人民有所過錯時，強調國君當有扭轉主宰之治權，要以剛正之心，行之在人，成之在天，不能任由否困之勢一直下去，指出：

> 居尊位而受制於小人，脅迫於彊臣，則剗刖甚矣，將安用赤紱為哉。然天下事无終否之理，人君有轉移挽回之權在我，有剛中之德，下有剛中之同德，待時相應，則濟困特次第事耳。是之謂徐有說，言終當有說也。其理之當然，如祭祀而受福也。（第16冊，頁53）

三山認為居於尊位的人君，若受制於小人而脅迫強臣，是處於極為否塞之時，但強調身為一國之君，應有轉移挽回劣勢的權利，必須具有剛中之德，而能化〈剝〉為〈復〉，轉〈否〉為〈泰〉，方能「終當有悅」而愛福。這也就是三山認為人君要能「究事之由」，而「慮事之終」，因此指出：

> 〈否〉極則回〈泰〉，〈剝〉盡則來〈復〉，天理之當然也。天下〈蠱〉壞，則天必生治〈蠱〉之人，人必有治〈蠱〉之道。以卦才言，則〈巽〉風足以號令天下，〈艮〉山足以靜鎮頹俗。剛上而得其止，柔下而順於理，先甲三日究事之由，後甲三日慮事之終，此所以天下治也。聖人於〈蠱〉壞之世，必曰：「元亨，而天下治。」其勉人之有為也，深矣。（頁390-391）

天下〈否〉極之時，也就是天下〈蠱〉壞之日，則天必產生治〈蠱〉之人，能夠「先甲三日究事之由，後甲三日慮事之終」，自然天下治。聖人對於〈蠱〉敗之世，必以最為原始本然之心，以求得亨通之道，自然能夠天下治。三山認為這是勉勵世人在亂世之時，必須具有有為之心以求脫出〈蠱〉敗之世，當然要求身為一國之君者，必然要擔起此重責大任。因此，三山讚嘆《易》之「勉人之有為也，深矣」！此外，三山認為身為人君者，不可貪杯於飲宴，過分安逸或是沉溺於酒色，這容易耽誤國家大事，無法將國家治理的妥切，指出：

> 〈未濟〉卦之終也，上九爻之終也。必戒之以「飲酒濡首，亦不知節」，何也？其憂世之意乎。後世之棄禮蔑法，敗家亡國者，專由麴蘗之禍，故《孟子》歷敘群聖，以大禹之惡旨酒為首，其意亦猶是也。（第16冊，頁239）

治理國家之重要原則，必須「戒之以飲酒濡首」；因如此，容易「棄禮蔑法」，導致「敗家亡國」，這是由於「麴蘗之禍」。所以《孟子》敘述歷代諸位聖人中，把「大禹之惡旨酒」例為首位，這正是要告訴身為人君者，必當以此為戒。所以人君自我要求，不得貪杯而亂性誤國，自然可以免除對於國事不當的處置與安頓。但對於百姓有違法亂紀者，亦當有所懲治，三山指出：

> 人齒牙牢潔吞嚥有道，則大肉硬餅渾然消化，故聖人觀此立為〈噬嗑〉之卦，以示刑罰之不可不用屨校、何校，刑罰之器也。滅趾、滅耳，刑罰之法也。然其本體先務其明如電，其威如雷，自然有以畏服民之心志，故亦有不待器而自化，不待法而自戢，天下熙熙同歸於善。然則，其器與法，特一文具而已，豈要人必用哉。後世不知此義，以為大《易》已有〈噬嗑〉之卦，遂以為吞噬人命之權，煩細苛察天下，无幸民矣。然愈噬而愈不嗑，何時何代无強梁之臣，頑嚚之民哉？蓋於〈噬嗑〉之卦，但得其〈噬嗑〉之象，而不得其電雷之本體故也。後之人辟（案：「辟」即「君」），可不知其所務哉。（頁422-423）

三山認為國君要瞭解民智受稟於氣質之性，自然有所偏正，面對百姓犯惡之行，「刑罰之不可不用屨校、何校，刑罰之器」，因此必須「務其明如電，其威如雷」，使百姓自然畏服，而不用刑罰，終歸於善。所以，也主張必須明令刑罰，使民有所畏懼而不為惡，行之既久，則百姓必能畏服而歸善，自然就不必動用刑罰了。三山更認為人君者必須能識人善任，若能如此，則天下之人皆為可用之才，指出：

> 德有厚薄，知有大小，力有輕重，量度以授之任，則天下无可

棄之才矣。茍使不明不審，尸居貪位，則雖刑渥之刑，而何能
救覆餗之禍乎。（第16冊，頁409-410）

人之才德本有厚薄，而智有大小，力有輕重，因此必須「量度以授之
任」，使人人有適任之職，故使天下无可棄之才。他強調，如果「不
明不審，尸居貪位」，那麼雖有嚴刑峻法，也難以挽救因能力不足而
造成「覆餗之禍」的罪過。三山認為人君有時候也不要太過於精明，
偶爾裝笨裝傻，也是與群臣相應相處過程中，必要的潤滑劑，指出：

　　水至清則无魚，人至察則无徒，聖王所以不作聰明也。木晦於
　　根，春容燁敷；人晦於身，神明內腴，君子所以晦養其德也。
　　（頁576）

水如果太過清了，就沒有辦法使魚兒在裡面生存，人如果太過精明細
察至微，那就沒有人願於跟隨，這也就是三山強調「聖王所以不作聰
明」的重要因素。因此，三山認為人君也必須以晦養德，不是隨時以
明示人，左右群臣才不會感受到極大的壓力。

五　結論：敬義貞元政教成

　　三山柳正源是朝鮮王朝中後期的儒者，承繼前人學術研究的菁
華，鎔鑄於其《易解參考》，包括取象觀與義理思想之闡發。不僅有
傳承前人《易》學研究成果與為學精神，並有保留文獻古籍之功，引
用近一百七十六家之說。尤其，薈萃前人之菁華，並摻以個人之創
獲，對於後來學者必有所啟發與影響。
　　不過，三山對於諸家之徵引雖有功，然輯錄繁雜，宛如大雜燴，
似難以成為學者承襲之體例。兼以所引用內容未必是三山完全認同，

卻在引用之後再加以駁析，甚至有未引用而提出駁斥者，似乎無此必要。若擇其所愛而論，則不合意者，大可不必收錄。[25]

　　要之，三山《易解參考》內容包羅廣博，取象引用豐碩，堪比南宋朱震與明代來知德。而其義理思想之闡發，亦追步程、朱之精細，頗有朝鮮王朝晦齋李彥迪與退溪李滉之風，其承繼與匯整之功，實不可等閒視之，三山《易解參考》仍然值得學者重視，並可以貞定其中的研究成果與學術貢獻。

---

25 如三山釋義〈否・六三〉爻辭「包羞」，案語曰：「初六小人之未判者也，六二小人之已得志者也，則六三便當為索性之小人也，其陰謀秘計皆是妒賢嫉能，妨民病國之事言之，可恥此正包羞之象，其為凶咎不言可知。《本義》乃曰：『傷善而未能。』又曰：『未發故无凶咎。』蓋其包蘊畜无，非禍心而位，姑不當勢有不逮，故未能而未發也。君子時其未能未發而防微杜漸，不及於難，故无凶咎之戒歟，雲峰說義之端，恐涉太過。」釋義中並未提及其他《易》學家之說，然而論述案語中，卻評論「雲峰說義之端，恐涉太過」，令人莫名其妙，而且亦不知雲峰到底論述的觀點為何，何以其說「義之端」太過，一時之間無法明白其中意義。詳參柳正源：《易解參考》，第15冊，頁339-340。

玖

正祖李祘《周易講義‧總經》平議

　　朝鮮王朝（1392-1897，大韓帝國，1897-1910）正祖（1777-1800）李祘（亨運，弘齋，1752-1800）時期的《周易講義》，並非臣子對君王講解《周易》的文獻，而是以正祖為中心，針對文臣、儒士，以策問的形式對《周易》經典提出問題。因此，本文首先探討《周易講義‧總經》的性質及其相關問題，接著進行內容述評，以及其中所反映的釋經傾向。經由分析討論，可知「總經」十七則條問中，幾乎涵蓋了《易》學的各個面向。而這些問對也正反映出當時朝鮮《易》學的以下四種現象：一、《周易講義‧總經》內約三分之一的問題集中在「圖書」之學上，這顯示「圖書」之學於當時頗為盛行。二、朝鮮儒士奉朱子學說為圭臬，認為朱子之學「非後生淺學所敢遽議」。三、正祖本人並不完全依照朱子的觀點釋《易》，他一方面常引用「先儒」之說質疑朱子；另一方面，正祖在卦爻辭取象上，似乎更偏向於漢儒的說法。四、由於朝野儒士常論及康熙朝理學大儒李光地（晉卿，厚庵、榕村，1642-1718）思想學說，可見當時朝鮮與中國間的學術交流頗為頻繁。此外，《周易講義》全錄正祖的設問內容，而僅擷取文臣、儒士的附對，然其中所擷取的內容，或文不對題，或曲解原意，其背後是否另有政治目的，則仍待深究。綜之，透過《周易講義‧總經》的君臣問對，可見朝鮮學者對於《周易》有深湛的造詣與深刻觀點，足資為討論比較、相觀而善的參考。

一　前言：君臣問答振文風

　　朝鮮王朝（1392-1897，大韓帝國，1897-1910）正祖（1777-1800）李祘（1752-1800），字亨運，號弘齋，朝鮮第二十二代君主。自公元一七七七至一八〇〇年，正祖共在位二十四年，當時的中國，是清帝乾隆（1736-1796）、嘉慶（1796-1820）相繼臨治的時代。

　　正祖為朝鮮王朝後期之明君，歷史學者或稱「正祖中興」，[1]不僅在文治方面有極高成就，而且好學能文，有一百八十四卷的《弘齋全書》傳世。《弘齋全書》卷六十四至卷一一九「經史講義」，記載正祖君臣間對群經諸史之問答。其中，卷一〇一至卷一〇五為《周易講義》，收錄癸卯（正祖七年，1783）、甲辰（正祖八年，1784）二年的問答。前者共一百八十三條，涵蓋了《周易》六十四卦以及《易傳》十翼的全部內容；後者共三十三條，僅及〈乾〉、〈坤〉、〈蒙〉、〈需〉、〈小畜〉、〈履〉、〈同人〉、〈大有〉、〈益〉、〈艮〉十卦。講義的撰作背景，見於《群書標記》「《周易講義》五卷」條末：

> 〈條問‧癸卯選〉四卷，乙巳命閣臣金憙編次；〈條問‧甲辰選〉一卷，辛亥命抄啟文臣徐有榘編次。……〈辛丑教〉曰：「文風不振，由培養之失其本也。譽髦之盛尚矣，不可論，如詞翰小藝亦未能躐等而襲取，必須磨礱激礪，然後乃可成就而需用。近來年少文官，纔決科第，便謂能事已畢，不曾看一字作一文，又從以束閣，書籍不識為何物。習俗轉痼，矯革未易，雖有專經之規，月課之式，作輟無常，名實不符。朝家勸課，既乖其方；新進怠忽，不暇專責。予於曩日，十事責躬

1　詳參李涸揚：《韓國通史‧第三編‧近代史》（臺北市：中華文化出版事業委員會，1956年），頁147-149。

也。以人才之不興，惓惓為說。大抵人才不可以一概論，而文學為最重。蓋其蘊之德行，發諸事業，以至飾皇猷、礪頹俗，鳴國家之盛者，實有關於世道之汙隆，治教之興衰，豈可曰少補也哉？今欲倣古設教以為作成之道，則湖堂太簡，徒啟奔競之風；知製稍氄，反歸濫屑之科。若就文臣堂下中，限其年，廣其選，月講經史，旬試程文，月終聚而考之，較勤慢，行賞罰，未必不為振文風之一助。文臣參上參下，年幾歲以上抄啟。」遂自是歲為始，每過新榜，廟堂選槐院分館中三十七歲以下有文識可教者以啟，謂之「抄啟文臣」。輪講《五經》、《四書》，或臨筵發難，或拈疑頒問，以第其所對之優劣，而使閣臣及抄啟文臣等陸續編次。此《經書講義》之所以成也。[2]

文學涵養可以「飾皇猷，礪頹俗」，世道之汙隆，國家之治亂，莫不與此相關。正祖有感於當時文風不振，年少文官科考及第後，便「不曾看一字作一文」，因此下令選拔文臣，輪講《五經》、《四書》，由正祖「臨筵發難」、「拈疑頒問」，藉由這種形式，「較勤慢，行賞罰」，砥礪文風。

　　上述《周易講義》主要是針對文臣的問答記錄，《弘齋全書》卷一〇六、卷一〇八，在「經史講義」的「總經」之下，又收錄了正祖以《周易》策問草野士子的內容。[3]卷一〇六所載，為癸丑年（正祖十七年，1793）對關東士子所下之條問。此卷卷首云：

　　癸丑，倣鄉舉里選之制，命關東伯採訪窮經讀書之士以聞。春

2　正祖大王：《弘齋全書》（漢城市：民族文化推進會，2001年，《影印標點韓國文集叢刊》第267冊）。

3　「經史講義‧總經」底下，不僅收錄了《周易》相關條問，還包括《書》、《詩》、《春秋》、三《禮》、《大學》、《中庸》、《論語》、《孟子》、《孝經》、《爾雅》。

川朴師轍、橫城安錫任、襄陽崔昌迪被選。特下條問，使之附
對。[4]

卷一〇六所收《周易》相關條問一共十條，應對者為朴師轍、安錫任
以及崔昌迪三人。另外，卷一〇八所錄，則為戊午年（正祖二十二
年，1798）正祖對湖南、關西、關北儒生之設問。卷首載：

> 戊午選湖南、關西、關北諸生，特下條問。湖南之全州李徽
> 鑑，羅州林炳遠、洪樂鐘、朴宗漢，光州奇學敬、高廷鳳、朴
> 聖濂、金孝一，南原趙英祚、金秀民、李五奎，長城邊相璨，
> 靈光李廣鎮，淳昌楊宗楷、楊宗乙、柳東煥、盧稦，益山李得
> 一、蘇洙性，昌平金履廉、鄭在勉，務安金通海，高敞柳永
> 履、興德黃一漢；關西之平壤李春馪，龍川金德弘，龍岡金道
> 游；關北之鏡城李元培等附對。[5]

戊午年的《周易》條問一共七條。上述入選者共二十八人，然卷中僅
錄奇學敬、李五奎、鄭在勉、劉永履以及金道游五人之應答。據筆者
翻檢，高廷鳳《水村集》卷六「御製經書疑義條對」、李元培《龜巖
集》卷三「經義條對」，以及柳匡天《歸樂窩集》卷八「御製經義問
對」，亦載有他們對正祖七問之回應。[6]蓋當時諸生皆有應文，唯識見
高明者得選錄於《弘齋全書》。

　　綜上所述，《弘齋全書》卷一〇一至卷一〇五的《周易講義》，是

4　成均館大學校大東文化研究院所編：《韓國經學資料集成》（漢城市：成均館大學
　　校，1996年），第22冊，頁659。

5　成均館大學校大東文化研究院所編：《韓國經學資料集成》，第22冊，頁675。

6　案：高廷鳳、李元培於戊午年被選附對，柳匡天則不入其列，不知何以柳氏集中錄
　　有應答之文？

正祖為了提振文風，特別針對文臣之設問，其內容涵蓋了六十四卦，以及《十翼》的全部內容，所錄問對一共二百十六條；至於卷一〇六、卷一〇八「經史講義・總經」所載，則是正祖為了選拔草野之士所下條問，所錄問對一共十七條。雖然對象有別，這些講義都有一共通性，亦即以君王為中心，由君王提問，儒士回答。這些講義不僅反映了君王所關注的《易》學面向，而且透露了當時朝鮮儒士對於這些問題的掌握，以及他們的《易》學觀點。特別是卷一〇六、一〇八「總經」所載，由於並非逐篇逐卦而是有所選擇的提問，更能反映正祖對於《周易》的核心關懷。本文因此發想，試對此二卷所錄問答稍作考察。[7]

二　《周易講義・總經》性質與相關問題

上文已指出，《弘齋全書》卷一〇六、一〇八「經史講義」的「總經」部分，分別是正祖十七年、二十二年，對「窮經讀書之士」之策問。由正祖二十二年其中一則設問，可以推斷這些問題主要由正祖親自擬定：

> 朱子嘗論《春秋》之難讀曰：「開卷『春王正月』，便不可曉。」予於《易》之「元亨利貞」亦云。夫四德之說，〈文言〉之所揭也，《春秋傳》之所紀也，《程傳》之所從也，漢以來諸家之所不敢異辭也。而朱子《本義》獨以「大通而利於貞固」解之

7　案：《弘齋全書》卷64至卷119，皆統稱為「經史講義」，底下細分為「《近思錄》」、「《心經》」、「《大學》」、「《論語》」、「《孟子》」、《中庸》」、「《詩》」、「《書》」、「《易》」、「總經」、「綱目」等。《群書標記》特將卷101至卷105稱作「《周易講義》五卷」。為了方便討論，下文且將卷106、108稱為《周易講義》，並且沿用其卷首「總經」之目，以別於逐篇逐卦設問的「《周易講義》五卷」。

者，拘於諸卦占辭也。今考諸卦占辭，如「元吉」、「光亨」、「无不利」、「安貞」、「艱貞」之類，皆未始不分為四。而惟〈坤‧彖〉「牝馬之貞」、「利西南得朋」，似若以「利」字倒解下文。然先儒有以「利」為句，「牝馬之貞」為句，「得主利」為句，「西南得朋」為句者。其文從字順，未必不有得於彖辭本旨。而朱子之不用舊解，斷為占辭者，何說歟？

在勉對：「觀於諸卦『亨』有『小』者，『貞』有『勿用』之類，可見『大通而利於貞固』之義例也。夫子則又推得去文王《易》外之意，以四德明之。此聖人縱橫解釋，無不曲當者也。」[8]

文中之「予」，乃正祖自稱。條問之設，是為了選拔草野儒士，[9]但這些問題顯然非出自考官，而是由正祖所擬。

　　過去學者多認為《易傳》出於孔子之手。正祖云：「夫四德之說，〈文言〉之所揭也。」[10]其背後的涵義是：朱熹（元晦、仲晦，晦庵、考亭，晦翁、紫陽先生，1130-1200）改讀四德為「元亨，利貞」，是對聖人的一種反動。更何況以「元亨利貞」為四德，很早就見於《左傳》，漢代以後諸儒亦無異辭？[11]正祖以〈需〉卦之「光亨」，以及《周易》占辭中常出現的「元吉」、「无不利」、「安貞」、「艱貞」等，說明「元」、「亨」、「利」、「貞」在《周易》裡可以單獨為文，並不一

8　成均館大學校大東文化研究院所編：《韓國經學資料集成》，第22冊，頁687、688。

9　此卷卷首載：「戊午選湖南、關西、關北諸生，特下條問。」

10　〈文言傳〉：「元者，善之長也；亨者，嘉之會也；利者，義之和也；貞者，事之幹也。君子體仁足以長人，嘉會足以合禮，利物足以和義，貞固足以幹事。君子行此四德者，故曰：『〈乾〉：元，亨，利，貞。』」〔南宋〕朱熹：《周易本義》（臺北市：大安出版社，1999年），頁32。

11　《左傳‧襄公‧九年》引穆姜曰：「是於《周易》曰：『〈隨〉：元、亨、利、貞，无咎。』元，體之長也；亨，嘉之會也；利，義之和也；貞，事之幹也。體仁足以長人，嘉德足以合禮，利物足以和義，貞固足以幹事。」詳參楊伯峻：《春秋左傳注》（北京市：中華書局，2008年），頁965。

定要斷作「元亨」、「利貞」。之所以斷為「元亨」、「利貞」，最重要的依據之一是〈坤〉卦卦辭「元亨，利牝馬之貞。……利西南，得朋」，因為〈坤〉卦兩處之「利」，似乎是提起下文的動詞，而「利貞」的語法結構，與「利牝馬之貞」、「利西南」正相似，這證明了斷作「利貞」是合理的句讀。對於這個不利的證據，正祖並非不知，他引用「先儒」的說法，認為斷作「元，亨，利，牝馬之貞，君子有攸往，先迷，後得主，利。西南得朋」，無不文從字順，不必非得斷為「利牝馬之貞」、「利西南」。

　　正祖上述問題的核心，主要是傳統皆以「元亨利貞」為四德，而朱熹卻斷作「元亨，利貞」，並且釋為「大通而利於貞固」，究竟其不從舊解的原因何在？問題本身其實並不複雜，但由上可知，正祖在提問之前，對「元亨利貞」的詮釋傳統先敘述一番，並且以《周易》經文之內證，以及先儒對〈坤〉卦之斷句，說明「元亨利貞」可斷為「元，亨，利，貞」。由正祖之發問，不但可以考知其對《周易》經文之嫻熟，甚至還透露了其對《周易》詮釋傳統的深刻認識。講義中所有條問，皆如以上在設問之前，必先陳述一番，然後才附上士子的回答。相對而言，答語皆比設問來得簡短。茲再舉一例：

　　《易》只是卜筮之書，此朱子獨至之見也，不用舊說，不恤人議，斷然不疑，著為定論。尊朱之士，豈容歧貳？然而反觀乎孔子之訓，則終有所不安於心者。孔子稱《易》不可以典要，又稱《易》有聖人之道四焉，而尚占居其末焉。使《易》為卜筮之書而已，則是《易》可以典要，而尚辭也、尚變也、尚象也三者，便屬剩義矣，何為歷舉而並言之耶？〈繫辭〉曰：「《易》與天地準。」又曰：「範圍天地之化而不過，曲成萬物而不遺。」又曰「極深」、「研幾」、「通天下之志」、「成天下之務」。若此類蓋難以殫舉，何嘗謂《易》止於卜筮耶？夫以盈

握之簡，而極天地之造化，備聖道之體用，其卷舒屈信，雖天
地鬼神不能違焉者，六經之中無再此書。故以孔子之大聖，猶
云：「卒以學《易》，庶幾無大過。」若曰聖人只欲成就得卜筮
云爾，則得不近於淺之知聖乎？

瓊山曰：「程氏論《易》，曰辭，曰變，曰象，曰占；邵氏論
《易》，曰象，曰數，曰辭，曰意；朱氏則曰理，曰數，曰象，
曰辭」云，則『占』之云乎者，在程不在朱矣。丘說未知如
何？」[12]

〈繫辭上傳〉云：「《易》有聖人之道四焉：以言者尚其辭，以動者尚
其變，以制器者尚其象，以卜筮尚其占。」在孔子看來，《易》具有多
方面的功用，「卜筮」只是其中一端，解讀《周易》「不可以為典要」，
亦即不可膠著一定。由正祖「極天地之造化，備聖道之體用，……六
經之中無再此書」看來，他似乎更關注《周易》「極深」、「研幾」、
「通天下之志」、「成天下之務」的一面，亦即《周易》義理、致用的
面向。正祖一方面大量徵引〈繫辭傳〉之文，質疑朱熹「《易》只是
卜筮之書」的觀點；另一方面，他還援引明人邱濬（丘濬，仲深，深
庵、玉峰、瓊山，海山老人，1421-1495）的說法，[13]試圖調和朱熹所
帶來的衝突。公元一三九二年，李成桂（君晉，1335-1408）建立朝鮮
王朝以後，即獎勵儒學，將朱子學說視為經邦治國的重要依據。朱子
學對朝鮮王朝的影響可謂深遠久長。這說明了何以正祖一方面「疑
朱」，另一方面又試圖緩和朱子學說所帶來的衝突。

　　由上述設問，可以發現其中融入了正祖對《周易》經傳的深刻認
識與個人觀點。他總是在提問以前，援引經傳之文、先儒之說，作為

---

12 成均館大學校大東文化研究院所編：《韓國經學資料集成》，第22冊，頁680、681。

13 邱濬，廣東瓊山人。據《四庫全書總目提要》著錄，邱濬有《朱子學的》二卷、
　《大學衍義補》一百六十卷、《家禮儀節》八卷，《世史正綱》三十二卷。

論點的依據。由於正祖言之鑿鑿，士子有時亦不得不以「聖問已得之，臣何敢更贅」作為回應。[14]這種詳於論說的條問，是《周易講義》的一大特色。

　　問目底下是士子的附對，一般只收錄一種說法，有時亦諸說並存。像上述問題，即收錄了金道游、奇學敬（仲心，謙齋，1741-1809）二人之應答。金道游對云：

> 朱子嘗曰「今學者諱言《易》本為卜筮作」者，只知《易》書之出於聖人，而不知卜筮之出於聖人。蓋後之名為卜筮者，全昧義理之本，而泥於術數之末，故稱以卜筮者，人皆淺之。殊不知義理外無卜筮，卜筮外無義理。以義理而論吉凶，則不卜筮而卜筮也；以卜筮而定出處，則卜筮亦義理也。然則吉、凶、悔、吝等辭，罔非因占寓教之意也。[15]

據卷首所載，金道游是關西龍岡儒生。另有湖南光州奇學敬對曰：

> 《大易》中〈彖〉、〈象〉、卦、爻之辭，無一字不說卜筮。如亨、貞、吉、凶、悔、吝、利、不利、厲、无咎之屬，莫非占辭。而雖以孔子所言「聖人之道四」觀之，卜筮雖居末條，而實統上辭、象、動三者，則《易》之主卜筮，已自孔子發之，而非朱子之獨見之也。瓊山說蓋所以發明程子之不徒言理而兼言占，朱、邵之不但言占而兼言理，亦不為無據矣。[16]

14　詳參奇學敬：《謙齋集》卷六「御製經義條對‧周易」。收入成均館大學校大東文化研究院所編：《韓國經學資料集成》，第21冊，頁685。

15　成均館大學校大東文化研究院所編：《韓國經學資料集成》，第22冊，頁682、683。

16　成均館大學校大東文化研究院所編：《韓國經學資料集成》，第22冊，頁681、682。

奇學敬於正祖七年（1783），司馬試合格，任文學士。純祖元年
（1801），文科及第，先後歷任弘文館正字、司諫院正、茂長縣監、
弘文館修撰、校理等職。[17]值得注意的是，《周易講義》所記附對，通
常都是節錄。像上述奇學敬之附對，其完整原文見於《謙齋集》卷六
「御製經義條對・周易」下：

> 或有問於朱子曰：「《易》何專以卜筮為主？」朱子答曰：「且
> 須熟讀正文，久之當自悟。」正文即文王卦辭、周公爻辭也。
> 古者〈彖〉、〈象〉、〈文言〉各在一處，至王弼而合為一，後儒
> 不能分曉。蓋〈彖〉釋卦辭，而多說卦變、卦象、卦體，而不
> 及於占；〈象〉釋爻辭，而皆言當位與不當位，中正與不中
> 正，而不及於卜，故不知卦爻之專言卜筮。若去〈彖〉、
> 〈象〉，專看卦辭與爻辭，則六十四、三百八十四，無一字不
> 說卜筮。如亨、貞、吉、凶、悔、吝、利、不利、厲、无咎之
> 屬，孰非占辭？此朱子熟讀正文之言，可謂曉人切至。臣則以
> 為，不如且看伏羲卦畫，只畫六十四卦而已，只以陽吉陰凶，
> 俾知趨避，則用於卜筮，更無他可用處。只緣後來繫卦之辭、
> 繫爻之辭，用卜筮而兼示訓戒，故孔子又因繫辭而明義理。後
> 世惟嚴君平知此義，與人子依孝，與人臣依忠，借卜說而導愚
> 民於善道，則豈非兼義理、卜筮者耶？後人則其靈心慧識不及
> 於此，不能推原作《易》之本，而或流於術數之末，不知本於
> 義理，如京房非不精於卜，而適為殺身之資。王弼用老、莊以
> 解，而便不關於卜筮，至以言卜筮之書為《易》之累辱，見夫
> 子說出許多道理，極言贊美，便以為《易》只說道理。殊不知
> 其極言贊揚之中，要其歸則皆卜筮也。如曰「通天下之務」、

---

17 奇學敬之生平，見於《韓國經學資料集成》第21冊之「解題」。「解題」原為韓文。
　詳參成均館大學校大東文化研究院所編：《韓國經學資料集成》，第21冊，頁16、17。

「定天下之業」、「斷天下之疑」、「受命如響（嚮）」、「感而遂通」、「極深」、「研幾」、「不疾而速」者，莫非卜筮之妙。而雖以聖問中「聖人之道四」觀之，卜筮雖居末條，而實統上三者。其曰辭，曰象，曰動，何莫非卜筮之事？則孔子雖發明義理，而卜筮之妙，亦可謂至孔子而大明矣，恐非朱子獨見之明而已。雖言卜筮，而旁通萬事。以言者尚辭，以動者尚變，以制器者尚象，無適不可，則此其所以不可典要者也夫。以四十九數區區揲扐之制，而天下之吉凶事故，莫逃於其中，則非天下之至神、至精者乎？大哉，卜筮之妙也！居則觀象玩辭，動則觀變玩占，人無不吉，事無不亨。又欲導斯世於吉善安全之域，不歸於憂厄敗亂之地者，即作《易》者憂患後世之至意，而動靜云為，莫不默契焉，則夫子所以韋編之三絕，而有卒以學《易》，庶幾無大過之言者也。丘瓊山所謂程氏、邵氏、朱氏論《易》之評，雖未知其注意，而世皆以程子之《易》主理而不及占，邵子、朱子主占而不言理，故取三子論《易》之語，以明程子之不徒理而兼言占，邵、朱之不但占而兼言理也，亦可謂明三子言《易》之旨訣矣。[18]

由上可知，奇學敬當時的答文非常長，《周易講義》僅擷取部分內容。其所擷取，與原文亦稍有出入。奇學敬基本上依循朱熹的觀點，以六十四卦為伏羲之《易》，以卦爻辭為文王、周公之《易》，以《易傳》為孔子之《易》，因此他特別強調「若去〈彖〉、〈象〉，專看卦辭與爻辭」，則六十四卦、三百八十四爻，無一字不說卜筮。然《周易講義》節引其文，卻作「《大易》中〈彖〉、〈象〉、卦、爻之辭，無一字不說卜筮」，已完全將文王之《易》與孔子之《易》混同合一，絕

---

18 成均館大學校大東文化研究院所編：《韓國經學資料集成》，第21冊，頁679、682。

非奇學敬原意。這或許是抄錄文臣之疏忽，也可能因為文臣程度不高，沒有掌握好奇學敬原意所導致。

　　綜上所述，《周易講義》之形式，是由正祖就《周易》相關內容提出設問，由士子應答。這些條問詳於論說，實際上融入了正祖對於《周易》的見解，並非單純就其所不知者進行提問。絕大部分的答語都是節錄，而且都較設問簡短，這突顯了《周易講義》以正祖設問為主之性質。

三　《周易講義‧總經》內容述評

　　《周易講義‧總經》所載問對雖僅十七條，但舉凡蓍筮、圖書、象數、卦主、卦序、卦義，以及《周易》作者、性質等問題，皆含括無遺。有關蓍筮之條問，如：

> 揲蓍之法，孔《疏》則三變皆掛，以左右餘揲為奇；伊川、橫渠則以掛一為奇，左右餘揲為扐，而只掛初變，不掛二、三變。蓋歸掛一於餘揲者，即經文「歸奇於扐以象閏」之義也。成一爻而後掛者，即經文「再扐而後掛以象再閏」之義也。至於九六之變動者，用正策順而明，用餘策雜而艱，則伊川、橫渠之說，儘乎其必可從。而朱子以伊川之說，謂無文字可據；以橫渠之說，謂之可疑，乃用餘策以定九六，而三變皆掛者，何也？豈有精義在中，而非後學之所敢及歟？
>
> 錫任對：「揲蓍之法，先儒所論不一；洛、閩諸賢之說，又相牴牾，此其可疑。而《啟蒙》一書，有非後生淺學所敢遽議，姑當從之。」[19]

19　成均館大學校大東文化研究院所編：《韓國經學資料集成》，第22冊，頁667、668。

朱熹著有《蓍卦考誤》一卷，考論前人揲蓍之說的謬誤，其說後來也收錄在《朱文公易說》中。此則設問比較值得注意的是安錫任之回應，「《啟蒙》一書，有非後生淺學所敢遽議，姑當從之」云云，顯示了當時一般士子奉朱熹為圭臬的現象。有關「圖書」之條問則如：

> 夫子於〈繫辭〉言數者三，曰天一至於地十，曰天地之數五十有五，曰參天兩地而倚數。蓋天數始於一，地數始於二，奇耦立，而陰陽之理明，故〈圖〉之以一三七九、二四六八相為內外者，即陰陽交易、變易之道也。天數乘於三，地數乘於二，參兩行，而五行之運敘，故〈書〉之以一三七九、二四六八相為正隅者，即天地順敘、倒敘之位也。其為天地之數則一也，而卦因之以著變化之情，疇因之以著參贊之功。此其縱橫錯綜之妙，無一不本於天之太極、人之皇極，類非人為智力之所可安排。故先儒以為畫卦者本乎〈河圖〉，而亦合於〈洛書〉之位數；敘疇者本乎〈洛書〉，而亦合於〈河圖〉之位數；作籌數者本乎大衍，而亦合於〈河圖〉之數云。而如歐陽脩、項安世諸儒，皆以為今之〈圖〉、〈書〉，出於緯書，未足深信；又以關朗《洞極經》所載〈圖〉、〈書〉之說，謂之阮逸偽作。此果有明據而然耶？朱子曰：「〈河圖〉、〈洛書〉豈有先後、彼此之間？」然則〈河圖〉、〈洛書〉同出於一時，而不係於羲、禹之世耶？[20]

又如：

> 先天圓圖，邵子謂「數往者順，知來者逆」，而朱子以為由

---

20 成均館大學校大東文化研究院所編：《韓國經學資料集成》，第22冊，頁678、679。

〈震〉之初至〈乾〉之末為順數，由〈巽〉之初至〈坤〉之末
為逆數。夫〈震〉之初為陽，而至〈乾〉為純陽；〈巽〉之初
為陰，而至〈坤〉為純陰，則〈震〉至〈乾〉，〈巽〉至〈坤〉
等是「知來」也。烏在其為順數、逆數之相反乎？以理推之，
由〈乾〉純陽，歷〈兌〉、〈離〉，以至一陽之〈震〉；由〈坤〉
純陰，歷〈艮〉、〈坎〉，以至一陰之〈巽〉，非「數往」之「順」
乎？是所謂進而得其已生之畫也。由〈震〉一陽，歷〈離〉、
〈兌〉，以至〈乾〉之純陽；由〈巽〉一陰，歷〈坎〉、〈艮〉，
以至〈坤〉之純陰，非「知來」之「逆」乎？是所謂進而得其
未生之畫也。此不過左旋、右旋，陰陽生生之理。則《啟蒙》
以〈圖〉之左右分已生、未生者，終難曉其義。願聞之。[21]

據學者考究，從朝鮮初期開始，《易學啟蒙》即為歷任君王必讀之
書。今人所編的《韓國經學資料集成》中，闡釋《易學啟蒙》者就有
三十七種，討論與《啟蒙》相關「《易》圖」問題者則多達七十六
種。[22]朝鮮〈河圖〉、〈洛書〉學的盛況，亦反映在《周易講義》中。
正祖十七條設問當中，即多達五條涉及〈河圖〉、〈洛書〉之學，約占
總數的三分之一。此外，有關卦序之條問，如：

上經，陽也，天道也，故以陽卦分四節，始〈乾〉、〈坤〉，終
〈坎〉、〈離〉；下經，陰也，人事也，故以陰卦分四節，始
〈咸〉、〈恆〉，終〈既〉、〈未濟〉。以〈序卦〉考之，上下八節
之分陽分陰，秩然而不可紊矣。〈雜卦〉之序，與〈序卦〉不
同。〈序卦〉以反對為上下經，而〈雜卦〉以互卦為次。四象相

---

21 成均館大學校大東文化研究院所編：《韓國經學資料集成》，第22冊，頁664、665。

22 詳參黃沛榮：〈韓國漢文《易》學著作的整理與研究〉完整報告，行政院國家科學委
　員會補助專題研究計畫（編號：NSC 94-2411-H-034-001），2007年6月30日，頁35。

交，為十六事；中四爻相交，為六十四卦。至雜之中，有至齊者存焉。聖人之序也、雜也，必有深奧之旨，而先儒莫之或及，何也？胡氏之《啟蒙翼傳》，微發其端，而未竟其續。何以則推衍希夷反覆九卦之義，講究康節四象交互之言，以明其錯綜變化之妙歟？

昌迪對：「上下經〈序卦〉，程、朱所論備矣。至於〈雜卦〉，則朱子亦嘗疑之。竊聞近世有李光地者，以為〈雜卦〉出於互卦，其說頗妙云，而未見其書，不敢臆對。」[23]

《易學啟蒙翼傳》為元代胡一桂（庭芳，雙湖先生，1247-？）所撰。崔昌迪於附對中言及李光地，他是與崔氏同時而稍早的中國學者。崔昌迪只是一介「窮經讀書之士」，卻能知曉李光地有〈雜卦〉出於互卦之說，可見當時清廷與朝鮮間的學術交流何其頻繁。今案李光地〈雜卦〉出於互卦之說，見於所著《周易通論》卷四。另外，條問又有涉及《易》卦作者，如：

重卦之說，諸儒不一，王輔嗣以為伏羲，鄭康成以為神農，孫盛以為夏禹，史遷以為文王。而孔穎達從輔嗣，郭雍從史遷，朱子又從《正義》而未能決，姑以〈先天圖〉明之。此有可證以的據，參以理致，使學者息其喙者耶？

錫任對：「臣嘗聞六十四卦並與命名，而皆出於宓羲氏。蓋太極生兩儀，而為四象，為八卦，加倍而不已。引而伸之，則蓋不知其終極也。聖人但要兼三才而兩之，故止於六十四。然則重卦之列，固已具於八卦始畫之日矣。故朱子嘗曰〈剝〉、〈復〉、〈鼎〉、〈井〉之類，伏羲即卦體之全，而立簡名。是必

---

23 成均館大學校大東文化研究院所編：《韓國經學資料集成》，第22冊，頁672、673。

　　以理推之，而為此定論也。」[24]

重卦出自何時、何人之手，自古眾說紛紜。孔穎達（沖遠、仲達，
574-648）《周易正義》卷首「論重卦之人」，即記載了伏羲、神農、
夏禹、文王四種說法。[25]正祖所論及之郭雍（子和，1106-1187），其
父兼山先生郭忠孝（立之，？-1128）為北宋程頤（正叔，伊川，
1033-1107）之門生。郭雍著有《郭氏傳家易說》傳世。正祖在提問
前所陳眾說，實際上就是一則簡短的《易》學史。條問屬於通論性質
者，如：

　　　以陽爻居陽位者為正，以陰爻居陰位者為正，反是則為不正。
　　　二、五為上下兩體之中，三、四為一卦全體之中，〈繫辭〉曰
　　　「非其中爻不備」，又曰「剛中」、「柔中」、「當位」、「得位」者
　　　是也。然考之三百六十爻，有正、有中而不免于悔者，何也？
　　　師轍對：「《易》之所貴，莫尚乎中正。而或有居中、居正，而
　　　不免乎悔者，此其所以不可典要也。如〈屯〉之九五中正，陷
　　　于險中；六二陰柔，不足為輔，故有『屯膏』之凶。諸卦此
　　　類，不能盡舉。」[26]

〈屯〉卦〈震〉下〈坎〉上，二、五爻皆居中得正。六二：「屯如邅
如，乘馬班如。匪寇，婚媾，女子貞不字，十年乃字。」九五：「屯其
膏。小，貞吉；大，貞凶。」一曰「貞不字」，一曰「貞凶」，乃中正
而不免乎凶、悔者也。《周易》卦爻辭中類此者尚多。又如：

24　成均館大學校大東文化研究院所編：《韓國經學資料集成》，第22冊，頁673、674。
25　詳參〔魏〕王弼、〔晉〕韓康伯注，〔唐〕孔穎達疏：《周易正義‧卷首》（北京市：
　　北京大學出版社，2000年），頁7、8。
26　成均館大學校大東文化研究院所編：《韓國經學資料集成》，第22冊，頁670。

〈乾〉健、〈坤〉順、〈震〉動、〈巽〉入、〈坎〉陷、〈離〉
麗、〈艮〉止、〈兌〉說，八卦之德也；天、地、雷、風、水、
火、山、澤，八卦之象也；剛柔、上下、陰陽、內外，八卦之
體也；剛柔有大小，健順有強弱，八卦之才也。推而為重卦之
貞、悔，莫不如是。有德優而才不足之爻，有體正而德有歉之
爻。時位相錯，吉凶乃著。可以推演各爻而證明之歟？
昌迪對：「卦爻之時位不同，而其才德之優劣不齊，此所以為
不可典要也。且如〈屯〉、〈井〉之六四，德優而才劣者也；
〈需〉、〈恆〉之九三，體正而德歉者也；至若〈艮〉止而剛不
能勝，〈兌〉說而柔不能克，則德有裕而才不足者。類多如
此，推此以觀，則庶可知也。」[27]

「卦才」之名，最早蓋由北宋程頤所立，其後南宋蔡淵（伯靜，節
齋，1156-1236）、元代胡一桂等皆踵武其說。[28]如何透過卦德、卦
象、卦體、卦才等詮釋卦爻之吉凶，這是古今《易》學家最為關注的
問題。

　　綜觀上述諸例，可知《周易講義‧總經》之條問涵蓋了《易》學
的各個面向。由於這些問題並非針對《周易》中的某篇某卦，而是經
過正祖有意之篩選，故能相當程度反映其所關懷之《易》學議題。經
由這些問對，不僅可以考察當時朝鮮士子對於諸般《易》學問題的掌
握程度，甚至可以透過正祖詳於論說之設問，考見其對《周易》相關
問題的觀點。

27　成均館大學校大東文化研究院所編：《韓國經學資料集成》，第22冊，頁669、670。
28　江超平：《伊川易學研究》（臺北市：臺灣師範大學國文研究所碩士論文，戴璉璋先
　　生指導，1986年），頁57-65。

四　《周易講義‧總經》反映的釋經傾向

　　朝鮮學者解《易》雖每奉朱子為圭臬，但《周易講義》中透露了當時學者，至少正祖本人，並不完全依照朱子的觀點看待《周易》。「總經」裡有一條問作：

> 〈象傳〉之取象，有變體、似體、互體、伏體、反體。如〈小畜‧上九〉變則為〈坎〉，故取「雨」象；〈頤〉似〈離〉，故取「龜」象；〈震〉之自三至四互〈坎〉，故稱「遂泥」；〈同人〉之下體〈離〉伏〈坎〉，故稱「大川」；〈鼎〉之下體〈巽〉反〈兌〉，故稱「妾」。求之六十四卦，此義無不可通。且六爻自初起至上為六，而以三才言，則初二爻為地，中二爻為人，上二爻為天。又或以一爻為一歲，或以一爻為一月、一日，或以一爻為一人一物，每卦取象，各自不同。此必有聖人立爻取象之微義，可以歷舉諸卦而詳言之歟？
> 錫任對：「卦爻辭取象各自不同，誠如聖教。而竊謂天下之至賾、至動，皆是卦爻之所象，則其為象也，亦已繁矣。聖人特取其一二而著之辭，使人觸類而長之耳。若其微義，非臣譾淺所敢言也。」[29]

　　首二字「〈象傳〉」，當是「象辭」之誤，泛指卦爻辭而言。正祖謂卦爻辭之取象，有變體、似體、互體、伏體、反體種種不同。他為各種取象方式一一舉例後，下了一個結論，認為這些都是「聖人立爻取象之微義」。若以正祖所舉諸例與《周易本義》參照，即可發現朱子並不以變體、似體、互體、伏體、反體等等釋《易》。朱子撰有〈易象

29　成均館大學校大東文化研究院所編：《韓國經學資料集成》，第22冊，頁671、672。

說〉，發表了他對於卦爻辭取象的看法：

> 《易》之有象，其取之有所從，其推之有所用，非苟為寓言
> 也。然兩漢諸儒，必欲究其所從，則既滯泥而不通；王弼以
> 來，直欲推其所用，則又疏略而無據。二者皆失之一偏，而不
> 能闕其所疑之過也。……案文責卦，若〈屯〉之有馬而無
> 〈乾〉，〈離〉之有牛而無〈坤〉，〈乾〉之六龍則或疑於
> 〈震〉，〈坤〉之牝馬則當反為〈乾〉，是皆有不可曉者。是以
> 漢儒求之〈說卦〉而不得，則遂相與創為互體、變卦、五行、
> 納甲、飛伏之法，參互以求，而幸其偶合。其說雖詳，然其不
> 可通者，終不可通；其可通者，又皆傅會穿鑿，而非有自然之
> 勢。唯其一二之適然而無待於巧說者，為若可信。然上無所關
> 於義理之本原，下無所資於人事之訓戒，則又何必苦心極力以
> 求於此，而欲必得之哉？……《易》之取象，固必有所自來，
> 而其為說必已具於大卜之官，顧今不可復考，則姑闕之，而直
> 據辭中之象，以求象中之意，使足以為訓戒而決吉凶。如王
> 氏、程子與吾《本義》之云者，其亦可矣。固不必深求其象之
> 所自來，然亦不可直謂假設，而遽欲忘之也。[30]

朱子認為，卦爻辭之取象，是「取之有所從，推之有所用，非苟為寓
言」的假設之辭。因此，他一方面肯定卦爻辭之取象「固必有所自
來」，且認為「不可直謂假設，而遽欲忘之也」。另一方面，朱子並不
認同漢儒以互體、變卦、飛伏等方式「深求其象之所自來」，因為此不
僅毫無依據，穿鑿附會，而且「上無所關於義理之本原，下無所資於
人事之訓戒」。正祖不僅熟悉漢儒言象之變體、似體、互體、伏體、反

30　〔南宋〕朱熹：《晦庵先生朱文公文集》（上海市：商務印書館，1929年，《四部叢
　　刊初編》縮印明刊本，第58冊），頁1234、1235。

體等等，且認為這當中有「聖人立爻取象之微義」，在這點上，他和朱子的觀點是有分別性。此外，《周易講義》中有一條對頗值得留意：

> 文王之繫象辭，通卦之象、德以定卦名；而周公之繫爻辭，尤以卦名所出之爻為重，是所謂主爻也。如〈師〉之九二為「長子」，而卦之所以為「師」者，此爻也；〈比〉之九五為「王」，而卦之所以為「比」者，此爻也；〈謙〉之九三曰「勞謙」，而卦以「謙」為名；〈豫〉之九四曰「由豫」，而卦以「豫」為名是也。六十四卦，莫不有主爻，而亦或有兩爻並為主者。今可逐卦歷舉而詳論之歟？
>
> 學敬對：「陽必主陰，陰不能主陽。其於彼此扶抑之間，亦有隨時之義。知時，則可以知《易》矣。」[31]

「主爻」之義，〈彖傳〉始發起端，至王弼（輔嗣，226-249）作《周易略例》，其說乃明。孔穎達疏釋王注，又每於諸卦之下申論之。[32]正祖以〈師〉、〈比〉、〈謙〉、〈豫〉四卦為例，略明卦主之義後，請諸生逐卦歷舉「兩爻並主」者，然而奇學敬的回答卻是：「陽必主陰，陰不能主陽。其於彼此扶抑之間，亦有隨時之義。知時，則可以知《易》矣。」根本是答非所問。上文已指出，《周易講義》所載附對，

---

31 成均館大學校大東文化研究院所編：《韓國經學資料集成》，第22冊，頁683、684。

32 例如孔穎達於〈訟·九五〉爻辭下疏云：「一卦兩主者，凡諸卦之內，如此者多矣。五是其卦尊位之主，餘爻是其卦為義之主，猶若〈復〉卦初九是〈復〉卦之主，〈復〉義在于初九也；六五亦居〈復〉之尊位，為〈復〉卦尊位之主。如此之例，非一卦也。所以然者，五居尊位，猶若天子總統萬機，與萬物為主，故諸卦皆五居尊位。諸爻則偏主一事，猶若六卿春官主禮，秋官主刑之類，偏主一事，則其餘諸爻各主一事也。……今此〈訟〉卦，二既為主，五又為主，皆有斷獄之德。其五與二爻，其義同然也，故俱以為主也。」詳參〔魏〕王弼、〔晉〕韓康伯注，〔唐〕孔穎達疏：《周易正義》（北京市：北京大學出版社，2000年），頁58。

一般皆為節錄。今案奇學敬《謙齋集・御製經義條對・周易》，其原文作：

> 羑里演《易》，而卦之象、德以明；姬公繼作，而爻之時、義昭晰。……風地之五在於群陰之上，難過方長之勢，而特主二爻，以為群陰仰觀之象；天山之初、二在眾陽之下，實有難過之憂，故不主二爻，反為諸陽莊遯之眾。〈家人〉之二、五，皆以陰陽各正其位，有〈家人〉之象，則由二爻而得名；〈中孚〉之三、四二爻，俱以陰虛居卦中央，有〈中孚〉之象，則主二爻而以名。大抵陽必主陰，陰不能主陽。其於彼此扶抑之間，亦有隨時之義。知時之一字，則可以知《易》也。[33]

事實上，奇學敬歷舉了〈觀〉、〈遯〉、〈家人〉、〈中孚〉四卦，以明「兩爻並主」之義，而《周易講義》卻僅擷取其末句，文不對題。傳統學者詮釋《周易》經文，每以「陽」為君，「陰」為臣。《周易講義》特別節錄「陽必主陰，陰不能主陽」，無疑帶有濃厚的政治色彩。

五　結論：圖書義理辨思新

　　朝鮮王朝正祖時期的《周易講義》，並非臣子對君王講解經典的文本，而是以君王為中心，針對文臣、儒士，以策問之形式對經典提出問題。經由上述析論，可知「總經」十七則條問，涵蓋了《易》學的各個面向。這些問對反映了當時朝鮮《易》學的幾種現象：

　　（一）講義將近三分之一的問題集中在〈河圖〉、〈洛書〉之學上，這說明了〈河圖〉、〈洛書〉之學於朝鮮王朝頗為盛行。

33　成均館大學校大東文化研究院所編：《韓國經學資料集成》，第21冊，頁682、683。

　　（二）士子奉朱子學說為圭臬，認為朱子之學「非後生淺學所敢
遽議」。

　　（三）正祖本人並不完全依照朱子的觀點釋《易》，一方面常引
用「先儒」之說質疑朱子；另一方面，在卦爻辭取象這點上，似乎更
偏向漢儒的說法。

　　（四）由草野士子言及時代相近的李光地來看，當時朝鮮與中國
間的學術交流頗為頻繁。

　　此外，講義對於正祖的設問全錄之，對於士子的附對則擷取之，
其所擷取，或文不對題，或曲解原意，其背後是否另有政治目的，仍
有待深究。

　　透過講義之問對，可以發現朝鮮學者對於《周易》有甚深造詣。
本文對於正祖時期的《易》學只能就文本本身稍作分析，期待日後有
更多相關的研究論著，以為討論之資鑑。

拾
茶山丁若鏞《易》學與〈風水論〉述評

　　二〇一二年適值韓儒「實學派」大家茶山先生丁若鏞（美鏞，與猶堂，謚號文度，1762-1836）二百五十週年誕辰，而筆者於二〇一一年九月至二〇一二年八月應聘客座講學於韓國外國語大學校，逢此殊勝因緣，故撰本文以為紀念。朝鮮王朝（1392-1897，大韓帝國，1897-1910）期間，朱子學被確立為朝鮮的正統思想之後，《易》學研究開始具有較嚴格的學術規範，而逐步創造出具有朝鮮民族特色的《易》學思想，自十六世紀開始本土化，其中尤以兩大家最為代表——退溪李滉（景浩，陶翁、清涼山人，1501-1570）「理數之學」與「理優位說」，以及栗谷李珥（叔獻、見龍，石潭、愚齋，1536-1584）「理氣兼發論」，以對抗朝鮮朱子學的「理氣互發論」；茶山因此而有所傳承與開新，本文即緣此而作。

一　前言：經世牧民實學儒

　　二〇一二年，為韓儒茶山丁若鏞（美鏞，與猶堂，謚號文度，1762-1836，以下敬稱「茶山」）[1]誕生二百五十週年紀念，而筆者於二

1　關於茶山之生平，詳參金彥鍾：《漢宋實用文學與朝鮮丁茶山文學論之研究》，臺北市：臺灣師範大學國文研究所碩士論文，1981年6月，第二章第一節至第六節。南明鎮：《清初學術與韓儒丁茶山實學思想之研究》，臺北市：中國文化大學東亞研究所博士論文，1985年1月，第三章第一節。金基詰：《朝鮮正祖大王與丁若鏞問答詩經之研究》，臺北市：臺灣師範大學國文研究所博士論文，1991年12月，第一章第一節。

○一一年九月至二○一二年八月適客座於韓國外國語大學校講學一
年，期間曾經與韓國師生走訪拜謁茶山「與猶堂」故居與夫妻合葬墳
塋、實學博物館，及其居鄉時經常走訪之京畿道雲吉山「水鐘寺」，
流放遯隱十八年之全羅南道康津「茶山草堂」，曾賦排律長詩以紀遊
興，其一〈訪謁丁茶山故居參觀實學博物館紀遊口占排律〉一首：

> 高麗大學博物館，始見茶山梅鳥吟。敝裙裁作絹錦紙，
> 畫貽子女貴其倫。觀物比興託懷抱，題識善精寄惠心。
> 攝影錄詩存風雅，辨章考鏡探乾坤。京畿道上漢江畔，
> 師生午譔傍相鄰。按圖尋索悉故蹟，良辰期約訪賢痕。
> 五士同車欣然往，傅剛教授齒德尊。沿途金燦秋陽照，
> 漸入佳境思路奔。駐停雲澹氣舒爽，展堂陳設喜道新。
> 塑像和顏悅迎客，碑陵默契幽待親。與猶故居徘徊久，
> 寶穴靈塋躞蹀深。實學淵藪開政教，牧民濫觴致經綸。
> 皇輿全覽察地理，昊曜畢收究天文。耶會真傳通內外，
> 儒家正理博古今。遯世明夷涵養敬，中孚利濟忘升沉。
> 顯微無間方以智，體用不二圓而神。垂暮鄉廬安靜美，
> 品釀悠閒趣紛紛。樂歸追憶崇德業，韓哲典型第一仁。

其二，〈深秋京畿道・雲吉山・水鐘寺紀遊排律〉：

> 課後午閒再續緣，師生結伴跡茶山。回基轉轍龍門線，
> 雲吉迢巡鳳谷邊。道履羊腸風韻裡，蹤循鯉穴典型前。
> 新程偶遇登先客，舊徑難迎殿後賢。曲折迂迴成脈絡，
> 高低俯仰喜盤旋。歧途喘息涵吞吐，遠境凝神攝變遷。
> 起落忽然開顯路，悲欣乍爾寓幽天。佛光接引明觀照，
> 慈靄薰陶闇透參。不二菩提擎大乘，真如法藏蘊微纖。

鐘鳴江映彰雙美，寺謐軒清味一禪。梵唄悠揚心淨穆，
儒詩婉約藝莊嚴。離塵古杏蒼茫立，絕世遺音夐雅瞻。
放下自然無罣礙，空中揭諦有機關。俟庵德澤存根本，
秋史書痕杳豹斑。供養蒙恩厚薄重，酬庸祐福殊同憐。
品茗滌慮森森隱，聆寂還原汩汩彈。向晚辭行冥漠際，
歸村覓飲煦和間。魷蔬炙餅超凡好，豆腐熬湯格外鮮。
幾度年華修正果，曾經苦樂印鴻刊。深涼冷暖驅馳處，
夜想晨思臥醒眠。顏色典型存宿昔，問津丁石作鄭箋。[2]

至今，印象及感受仍十分深刻，難以忘懷。因此殊勝因緣，故自命此
題，以探討析評其《易》學與〈風水論〉思想，提供學者觀照參考與
比較研究。[3]

　　丁若鏞，祖籍全羅道羅州，於朝鮮英祖三十八年（乾隆二十七年，
1762），農曆六月十六日，誕生於京畿道廣州馬峴（今南楊州市鳥安面
陵內里馬峴村）；逝世於朝鮮憲宗二年（道光十六年，1836），農曆二
月二十二日，享壽七十有五歲。茶山父載遠公命其初名為「歸農」，後
以「若鏞」為本名，自稱「鏞」，字美庸，又字頌甫；號有：茶山、三
眉、俟庵、洌水、苔叟、籜翁、紫霞道人、籜被（皮）旅人、鐵馬山
樵、筠庵、門巖逸人等，而以「茶山」之號名世，堂號曰「與猶」。[4]

2　此七言排律詩末二句，係撰此文時增補，取義於〔南宋〕文天祥（履善，文山，
　　1236-1283）〈正氣歌〉末四句「哲人日已遠，典型在夙昔。風檐展書讀，古道照顏
　　色」，以及流放遯隱十八年之全羅南道康津「茶山草堂」之「丁石」。

3　有關茶山一手研究文獻，基本上以《韓國經學資料集成》總145冊，其中《易經集
　　成》共37冊，以茶山所撰《周易四箋》與《易學緒言》（第24冊）為主；再參考其
　　《與猶堂全書》相關論述，綜合探討析論茶山《易》學思想中的「《易》理論」、
　　「物象論」、「推移論」、「互體論」、「爻變論」等，藉以檢證並釐清茶山《易》學之
　　基本觀點、進路與其詮釋體系。

4　案：茶山故居顏曰「與猶堂」，「與猶」名義，典出《老子·道德經·第十五章》：
　　「與兮若冬涉川，猶兮若畏四鄰。」〈與猶堂記〉釋之曰：「……余觀《老子》之言

一生著作宏富，總輯為《與猶堂全書》，為朝鮮王朝正祖（1776-1800，
李祘，1752-1800）時期「經世致用」實學派集大成名家巨擘。

　　茶山博學於文，興趣十分廣泛，在哲學、歷史、文學、地理、政
治、經濟以及語言等領域，都有豐富的涉獵與研究成果。傳世著作
有：《與猶堂全書》、《孟子要義》、《周易四箋》、《易學緒言》、《經世
遺表》、《牧民心書》、《毛詩講義》、《東茶記》等。其中，《東茶記》
是朝鮮半島韓國民族的第一部茶書。正祖十八年（1794），茶山奉敕
命參與修築行宮「水原華城」，依據康熙時匯編之《古今圖書集成·
經濟彙編·考工典》中，所載明儒王徵（良甫，葵心、了一子、支離
叟，1571-1644）《奇器圖說》，並採用西洋技術，設計並製造了新式
舉重機。該舉重機由承樑架、橫樑、中游樑、下游樑、絞車、大滑
輪、細滑輪、鐵索、粗繩索等部件構成，最大舉重量可達七千多公
斤，成為茶山實學應用的最佳例證，名流青史，世人推崇。

　　此外，茶山其兄丁若銓（天全，巽庵、研經齋、每心，1758-
1816）是朝鮮早期天主教徒，受其兄影響，故茶山曾經受洗進入天主
教；純祖（1800-1834，李玜，1790-1834）元年（1801），朝鮮王朝大
肆迫害天主教徒，史稱「辛酉邪獄」，茶山又因信教關係受到牽連而
遭發配流放，至純祖十八年（1818）才獲得赦免返鄉。在長達十八年
流放的日子裏，茶山韜光養晦，潛心著述，因此成就他一生「經國之
大業，不朽之盛事」的立言偉績。

　　本文擬以朝鮮王朝碩學鴻儒「實學派」大家茶山先生丁若鏞所撰
《周易四箋》與《易學緒言》為主，[5]再參考其他文獻與研究相關論

曰：『與兮若冬涉川，猶兮若畏四鄰。』嗟乎！之二語，非所以藥吾病乎？夫冬涉
川者，寒螫切骨，非甚不得已，弗為也；畏四鄰者，候察逼身，雖甚不得已，弗為
也。」詳參〔朝鮮〕丁若鏞：《與猶堂全書》，《韓國文集叢刊》第二八一輯至二八
四輯（漢城市：民族文化推進會，2002年），卷13，頁293。

5　案：茶山《周易四箋》與《易學緒言》二書，收錄於漢城市：成均館大學校「大東
文化研究院」於一九九六年複印原典出版之《韓國經學資料集成》第七、八輯《易
經》，總37大冊之第24冊。

述，綜合探討析論茶山《易》學思想中的「《易》理論」、「物象論」、「推移論」、「互體論」、「爻變論」與〈風水論〉等，藉以檢證並釐清茶山《易》學之基本觀點、進路與其詮釋體系。

二　《易》學原理與思想探析

　　本節擬就朝鮮王朝「實學」集大成者茶山丁若鏞《易》學著作之《周易四箋》文本研讀，以《周易四箋・括例表》之「《易》有四法」為考察核心，透過梳理茶山生平、該書撰作取材之體例與成書背景後，以書中〈括例表〉為探討核心，透過文本分析以理解茶山《易》學思想的特色，以及其對中國《易》學的承繼與開展。

　　《易》學研究百徑千門，除「兩派六宗」之說，亦可從文獻學角度切入。黃沛榮（1945-）教授認為以文獻學思維蒐羅《易》學及其資料以進行研究，可從四方面下手：「一為歷代《易》學專著，二為出土文獻，三為《易》學雜著，四為域外《易》學著作。」[6]歷代《易》學專著主要收錄於《四庫全書》系列大型套書、出土文獻以戰國簡帛為主，主要有馬王堆帛書、上博楚竹書、王家臺秦簡、阜陽漢簡。《易》學雜著蒐集在一九六八年起始至二〇〇二年，屈萬里（翼鵬，書傭，1907-1979）、黃沛榮、戴璉璋（1932-2022）先生等碩儒學者便已輯錄建置完成相關資料庫與稿本。上述三者近百年來出版的研究論著洋洋灑灑。惟域外《易》學囿於學人心力有限難以遍讀、語文扞格契入為難，為學界研究之藍海，值得探究其中潛德幽光。

　　東亞文化圈的國家發展歷史與儒學發展的脈絡緊密關聯。自春秋中葉孔聖發揚周文而為諸子百家之端，自此儒家生焉，儒學道業不僅

6　黃沛榮：〈韓國漢文《易》學著作的整理與研究〉，「行政院」國家科學委員會補助專題研究計畫成果報告，計畫編號：NSC94-2411-H-034-001，2007年6月30日。

在中國薪火相傳，更透過官方與民間的多層次交流，以中國為始點向外發散到日本、韓國、越南、琉球。而當時的交流以漢字為主要結構載體，故這些國家也屬於「漢字文化圈」。東亞文化圈中韓國儒學的發展，韓國學者柳承國（1923-）、金忠烈（？-2008）認為中國儒學在公元前四世紀便已傳入古朝鮮社會。以中國戰國時代為發端啟蒙期，漢代為接受茁壯期。[78]在韓國漫長的歷史，韓國儒者以自身學術社群與政治社會背景，而對中國儒家經典自由解讀。以法國詮釋學家呂格爾（Jean Paul Gustave Ricœur, 1913-2005）來看，正可說是儒家文本出現了「文本的去脈絡化與再脈絡化」。學說的發展遞變經歷三韓時代、高麗時代，至朝鮮王朝公元十六世紀之後，韓國儒學才演變為具有自我特色與中國儒學不同的思想面貌，自此韓國儒學流派異彩紛呈，有別於中國學術而大有可觀之處。

　　以跨文化意義與《易》學、文獻學角度思考，海內外學者對韓國儒學研究成果極為豐碩，但《易》學研究成果則相對較少。本文擬就朝鮮王朝「實學」集大成者茶山丁若鏞之《易》學名著《周易四箋》，透過文本研讀梳理茶山生平、該書撰作取材之體例與成書背景，進而探討該書之思想對中國《易》學傳統的承繼與開展，試著理解作為連接傳統社會與近代社會的橋樑學派——實學，如何詮解五經之首——《易經》。

（一）文獻探討

　　黃沛榮教授〈韓國漢文《易》學著作的整理與研究〉與筆者〈韓國朝鮮李氏王朝（1392-1910）《易》學研究〉兩文，以文獻學與《易》學史等角度多方梳理韓國《易》學，為學人理解韓國《易》學提供很

7　柳承國：《韓國儒學史》（臺北市：臺灣商務印書館，1989年），頁13。

8　金忠烈：《高麗儒學思想史》（臺北市：東大圖書公司，1992年），頁24。

好的參考引導作用。

> 韓國漢文論著，作者雖有早至高麗時代者，但主要分布於朝鮮
> 李氏王朝；本文研究之憑藉，既為成均館大學校出版的《韓國
> 經學資料集成》，故沿用「韓國」一詞。[9]

> 韓國朝鮮李氏王朝（1392-1910）重要經學傳世文獻，幾乎都已
> 搜羅完備於成均館大學校大東文化研究院匯編出版之《韓國經
> 學資料集成》叢書。[10]

故本文討論的《周易四箋》文本，依據成均館大學校出版的《韓國經
學資料集成‧易經卷》第二十四冊，作為研究原典。

（二）《周易四箋》體例、背景與版本

　　《周易四箋》出自《韓國經學資料集成‧易學卷》第二十四冊，
起迄頁碼為三至七一六頁，共七一四頁，作者丁若鏞，著作名稱《周
易四箋八卷》，原收錄於《與猶堂全書》二集卷三十七至卷四十四。
而《韓國經學資料集成》所收錄的朝鮮王朝儒者著作，書前皆有韓國
當代學者以韓文撰寫的〈解題〉，今以此解題為引，以《周易四箋》
文本為綱，概述全書章節如下：
　　全書章節按照次序為〈解題〉、〈序〉、〈括例表〉、〈讀《易》要
旨〉、〈《易》例比釋〉、〈諸卦〉（《周易》上經共三十卦）、〈《易》論〉、
〈刮例表下〉、〈《易》例比釋下〉、〈諸卦〉（《周易》下經共三十四卦）、
〈《春秋》官占補註〉、〈大象傳〉、〈繫辭傳〉、〈蓍卦傳〉、〈說卦傳〉。

9　黃沛榮：〈韓國漢文《易》學著作的整理與研究〉，頁4。
10　賴貴三：〈韓國朝鮮李氏王朝（1392-1910）《易》學研究〉，《東海中文學報》第25期
　　（2013年6月），頁1-26。

　　文本前為〈解題〉，由當代韓國學者李篪衡說解丁茶山生平、該書成書背景、體例與內容，並簡評茶山思想。[11]《周易四箋》中〈《春秋》官占補註〉一章屬於「兩派六宗·占卜宗」之相關文獻整理評注，雖然為茶山徵引以論證《周易》變化原理之「爻變」的相關文獻佐證，然考其文本批注，其實與《周易緒言》羅列歷代《易》說評注的性質相近，視為《易》學史的討論範圍，併入《周易緒言》討論較為適宜，故該書依照《周易》經傳體系與全書理序可分為三部分理解：《周易四箋》之成書背景與版本介紹、茶山《易》學原理、茶山批注《周易》經傳。

　　根據〈題戊辰本〉該段序文：「余於甲子陽復之日，在康津謫中始讀《易》。是年夏，始有箚錄之工，至冬而畢。」[12]可知《周易四箋》一書是茶山流配康津途中箚錄書寫，始於甲子年（1804）。又曰：「戊辰秋，余與學圃在橘園，令圃脫稿，此所謂戊辰本也。」可知書成於戊辰年（1808）。

　　版本依寫作年序分為甲子、乙丑、丙寅、丁卯、戊辰，五個版本。該書卷數，甲子本、乙丑本皆為八卷，甲子本由茶山自毀。丙寅本為十六卷。丁卯本為二十四卷。最後戊辰本精審前本辭理象義而定稿，書成二十四卷。根據〈解題〉（頁22）內文，現在流傳下來的戊辰本手抄本，藏於首爾大學「奎章閣」，後由新朝鮮社於一九三六年以鉛活字編入《與猶堂集》，刊行為《與猶堂全書》。此書就是以新朝鮮社《與猶堂全書》出版《周易四箋》為底本影印出版。

11　李篪衡：《茶山經學研究》，漢城市：太學社，1996年。

12　丁若鏞：《周易四箋》，《韓國經學資料集成·易學卷下》第二十四冊《周易四箋》（漢城市：成均館大學校出版部，1997年），頁1。後文凡徵引該書，為免文煩，一律省稱《周易四箋》，並注頁碼。

（三）茶山《易》學原理——《易》理四法

在〈四箋小引〉、〈括例表〉、〈刮例表下〉中，茶山概略敘述了《周易》以陰陽二元符號作為詮釋系統時，如何理解陰陽兩爻的變化演繹過程，茶山進而提出「《易》有四法：一曰推移、二曰物象、三曰互體、四曰爻變。」指出在陰陽二爻畫在六個爻位中幾乎無窮盡的動態變化，可歸納成此四種變化原理，可稱為「《易》理四法」，以下分述《易》理四法與背後的《易》學思維：

1　「推移」說之定義、來源與《易》學思維

> 「推移」者何也？冬至，一陽始生，其卦為〈復〉、為〈臨〉、為〈泰〉以至於〈乾〉，則六陽乃成。夏至，一陰始生，其卦為〈姤〉、為〈遯〉、為〈否〉，以至於〈坤〉，則六陰乃成，此所謂四時之卦也，一卦配一月。（頁2）

茶山以〈復〉卦為一年中冬至之月，並以初爻為陽爻之始，往上遞加直至〈乾〉卦為六個陽爻。同時循環往復，陽極陰生，又以〈姤〉卦為夏至之月，陰爻往上遞增直至六個陰爻而為〈坤〉卦。而此陰陽兩爻每一次遞進只變化一爻，變化方向為由上累加的卦，共有十二個，茶山稱為四時之卦，並下小注云：「一卦配一月。」又在後文提到：「京房謂之十二辟卦。」（頁3）故可知曉茶山「推移」說實是承襲漢代「卦氣」說而來。值得注意的地方，則是茶山並非因襲舊說，而是對「卦氣」說有所擴充，故後文再言：

> 今擬除〈乾〉、〈坤〉二卦，別取再閏，以充十二辟卦。（頁3）

> 〈小過〉者，大〈坎〉也。〈中孚〉者，大〈離〉也。〈坎〉月

〈離〉日，積奇為閏，此所謂再閏之卦也。其中，〈小過〉與〈中孚〉為再閏之卦。（頁1）

茶山在十二辟卦配四時的陰陽氣化宇宙思維下，再增添〈小過〉、〈中孚〉二卦，以搭配曆法中的閏月。而這樣的四時之卦搭配再閏之卦，背後的卦形選擇標準與宇宙思維又是如何呢？在「推移」說中，可管窺有別於朝鮮王朝前期儒學重心放在抽象形而上的觀念論，茶山《易》學思想則是具體形而下的實在論，在〈推移表直說〉中說：

〈乾〉、〈坤〉者，父母之卦也。

天、地、水、火者，溟滓之分而自成形質，不受和化者也。

雷、風、山、澤生於火、天、水、地，故〈乾〉、〈坤〉、〈坎〉、〈離〉，為《易》四正。（頁5）

由此可知，茶山以天、地、水、火為萬物之始，而稱〈乾〉、〈坤〉、〈坎〉、〈離〉為四正卦的原因，卻又來自於四卦卦形的中正穩健，故〈坎離為兩閏之本表〉云：

八卦之中，唯〈坎〉、〈離〉不受消長。蓋其卦形中正，無所始終。（頁3）

〈推移表直說〉也說：

故〈乾〉、〈坤〉、〈坎〉、〈離〉，為《易》四正。不似〈震〉、〈巽〉、〈艮〉、〈兌〉之偏畸不正。（頁6）

由卦形結構的中正勻稱，為四正卦的標準，再增添了動態的時間參數

變化，茶山進而提出：

> 進退消長，周而復始，四時之象也。（頁5）

> （〈坎〉、〈離〉）其於四時之序無所當焉，〈大傳〉所云「五歲再閏」者，〈小過〉、〈中孚〉以〈坎〉、〈離〉為本也。（頁3）

而為四時之卦、再閏之卦，以配天地四時行運，時間流衍。值得注意的是〈六卦為四時之本表〉表末文字的說解：

> 十二辟卦之進退消長，其本已著於八卦。（頁3）

可以看出茶山將八卦分為卦形具進退、消長性質的六卦——〈震〉→〈兌〉→〈乾〉。〈巽〉→〈艮〉→〈坤〉。與卦形結構中正無所始終的〈坎〉、〈離〉二卦，並以此推衍出四時之卦與再閏之卦，在卦形符號的邏輯推衍上，對漢代卦氣說有所創新，而令人讚嘆不已。

2　「物象」之定義、來源與《易》學思維

茶山在〈括例表〉中言：

> 「物象」者，何也？〈說卦傳〉所云「〈乾〉馬、〈坤〉牛、〈坎〉豕、〈離〉雉」之類是也。
> 舍〈說卦〉，而求解《易》；猶舍六律，而求制樂。（頁2）

由此可知，茶山「物象」說基本上是以〈說卦傳〉為本，將八卦由抽象思考中，具體而微的落實在人間而有各種紛繁物象，因物象紛紜不能悉舉，故於後文略舉〈說卦物象表〉、〈說卦方位圖〉以為解《易》參照。此外，在〈說卦表直說〉中，茶山認為卦形的產生與卦象的聯

想同時並發，故云：

> 八卦始畫之初，〈說卦〉竝興。
> 〈說卦〉者，庖犧畫卦之初，仰觀天文，頫察地理；遠取諸
> 物，近取諸身。玩其象而命之名。（頁8）

可知，卦象又與卦德緊密相連，故舉《連山》為〈艮〉之卦象、《歸
藏》為〈坤〉之卦德，故云：

> 〈說卦〉，物象之名、卦德之分，夏商之所不改也。夏《易》
> 首〈艮〉而名曰《連山》，〈艮〉為山。商《易》首〈坤〉而名
> 曰《歸藏》，〈坤〉以藏。以是，知其然也。

茶山在釐定〈說卦〉成書年代時，認定〈說卦〉與《周易》經文是同
時產生，經歷漫長的時間累積了許多物象，又經由各時代的占者，發
掘與卦象相連的卦德，最後在春秋年間，由孔子（丘，仲尼，公元前
551-公元前479）針對〈說卦傳〉而撰寫序詞，以贊《易》之神明玄
妙。故曰：

> 其作於孔子之手者，〈說卦〉之序詞也：「昔者聖人之作《易》
> 也，幽贊於神明而生蓍。止《易》，逆數也。」此孔子傳文也。

從上述可知，茶山「物象」說其實即是「卦形」說，也即是「卦德」
說。卦形、卦德、卦象，所差異者主要在歷史背景的發生順序上、理
論邏輯的優先次序上，茶山的解《易》思維大體是透過〈說卦傳〉的
經驗性事物為第一印象，歸納為八卦卦形，再以八卦卦形的變化推衍
其卦象，詮釋其卦德。

3　「互體」之定義、來源與《易》學思維

茶山於〈括例表〉言：

> 「互體」者，何也？重卦既作，六體相連，自二至四、自三至五，各成一卦，此之謂「互體」也。（頁2）

又於〈互體表直說〉云：

> 八卦之時，雖各成形，既成重卦，則二、三、四、五直相連綴，漫無界限，此互卦之所以起也。
>
> 《易》詞皆用互體，故《春秋》官占皆論互體。（頁10）

由此可知，茶山眼中的卦畫，並非局限於上卦與下卦的制式二元對立，只要爻畫間「漫無界限」具有連續性，便能「直相連綴」而組合相連的三爻為三畫卦。故互體指的是在《周易》卦的內部採取二、三、四（下互），或是三、四、五（上互）的爻成三畫卦，使之與八卦對應，同時茶山指出《左傳》中之筮例，春秋時人早已用互體解卦。

在〈互體表直說〉中值得注意的是茶山擴大了互體的範圍，以及務實地指出互體產生的時代意義。在卦畫組合的範圍中，茶山突破了內部的上互與下互卦的組合，再區分大互、兼互、倒互、伏互、牉合等，使之與八卦對應。

「大體」指的是以四正卦之〈坎〉、〈離〉為本，觀察六十四卦中四爻到六爻相連的情形，將〈坎〉、〈離〉放大而歸納為大互，比如〈震〉卦從一到四爻是放大的〈離〉卦，是為大互。

「兼體」指的是將八卦依照「兼三才而兩之」的原則，分為三等分後再放大而取象，比如〈小過〉便是由三畫卦〈坎〉卦的天人地三爻陰陽陰，再分裂增衍為六畫卦，而為〈小過〉卦。

　　「倒體」則是指一卦中的上互與下互卦再顛倒過來，即是「倒互」。比如〈坎〉卦的下互卦為〈震〉卦，倒過來即為〈艮〉卦；上互為〈艮〉卦，倒過來即為〈震〉卦。

　　「伏體」則是以爻位中的位序奇偶判分陰陽，而統納歸結〈坎〉、〈離〉二卦。如上卦之爻位為四、五、六爻，爻位之陰陽依序為陰、陽、陰，故上卦的爻辭中多有〈坎〉、夜、月等占辭。

　　「胖合」指的是婚媾之象也，故卦形組合思考是以男女婚媾交合中，多一正一反相迎而取象，又男女情動多發萌於青年男女，故諸卦中多以少男、少女為象，故或為〈艮〉、或為〈兌〉。如〈漸〉卦便是下為正〈艮〉，上為反〈兌〉的組合。

　　在〈互體表直說〉中，值得注意的是隱藏在互體思維背後的茶山宇宙觀與務實社會觀。茶山的宇宙觀如何？在茶山論述「伏體」便云：

> 《易》有二觀：一曰卦德，二曰卦數一至六。卦德者，〈乾〉、〈坤〉之所分賦也。卦數者，〈坎〉、〈離〉之所占據也。六十四卦，其剛畫皆〈乾〉，其柔畫皆〈坤〉，則六十四卦無一不圍於〈乾〉、〈坤〉之範圍也。六十四卦，其下卦皆〈離〉，其上卦皆〈坎〉，則六十四卦無一不函於〈坎〉、〈離〉之管轄也。若是者何也？天、地、水、火，《易》之四柱也。故其分布諸卦，而主其象數如此。（頁11）

循此，便可觀察茶山以卦德、卦數兩種詮解方式，掌握六十四卦的結構。其中爻之性質剛柔屬於卦爻，為主體能動性，而以〈乾〉、〈坤〉二卦為本，推而衍之即為卦之德性。位之性質剛柔屬於卦位，為客觀的環境，而以〈坎〉、〈離〉二卦為本，推衍之為卦之數性。掌握四正卦之變化即掌握了六十四卦。在茶山的象數思維中，透過掌握了數，也即是掌握象，故理解四正卦之數即是理解了天、地、水、火之象，

進而能透析萬事萬物變化的原理原則,《周易》六十四卦便是一個象數系統建構出來的宇宙模型。

宇宙的掌握理解,重要的是歸本於人事民用,歸本於道德、利用、厚生,故茶山在講述互體卦產生的社會背景時,在〈互體表直說〉末文中云:

> 兩互作卦,聖人所以前民用也,亦所以禁民邪也。假如婚姻之家,筮遇〈泰〉卦,未有交媾之象,民用不便,而兩互作卦即成〈歸妹〉,則民用以通也;又如不正之事,筮遇吉卦,則兩互作看取不吉之象。(頁12)

所謂《易》有三不占:不正不占、不誠不占、不疑不占。互體之所以產生的原因,便在於聖賢君子欲導民向善、禁絕邪行。故上古時代若是黎民百姓欲嫁娶,占筮到無關婚娶的卦辭時,便透過互體的取卦,將原來的卦透過互體變為有婚娶之辭的卦而方便占解;又如占卜邪佞不正之事,若卜到了吉卦,則透過互卦變為凶卦,欲勸止卜問者莫行諸惡。

4　「爻變」之定義、來源與《易》學思維

何謂「爻變」?〈括例表〉云:

> 「爻變」者,何也?〈乾〉,初九者,〈乾〉之〈姤〉也。〈坤〉,初六者,〈坤〉之〈復〉也。一畫既動,全卦遂變,此之謂爻變也。(頁3)

故可得知,「爻變」實指一卦之中任一爻的陰陽的變化,都會使由一卦變向另一個卦的變體。比方說,〈乾〉卦的初九陽爻若是變為初六

陰爻，則〈乾〉卦變為〈姤〉卦。一爻畫的陰陽性質變動，全卦便也
跟著改變。

　　觀茶山〈爻變表直說〉一文，可以得知茶山雖然在本書開始便直
言「《易》有四法」。然其實只有一法，即為「爻變」，餘下三法皆以
「爻變」為本，故屢言：

> 爻不變，則「推移」之法亦不可通。此「推移」之所以廢。
> 爻不變，則〈說卦〉物象亦皆不合。此〈說卦〉之所以廢。
> 爻不變，則「互體」之物亦皆不合。此「互體」之所以廢。
> （頁13）

何謂「爻變」？茶山於〈爻變表直說〉再言：

> 爻者，變也。不變非爻也。
> 乂者，交也。重乂則為爻也。爻字初作之時，原主陰陽交易之
> 義，而反以不變者為爻可乎？九者，老陽也；六者，老陰也。
> 老，無不變。則九、六者，既變之名，不變非九六也。（頁12）

上述論述了爻的本質就在於變化，爻的本義便為陰陽交易變化，爻的
術數九、六之義即為變之名。故茶山又在〈爻變表下〉云：

> 六爻各成一卦，故三百八十四爻，其實三百八十四卦也。（頁
> 14）

三百八十四爻，爻爻皆可變化為另一卦，不可拘於一端，明於東隅，
而失之西隅。茶山的《易》學思想，可從他在〈括例表〉所提出的
「《易》有四法」略窺一二。

三　茶山對《左傳》引《易》筮例述評

　　就檢索所得，目前針對茶山占例進行討論的論文並不多見，韓國釜山靈山大學校辛源俸教授〈朱熹、毛奇齡和丁若鏞的周易占筮觀比較研究〉最具參考價值，[13]朱熹、毛奇齡（大可，西河，1623-1716）與茶山都以《易》為卜筮之書，但三者的思想在產生背景、具體象數理論的展開，以及對揲蓍法的理解等方面，又存在巨大差異。

　　首先，在思想的產生背景方面，朱熹占筮觀的思想背景是性理學，他試圖把道家的自然觀，結合到以人為中心的儒家思維中來，要把局限於義理框架的《周易》拓展到象數領域，恢復其象數的內容。毛奇齡則從「事功」與「實事求是」的觀點上批判理學，集中聲討宋明理學中的道家內容，以使《周易》回到以人為中心的原始儒家視域。而茶山則以闡明經典之原義，作為研究《周易》之目的，認為朱熹的理法之天與三聖作《易》之本來意義相違背。

　　其次，在具體象數思想的展開方面，朱熹以卦爻辭為卜筮而設，非為論理而設，因此研究《周易》要先理解象數。與朱熹一樣，毛奇齡也重視《周易》的象，但他認為朱熹不知正確的取象方法，並提出「五易說」作為解釋《周易》的新框架。茶山一方面肯定毛奇齡的「推易」對卦爻辭的形成起了重要作用，另一方面則批評其不知爻變、卦變之說。

　　第三，在對揲蓍法的理解，如「大衍之數五十」的問題、「掛一以象三」的問題、「再扐而後掛」的問題、變爻個數的問題等方面，三人也都有各自不同的理解。至於，茶山《易》著中論及《左傳》、《國語》占例者，大概有六處，不算太多論述，其中《易學諸言》第二卷〈韓康伯玄談考〉說道：

13　詳參辛源俸：〈朱熹、毛奇齡和丁若鏞的《周易》占筮觀比較研究〉，《周易研究》
　　2014年第5期（總第127期），頁38-57。

陰陽不測。韓云：「原兩儀之運，萬物之動，豈有使之然哉？莫不獨化於大虛。欻爾而自造矣。造之非我，理自玄應；化之無主，數自冥運，故不知所以是以太虛為始，窮理體化，坐忘遺照，至虛而善，應則以道，為解不思而玄覽，則以神為名。」孔云：「杳寂不測，無形無體，以太極虛無為始，不以他事係心，端然玄寂，乃能知天之所為也。言天之道矣，亦如此也。坐忘遺照出《莊子・大宗師》篇。」

……經曰：「極數知來之謂占，通變之謂事，陰陽不測之謂神。」則三句都是占筮之說，唯執末一句，為天地造化之本，豈不拗哉？筮人之揲著也。七八九六無以預度，此所謂陰陽不測，太虛玄覽坐忘遺照，何與於此經哉？凡溺於異教者，必以其所溺者解經，此大患也。或引《楚辭》云：「一陰兮一陽，眾莫知兮。」余所為以解此經之義，尤何所當乎此注此疏，純是佛語，不唯老子而止也。

茶山在節錄韓注時，漏掉了一些部分「化之無主，數自冥運，故不知所以然而況之神。是以明兩儀以太極為始，言變化而稱極乎神也。夫唯知天之所為者，窮理體化」。茶山認為經文中本來在談卜筮之事，韓注將最後一句解為天地中的大理，未免太過牽強，尤其韓康伯還整合了他以前的學者對道的討論，提出萬物由太極生成，依循道的規律，在神中講求變化的概念。

　　茶山則認為陰陽之不測，只是因為老陰老陽、少陰少陽難以預測，並非和太虛有關。何謂太虛？太虛便是存有各種外物的空間，不是萬物的生成變化的主宰，每個事物都是自生獨化於太虛。於是茶山給了韓康伯一個嚴厲的評論「溺於異教者，必以其所溺者解經」，他說韓康伯用偏狹的眼光來檢視經典，甚至用異教者來稱韓康伯。此處

算是茶山對韓康伯批評嚴重的一部分，從茶山的態度，看出從卜筮的
步驟附會到解釋萬物循環，是非常荒唐而過度解釋的事。因此，茶山
對韓注、孔注有同意的地方，但當講到「道」等萬物根本生成的問題
時，大多會提出反對意見，無論是從句構證據，或思考邏輯上，茶山
不遺餘力提出辯駁。

> 《易》無思也。韓云：「夫非忘象者，無以制象，非遺數者，
> 無以極數。至精者，無籌策而不可亂；至變者，體一而無不
> 周，至神者，寂然而無不應。斯蓋功用之母，象數所由立。」

> 論曰：字字皆從「玄牝門」中出來，莊精列液，輸寫不渴不
> 虞，三聖人遺書遭此災厄。

至精者性也，至變者情也，至神者心也。「《易》無思」並非就表示
《易》不需要思考，不需要思想；反之，因為《易》超越了思想，達
到了最高層次，在瞭解經書上文字的意涵後，必須忘卻文字，體會文
字內部的義理，才能到達《易》本有的境界，所以才說「《易》無
思」。韓康伯將「得魚」至「忘筌」的步驟分列，根據精、變、神的
不同，達到通篇瞭解《易》的過程。

　　韓康伯認為太極即是一，但從丁茶山對韓康伯提問，可得知茶山
不認為「太極」和「一」是相同的事物，在茶山的哲學體系中，「太
極」為何？「一」又為何？姜日天〈丁若鏞的四氣本體〉對茶山的氣
太極作了一番梳理，具體提出茶山氣太極與邵雍（堯夫，安樂先生、
百源先生，諡康節，1012-1077）太極不同之處；[14]黃俊傑教授《東亞
儒學研究的回顧與展望》則對九十年代茶山研究作了綜述：「丁若鏞

---

14 詳參姜日天：〈丁若鏞的四氣本體〉，《湖湘論壇》2012年第6期，頁100-104。

在形而上學領域的理論也具有反對朱子學，甚至是完全脫離朱子學的
理論體系的性質。」[15]

四　茶山〈風水論〉析評

　　朝鮮半島民族古屬東夷族，語言與日本、滿洲、蒙古至土耳其屬
於阿爾泰語系，原始宗教同為「薩滿」（Shaman，巫師）信仰，具有
濃厚的「身土不二」觀念與思想。而地理位置於東北亞，地形如東北
猛虎，雖處古老大陸板塊，但卻充滿生氣活力。而自漢朝以還，深受
中華文化影響，亦比照中國「五嶽」方位，就其地理形勝條件，設定
韓國「五嶽」為：「中嶽——北漢（岳）山」、「東嶽——金剛（雪
嶽）山」、「西嶽——妙香山」、「北嶽——白頭山」、「南嶽——智異
山」，而居中之「漢江」為金水流淌其間，生生不息，代代永續。

　　因此，自明太祖洪武二十五年（1392），朝鮮太祖（1392-1398）
李成桂（旦，君晉，松軒，1335-1408）在開京（今北韓開城）建立
朝鮮王朝；即位之第二年（1394），遷都「漢陽」，並改名為「漢
城」，立即著手進行王宮、宗廟、社稷、都城與城門等的修建，奠定
良好的國家發展基礎。「漢城」（今易名為「首爾」）四面青山環繞，
中有漢江氣勢磅礡，衣帶逶迤，從此成為韓國的中心城市。而朝鮮王
朝（1392-1897，大韓帝國，1897-1910）正式定都於此，天命人運，
長享國祚近五百二十年。

　　首爾作為朝鮮王朝的首都，是以北岳山下的景福宮為中心規劃的
都城。景福宮是朝鮮王朝的象徵代表性王宮，也是代表朝鮮王朝的第
一號王宮，座落在都城首爾的風水寶地——以北岳山為主山的向陽平

---

15 詳參黃俊傑：《東亞儒學研究的回顧與展望》，臺北市：臺灣大學出版中心，2005
　年。

地上。此外，大韓民國國旗稱為「太極旗」，以「陰陽太極」與「伏羲先天四正卦──〈乾〉〈坤〉〈離〉〈坎〉」為主要構作，雖有推原究本的天地自然之《易》的義理蘊涵，而其實始自宋儒邵雍的先天圖說創設，饒富《周易》「絜靜精微之教」。「太極旗」旗底為白色，象徵韓國人民的純潔與對和平的熱愛；中央以《易》學象徵「宇宙與真理」的「太極」為圓，太極的「圓」代表「人民」；太極的兩儀為上「紅」下「藍」，象徵著「陽」與「陰」；「太極圖」象徵宇宙天地渾成，以及單一民族構成的國家。四角的〈乾〉、〈坤〉、〈離〉、〈坎〉，象徵著天、地、日、月，〈坎〉「水」與〈離〉「火」象徵著「女」與「男」、「靜」與「動」的融合與諧調，都顯示出「對稱」、「均衡」、「和諧」、「循環」與「穩定」等原理，也象徵著正義、富饒、生命力與智慧，代表著大韓民族對宇宙、人生的深刻思考。因此，韓國國旗中太極與先天四正卦的符號概念，毫無疑問來自中國《周易》的思想。朝鮮半島長期受到中華文化影響，韓國太極、先天四正卦國旗正是這種影響的真實反映。

　　茶山承此歷史發展脈絡，自幼趨庭受教，於《易》夙有傳習，嘗賦〈陪家君，於澹齋習《周易》〉、〈經義詩‧易五首〉詩，云：

> 乾天含一氣，風雷有所原。四八得生生，交易互為根。
> 蒼天杳無極，七曜賴得存。物情既相混，卦體那可論。
> 聖人有時過，悔吝由明昏。憂患必衍易，卑牧乃益尊。
> 此理久已晦，千載垂空言。[16]

---

16 詳參丁若鏞：《與猶堂全書》，第一集《詩文集》，第一卷〈詩集〉。並錄於《韓國文集叢刊》，有電子數位化可供檢索。以下〈經義詩‧易五首〉，引見第一集《詩文集》，第7卷〈詩集〉。

　　古箋三十有三家，集解淘金或見沙。

　　此是青氈舊遺物，十回扃鐍一摩挲。

　　升降往來不可誣，牛羊犬豕豈徒呼。

　　三聖遺文屬墜地，名門生此牧豬奴。

　　畫動卦變是名爻，蔡墨談龍在絳郊。

　　以畫為爻疊似塔，庖犧沒矣更誰嘲？

　　再閏蓍家不可無，中孚小過妙旋樞。

　　大衍五十紛紛說，屈指如今似合符。

　　先天圖畫薄姬周，順逆安排盡尺愁。

　　一紙曾酬王子合，晦翁定論照千秋。

又有〈易論〉二篇、〈甲乙論〉二篇以及〈風水論〉五篇，[17]並撰有《周易四箋》與《易學緒言》二本《易》專書，因為具備深厚的《易》學素養，故其〈風水論〉有一定的理論基礎。以下就收錄於《與猶堂全書》中之〈風水論〉五篇，析評茶山之風水思想。

（一）〈風水論一〉

　　葬親者，率延地師，相吉地以定其宅兆。丁子曰：「非禮也。
　　蘸其親以徼福，非孝子之情也。雖然，有此理，斯有此禮，亦
　　唯曰無此理也。周公制族葬之法，葬之以昭穆，授之以塋域，
　　無鑿脈破氣之忌；葬於北方北首，無方位坐向之殊。此時，卿
　　世卿大夫世祿，子孫榮嗇，固自如也。冀兗之野，曠無陵阜；
　　今之葬者，皆周垣為域，正昭穆如《周禮》，無龍虎砂角之
　　觀，其富貴固自如也，奚為而求吉地也？英豪桀特之人，聰明
　　威能，足以馭一世而役萬民者；生而坐乎明堂之上，猶不能庇

---

17 以上並見於丁若鏞：《與猶堂全書》，第一集《詩文集》，第11卷〈文集〉。

其子孫，或殤焉，或廢疾焉，塚中槁骨，雖復據山河形勢之
地，顧何以澤其遺胤哉？世之迷者，至云薶齒以詛人，亦有
驗，其理可旁通也。嗚呼！斯豈所忍言者，雖然吾且言之：世
有薶齒以禍人者，其有薶齒以福人者乎？邪鬼妖巫，為此術以
罔人，使陷於惡已矣，有以是徼福者乎？雖有理，君子不為，
況萬萬無此理哉！」

從本文可知，茶山反對並駁斥相擇吉地，而葬親徼福的傳統觀念與作
法，以為即使有「理」，而實無與「禮」也。並舉周公制族葬之法，
其時「無鑿脈破氣之忌」與「無方位坐向之殊」，而「子孫榮鬯」，則
是順理應常「自如」之道。茶山遵循史實例證加以論驗，故總結不管
死者生者，能否庇其子孫貧富禍福，並非以求得吉地與高位為憑據，
其中雖有「理」，而「君子不為」，顯見茶山實事求是、理性科學的精
神，可知其不信「風水」之理，故連篇駁斥，疾其虛妄。

（二）〈風水論二〉

今人道拾遺，解包而眠之，銀一錠，其為貨也，財足以易一
布。然猶四顧而私諸懷，趨而反不小留，唯恐人之攘之也。若
是者情也，夫所謂吉地者，上而安其父母之體魄，下而徼其子
孫之福祿，生育蕃昌，財帛盈衍，有或十世而不盡其麻廥者，
此天下之巨寶也，千珠萬金，不足以與易也。地師既得此巨寶，
胡為不自私以陰葬其父母？顧乃趨而獻之於卿相之門也，何其
廉於己？浮於於陵，忠於彼，踰於介推也，斯吾之所不能深信
也。有師焉，抵掌而談吉地，曰：「其剝換也，有龍挐虎攫之
勢。其拱抱也，有鸞翔鳳舞之形。寅葬則卯發，子卿而孫侯，
此千里一遇之地也。」即我熟視之良久曰：「胡不葬汝之母？」

承上文，茶山於此篇，特別舉出道路拾遺銀錠為例，以比喻人情之私，據此反證地師所謂天下巨寶之「吉地」，而必售易於人，滔滔不絕者，實則大謬不然。

（三）〈風水論三〉

> 觀所謂風水之書，圖繪佳城吉地，辨其方位，曰子午卯酉，曰〈乾〉、〈坤〉、〈艮〉、〈巽〉，乃所謂入首剝換之勢，龍虎砂角之形，與所謂得水破者，無不以其方位之所相衝相合，而辨其災祥。故地師見人家譜牒，有繪其先祖之墓地者，皆一見縣斷其吉凶。嗟乎！此夢之中又夢，罔之中又罔也。人莫不圓其顱、列其眉、雙其目、中其鼻、左右顴，以夾輔其口者，然其中有壽考者、短促者、貴者、賤者、富者、貧者，豈以其面目、方位之合規度無歪舛，而縣斷其吉凶哉！將唯其骨格神韻，有不可以言語、文字形容其髣髴者。由是觀之，彼唯子午卯酉、〈乾〉、〈坤〉、〈艮〉、〈巽〉，屑屑焉察其宜忌者，是又學奇門六壬之邪術，而執方位以求其交鬼者也。愚哉！愚哉！

此篇茶山同樣辯駁風水之書的妄謬，而譏諷謂之「夢之中又夢」、「罔（惘）之中又罔（惘）」，以為絕不能以奇門六壬邪術斷人吉凶，否則即為愚蠢無智。

（四）〈風水論四〉

> 孩兒忽病瘡，蟲蝕膚如木，師曰：「墓受〈乾〉戌風，竅有蟲蝕屍祟也。」掘視之良然，尚有說乎？長子墜而死，孩兒瘤而瘁，師曰：「墓犯忌翻屍背在上祟也。」掘視之良然，尚有說乎？或火燒牆，或水氾棺，或根藤絡于骴，咸有所召，驗之不忒，尚有說乎？嗚呼！此世之所以終迷，而莫之悟也。燕巖朴趾源作《熱河日記》，記賣幻者事二十餘條，知此理，則悟此妄矣。

鬼物戲人，或因其偶然而奏之為災祟，或因其實然而誘之為奇中，或本無此嚭，而幻造以眩人。目之所眠，真確無錯，而其物乃虛妄耳。余見負魔者矣，射覆如神，百不失一。冬月中青杏，隔壁中蠟書，視人之面目，知其父墳之前有奇石，禳人之疾，占之曰：「菫骴為祟。」而炕洞掘鼠，竈門掘骨者，又何限矣？是皆鬼幻之怪，以眩一時之目者，奚惑焉？不知斯者，雖智如樗里，直如微生，終亦受罔乎邪鬼之謀，而墮其術中矣。

茶山於此篇舉出實例若干，並舉朝鮮王朝後期著名文學家、北學（實學）代表人燕巖朴趾源（仲美、美仲，燕石、煙湘、洌上外史，諡號文度，1737-1805）所作《熱河日記》，其中記錄賣幻者事二十餘條，而證說「知此理，則悟此妄」，駁斥此妄如前文。

（五）〈風水論五〉

郭璞以非罪誅，身埋水中；道詵無學之等，皆身為髡覆其宗祀；李義信湛宗無血胤，今之滔滔者，皆終身丐乞，而其子孫不昌，斯何理也？幾見地師之子若孫，為弘文館校理、平安道觀察使者乎？人情一也，我有地可以發福，我既知之矣。有為一緡錢所賣，輕以予人者乎？宰相惑於風水，累遷其父母之墓者，多無子姓；士庶人惑於風水，累遷其父母之墓者，多奇禍怪變。司馬溫公略地師，令順己意，兄弟壽考榮貴，胡不悟矣？有為曠達之論者曰：「風水之理，曰有則不可，曰無亦不可。」嗚呼！折訟如此，其亦難乎其為士矣。

茶山於此篇中，先後舉出撰寫中國第一本風水《葬書》[18]的東晉郭璞

---

18 《四庫全書總目提要・葬書》曰：「葬地之說，莫知其所自來。周官墓大夫之職，皆

（景純，276-324），以及編撰《資治通鑑》的北宋名臣司馬光（君實，迂叟、涑水先生，1019-1086）誤於風水之例為說證，並以上各篇內容，都是站在實學家立場，毫不留情加以駁謬。

但是，以現代科學加以認知定義，則可知「風水」為「天地間交流互動之氣」，在於闡述「人」與「大自然」的一切相關互動的影響，並匯集「人文生活」的一切經歷，而通過陰陽兩極交感的氣流，與東西南北上下磁場的引力，劃成八卦為符號，代表宇宙萬物的所有：「以通神明之德，以類萬物之情。」（《周易‧繫辭傳》文）因此，風水學的核心有三：

1. 探討人在時空的生存價值觀念——人的文化素養。

2. 探討人的內在精神觀念——從一個人的基本環境，到他將來的生活素質與發展潛能，家庭結構的核心融洽，社會地位的形成基礎，甚至可能領導國家的領袖人物。

3. 理解《周易》是風水結構基礎的理念——可以是一個人的內心深入世界，也可以是這一個人即將影響世界變化的大同世界：「至小無內，至大無外。」（《莊子‧天下》篇文）

此外，風水學的主要立論在於：若人能尋出此氣之所在，居於此吉氣聚集之地，便可健康長壽，人丁興旺。立墳於此，更可庇蔭後人。而「風水」二字，首見於東晉郭璞所作《葬書》（或作《葬經》）：「氣乘風則散，界水則止，古人聚之使不散，行之使有止，故謂之風水。風水之法，得水為上，藏風次之。」又云：「深淺得乘，風水自成。」《葬書》更簡明概括風水選擇的標準，說道：「來積止聚，沖陽合陰，土厚水深，鬱草茂林。」今存《葬書》經宋儒蔡元定（季通，西山，1135-1198）與元儒吳澄（幼清、伯清，草廬，1249-1333）整

稱以族葬，是三代以上葬不擇地之明證。《漢書‧藝文志‧形法家》始以宮宅地形與相人相物書並列，則其術自漢始萌，然尚未專言葬法。《後漢書‧袁安傳》載：『安父歿，訪求葬地……』是其術盛於東漢以後，其特以是擅名者，則璞為最著。」

理刪併，壓縮成現在的三篇（原著目二十餘篇）。其中有四要義：

1. 生氣說：「葬者，乘生氣。」此可對應於《京氏易傳》：「八卦相盪，二氣陽入陰，陰入陽，二氣交互不停，故曰：生生之謂《易》。」

2. 生氣循環說：「夫陰陽之氣，噎而為風，升而為雲，奮而為雷，降而為雨，行乎地中而為生氣。」此可同時對應於《周易·乾·象傳》：「大哉〈乾〉元，萬物資始，乃統天。雲行雨施，品物流形。……」《京氏易傳》：「陰陽兩氣，天地相接，人事吉凶見乎其象。」

3. 蔭應說：「蓋生者，氣之聚，凝結成骨，死而獨留。葬者，反氣納骨，以蔭所生之法也。人受體於父母，本骸得氣，遺體受蔭。經曰：氣感而應，鬼福及人。」此又可同時對應於《周易·咸·象傳》：「〈咸〉，感也。柔下而剛上，二氣感應以相與……。聖人感人心而天下和平，觀其所感，而天地萬物之情可見矣。」《京氏易傳》：「《易》有四世：一世二世為地《易》，三世四世為人《易》，五世八純為天《易》，游魂歸魂為鬼《易》。」

4. 四獸說：「夫葬，以左為青龍，右為白虎，前為朱雀，後為玄武。」此可同時對應於《京氏易傳》：「龍德十一月在子，在〈坎〉卦，左行；虎刑五月在午，在〈離〉卦，右行。」《火珠林》：「六獸依次為：一青龍（初爻），二朱雀（二爻），三勾陳（三爻），四螣蛇（四爻），五白虎（五爻），六玄武（六爻）。」

風水學的理論雖然基本建構於郭璞《葬書》，但上承於與《易傳》「宇宙條理」與「天人合德」的環境思想，以及西漢京房（李君明，公元前77至公元前37年）《京氏易傳》所謂：「吉凶之兆定於陰陽，陰生陽消，陽生陰滅，二氣交互，萬物生焉。」因此，綜合而論，風水學基本上是一種應用科學，集合了物理、心理、數學、社會形態等多種學科，以及一些現代科學還未能解釋的現象組合而成。風水學的發展是由古代先賢對事物長期觀察、記錄及統計而形成某些風水理論；

因為客觀條件不同，主觀判斷有異，演變成不同的派別。大致上分為
「形」及「理」兩大派。[19]

　　一般來說，「形家」較為簡單及容易理解，但比較抽象：「理家」
較為複雜，但判斷比較精準。「宇宙」包含了「空間」和「時間」的
範疇，以及它對人類的倫理意涵；而《周易》是中國最有系統的自然
哲學，《易傳》當中說明了許多宇宙運行的條理，例如，「天尊地卑，
〈乾〉、〈坤〉定矣」、「動靜有常，剛柔斷矣」、「方以類聚，物以群
分，吉凶生矣」、「鼓之以雷霆，潤之以風雨；日月運行，一寒一暑」。
而「君子」也可以從天地萬物變化的規則中，體悟人生的真理。例
如，〈乾・大象傳〉曰：「天行〈健〉，君子以自強不息」。〈坤・大象
傳〉曰：「地勢〈坤〉，君子以厚德載物」。順此真理而行，則可達到
「自天祐之，吉無不利」。《易傳》當中認為天地萬物對「君子」有很
大的倫理道德啟示，所以從牟宗三《周易的自然哲學與道德函義》
中，人類應該仔細體會「宇宙條理」和「天人合德」的道理，不要任
意破壞自然環境，這樣才能趨吉避凶，避免災害的發生而自食惡果。

　　由此以觀，茶山丁若鏞從實學立場上，全盤否定駁斥風水學的說
法，持平而論，確實仍有「辨章學術，考鏡源流」、「探賾索隱，鉤深
致遠」、「以類萬物之情，以通神明之德」的餘地。

五　結論：辨章考鏡道通幾

　　（一）朝鮮王朝崇尚禮義道德，並以嚴謹的儒家倫理整治國家秩
序，如世宗大王（1418-1450；李祹，元正，1397-1450）即曾手書：

19　案：「形」家是以所處的形勢，結合附近山川形態，而判其吉凶。由於其術以山形為
　　主，把山體抽象地擬於物象，故又稱為「巒頭家」。「理」家則是以羅盤格定所處的
　　局勢方向，然後判其山水方位元運走勢，以定吉凶，故又稱為「理氣家」或「法
　　家」。因計算方法的不同，又分為「三合派」（（二十四向＋河圖洛書）＋《易》卦）、
　　「八宅派」（東四命、西四命）與「三元派」（（河圖洛書＋《易》卦）＋二十四向）。

「忠孝傳家，世守仁敬。」這種根本精神體現出樸素威嚴、收斂沉靜之美，這也成為韓國《易》學與風水學的基本特質。

（二）茶山對於「推移」、「物象」、「互體」、「爻變」《易》理四法的解讀，可以歸納以下四點《易》學思想特色：

1　承繼卦氣，後出轉精（推移）

繼承漢代京房「卦氣」說，並在推定八卦卦形結構中區分正與畸，而以正卦為承載萬物，代表源生空間；以畸卦消息生長，代表時序流轉。進而推衍出一套精密的《周易》時序觀。

2　象數思維，宇宙模型（物象）

茶山承繼〈說卦傳〉說法，認為創卦之初，取象並起。卦形與卦象同時而生，作《易》者並依天地萬象而明之為卦。故六十四卦即為六十四象，推而衍之即為天地萬象。故〈說卦傳〉云：「帝出乎〈震〉，齊乎〈巽〉，相見乎〈離〉，致役乎〈坤〉，說言乎〈兌〉，戰乎〈乾〉，勞乎〈坎〉，成言乎〈艮〉。」天地方位、萬事萬物莫非八卦所攝，六十四卦即為一縝密精巧的象數宇宙模型。

3　爻位並重，歸本於用（互體）

茶山認為詮解《周易》當以卦德、卦數為思維方式，切入理解六十四卦。即是以爻與位的陰陽剛柔性質的變化，以詮解六十四卦。然而，如何詮解，都必定是「前民用」、「禁民邪」，而以道德風化為本。

4　天地陰陽，惟變所適（爻變）

茶山於〈爻變表直說〉中論述：「天地之間，不可一刻而無陰，亦不可一刻而無陽。故純陽則直變為陰，純陰則直變為陽。其曰初九者，謂初畫動而為陰也；其曰初六者，謂初畫動而為陽也。」茶山透

過精妙的詮解「九」、「六」之義即為「變」義，並以天地之間，陰陽無時不在交易變化的現象，順理成章的應用到人事卜筮的數理法則，而重視爻位中的「變」之思想。

　　茶山「《易》理四法」之《易》象與「物象」論、《易》卦與「推移」論、《易》互體與「互體」論、《易》爻變與「爻變」論，充分體現其《易》學四大思想——1. 和；2. 順天命；3. 正名；4. 行事。

　　（三）朝鮮王朝實學名家茶山丁若鏞以〈風水論〉五篇文章，極力駁辯風水之虛妄謬誤，固然有其科學實證上的不易之理。但是，儒家的生態學基礎——以《易傳》為中心，[20]在《易傳》中有「方以類聚，物以群分，吉凶定矣」（〈繫辭傳上〉），「方」與「物」就是指自然萬物，「類」和「群」指的就是在生態學上的「物種」和「群聚」，並形成不同類型的生態系。又如《易傳》中：「同聲相應，同氣相求。本乎天者親上，本乎地者親下，則各從其類也。」（〈乾九五・文言傳〉）在此所指的也是同類相聚的生態學原則。生態學中認為每一種生物都有其獨特的角色和地位，稱為「區位」（niche），例如在食物網中，各種不同類型的生命，以生產者、消費者、分解者等角色和身份，扮演者它們獨特的功能，一旦食物網中的一部分受到干擾或被破壞，就會影響整體食物網的平衡和穩定。這也就是生態學家康芒納（Barry Commoner, 1917-2012）《封閉的循環——自然、人和技術》（ *The Closing Circle: Nature, Man, and Technology* ）所主張的「物物相關」（Everything is connected to everything else）。[21]

---

20 詳參張雲飛：《天人合一：儒學與生態環境》（成都市：四川人民出版社，1995年），頁23-68。其中，提出從儒家思想看到的生態學原則：（1）「方以類聚，物以群分」的生物結構說。（2）「得養則長，失養則消」的生態流程說。（3）「雖有鎡基，不如待時」的季節節律說。

21 「物物相關」的原則，使人類躬身自省生命的存在，並不是獨立運生，而是與宇宙萬物存有共生，因此必須屏除自利私我，擁抱群我他利，以道德良知覺醒，共同拯救生態之浩劫。因此，而得出「生態學四定律」：（1）物物相關法則。（2）物有所歸

（四）再就「得養則長，失養則消」的生態流程說，《周易・說卦傳》中曾對自然萬物的物質和能量流動，提出「八卦」，加以闡述，所謂「八卦」就是指：〈乾〉、〈坤〉、〈震〉、〈巽〉、〈坎〉、〈離〉、〈艮〉、〈兌〉。「八卦」所代表的自然物，以及八卦所對應的「環境因子」和「生態學流程」可以表示如下：

1. 〈乾〉：代表「天」，對應於光照、溫度，氣候狀況、能量流動。
2. 〈坤〉：代表「地」，對應於土壤，地質循環、化學循環。
3. 〈震〉：代表「雷」，對應於溫度、水份、濕度，氣候狀況、水循環、能量流動。
4. 〈巽〉：代表「風」，對應於空氣，氣候狀況，水循環，能量流動。
5. 〈坎〉：代表「水」，對應於水份、濕度與水循環。
6. 〈離〉：代表「火」，對應於光照、溫度，能量流動。
7. 〈艮〉：代表「山」，對應於土壤，地質循環、化學循環。
8. 〈兌〉：代表「澤」，對應於水份、鹽，水循環、化學循環。

由此可見遠在《易經》時期，中國人已有現代生態學中「環境因子」的概念。若能得到適當的「環境因子」，如陽光（濕度）、空氣、水、酸鹼度、鹽度的配合，則可萬物繁茂，若不能得到上述因素的配合，則萬物凋零，所以上述因子也被稱為「限制因子」。

（五）終就「雖有鎡基，不如待時」的季節節律說，生態系的演

法則（Everything must go somewhere）。（3）自然善知法則（Nature knows best）。（4）沒有白吃的午餐法則（Therer is no such thing as free lunch）。詳參〔美〕巴里・康芒納：《封閉的循環——自然、人和技術》，長春市：吉林人民出版社，1997年12月1日。

替過程，是生態系重要的特性之一。所以，生命必須順應和尊重季節
的時序，以及生態演替的次序，才能有所收穫。《孟子‧公孫丑上》
說：「雖有智慧，不如乘勢；雖有鎡基，不如待時。」此處的「鎡基」
就是指古代如耒耜之類的農具。這就是指雖然有良善的農具，但仍然
必須配合季節時令，才能有好的收成。《論語‧陽貨》篇，孔子說：
「天何言哉！四時行焉，百物生焉。天何言哉！」若能把握四時的運
行，在「百物生焉」的時候，就可以有所收穫。所以，人類就必須尊
重自然萬物的生長時序，在「人為貴」的精神下，確實與儒家環境倫
理原則密切配應。因此，《孟子‧梁惠王上》曰：「不違農時，穀不可
勝食也；數罟不入洿池，魚鱉不可勝食也；斧斤以時入山林，材木不
可勝用也。穀與魚鱉不可臕食，材木不可臕用，是使民養生喪死無
憾也。養生喪死無憾，王道之始也。」就是指順應萬物生長的時序，
就可以獲得「永續利用」的自然資源，也就是「王道」的開端肇始。
《荀子‧王制》云：「草木榮華滋碩之時，則斧斤不入山林，不夭其
生，不絕其長也；黿鼉魚鱉鰍鱔孕別之時，罔罟毒藥不入澤，不夭其
生，不絕其長也。春耕、夏耘、秋收、冬藏，四時不失時，故五穀不
絕，而百姓有食用也。污池淵沼川澤，謹其時禁，故魚鱉優多，而百
姓有餘用也。斬伐養長，不失其時，故山林不童，而百姓有餘材
也。」也是說明了為了使人類能夠有不絕的自然資源可以利用，人類
必須適度的尊重和順應自然。

　　（六）雖然中國早期的儒家思想，重視「人為貴」的精神，認為
人類是自然界中最珍貴的生物，地位高於大自然，使得中國早期的儒
家環境思想，是具有「人類中心」特色的環境思想。但早期儒家的環
境思想，並不像西方任意濫用自然資源的「強化的」人類中心主義，
而是類似「弱化的」人類中心主義，具有「永續利用」的特色。例
如：《論語‧述而》篇，孔子認為「釣而不綱，弋而不射宿」，由此證
明了中國人很早就懂得自我節制，適度的尊重和順應自然，順應自然

萬物生長的時序，以獲得取之不盡、用之不竭的自然資源，這是典型的「永續利用」思想。

　　總結而論，不管是傳統性的中、韓風水學理論與思想，或是現代化的國際環境生態風水學，都是人類文化與文明中，非常值得珍視與寶藏的永恆價值。

拾壹

秋史金正喜「漢宋兼採」《易》學析論

　　朝鮮王朝（1392-1897，大韓帝國，1897-1910）後期名儒秋史金正喜（元春，阮堂，1786-1856），曾隨嗣父金魯敬（可一，酉堂，1766-1837）出使清朝，因此機緣遂師事乾嘉名儒翁方綱（忠敘、正三，覃谿、蘇齋，1733-1818）與阮元（伯元，芸臺、雲臺，揅經老人、雷塘庵主，1764-1849），並篤志研習經學、詩學、金石、書法等，為中韓文化交流佳話。本文以秋史《阮堂集‧周易虞義攷》與〈易筮辨〉為核心，並就其傳習翁、阮二師「漢宋兼採」之經學思想，不廢一家，以兼容並蓄的態度作為治學根基。秋史承其師說，於《易》學尤盡心致力於「多聞」、「闕疑」、「慎言」治經三原則。而在翁、阮二師教示影響之下，造就秋史兼容漢宋──「博綜馬鄭（漢經），勿畔程朱（宋理）」與「攷古證今，山海崇深。覈實在書，窮理在心。一源勿貳，要津可尋。貫澈萬卷，只此規箴」的治學風格；並能以「考訂」作為治經通經的方法與工具，把握考訂之學衷於義理的要旨，正是秋史師承翁、阮二師的重要經學蘄嚮。因此，秋史考辨《易》學之特色，除了能充分發揮考證詳實、徵引廣博、謹慎踏實的考證工夫，也能表現彰顯出「漢宋兼採」的學術態度；整體而言，秋史承紹繼創翁、阮二儒之學風，融攝貫通之後，於金石書法學、經學考證，具有實事求是的存古漢學精神，以及實踐躬行聖賢之道的宋學風華──「海東儒雅亦中華」，可謂善述善繼翁、阮二師之學志。

一　前言：經術文章海東英

> 攷古證今，山海崇深。覈實在書，窮理在心。
> 一源勿貳，要津可尋。貫澈萬卷，只此規箴。[1]

　　金正喜，誕生於朝鮮王朝（1392-1897，大韓帝國，1897-1910）正祖十年（1786），逝世於哲宗七年（1856），是朝鮮王朝後期著名的文臣、學者、書法家、金石學家。本家為慶州名族，出生於忠清道禮山，字元春，號秋史、阮堂、禮堂、詩庵、老果、農丈人……。（以下敬稱「秋史」）曾祖父為慶州月城尉金漢藎（1720-1758），[2]祖父行都承旨金頤柱（1730-1797），生父安岳郡守金魯永（1757-1797），繼嗣叔父吏曹判書金魯敬（可一，酉堂，1766-1837），母為杞溪金堤郡守俞駿柱（1746-1793）之女。[3]

　　金正喜聰敏好學，有四方之志。啟蒙受教於朝鮮學者朴齊家（次修、在先，楚亭、貞蕤、葦杭道人，1750-1805），[4]學習「清朝學」；及長（二十四歲），於朝鮮純祖九年（嘉慶十四年，1809），名列生員第一。同年十月，隨官任冬至兼謝恩副使而年四十四之嗣父金魯敬

1　翁方綱於嘉慶辛未（十六年，1811）十月，書贈金正喜治學箴言。

2　案：金漢藎為朝鮮英祖（1724-1776；李昑，1694-1776）庶長女和順翁主（1720-1758）之夫君；和順翁主甚得婦道，貞柔兼備，雅尚儉約，與夫婿感情甚篤，因為丈夫過世，而絕食自盡。無子女，養子金頤柱。事詳《璿源系譜·紀略》「英祖，三十四年（戊寅，乾隆二十三年，1758）元月十七日」。金頤柱有子魯永、魯敬，魯永有子正喜、命喜、相喜；魯敬無子，正喜過繼承嗣。

3　詳參崔錫起（1954-）編撰：《韓國經學家事典》（漢城：成均館大學校大東文化研究院，1998年），頁73，頁405。

4　朴齊家，朝鮮漢城（今韓國首爾）人，十八世紀朝鮮思想史上空前絕後、構築獨特思想體系的思想家，為朝鮮「詩文四大家」之一，先後四次為朝鮮使臣燕行北京，與清代詩人進行廣泛的文學交流，在清代、朝鮮文學交流史上著有重要貢獻。

「燕行」，⁵以通曉《易》學、天文、地理、史學、經學、金石、音韻、佛學等，贏得清朝學界贊賞，因緣結識在京碩學鴻儒，並拜師時年七十七歲的翁方綱（忠敘、正三，覃谿、蘇齋，1733-1818）與時年四十六歲的阮元（伯元，芸臺、雲臺，擘經老人、雷塘庵主，1764-1849），⁶故常以「覃擘齋」、⁷「阮堂」與「老阮」自稱，就是為了紀念與翁、阮二儒結為師生情緣。而翁方綱嘗譽其為「海東英物」，又說「經術文章，海東第一」，訂為忘年交，尺牘詩文往來、典籍贈禮酬答，頻繁不斷。⁸

5　「燕行」，「燕」指燕京，為明清二朝之首都「北京」，即北京之行。清朝入主中國之後，朝鮮王朝延續著明朝傳統，每年正式向北京派出三批使節團朝觀「宗主國」，故稱為「燕行」。學者將歷來朝鮮出使中國的官員或隨行儒士的相關記錄資料，匯整統編為《燕行錄》，為中韓研究重要文獻。

6　嘉慶十五年（1810）正月，二十五歲的金正喜到衍聖公邸拜訪四十七歲的阮元，阮元在「泰華雙碑館」熱情接待。阮元官至體仁閣大學士、太子太保，精通經學與金石學。阮元提供金正喜欣賞珍貴的《泰山刻石殘篆》等拓本，以及唐貞觀造像銅碑等金石文字，阮元又贈送《皇清經解》與所編著《十三經注疏校勘記》、《經籍纂詁》、《擘經室集》等書，金正喜大開眼界，從此奠定深造了經學與金石學的豐厚學養。

7　「覃擘齋」即是指覃溪翁方綱、擘經室阮元，皆為金正喜青年相會後，一生所師事的乾嘉時期二大碩學鴻儒。

8　詳參趙太順：《翁方綱研究》（臺北市：中國文化大學藝術研究所碩士論文，1998年），頁59-60。以下檢閱抄錄王章濤《阮元年譜》（合肥市：黃山書社，2003年）中，二處有關翁方綱、阮元與金正喜師生之間交遊資料，以備參考：（1）一八〇九年，己巳，嘉慶十四年，阮元四十六歲（頁509-510）：「十月二十八日，朝鮮青年學者金正喜隨父親（朝鮮冬至兼謝恩使副使）金魯敬來北京，與翁方綱、阮元等結交問學。」「父金魯敬，冬至兼謝恩使副使燕（北京）行十月二十八日，秋史隨行。於燕京與曹江、徐松、翁方綱、翁樹培、翁樹崐結交面學。」「《七經》與《孟子》，《考文》析縷細。昔見阮夫子，嘖嘖嘆精詣。隨月樓中本，翻雕行之世。（余入中國，謁阮芸臺先生，盛稱《七經孟子考文》以揚州隨月讀書樓本板刻通行。）」（2）一八一〇年，庚午，嘉慶十五年，阮元四十七歲（頁516-517）：「二月初一日，阮元出席為朝鮮青年學者金正喜餞行宴會。會後，金正喜為與諸公未曾以詩訂契深惜之，旋歌之抒懷。二月初一日，秋史餞別筵。參席者：阮元、李鼎元、洪占銓、譚光祥、劉華東、翁樹崐、金勇、李林松、朱鶴年。《餞別冊》：李林松《餞

　　朝鮮純祖十九年（嘉慶二十四年，1819），文科及第之後，金正喜先後任官承政院注書、侍講院說書、藝文館檢閱、奎章閣待教等。於純祖二十六年（道光六年，1826），出任忠清右道暗行御史；翌年（1827），出任弘文館副校理、議政府檢詳、禮曹參議。純祖二十九年（道光九年，1829），出任奎章閣檢校兼侍講院輔德；翌年（1830），出任同副承旨。朝鮮憲宗二年（道光十六年，1836），出任成均館大司成、兵曹參判；憲宗五年（道光十九年，1839），出任刑曹參判。翌年（1840），雖然被任命為冬至副使，因受「尹尚度事件」的連累，被關押到濟州島圍籬安置；直到憲宗十四年（道光二十八年，1848）才被釋放。出獄後，住進好友權敦仁（彝齋，瓜地老人，1783-1859）「玉笛山房」別墅書齋，埋頭研究學問。此後，一直到去世，他僅往返於果川權氏別墅「瓜地草堂」與漢江之南「奉恩寺」之間，以書畫並指導後學度過餘生。

　　金正喜回歸朝鮮後的三十年內，仍與清朝學界保持聯繫。在他的門生中，最傑出的首推李尚迪（惠吉，藕船，1804-1865），李氏博學

詩》，朱鶴年《餞別筵圖》，劉華東題簽《贈秋史東歸詩》。」詳參《金正喜年譜》二十五歲，純祖十年（嘉慶十五年）譜。「我生九夷真可鄙，多愧結交中原士。樓前紅日夢裏明，蘇齋門下瓣香呈。後五百年唯是日，閱千萬人見先生。（用聯語）芸臺宛是畫中睹（余曾藏芸臺小照），經籍之海金石府。土華不蝕貞觀銅，腰間小碑千年古。（芸臺佩銅鑄貞觀碑）化度始自鹽蠹齋（心菴號），攀夐緣阮并作梯。君是碧海掣鯨手，我有靈心通點犀。野雲墨妙天下聞，句竹圖曾海外見。況復古人如明月，卻從先生指端現。（野雲善摹古人真像多贈我）翁家兄弟聯雙璧，一生難遣愛錢癖。（蓄古錢屢巨萬）靈芝有本醴有源，爾雅迭宕高一格。最憐劉伶作酒頌（三山），徐邈聊復時一中（夢竹）。名家子弟曹玉水，秋水為神玉為髓。覃門高足劇清真，落筆長歌句有神（介亭）。卻憶當初相逢日，但知有逢不有別。我今旋踵即萬里，地角天涯在一室。生憎化兒弄狡獪，人每喜圓輒示缺。煙雲過眼雪留爪，中有一段不磨滅。龍腦須引孔雀尾，琵琶相應蕤賓鐵。黯然銷魂別而已，鴨綠江水杯中渴。」王章濤注曰：「金正喜〈我入京與諸公相交，未曾以詩訂契，臨歸，不禁悵觸，漫筆口號〉，《阮堂先生全集》卷九。」案：此詩紙本墨書，收錄於濟州島西歸浦市所編印之《海國書墨》，頁96。

多才，文望日隆，隨貢使入燕達十二次，所交往的對象也都是巨卿通儒。[9]金正喜於道光二十年（1841）五十五歲時，因連坐被謫放到濟州島；李氏在其師濟州謫居的時候，常常寄書慰其寂寥。金正喜感其情誼，於五十九歲時，自畫〈歲寒圖〉貽贈，成為現存畫作中最高的傑作。李氏在同年隨冬至使入燕，並隨身帶著此圖。隔年，在故友所辦之宴會上向眾賓客出示，並請在座的客人題贊。在這些文辭中，不但對金正喜遭遇寄予同情，也欽佩他的高風亮節，更對師生情誼多所稱道，為清代、朝鮮儒士的海外墨緣再添一樁佳話。[10]

　　金正喜不僅熟諳經學，還貫通史學、以佛教為首的諸子百家，以及天文、地理、音律、數學，能詩善畫，對金石考證與書畫古董也有很強的鑒賞力。他在三十一歲時所撰寫〈實事求是說〉一文中，[11]不僅傳承翁、阮二師的學說，也闡明了自己的經學觀；而《禮堂金石過眼錄》，[12]作為金石考證的基礎學問，也透顯出他從事史學的姿態。尤其，經他考證否定了〈無學碑〉為〈北漢山峰碑〉的說法，證實其為〈真興王巡狩碑〉，[13]這在朝鮮金石考證學史上有著非常重要的意義。

---

9 詳參溫兆海：《朝鮮詩人李尚迪與晚清文人交流研究》，北京市：中國社會科學出版社，2013年4月。孫衛國：〈清道咸時期中朝學人之交誼——以張曜孫與李尚迪之交往為中心〉，《南開學報·哲學社會科學版》2014年第5期，9月20日出版，頁95-113。而王章濤：《阮元年譜》，頁34，述其師生之情，曰：「（阮元）名弟子有金正喜，正喜名弟子有李尚迪，三代學人，不但與阮元為文字交，而且是阮元傳學術思想在朝鮮的宣傳者，繼承發揚者。」

10 詳參王章濤：《阮元年譜》，頁1003-1004，道光二十五年（1845），阮元八十二歲：「正月二十五日，張穆為朝鮮貢使李尚迪題其師金正喜所繪〈歲寒圖〉，謳歌正喜仰慕阮元及相互之間進行文化學術交流的情況。」

11 詳參金正喜：《阮堂先生全集》（漢城：新誠文化社，1972年），卷1，〈實事求是說〉。並可互參彭林：〈金正喜實事求是的實學思想〉，收入葛榮晉主編：《韓國實學思想史》（北京市：首都師範大學出版社，2002年），第十八章。

12 金正喜：《禮堂金石過眼錄》，瀋陽市：遼寧省圖書館，典藏日本明治四十三年（1910），島葉岩吉抄本一卷。

13 詳參金正喜：〈真興二碑考〉，收錄於《阮堂先生全集》，卷6。

此外，他還涉獵佛教書籍，研究禪理，並著有不算少的佛教著述；尤其，曾與當時代表佛教界的高敞禪雲寺白坡堂亘璇大律師（1767-1852）討論教義，並與在三十歲時結交的同齡生平知己「草衣禪師」，互動交流最為親密。每次草衣禪師訪漢城時，必然在「清涼寺」盤桓數日，金正喜即迎接到「黔湖別墅」中款待，然後共同探討詩文與茶書，彼此享受其中的游藝歡樂時光。

　　金正喜在由清朝考證學發展而來的碑學理論基礎上，發揮自己與生俱來的藝術才智，獨創了自成一派的「秋史體」。他的畫重視寫意且飽含詩意，使得朝鮮末期南宗文人畫盛行一時。他獨具個性的書畫風格在朝鮮末期，通過與他結識並追隨的權敦仁（彝齋，1783-1859）、趙熙龍（又峰，1789-1866）、李尚迪（藕船，1804-1865）、許維（小癡，1809-1892）、申櫶（威堂，1811-1885）、李昰應（石坡，1820-1898）、金由根、田琦等人，以及他的胞弟金命喜（山泉，1788-1857）、金相喜（琴糜，1794-1861），得以廣泛傳播，以致在藝術領域中占領了很重要的位置。他的筆跡流傳甚廣，其中漢城「奉恩寺」大雄寶殿與經閣「板殿」匾額題字，因秋史晚年所留而著名，他的代表繪畫有〈歲寒圖〉、〈不作蘭圖〉等，著作集有《阮堂先生全集》共十冊。[14]

　　學界有關金正喜與清朝學者的交流情況研究，專書以日本藤塚鄰（1879-1948）《清朝文化東傳的研究 —— 嘉慶・道光的學界與李朝的金阮堂》、[15]夫馬進《朝鮮燕行使和朝鮮通信使 —— 使節視野中的中

14　案：《阮堂先生全集》（《阮堂集》），收錄經學論著有以下八種：〈易笠辨・上下〉、〈周易虞義攷〉、〈其子攷〉、〈革卦說〉、〈尚書今古文辨・上下〉、〈禮堂說〉、〈壹獻禮說〉、〈讀喪服徵〉。

15　詳參〔日〕藤塚鄰：《清朝文化東傳の研究 —— 嘉慶・道光學壇と李朝の金阮堂》（《清朝文化東傳的研究 —— 嘉慶・道光的學界與李朝的金阮堂》），東京：國書刊行會，1975年。案：此書原係藤塚氏於1935年（昭和10年），在東京大學通過之博士學位論文。

國·日本》[16]與揚州王章濤《阮元年譜》三書最為代表。論文則有全海宗〈清代學術與阮堂金正喜〉、[17]蘇意雯〈從一封函札看中韓儒家明算者的交流〉、[18]黃沛榮〈韓國漢文《易》著的文獻價值〉、[19]趙太順〈書法家跨越時空之相遇——略論蘇軾對翁方綱及金正喜之影響〉、[20]文炳贊〈漢宋兼採的《易》學方法——金正喜《易》學初探〉與〈金正喜考證學思想淵源簡述〉、[21]葉國良〈韓儒金正喜的中韓學術因緣〉[22]、賴貴三〈阮元與韓儒金正喜師生情緣與學術交流探論〉[23]與〈考古證

---

16 詳參〔日〕夫馬進著，伍躍譯：《朝鮮燕行使和朝鮮通信使——使節視野中的中國·日本》，上海市：上海古籍出版社，2010年。

17 詳參全海宗：〈清代學術與阮堂金正喜〉，收入氏著、全善姬譯：《中韓關係史論集》（北京市：中國社會科學出版社，1997年），頁385-442。

18 詳參蘇意雯：〈從一封函札看中韓儒家明算者的交流〉，臺北市：臺灣師範大學數學研究所「韓國數學文本討論班」，刊載於《HPM通訊》第4卷第8、9期合刊，2001年，頁1-6。本文主要聚焦於晚清八大算學家之一徐有壬（君青、鈞卿，1800-1860）以及金正喜的一封函札。

19 詳參黃沛榮：〈韓國漢文《易》著的文獻價值〉，收入《屈萬里先生百歲誕辰國際學術研討會論文集》（2006年12月），頁339-360。

20 詳參趙太順：〈書法家跨越時空之相遇——略論蘇軾對翁方綱及金正喜之影響〉，《屏東教育大學學報·人文社會類》第27期（2007年6月），頁67-100。

21 詳參文炳贊：〈漢宋兼採的《易》學方法——金正喜《易》學初探〉，《文化中國》2010年第2期（總第65期），頁88-94。〈金正喜考證學思想淵源簡述〉，《理論界》2010年第8期，頁130-131。

22 詳參葉國良：〈韓儒金正喜的中韓學術因緣〉，臺北市：中央研究院「2012年第四屆國際漢學會議」，中國文哲研究所：「東亞視域中的儒學」，2012年6月20-22日。後收入《東亞視域中的儒學——傳統的詮釋：第四屆國際漢學會議論文集》（臺北市：中央研究院，2013年10月），頁379-407。本文旨在討論嘉道新興學術中的今文學與經世致用之學，論述金正喜的學說如何透過與華夏學者（如翁方綱、阮元）結交、通信、圖書購贈等方式，促成中韓學術交流。文中並指出，清初時期的韓國經學仍主宋明理學（高麗時期傳入），但金氏因持有《皇清經解》，故對清人學術頗能掌握；此外，其對丁若鏞之詆毀五經之言亦多持保留態度。

23 詳參賴貴三：〈阮元與韓儒金正喜師生情緣與學術交流探論〉，《經學研究集刊》第13期（2013年5月），頁25-52。

今，山海崇深——韓儒金正喜與翁方綱、阮元的書法與經學交流〉[24]
等。此外，網路資源有揚州市公道阮元文化研究會編撰：《中韓友好
歷史故事——阮元與金正喜》。[25]至於其他研究參考文獻，[26]就不再贅
述了。

　　金正喜《易》學論著，均收載於《阮堂先生全集》卷一，計有以
下四種：〈易筮辨・上下〉、[27]〈其子攷〉、〈周易虞義攷〉、[28]〈革卦
說〉，多為散論性質。以下便依據秋史論述各篇主題內容的時代先後
為次，分別窺探蠡測，並分析詮論其「漢宋兼採」的《易》學方法理
路與蘄嚮歸趣。

二　〈易筮辨・上下〉探析

> 夫以聖人作《易》，而廑以供人之筮，吾疑焉。及觀《春秋
> 傳》諸筮法，又與聖人作《易》，迥乎不同，吾益疑焉。〈春
> 官・筮人〉掌三《易》，以辨九筮之名。春秋時，筮者不知九
> 筮，別為筮法，謬愆虛妄，私造繇辭，以為占法。陳敬仲生，

---

24 詳參賴貴三：〈考古證今，山海崇深——韓儒金正喜與翁方綱、阮元的書法與經學
　　交流〉，《古典文學知識》2014年第4期（總第175期），2014年7月，頁74-82。

25 詳參「江蘇群眾路線網・揚州市邗江區公道鎮人民政府・中國公道」：《中韓友好歷
　　史故事——阮元與金正喜》，2013年1月21日-3月4日，連載1-40：www.yzgongdao.
　　com/bencandy.php?fid=87&id=14932。

26 如金正喜：《阮堂先生全集》，漢城市：新誠文化社，1972年。崔完秀：《金正喜集》，
　　漢城市：玄岩社，1976年。俞弘濬：《阮堂評傳》，漢城市：學古齋出版，1991年。

27 〈易筮辨・上下〉，收入韓國成均館大學校大東文化研究院：《韓國經學資料集
　　成》，第七、八輯《易經》，一九九六年複印原典出版，總37大冊之27冊，頁624-
　　625。原刊載於金正喜從玄孫金翊煥編，後學洪命憙校：《阮堂先生全集》（漢城
　　市：民主文化推進會，1934年，活字本），卷1〈辨〉，頁20-21，卷1下題款為：「月
　　城金正喜元春著」。

28 〈周易虞義攷〉，收入韓國成均館大學校大東文化研究院：《韓國經學資料集成》，
　　頁621-624。原刊載於《阮堂先生全集》，卷1〈攷〉，頁1-2。

則謂其昌於異國；秦伯之戰，則以為必獲晉君；楚子救鄭，知
南國蹙射其元王，中厥目；穆子之生，即知讒人之名牛。是豈
三《易》九筮之所辨者乎？惟子服惠伯謂忠信之事則可，又
云：「《易》不可占險。」此古占法，猶存一線，異乎諸術士之
談。而當時傅會牽合，汩沒聖經，孔子所以韋編三絕，以明
《易》之非徒卜筮之書，而寡過之書也。《春秋》占法，大謬
乎聖人。彼辛廖、卜楚邱、卜徒父、史蘇之徒，與後世京房、
管輅，《火珠林》飛伏、納甲之法相同，豈聖人作《易》之教
者乎？（〈易筮辨・上〉）[29]

凡為周公作爻辭之說者，必有實證可憑之經籍，而後可耳。若
但憑後世諸儒以意揣測之言，而反減去《漢・志》質言，則必
其所聞見，在洙泗以前，而後可耳。自唐孔氏，已言紛競不
決；而宋以後，諸家相沿傳說。塾師習誦，以為固然，非一日
矣，愚何敢斷定乎？惟是說經主徵信，而所最戒其流弊者，尤
在以意推衍，傳為定說也。愚並非敢於輕駁諸家之說，但愚見
苟非實據，則寧闕而勿質言之。凡說經者，偶因一事一義，輒
自立義推測；經師承相，遂致沿為一定辭，此則其跡似無害，
而實有害於經義之大者。故於周公作爻辭之說，即使誤信之，
亦初不礙於理；而愚於後儒推說之蔽，則鑒戒深矣。故不得不
詳言於此，以兢兢致慎焉。（〈易筮辨・下〉）

〈易筮辨・上下〉以考辨筮法，復歸聖人作《易》之教，屬於《易》
學之應用範疇。閱此二篇文字，皆以「吾」、「愚」自稱，則出自金正
喜手筆無疑。〈易筮辨・上〉謂：「孔子所以韋編三絕，以明《易》之
非徒卜筮之書，而寡過之書也。」蓋有取於翁方綱〈答趙寅永〉書信

---

29 以下各篇標點符號，原文所無，皆為筆者所加。

中論《易》之意；至於「《春秋》占法，大謬乎聖人。彼辛廖、卜楚邱、卜徒父、史蘇之徒，與後世京房、管輅，《火珠林》飛伏、納甲之法相同，豈聖人作《易》之教者乎？」此義亦可見於《阮堂先生全集》卷三〈與權彝齋敦仁第一書〉，其中論《易》處甚多，於漢《易》則推荀爽（慈明，128-190）與虞翻（仲翔，164-223）；於宋、明《易》學，則推重程頤（正叔，伊川，1033-1107）、項安世（平甫，平庵，1129-1208），而排黜朱震（子發，漢上，1072-1138）《漢上易傳》、來知德（矣鮮，瞿塘，1526-1604）《周易集註》。[30]〈易筮辨‧下〉則謂周公作爻辭之說，因難以徵信，後儒不應推衍，體現其「實事求是」的治學精神。

　　金正喜反對將《周易》看作神秘之書，或是簡單視為占卜之書，〈易筮辨‧上下〉即針對《周易》四道之一的卜筮進行辨證批判。他認為卜筮之所以成為四道之一，乃是為民而設；極力反對東漢以後流於荒誕的占卜術，推闡君子之《易》不必卜筮，亦可符契於《易》道，非常強調《易》的人倫教化作用。他也肯定漢儒最大貢獻在於變卦、互體、旁通、消息的《易》例，符合《易》道「變動」的本質。於清代漢學深厚的思想基礎，針對宋明理學展開發難批判，闡揚《周易》廣大精微，融貫「天人合一」的道理，充分賦予《周易》以天道、地道與人道和合的意義，藉以體現修己治人平天下之鴻圖大道。

三　〈其子攷〉探析

　　蜀才從古文作「其子」，「其」古音「亥」，故讀為「亥」，亦作「箕」。劉向曰：「今《易》『箕子』作『荄茲』。」《淮南子》

30　案：〈與權彝齋敦仁第一書〉之說，蓋亦取資於清儒淩廷堪（次仲，1755-1809）〈漢十四經師頌并序〉。金正喜與權敦仁書，達三十餘封，討論《易》學內容頗多，可證知金氏教人讀《易》，須兼重漢、宋諸家之學。

曰：「爨其燧火。」高誘注云：「其，音該備之該。」該、荄同物，故《三統曆》曰：「該閡於亥，孳萌于子。」是也。五本〈坤〉也，〈坤〉終于亥，〈乾〉出于子。「用晦而明」，明不可息，故曰：「其子之明夷。」俗儒不識傳《易》之大義，以〈象傳〉有箕子之文，遂以箕子當五；五為天位，箕子臣也，而當君位，乖于《易》例，逆孰大焉？謬說流傳，兆于西漢；西漢博士施讎讀「其」為「箕」，時有孟喜之高弟趙賓述孟氏之學，斥言其謬，以為「箕子明夷」，陰陽氣無「箕子」，「其子」者萬物方荄茲也。賓據古義，以難諸儒，諸儒皆屈。于是施讎，梁丘賀咸共嫉之；讎、賀與喜同事田王孫，而賀先貴。又傳子臨從讎問，薦讎為博士；喜未貴而學獨高，施、梁丘皆不及。喜所傳卦氣及《易》家候陰陽災異，皆傳自王孫，以授梁人焦延壽者。而梁丘惡之，謂無此事，引讎為證；且以此語聞於上，於是宣帝以喜為改師說，不用為博士，中梁丘之譖也。讎、賀嫉喜，而並及賓；班固不通《易》，其作喜傳，亦用讎、賀之單詞，皆非實錄。劉向《別錄》，猶循孟學，故荀爽獨知其非，復賓古義，讀「其子」為「荄茲」。魏晉以後，經師道喪，王肅詆鄭，而禘郊之義乖；袁準毀蔡服，而明堂之制亡。又如晉鄒湛譏荀「其子」之義，而《易》學又晦；紛紛之中，不可以究詰也。〈明夷〉之「箕子明夷」，〈中孚〉之「其子和之」，〈鼎〉之「其子无咎」，同是一義，尤可證「箕子」之為「其子」也。

葉國良教授於〈韓儒金正喜的中韓學術因緣〉一文，考述及於金正喜《易》學，謂本篇以「蜀才」云云起首，經檢索核查《皇清經解》，乃「承襲」自清儒吳派漢學大家惠棟（定宇，1697-1758）《周易述》〈明夷‧六五〉注下「其讀至訛耳」疏，而略有增刪；「〈明夷〉之箕

子明夷」以下一小段，則為秋史所加，其結論謂：「〈明夷〉之『箕
子明夷』，〈中孚〉之『其子和之』，〈鼎〉之『其子无咎』，同是
一義，尤可證『箕子』之為『其子』也。」秋史雖同意趙賓解「箕
子」當讀為「荄茲」之說，但觀其引據〈中孚・九二〉、〈鼎・初
六〉二卦爻辭以相比附，謂之「同是一義」，則是秋史訓「其」為
「彼」，其實並不以趙賓、荀爽、惠棟諸家訓釋「箕子」當讀為「荄
茲」之說，為確然正解；斟酌損益之處，猶可觀照知悉。[31]

四　〈周易虞義攷〉探析

《易》之〈彖〉象及〈大象〉，惟取義於本卦「健順、動巽、險
明、止說」之德，「天地、雷風、水火、山澤」之象，無不各如
其本卦，義至明也。虞以卦之「旁通」釋之，雖極意彌縫，於
經未必盡通；如〈履・彖〉曰：「〈履〉，柔履剛也。」虞曰：
「〈坤〉柔〈乾〉剛，〈謙〉、〈坤〉藉〈乾〉，故柔履剛。」又
「履帝位而不疚」，虞曰：「〈謙〉、〈震〉為帝，〈坎〉為疾病。
五履帝位，〈坎〉象不見，故履帝位而不疚。」此謂〈履〉與
〈謙〉通，〈謙〉上體有〈坤〉，互體有〈震〉〈坎〉也。然經
云：「說而應乎〈乾〉。」謂下〈兌〉上〈乾〉也。若取義於下
〈艮〉上〈坤〉之〈謙〉，則是止而應乎〈坤〉矣，豈「說而
應乎〈乾〉」之謂乎？〈豫・彖〉曰：「〈豫〉，順以動，故天地
如之。」虞曰：「〈小畜〉，〈乾〉為天，〈坤〉為地。『如之』者，

31　詳參葉國良：〈韓儒金正喜的中韓學術因緣〉，頁387-388。而乾嘉通儒焦循（里堂，
　　1763-1820）於《雕菰樓易學三書・易通釋》卷十三末條「箕子之明夷，其子和之，
　　得妾以其子」，循按：「箕子之明夷」，《釋文》云：「蜀才本作『其』。」《說文》：
　　「其，丌也。籀文『箕』。」然則，「其」為「箕」之籀文，「其子」即「箕子」，
　　「箕子」即「其子」也。……《周易補疏》亦有近同此說者，可以比觀互參；則
　　金正喜所取資於里堂《易》學者，蓋亦得自阮元之所貽贈諸書。

謂天地動而成四時。」又「天地以順動，故日月不過而四時不忒」，虞曰：「〈豫〉變通〈小畜〉，〈坤〉為地，動初至三成〈乾〉，故『天地以順動』。變初至五。〈離〉為日，〈坎〉為月，皆得其正，故『日月不過』。動初時，〈震〉為春；至四，〈兌〉為秋；至五，〈離〉為夏；〈坎〉為冬，四時位正，故『四時不忒』。」又「聖人以順動，則刑罰清而民服」，虞曰：「動初至四，〈兌〉為刑，〈坎〉為罰，〈坎〉〈兌〉體正，故『刑罰清』。〈坤〉為民，〈乾〉為清，以〈乾〉乘〈坤〉，故『民服』。」此謂〈豫〉與〈小畜〉通，〈小畜〉下體有〈乾〉；互體有〈離〉〈兌〉也。然經云：「順而動，〈豫〉。」謂下〈坤〉上〈震〉也，若取義於下〈乾〉上〈巽〉之〈小畜〉，則是「健而巽」矣，豈「順而動」乎？〈離・象〉曰：「日月麗乎天，百穀草木麗乎土。」虞曰：「〈乾〉五之〈坤〉，成〈坎〉為月，〈離〉為日，『日月麗天』也。〈震〉為百穀，〈巽〉為草木；〈乾〉二五之〈坤〉，成〈坎〉〈震〉體〈屯〉，『〈屯〉者，盈也』、『盈天地間者唯萬物』、『萬物出〈震〉』，故『百穀草木麗乎土』。」此謂〈離〉與〈坎〉通，〈坎〉二至四，互成〈震〉也；然經云：「重明以麗乎正。」又云：「柔麗乎中正。」上下皆〈離〉也，若取義於上下皆〈坎〉之〈習坎〉，則是重險而剛中矣，豈謂明與柔之謂乎？〈革・象〉曰：「天地革而四時成。」虞曰：「謂五位成〈乾〉為天，〈蒙〉〈坤〉為地。〈震〉春〈兌〉秋，四之正；〈坎〉冬〈離〉夏，則四時具。〈坤〉革而成〈乾〉，故『天地革而四時成』也。」此謂〈革〉與〈蒙〉通，〈蒙〉、〈坤〉為地，二至四，互成〈震〉也。然經云：「文明以說。」謂下〈離〉上〈兌〉也，若取義於下〈坎〉上〈艮〉之〈蒙〉，則是「險而止」矣，豈「文明以說」之謂乎？〈坤・象〉曰：「地勢〈坤〉，君子以厚德載物。」虞曰：「君子謂

〈乾〉，陽為德，動在〈坤〉下。君子之德車，故『厚德載物』。」此謂〈坤〉與〈乾〉通也，然經云「地勢」，不云「天行」，何得以〈乾〉釋之乎？〈小畜·象〉曰：「風行天上，〈小畜〉；君子以懿文德。」虞曰：「〈豫〉、〈坤〉為〈乾〉、〈離〉照〈坤〉，為『懿文德』。」此為〈小畜〉與〈豫〉通也，然經云「風行天上」，不云「雷出地奮」，何得以〈豫〉釋之乎？〈履·象〉曰：「上天下澤，〈履〉；君子以辨上下，[32]定民志。」虞曰：「〈謙〉〈坤〉為民，〈坎〉為志，〈謙〉二至四成〈坎〉；〈謙〉時，〈坤〉在〈乾〉上，變而〈履〉，故『辨上下，定民志』。」此謂〈履〉與〈謙〉通也，然經云「上天下澤」，不云「地中有山」，何得以〈謙〉釋之乎？

〈周易虞義攷〉涉及到漢末三國東吳《易》學大家虞翻「旁通說」，屬於《易》學史層次。清代《易》學名家張惠言（皋文，1761-1802）為研究虞翻《易》學專門，著有《周易虞氏易》、《周易虞氏消息》等書，均收入《皇清經解》；阮元曾以此書貽贈秋史，故秋史對於清代《易》學當有一定程度的閱讀與瞭解。〈周易虞義攷〉主要在辨章考鏡虞翻《易》說，透過列舉七條例證，揭示其中頗有違反經傳本義者，以漢學考據之學的本質，批判議論，確有卓見慧識，值得正視肯定。

五　〈革卦說〉探析

君子謂善人。良善則已從革而變，其著見，若豹之彬蔚也。小人昏愚難遷者，雖未能心化，亦革其面，以從上之教令也。龍

32　案：「君子以辨上下」之「辨」，原文皆誤作「辨」，故正之。

虎，大人之象，故大人云「虎」，君子云「豹」也。人性本
善，皆可以變化；然有下愚，雖聖人不能移者。以堯舜為君，
以聖繼聖，百有餘年，天下被化，可謂深且久矣。而有苗有
象，其來格烝乂，蓋亦革面而已。小人既革其外，〈革〉道可
以為成也。茍更從而深治之，則為已甚；已甚，非道也。故至
〈革〉之終，而又證則凶也，當貞固以自守。〈革〉之於極，
而不守以貞，則所革隨復變矣。天下之事，始則患乎難革；已
革，則患乎不能守也。故〈革〉之終，戒以居貞則吉也；居
貞，非為六戒乎？曰：「為〈革〉終言也，莫不在其中矣。」
人性本善，有不可革者可也，曰：「語其性，則皆善也；語其
才，則有下愚之不移。」所謂下愚有二焉，自暴也，自棄也。
人茍以善自治，則尤不可移者；雖昏愚之至，皆可漸磨而進
也。唯自暴者，拒之以不信；自棄者，絕之以不為，雖聖人與
居，不能化而入也，仲尼之所謂「下愚」也。然天下自棄自暴
者，非必皆昏愚也，往往強戾而才力有過人者，商辛是也。聖
人以其自絕於善，謂之「下愚」；然考其歸，則誠愚也。既曰
「下愚」，其能革面何也？曰：「心雖絕於善道，其畏威而寡
罪，則與人同也。」惟其有與人同，所以知其非性之罪也。

〈革卦說〉主要討論性與善的問題，謂人性本善，皆可以變，雖下愚
未能心化，仍能革面；惟自暴自棄者不能耳。本文中關於上智、下愚
與自暴自棄之說，頗承襲採用自皖派首領戴震（東原，1724-1777）
《原善下》與《孟子字義疏證》，故文炳贊謂之：「有學習戴震〈讀
《易・繫辭》論性〉的痕跡。」[33]金正喜的性善論，汲取於戴震諸

---

33 詳參文炳贊：〈阮堂禮學思想的來源——〈禮堂說〉與淩廷堪〈復禮下〉〉，《商業文
化・學術版》2008年第12期，頁190。

說，並進一步推衍〈革〉卦《易》理，闡發儒家性理之義。此文也成
為了「掃除韓國李朝前期走向沒落的舊性理學的武器，具有思想史上
的深刻意義」。[34]

　　金正喜秉持實事求是的學風，博採眾師之說，兼收並蓄，以漢學
考證為根基，不拘漢宋之辨，發明經學體用思想，取得了豐實的心得
與成就。秋史始終認為《易》不是玄虛之道，而是可以治世、修身的
寶典；無論才性優劣，都可以透過學《易》而變化氣質，陶冶身心；
因此，秋史以漢儒經世致用的學術方法，兼採宋儒心性之學，圓融的
將《易》道運用轉化到宇宙人生之理路，可謂是秋史《易》學的特色
所在，後出轉精，別開生面，令人耳目一新。

　　乾嘉漢學熾盛之際，當時學者多專務經籍之文字訓詁，而不重其
義理思想，以與宋學作區別。在這樣「家家許鄭，人人賈馬」[35]的學
術氛圍下，翁方綱與阮元卻能不囿門戶之見，認為治學要兼採漢宋之
長。翁方綱〈致金正喜劄〉曰：

　　　愚今年衰齒八十有四，眼昏不能多看，而嗜學之心，計倍於往
　　　昔。每日卯刻起來，即取舊草稿輪流覆看，竟往往有自己脫誤
　　　字句處，又或引繹未詳審處，即於架上抽查。今又無人代查，
　　　每一條費幾許功夫，每日清晨必有改增改刪之一二處。此則焉
　　　能遽借出與友共商乎？家中無識字相助之人，亦思欲就其略可
　　　自信者，先就近覓一人寫出，而其事尚未易就緒。去冬以來，
　　　就所記憶諸經諸史（如〈損〉卦，朱注「兩貝四朋」，俗刊作
　　　「兩龜四朋」。「築城伊淢」，朱注「成溝也」，俗刊「城溝也」
　　　之類甚多。）以及詩文集，以及金石文字宜記出者，撮記為

---

34 詳參文炳贊：〈漢宋兼採的《易》學方法——金正喜《易》學初探〉，頁88-89。
35 參見梁啟超：《清代學術概論》（臺北市：臺灣商務印書館，1985年），頁82。案：
　　許謂許慎，鄭謂鄭玄，賈謂賈逵，馬謂馬融，皆東漢著名經師。

《蘇齋筆記》十六卷，此內無一閒談猥雜之俚語，若果寫有底本，當以副稿奉鑒也。[36]

翁方綱即使高齡八十四，眼昏不能多看他書，仍每日修訂以往所作的草稿舊章，足見其嗜學多聞、謹慎踏實的治學態度。翁方綱八十四歲時左足跌患，不能伸動。嘉慶二十三年（1818）正月二十七日丑時，翁氏辭世，門生葉志詵（東卿，1779-？）〈致金正喜札〉云：

飛白者：我師覃溪老夫子，於本月二十六日夜火半逝矣。痛哉！痛哉！師於本月十五六日，偶患痰喘，旋已就癒。十八九日，寫完《金剛經》全部。二十三日，頗健飯。二十五日，精神仍如常。二十六日午後，忽思睡，臥睡至夜半，呼家人起坐，坐小刻，忽聞喉中庶壅聲。家人呼叫，已瞑目逝矣。痛哉！痛哉！煢煢弱孫，舉目無親，詵與一二子弟，親視含殮，附身拊棺，可稱無憾。現在酌籌葬地，撫育孤兒，頗不易易，然不敢弛此重負也。[37]

此書札中明白寫出翁方綱辭世前幾日之景況，或許即所謂「迴光返照」。翁氏晚年頗困窘，卒後僅遺一子，後事尚賴門生及友人相助。翁方綱傾心金石，至八十餘歲仍是如此，沈津《翁方綱年譜》中有此記載：

阮元寄宋刻本《金石錄》至京師，呈翁方綱鑒賞。翁方綱撰〈重鐫金石錄十卷印歌〉奉贈阮元，阮元有跋述及此事：「嘉

36　詳參沈津：《翁方綱題跋手札集錄》（桂林市：廣西師大出版社，2002年），頁543。
37　詳參沈津：《翁方綱年譜》，頁490。

慶廿二年，余以此書寄至京師，呈翁覃溪先生鑒賞。先生甚喜
之，留之案頭，玩之累月，作跋數百字，手書冊後，復撰〈重
鐫金石錄十卷印歌〉見贈，此冬月十二月事也。時先生年八十
五矣，其精神如此，俄于次年正月廿六日以疾終。讀葉東卿
跋，知人日同人尚集蘇齋，共觀此書，同人論之，以為此則先
生之絕筆也。人實不朽，書亦增重，哀哉！」[38]

此外，翁方綱著有〈考訂論〉上、中、下九篇，文中詳述其治經之法
與目的。考訂的目的，「衷於義理」。[39]治經之法，源自於孔子「多聞
闕疑，慎言其餘，則寡尤」，[40]強調治經之道為「多聞、闕疑、慎言」
三者；[41]翁氏強調此三者不僅為治經之法，更為治《易》之道。[42]時
至八十四歲高齡，晚年治學，念茲在茲的方法仍為「多聞、闕疑、慎
言」，這種治學態度於老年仍奉行不悖，影響之大，不可不察，如
〈致吳嵩梁劄〉、[43]〈致金正喜劄〉、[44]〈濠上邇言序〉、[45]〈自提校勘
諸經圖後〉[46]皆有提及，都可見到翁方綱對此法的重視與強調。「多
聞、闕疑、慎言」的延伸，即是「博證」與「書證」。「博證」，不以

---

38 詳參沈津：《翁方綱年譜》，頁486。

39 〔清〕翁方綱：《復初齋文集》，卷7，〈考訂論上之一〉（臺北市：文海出版社，
　　1966年），頁300。

40 《論語‧為政》篇第二，《十三經注疏》（臺北市：藝文印書館，1997年），頁18。

41 〔清〕翁方綱：《復初齋文集》（臺北市：文海出版社，1966年），卷7，〈考訂論下之
　　二〉，頁314。客曰：「考訂之學，其出於後世學人，而非古先聖訓所有也乎？」曰：
　　「聖言早已具矣，特未明著其為考訂言之耳。蓋嘗反復推究上下古今考訂家之所以
　　然，具於此三言矣：曰多聞、曰闕疑、曰慎言，三者備，而考訂之道盡於是矣。」

42 〔清〕翁方綱：《蘇齋筆記》，筆記三〈治經〉，頁：肆輯9-305：「治經有要言，則聖
　　人語顓孫之三言也，曰多聞、曰闕疑、曰慎言，知斯三者，則寡尤悔矣。」

43 沈津：《翁方綱題跋手札集錄》（桂林市：廣西師範大學出版社，2002年），頁514。

44 沈津：《翁方綱題跋手札集錄》（桂林市：廣西師範大學出版社，2002年），頁543。

45 〔清〕翁方綱：《復初齋文集》，卷4，〈濠上邇言序〉，頁204。

46 〔清〕翁方綱：《復初齋文集》，卷6，〈自提校勘諸經圖後〉，頁281。

孤證為據，無徵不信，以經證經；「書證」，重視一手資料的引用、來源出處。考訂的目的為義理，如此義理不流於空疏無根。金正喜治《易》，旁徵博引眾多《易》學家之說法，同時能取各家之長相互補充，亦能評判諸家說法之優劣得失，並說明自己意見，皆為謹承師教學功累積而成。

在清朝乾嘉樸學的學術風氣與精神影響，以及翁方綱與阮元之鼓勵獎掖之下，金正喜秉持漢宋兼採的立場，既尊崇程、朱理學，復重視訓詁考訂，所以處於乾嘉考證學盛行之際，他能汲取漢學之長，在闡發義理的同時注意考據，並以考據為義理服務，強調小學研究對於治經的重要，「考訂」可以說是金正喜治經通經的方法與工具，而這正是緣於翁方綱與阮元的教示。[47]故翁方綱〈致金正喜札〉中，云：

> 惟義理之學不可空作議論，處今日經學大備，六經如日中天之際，斷不可只管講性理道德之虛辭。……惟經傳中有一說、二說相歧出者，則必當剖析之。所以學問之事，惟有時刻敬奉聖言，曰多聞、曰闕疑、曰慎言，三者盡之矣。[48]

金正喜身為朝鮮學者，拜師翁方綱與阮元之門下。翁氏致其札中，亦重申「多聞、闕疑、慎言」三者實為最重要的治學方法，既以此三者自勉，也以此勉人。翁氏認為義理之學不可懸空議論，泛談虛辭，如此做學問才能踏實有所得。

金正喜於其《易》學四種，尤盡心致力於此三事。此外，兼容漢

---

47 翁方綱喜談考訂，著有〈考訂論〉上、中、下八篇，開宗明義首先申明考訂之學，衷於義理的要旨。詳參〔清〕翁方綱：〈考訂論上之一〉，《復初齋文集》，卷7，頁296-321。

48 詳參沈津：《翁方綱跋手札集錄》，頁543。

宋之學，也是金正喜師承翁方綱與阮元的重要經學蘄嚮。[49]翁、阮二
儒所處的時代背景是漢學風靡、考證盛行的乾嘉時期，雖然當時學風
如此，但二儒學宗程、朱，並不排斥漢學，能充分理解宋學與漢學的
優缺點，故翁氏曾云：「考證即義理之學，不分二事。」[50]認為兼採
宋、漢學之優點，才是最佳治經之法。翁、阮二儒指出當時學界之現
象，言宋義理學者認為宋學勝於漢學，漢儒之名物、象數不足以言
學，於是吐棄漢唐注疏，導致宋儒多不省《說文》、《玉篇》，故咸認
為治學不應偏執一邊，如此則畫地自限；其實，漢儒之名物與象數，
亦有益於宋儒之訂證，二者是可相互參考援用，不必固執於一端。
翁、阮二儒似有意調和漢學與宋學，此亦可體現其兼容並蓄的學術性
格。誠如翁氏〈致曹文埴札〉，云：

> 聖人在上，實學光照乃得。萃漢儒之博贍與宋儒之精微，一以
> 貫之。學者束髮受書皆從朱子章句、集註始，及其後，見聞漸
> 廣，必從事於攷證焉。則博綜漢唐注疏，以旁及諸家遞述之所
> 得，皆所以資辨訂，而暢原委也。顧其間師友所問難名義、所
> 剖析漸多，漸衍緒言日出，則攷證之途，又慮其旁涉，必以衷
> 於義理者為準，則博綜馬、鄭，而勿畔程、朱。[51]

「博綜馬、鄭，而勿畔程、朱」，誠為翁方綱治學的準則，也可以看
出他實事求是、客觀好學的學術性格。此札明白指出研究經典須綜合
漢儒與宋儒的學問要義。學習之初，先以宋學為主，其後以漢學考證

49　《阮堂全集》，卷1〈實事求是說〉，曰：「故為學之道，不必分漢宋之界，不必較鄭
　　王、程朱之短長，不必爭朱陸、薛王之門戶，但平心靜氣，博學篤行，專主『實事
　　求是』一語，行之可矣。」
50　詳參沈津：〈致金正喜〉，《翁方綱題跋手札集錄》，頁543。
51　詳參〔清〕翁方綱：〈與曹中堂論儒林傳目書〉，《復初齋文集》，卷11，頁426-427。

作為佐證，但仍須以義理為準，對於義理考證的過程中，不免會有疑義處；有疑義處，並非以己意解經，而是尋求客觀分析的漢學考證之法，探究聖人之旨。二者皆不可偏廢，若只重視其中一種，都會產生弊病。因此，此一思想深刻影響到金正喜的經學進路與歸趣。[52]治學應兼取漢宋之長，格局才不會狹隘，視野才能宏闊。聖人之學既是萃漢宋之精，研究聖人之學的學者，更應該兼容漢宋，才能真正瞭解聖人之學。因此，翁氏〈致金正喜札〉中，云：

> 一言以蔽之，此事惟在專精而已，有義理之學，有考訂之學。考訂之學，漢學也；義理之學，宋學也。其實適於大路則一而已矣。千萬世仰瞻孔、孟心傳，自必恪守程、朱為指南之定程，士人束髮受讀，習程、朱大儒之論，及其後博涉群籍，見聞日廣，遂有薄視宋儒者，甚且有倍畔程、朱者，士林之蠹弊也。然而義理至宋儒日益精密矣，而宋時諸儒，自恃見理之明，往往或蔑視古之訓詁，即如《爾雅》、《說文》，實經訓所必資，豈可忽略。[53]

翁方綱在此札中簡單定義漢學為考訂之學，宋學為義理之學，雖然有此分別，但「適於大路則一而已」，此「大路」或可解釋為「道」，孟子曰：「夫道若大路然，豈難知哉？」[54]翁氏認為義理之學與考訂之學，皆是通往聖人之道的途徑。世人仰瞻孔、孟之道，則必恪守程、朱之學，清代仍以程、朱《易》學課試諸生，故翁氏云士人自束髮即

---

52 《阮堂全集》，卷5〈書牘——與李月汀璋煜〉，曰：「今日急務，只是存古為上，覃翁亦存古之學也，段、劉亦存古之學也。覃翁存古而不泥於古，段、劉存古而泥於古。覃翁之不泥於古者，亦有可議處；段、劉之泥於古者，亦有可議處。」

53 詳參沈津：《翁方綱跋手札集錄》，頁542。

54 語出《孟子·告子章句下》，《十三經注疏》（臺北市：藝文印書館，1997年），頁210。

習讀程、朱大儒之論，及其後來所見日廣，竟逐漸薄視宋儒之學，甚至違背程、朱之學，翁氏認為這是當時士林之積弊。另一方面，宋時諸儒亦存有一個缺點，即自恃其見義理之明，往往輕視古之訓詁考訂，不知《爾雅》及《說文》實為解經之必需，不可忽略。故翁氏曾云「考證即義理之學，不分二事」，[55]即有兼採宋學與漢學之意。

　　翁、阮二儒治經不嗜異、不嗜博，考訂亦衷於義理，目的即在回歸經傳根本，惟有回歸經傳，熟讀本經，則無論學問或行為，皆不致流於離經叛道，背離正統規範。專力於本經，則可通貫一切，無論漢儒與宋儒皆需如此，才能不流於叛道。而離經叛道，即是最嚴重的錯誤與缺點。若不能本之經傳，異說紛呈，將更難明白經義，故翁氏〈致金正喜札〉，云：

> 《尚書》每篇之序，《毛詩》每篇之序，皆古師訓義，豈可輕議！甚至歐陽永叔并《易‧繫辭》而疑之，《易》理難明，全恃聖人《十翼》，只因學者不能深思〈象傳〉、〈彖傳〉、〈繫辭〉、〈說卦〉諸篇，所以後人愈多其解說，而愈不明白也，只在人博聞約取，平心虛懷，細玩〈象傳〉、〈彖傳〉、〈繫辭上下傳〉、〈說卦〉、〈文言傳〉，已用之不盡矣。所以聖言云：「知者觀其象辭，則思過半矣。」[56]

歐陽脩（永叔，醉翁、六一居士，1007-1072）撰《易童子問》，認為〈繫辭傳〉、〈文言傳〉、〈說卦傳〉、〈序卦傳〉、〈雜卦傳〉並非出自一人之手，未可視為孔子所作，自是疑古學風漸啟。後來學者也許受此影響，不盡信聖人之《十翼》，欲自為立說，結果「愈多其解說，而愈不明白」，《易》理更難明。翁方綱認為應回歸經傳，細玩《易傳》

55　詳參沈津：《翁方綱跋手札集錄》，頁543。

56　詳參沈津：《翁方綱跋手札集錄》，〈致金正喜〉，頁542-543。

則已可「思過半」，所悟必然豐富。此種觀點金正喜也傳習而體現於經典的注解詮釋之中，並能發揮考證詳實、徵引廣博、謹慎踏實的考證工夫，可謂善述善繼其師翁方綱與阮元之學志。

　　金正喜在朝鮮後期學界，於經學則服膺其師翁方綱「博綜馬（融）、鄭（玄）」，於理學亦追步其師「勿畔程（頤）、朱（熹）」之教示，提倡考證源流、實事求是的治學態度，開拓豐富朝鮮學術與文化之嶄新視野與多元內涵，大有功於兩國學術與文化之互惠交流。

六　結論：考古證今漢宋融

　　經學為清代學術主流，在乾嘉時期更是達到極盛的階段。清學著重資料收集考據，提倡樸實無華的治學風格，主張實事求是，無徵不信，論必有據，反對空談；並以漢儒經說為宗，從語言文字訓詁入手，主要從事審訂文獻、辨別真偽、校勘謬誤、注疏詮釋文字、典章制度與考證地理沿革等，因而被稱作「樸學」或「考據學」，成為清代學術思想的核心學派。[57]從清代學術發展歷史態勢，阮元嘗在《揅經室集·自序》文末，說道：「室名『揅經』者，余幼學以經為近也。余之說經，推明古訓，實事求是而已，非敢立異也。」「推明古訓，實事求是」正足以說明阮元恪守漢學，以古訓求義理的正統與傳統。

　　秋史金正喜身為一名儒學、金石學、考證學、訓詁學、佛教學者與卓越的書法家，除繼承其師前時代實學主體朴齊家之學，還隨使燕行與翁方綱、阮元等許多清代碩學交流，積極接受清學理論，尤其是翁方綱「漢宋不分論」與阮元「實事求是論」。[58]因此，秋史以清朝考

---

57 參見吳雁南、秦學頎、李禹階主編，張曉生校訂：《中國經學史》（臺北市：五南圖書出版公司，2005年），頁413。

58 《阮堂全集》，卷六〈題跋〉，曰：「覃溪云嗜古經，芸臺云不肯人云亦云，兩家之言，盡會平生。胡為乎海天一笠，忽似元祐罪人？」

證學理論根據為主的思想，明顯表現出實事求是與博學於文的批評精神。秋史學問的本質在於經學，以窮究聖賢之道的本源而實踐躬行為其目的，其學問方法具有以存古精神為本的折衷性與綜合性。[59]而且，秋史不只著重於學問本身的實踐，也彰顯出科學的考證性，而在方法論的角度上，秋史折衷於清學與朝鮮的學問，體現了與眾不同的自覺融化，成就自己成為融會貫通與實事求是的朝鮮一代大師。

秋史金正喜《易》學態度，以考據為根基，強調古訓，不廢考據；又以求義理為目的，重視程、朱，認為漢宋兼採，各有長短，義理、考據二者相輔相成，才能一窺聖人之旨：

> 義理之學，考證之學，訓詁之學，校讎之學，非四事也，此四
> 者得於一事也。[60]

四者得於一事，指的便是這四者密切相關，缺一不可，皆需給予同樣的重視。不必刻意區分漢宋之別：

> 國朝雖沿有明之制藝，而實承宋儒之傳義，萃漢、唐之注疏，
> 固未有過於今日者也。學者幸際斯時，其勿區漢學、宋學而二
> 之矣。然而劃漢學、宋學之界者固非也，其必欲通漢學、宋學
> 之郵者亦非也。[61]

治《易》不能偏執一邊，應取各家之長，結合漢學宋學之精華，取漢之考訂古字古訓之功，融宋之義理精醇二者為一：

---

59 《阮堂全集》，卷1，〈實事求是說〉，曰：「夫聖賢之道，在于躬行，不尚空論。實者當求，虛者無據，若索之杳冥之中，放乎空闊之際，是非莫辨，本意全失矣。」

60 〔清〕翁方綱：《蘇齋筆記》，筆記三〈治經〉，頁：肆輯9-305。

61 〔清〕翁方綱：《復初齋文集》，卷7，〈攷訂論中之一〉，頁308-309。

宋後諸家專務析理，反置《說文》、《爾雅》諸書不省，有以激成之。吾今既知樸學之有益，博綜考訂，勿蹈宋後諸家之弊，則得之矣。[62]

聖人在上，實學光照乃得。萃漢儒之博贍，與宋儒之精微，一以貫之學者，束髮受書，皆從朱子章句、集註始，及其後見聞漸廣，必從事攷證焉。則博綜漢唐注疏以旁及諸家遞述之所得者，皆所以資辨考訂而暢原委也。顧其間師友所問難名義，所剖析漸多、漸衍，緒言日出，則攷證之途又慮其旁涉，必以衷於義理者為準則，「博綜馬、鄭，勿畔程、朱」，乃今日士林之大閑也。[63]

「博綜馬、鄭，勿畔程、朱」，馬、鄭代表漢學的考訂，程、朱代表宋學的義理。翁方綱對於漢宋治《易》的調和，便是以各家之長作為治《易》之法。漢學的考訂，可以矯正宋學治《易》空談義理的弊端，以博綜作為工具，才能不違義理。翁方綱以漢宋兼採之道調和二者，不區辨漢宋學，亦不築起學術堡壘，捍衛漢或宋學，亦不以將漢宋學貫通為宗。聖人思想本身就包含「漢儒之博贍，與宋儒之精微」，從這個角度出發就可以明白二者皆是重點，只是處理的角度與方法不同：漢學的重點在考據，處理的問題是古字古訓，這是為了要與聖人時代的字義相貼近；宋學的重點在義理，處理的問題是聖人的思想經義。從這些角度來看，才能徹底做到「一以貫之」，直探聖人之旨。乾嘉學風以漢學為主，考據訓詁為重要學問內容，翁方綱卻能兼採漢、宋，不廢一家，以相容並蓄的態度作為治學根基，誠屬難得。

---

62 〔清〕翁方綱：《復初齋文集》，卷6，〈自題校勘諸經圖後〉，頁279。
63 〔清〕翁方綱：《復初齋文集》，卷6，〈與曹中堂論儒林傳目書〉，頁426-427。

　　秋史金正喜秉承師說，對於漢學者如惠棟，復古、嗜博、嗜奇、泥古的態度，則不苟同。無條件以古人意見為依歸，不以聖人之意為依傍，早已悖離治經之首要原則。惠棟任意增刪經文文字，破壞經文原貌；《周易述》、《周易本義辯證》二書所採立場不同，被翁方綱批評為「信古不篤」。漢代《易》學家，如孟喜（長卿，？-？）、京房、荀爽、虞翻、鄭玄（康成，127-200）等人之《易》學內涵，講求卦氣、納甲、逸象、世變、爻辰等概念，有其時代背景，但終究非解經之正，亦為聖人所無之語，以此詁經，實所不必。宋學之長來自於義理的詮釋，但輕於考證。重視程頤、朱熹、項安世、胡炳文（仲虎，雲峰，1250-1333）等人的《易》學研究成果，不僅能夠補充與闡發，更能夠貼近聖人旨意。

　　前人治學，優缺並現，秋史採漢宋之長，作為治學之法。以義理為依歸，訓詁、考證為其法則，不廢其一。訓詁、考證的目的，是要保證義理正確，非無所根據而來。治《易》方法上，秋史服膺其師翁方綱「多聞」、「闕疑」與「慎言」，亦使用「書證」與「博證」來治學。秋史在治《易》上，考據義理兼重，認為治《易》可以程、朱作為門戶，上探孔子真意，並以《十翼》為準則，方能走向正確治《易》之道路。其次，重視古訓的字義，亦不廢考據；反對象數派以逸象、卦變、卦圖來解經，認為聖人並無論及，但象數中的重要概念，如「十二消息說」、「旁通」、「納甲」、「互體」、「逸象」、「升降」等，並無本質上的批評。綜合上述，秋史《易》學最重要且最特出之處在於三點：

（一）漢宋兼容，各取其長。

（二）嚴謹治學，重視證據。

（三）強調《十翼》，述聖人道。

　　翁方綱與阮元身處乾嘉漢學如日中天的學術環境之中，卻能兼採漢宋，不廢一家，以兼容並蓄的態度作為治學根基。而秋史在翁方綱與阮元二位碩學鴻儒的傳習教示影響之下，除了書藝視野與境界的突破提升之外，同時也造就了兼容並蓄的治學風格——「博綜馬、鄭，勿畔程、朱」；並能以「考訂」作為治經通經的方法與工具，把握考訂之學衷於義理的要旨，以及「多聞」、「闕疑」、「慎言」治經三原則。

　　此外，秋史解經特色，也能充分表現出漢宋兼採的學術態度；因此，整體而言，秋史承紹繼創翁、阮二儒之學風，融攝貫通之後，總結概括而論，具有以下六項治學的風格特質：

（一）存古精神。
（二）實事求是。
（三）金石書法學。
（四）考證樸學。
（五）聖賢之道。
（六）實踐躬行。

拾貳
艮齋田愚「宗本朱子」《易》學析論

　　艮齋田愚（子明，1841-1922）為朝鮮王朝晚期朱子性理學的代表學者，其學本於栗谷李珥（叔憲，1536-1584）一系，對於「理、氣、心、性」等課題都有許多討論。艮齋承繼歷來以宋儒義理解《易》的方式，並結合朱子（熹，元晦，晦庵，1130-1200）思想，在「理、氣」二分的思想架構下，辨明「太極、理、氣、心、性、已發、未發」等論題，以貞定朱子理學在《易》學中的意涵與定位。因此，本文首先經由艮齋對於理、氣論題的辨析，考見其思想中「太極」與「氣」二者間的關係；其次，則釐析其所論述「《易》心道性」的內在思考，以及其說解「性師心弟」的根據；最後，再就艮齋對於〈坤〉、〈復〉二卦的理解詮釋，體現其在朱子理學視域下，呈顯此二卦靜極復動與已發、未發的蘊涵。透過以上向度，進而闡明其如何界定本體、宇宙，以及人生心性等論題。

一　前言：德合聖仁事理明

　　　　心涵明命，徹表徹裏。無時無處，盍皆顧諟。
　　　　理有顯微，精察專守。事有是非，慎思明剖。
　　　　用志不分，乃凝於神。久久成熟，德合聖仁。
　　　　六經萬言，其要則一。一處乃透，四通八達。[1]

1　筆者於二〇一二年七月三十日週一，與家人造訪全州鄉校時，鈔錄於「南安齋李

　　朱子（熹，元晦，晦庵，1130-1200）性理學約於高麗（王朝，918-1392）末期（約1300年之後），東傳至韓國，其後受到朝鮮王朝（1392-1897，大韓帝國，1897-1910）重視，以之為建國安邦的理念基礎，而為儒者所獨尊，因而開展了朝鮮王朝的新儒學時代，其學廣泛運用於政治倫理與社會教化上，五百餘年來為文武兩班孜孜矻矻，而研習不倦。[2]

　　艮齋田愚（1841-1922），初名慶倫、慶佶，字子明，號臼山、秋潭，朝鮮王朝晚期大儒，籍貫潭陽。（以下敬稱「艮齋」）出身於儒學世家，父田在聖，母南原梁氏，憲宗七年（1841）八月十三日，誕生於全州青石里；二十一歲（1861）時，師事全齋任憲晦（明老，鼓山，1811-1876）門下。[3]八十二歲逝世前，親自集結手定完成一生論著心血之《艮齋集》。[4]其學承繼栗谷李珥（叔憲，1536-1584）與尤庵宋時烈（英甫，1607-1688）一系而來。[5]雖然，多次受到舉薦，獲得可任官於朝廷的機會，但僅短暫任外臺持平，[6]最終決定專致於研究朱子性理學，以培養後進為一生的職志，成為當時著名的隱逸儒士。

　　十九世紀正為西學東漸之際，當時儒者為擁護儒學的正統，故有「衛正斥邪」運動，艮齋為畿湖五派中湖西艮齋學派的代表。[7]一生

炳」家宅〈顧齋銘〉，落款作：「六十二歲，艮齋田愚，奉贈李君。礪山，宋成鏞謹書。」可知為艮齋田愚書贈李炳之銘。

2　詳參鄭仁在：〈朱子學在韓國的開展〉，收入蔡振豐編：《東亞諸子學的同調與異趣》（臺北市：臺灣大學出版中心，2006年），頁297-298。

3　有關田愚生平事略，詳參崔錫起（1954-）編輯：《韓國經學家事典》（首爾市：成均館大學校大東文化研究院，1998年），頁303-304。

4　詳參裴宗鎬：《韓國儒學史》（首爾市：延世大學出版部，1985年），頁301。

5　田愚之師承譜系，大致如下：李珥（1536-1584）→宋時烈（1607-1688）→李縡（1680-1746）→金元行（1702-1772）→朴胤源（1734-1799）→洪直弼（1776-1852）→任憲晦（1811-1876）。詳參裴宗鎬：《韓國儒學史》，頁305。

6　詳參裴宗鎬：《韓國儒學史》，頁310。

7　詳參鄭仁在：〈朱子學在韓國的開展〉，頁297-329。此文中認為朱子學在韓國的開展，可分為：朱子學的傳入與理解、朱子學的發展與新解釋、朱子學的禮學化、朱子學的「衛正斥邪」運動等四個階段，田愚所處之時代屬於「衛正斥邪」運動此階段。

歷經自純祖（1800-1834，李玜，公寶，純齋，1790-1834）至純宗（1907-1910，李坧，君邦，正軒，1874-1926）朝鮮王朝五位君王，[8]經歷了多次的社會變亂與內憂外患，以及一九一〇年日本侵韓的亡國之痛。[9]艮齋一生貫徹朱子理學於其具體生命中，直至七十二歲時移居界火島，仍以培育後進、重振儒學為念，並更界火島名為繼華島，表明維繫傳統儒學之志。身為朝鮮王朝晚期的大學者，艮齋集理學之大成，體察時勢，通過心性論的視角，以為國之所以變亂，實因儒者並未真正落實倫理綱常於其自身生命之中，遂致使朝政敗壞，社會動盪。艮齋認為唯有能辨明心性，方能將所學落實於具體的生命之中。

　　兩宋以來儒者論述其思想時，往往先界定理、氣二者間的內涵與關係。因理、氣思想架構的建立，關涉著本體、宇宙以及心性修養等論題。對於太極的詮解是朱子學中重要的一環，在《易》學體系之中，也同時延伸至對於本體、宇宙與人生心性工夫等多面向的討論。艮齋承繼宋儒以義理解《易》的方式，並結合對朱子思想的詮解，在理、氣的思想架構下，辨明太極、理、氣、心、性、已發、未發等論題，以貞定在《易》學中的意涵與定位。本文即以艮齋著作中，載錄以《易》學為題的篇章為討論重點，[10]並援引其對相關論題的說明，以見其在理氣思想架構下的《易》學視域，以及其對朱子理學思想的承繼與轉化。

8　純祖李玜，1800-1834年在位；憲宗李奐，1834-1849年在位；哲宗李昇，1849-1863年在位；高宗李熙，1863-1907年在位（1863-1896年為朝鮮國王，1897年建國大韓帝國，1897-1907年為大韓帝國開國國君）；純宗李坧，1907-1910年在位。

9　包括：丙寅洋擾（1866）、辛未洋擾（1871）、被迫開港（1876）、甲申政變（1884）、甲午更張（1894）、乙未事變（1895）、乙巳條約（1905）、庚戌國恥（1910）、三一獨立運動（1919）等。

10　本文論述以田愚：《艮齋私稿》，所錄〈讀元亨利貞說〉、〈坤復說辨〉、〈坤復說再辨〉、〈《易》有太極〉、〈《易》與周邵太極〉、〈《易》心道性〉等六篇為討論重點，收入《韓國經學資料集成》（漢城市：成均館大學校出版部，1997年），《易經卷》，第31冊。

二　「理、氣」二分的思想架構

　　《周易》是一門包羅象的學問，其內容說明先民如何通過對自然與自身的認識中，統整並歸納出宇宙自然的運動的律則。艮齋田愚承繼著宋代理學家以義理釋《周易》的模式，在理、氣的架構，說明《易》道變化的流轉。艮齋身為朝鮮晚期的大儒，對於前賢所述各論題，自有其領會與見解。雖然並未全面性論述《周易》，但仍能在其字裡行間中，體會理解其思考架構。首先，關於理與氣，艮齋認為：

> 動靜之機，非有以使之也。理氣亦非有先後之可言也，第以氣之動靜也，須是理為根柢，故曰：「太極動而生陽，靜而生陰。」陰靜陽動，機自爾也，非有使之者也。陽之動，則理乘於動，非理動也；陰之靜，則理乘於靜，非理靜也。故朱子曰：「太極者，本然之妙也。動靜者，所乘之機也。陰靜陽動，其機自爾，而其所以陰靜陽動者，理也。」[11]

「理氣非有先後」之說，說明了理與氣二者間在現象界並無先後之別，但理與氣非為一物。艮齋之學承繼栗谷李珥一系，栗谷認為理與氣的關係是「氣發而理乘之」，故嘗道：

> 天地之化，吾心之發，無非氣發而理乘之也。所謂氣發理乘者，非氣先於理也。氣有為而理無為，其言不得不爾也。夫理上，不可加一字，不加一毫修為之力。理本善也，何可修為乎？[12]

11　詳參田愚：《艮齋先生文集》，《後編》，收入《韓國文集叢刊》（漢城市：民族文化推進會，1990年），卷13，頁63。

12　詳參李珥：《栗谷全書》，收入《韓國文集叢刊》，卷10，頁27。

「氣發而理乘」即艮齋所謂在陽之動時，理乘於動，在陰之靜時，理乘於靜。理「乘」氣，也同時說明了理之德，須由氣之動方能體現。然而，氣之所以動靜，則須以理為根柢。故理與氣分屬形而上與形而下者，二者不離不雜。

不離是指氣動則其中即蘊涵理，因氣之動所循者為理。理其體寂然不能動，故以氣之動，體現其至善之德，此即「理乘於動，非理動」。故就現象界而言，理氣二者渾為一體，氣隨理轉，理氣相合，實無先後之別。

不雜則是指理與氣在存有的層面，則分屬形上與形下之別，如是則理便有其超越性與先在性，故言氣之動靜，須是理為根柢。陰、陽二氣，表現了動、靜之理，陰靜陽動是稟氣的不同而流轉，而所以陰靜陽動之依據亦為理。

艮齋曾對〈繫辭傳〉所載：「《易》有太極，是生兩儀，兩儀生四象，四象生八卦」展開一番析論，以為：

> 所謂「太極生兩儀」，只是為畫卦說，非是子初有太極。而子之中方生兩儀，子之末乃生四象八卦也。而後儒往往執言，迷指使太極生兩儀推之於前，而有其始之合，殆未之思也。
> 故曰：「周、邵說太極和陰陽滾說。」（雖曰：「和陰陽滾說」，而太極依舊只是理……。）至於《易》有太極，是生兩儀，則先從實理處說。故曰《易》中便撞起說，若論其生則俱生，但言其次序則須有這實理，方有陰陽也。周、邵與《易》中所指之理，則一也。雖然，自見在事物而觀之，則陰陽涵太極；推其本，則太極生陰陽。[13]

---

13 詳參田愚：《艮齋私稿》，頁753。

　　艮齋認為學者往往誤以次序性角度解釋「《易》有太極，是生兩儀，兩儀生四象，四象生八卦」，而錯以為應先太極才有兩儀、四象、八卦。但實際上，太極中實已包含了陰、陽、剛、柔、奇、耦，故言「太極」則全然俱足。

　　前文所述「理氣非有先後」，亦即此言「太極」，則陰陽、兩儀、四象、八卦均亦包含於其中之義。艮齋以為〈繫辭傳〉所述只是就畫卦言，思辨性言宇宙氣化流行似有先後的次序。然則，就造化之生育萬物時，則在氣化流行之間已具涵太極之理。故言「太極」則足以說明自然萬化，其形上之德以及其形下氣化流轉孕化萬有之功。「太極生兩儀」之「生」，並不是次第性的生成，而是本源上的推究。同理，則單言陰陽、四象、八卦等，則其中即已具涵太極，故太極即理，因太極是合天地萬物之理而一名之。意即太極是指萬化內在的本質，即艮齋所謂的「實體」，即物為何為該物之依據，且遍在於一切。故太極之於陰陽、五行、八卦言，實則是體、用之間的關係，此即朱子學中「理一分殊」的架構。此架構，也同時聯繫了形上之理，與形下之氣的論題。艮齋在〈讀元亨利貞說〉一文中，有更清楚的說明：

　　　蓋元為生物之理，而不能自生物，故必待帝用其理，以生之也。仁為愛物之理，而不能自愛物，故必待用心其理，以愛之也。帝雖能生物，而其所以能生物之理，則出於元，而非帝之所自造也。心雖能愛物，而其所以能愛物之理，則原於仁，而非心之所自辦也。然則元為帝之本源，而仁為心之根柢也。[14]

於此，艮齋同時析明理、氣、心三者之間的關係與定位。艮齋之說承繼朱子以仁、義、禮、智釋元、亨、利、貞四德說而來。《朱子語

14 詳參田愚：《艮齋私稿》，頁747。

《類》中嘗載：

> 天之生物，便有春夏秋冬，陰陽剛柔，元亨利貞。以氣言，則
> 春夏秋冬；以德言，則元亨利貞。在人則為仁義禮智。[15]

故元亨利貞是生物之德，其具體的表現即為春夏秋冬四季的輪替。同時落於道德生命的實踐準則，即為仁義禮智；故元亨利貞是就自然生化萬物之理，在人則為仁義禮智之德。艮齋在〈讀元亨利貞說〉先辨析理氣二者之間的關係。帝指大自然生機的元氣，元為形而上之道生物之本，純然至善，只存有卻不活動，必待形而下之氣——此形構之理，通過聚散流轉以生化萬物，故言「必待帝用其理，以生之也」。艮齋亦自氣的角度明確地指出「帝」——氣之所以能生物，非其能自然如是，而是以形上之「元」——理為依據，「元為帝之本源」即是說明理是氣運行變化的根據。同樣的道理，仁為愛物之理，理為靜態之本體，故言仁「不能自愛物」，其在心為心之德。然而，心不等於仁，因心之所以能愛物，是原自於仁，而不是心自己能如是。由此可見，艮齋亦秉持著朱子釐析理、氣的思考，於此雖未直言仁是性，心為氣之靈者，然由文中所言，心之不能自辦以愛物，所以能愛物原自於仁，心在認知仁後，方實踐於具體的生命之中，體現仁之理，故仁須「待用心其理以愛之」。

綜上，可見艮齋恪守著朱子理、氣二分的思考架構，詮解《周易》對於宇宙生成乃至於人事的思考。他以為太極是理，存在於萬事萬物中，然其只存有而不活動，須以兩儀、四象、八卦等，氣化流行體現太極之理。萬化的存在均有其形上之理為依據，所有的存在均是實事實理，可以以太極、理統言之。然則細究，則一事一物均有其形

---

15 詳參〔南宋〕黎靖德編：《朱子語類》（北京市：中華書局，1986年），卷20，頁49。

上之根據，元亨利貞所代表四時四德，即是造化生發萬物過程中所依憑之理，具體呈顯於現象界則為春夏秋冬四時之變化，萬物依陰陽二氣於各時節消長的情況，而各得其所。故艮齋在文末亦再次補充道：「心固是主宰底意，然所謂主宰者即是理也。」[16]心是主宰是就心之妙用處說，然理之主宰是就其超越性的依據而論。如是理遍在於一切，體現在自然萬化中的一切，乃至於人世倫常等，在《周易》中即以太極稱之。

三　「《易》心道性」與「性師心弟」

　　艮齋田愚認為太極為《周易》中最高的價值依據，提出了「《易》心道性」與「性師心弟」的論點，以下分別論析。

（一）《易》心道性

　　「《易》心道性」是艮齋總結其所學，以釋《朱子語類》所載：「就人一身言之：《易》，猶心也；道，猶性也；神，猶情也。」[17]之說，辨明《易》與道之間的關係，他認為：

> 《易》心也，道性也，朱子此語確然不可移易。嶺人強將「易」字做實理，則《易》有太極，作理有太極得否？朱子曰：「以潛、見、飛、躍觀之，其流行而至此者，《易》也；其定理之當然者，道也。故明道亦曰：『其體則謂之《易》，其理則謂之道。』而伊川又謂：『變易而後合道，易字與道字不相似也。』……《易》中無一卦一爻不具此理，所以沿流而以求

---

16 詳參田愚：《艮齋私稿》，頁747。

17 詳參〔南宋〕黎靖德編：《朱子語類》，卷95，頁13。

其源也。」……若把《易》做理，是認流為源，指器為道，本
末上下一切顛倒。[18]

艮齋以為「《易》有太極」並不等於「理有太極」；於此，「易」並不
等於「道」。因為艮齋是就現象界陰陽二氣消長變化而有晝夜寒暑，
所有的人、事、物亦不斷地更迭移易、交相變易的情狀以釋「易」。
故「易」是說明氣化流行的情狀，他引朱子〈答方伯謨〉[19]一文為之
論說，朱子以為〈乾〉道之終始以龍為喻，明終始之道，以時而成，
君子審時度勢，明進退之道。龍之所以有潛、見、飛、躍不同之動，
是因氣化流行變易，時勢變化無常，故爾順勢而行，以得立身安處之
道。朱子認為「易」即指氣化流行的過程中，由低漸高，由微而著等
各種情境，故言「流行而至此者，《易》也」。〈乾〉之德體現了動止
以時之德，故所以潛、見、飛、躍，實本於能明會環境之變化情勢，
順理而行，體現隨時變易以從道，而此即「理之當然者為道」。因此
伊川語：「變易而後合道，易字與道字不相似。」即說明了《易》並不
等於道，二者在本質上並不相同。文中引明道：「其體則謂之《易》，
其理則謂之道」一語，來說明《易》與道之別。朱子認為於此之
「體」並非指超越現象界之本體，《朱子語類》中嘗解釋道：「體不是
體用之體，恰似說體質之體。猶云『其質則謂之《易》』。」[20]然則，何
以以《易》為心，以道為性，因朱子認為：

　　「其體則謂之《易》」，在人則心也；「其理則謂之道」，在人則
　　性也；「其用則謂之神」，在人則情也。所謂《易》者，變化錯

18　詳參田愚：《艮齋私稿》，頁754。
19　詳參〔南宋〕朱熹：《晦庵集》（臺北市：臺灣商務印書館，景印文淵閣四庫全書
　　本，1979年），卷44，頁27-28。
20　詳參〔南宋〕黎靖德編：《朱子語類》，卷5，頁4。

綜，如陰陽晝夜，雷風水火，反復流轉，縱橫經緯而不已也。
人心則語默動靜，變化不測者是也。體，是形體也，言體，則
亦是形而下者；其理，則形而上者也。[21]

故《易》所以與心相比擬，是因《易》之變化流轉不已，就如人之
心，語默動靜變化不測般，均是形而下者，然其依循著均為形而上、
至善至常之理與性以為動。以上引文，艮齋在〈答田璣鎮兼示鄭衡
圭〉中，嘗提到此為朱子五十歲後所言之論，亦是他力主朱子心為形
而下者之據。[22]「《易》心道性」呈顯了艮齋能清楚掌握朱子思想的基
本架構，即理、性與氣、心，形上與形下之別。艮齋認為若不能辨析
何者為理？何者為性？那麼行為便會失卻了價值的依歸，如是便有
「認流為源」、「上下顛倒」之弊。故特言「《易》心道性」的用意，
是為辨析流與源、器與道的不同，明本末之判，則學者所學方有依
據。學者學道，以心學之，故艮齋續道：

> 有道而無從道之心，更成何等造化耶？先生詩：「問渠那得清
> 如許。」此流行之心也。「為有源頭活水來」，此本然之性也。
> 《易》與道，既可以源流言；則心與性，獨不可以體用言耶？[23]

於此引朱子〈觀書有感〉詩句中所載，指出「問渠哪得清如許」，所
指即為語默動靜變化不測之流行之心，若此心能澄明，則能吸收新知
而成學問。然而，心之所以能如是清澈如鏡，則在於此心能時時踐履
其性之本然之道，「為有源頭活水來」即說明心之所依者為性。屈伸
往來之氣與寂然至善之道若有流源之別，則心與性則亦同時有體用之

---

21 詳參〔南宋〕黎靖德編：《朱子語類》，卷95，頁13。

22 詳參田愚：《艮齋先生文集》，《前編》，卷11，頁27。

23 詳參田愚：《艮齋私稿》，頁754。

判，再次強調心與性不能混為一說，應辨明體用，才得以言能學者何？應學者何？如此學者方有依準。

（二）性師心弟

艮齋田愚生處於國家動亂之際，內憂外患不斷，身為一名儒者，其欲拯時救弊之心切可想而知。在他的文章中，一再地通過援引諸家之說，以明心、性之別，期許當時的學者明白性、理方是萬化的依據以及價值準規。國家之所以亂，是因學者往往流於「師心自用」之弊，因此艮齋嘗道：

> 近年康、梁輩，打破綱常，掃去經籍。卻將墨、穌為聖神，亂賊為明良，渠皆自謂學陸、王。而一切萬事，皆師心自用。自是以來，子而逃父，臣而販君，士而侮賢，弟子而詬斥師長者，……聖學不尊二理（性外無它理），願吾黨諸子志之勿忘。[24]

> 孔子之心，見惡人，且以為師。今之學者，其心於純粹至善之性，苦死不肯以為師甚矣，其驕傲也。其心妄自認為理，而不欲俯首受教於性師，其不歸於師心自用，任意妄行之科者，幾希矣！[25]

艮齋認為若學者均依陸、王心即理之見，循著現成良知的思路，認為內證即可直契本體，且以求本心而為修身之道，而不肯辛苦求學，那麼實則只是放肆其心，流於師心自用之弊。因為當喪失了客觀且超越的性、理為基準時，人人以自心為理，那麼便會妄以自心所思、所想

---

24 詳參田愚：《艮齋先生文集》，《後編》，卷9，頁75。
25 詳參田愚：《艮齋先生文集》，《後編》，卷13，頁87。

即為至善之理，驕傲而不肯從師，那麼國家、社會、家庭之亂由是而生。艮齋嘗道：「天下大變有三：妻奪夫位、臣奪君位、夷奪華位，若氣奪理位，則彼三變者。」[26]可見，他認為若誤以「氣奪理位」，則其弊就如同綱紀倫常之失序。可知，艮齋何以一再強調雖然在現象界理氣並無先後之別，然而若就存有的角度以觀，則須辨明先在的重要性。以及他一再強調吾人之心體，屬於形下之氣故，因惟有確立客觀性的標準，方能使學者之學有所依憑。故對於太極與吾人之心的關係，艮齋嘗道：

> 天下之物，未有能遺之者，此太極之理，所以為自然之宰也。故儒者之學，雖以心為一身之主宰，然任其所為而已，則流於異學之弊。故又必以理為本，而凡有所運用造作，一皆根極乎仁義禮智之性，而為之用耳。……然則，心為一身之主宰，而性又一心之宰也。但心之為主宰，以其至神至靈，而有妙眾理宰萬物之能故也。至於性則雖其無情無為，而實有主一心體萬物之妙。故人之論極本窮源底主宰者，必以是為歸也。[27]

艮齋認為天地間只有此一理，即形而上之道體——太極，在於人則為性，性為人心之依準，故性外無它理，故亦嘗道：

> 蓋天地之太極，賦於心而為性，則為當尊之理。陰陽之至靈，具是性而為心，則為能尊之材，此是聖學原頭，不可差誤。[28]

理是心之理，非心即是理；心是陰陽之靈者，故可由心之功能，以求

---

26 詳參田愚：《艮齋先生文集》，《後編》，卷13，頁65。

27 詳參田愚：《艮齋先生文集》，《前編》，卷2，頁35。

28 詳參田愚：《艮齋先生文集》，《後編》，卷9，頁75。

至善之道，至善之道亦為聖學之源。艮齋認為太極之理，為萬化之本，仁義禮智之性亦本於此，故人從學，亦應以人之心，學習本於太極之理之仁義禮智。艮齋並且以朱子以性為太極，以心為陰陽之論，認為天與太極當尊，而心與陰陽當卑。他嘗道：「心之知覺，原於性命，原之者當卑，而為之原者，當尊也。」[29]性為心之原，性渾然至善，故為尊，為心所師法的對象。人之心雖本善，但所謂的惡又有自心所出者，在「至善者當尊而有善，有惡者當卑」的原則下，提出了「性師心弟」之說，[30]認為性為心所應師法的對象，學者從學不應無限制地強調自身的內在性，而是應以具超越性質的性為前提，如是準則確立，則所學方有依歸，且國家社會則亦可依此性理為基準，不致紊亂失常。

如是，以觀艮齋言「《易》心道性」之用意，亦是期能通過釐析形上與形下之架構，以明心性之道，以誡學者勿自驕於己心，而是應篤實向學以性為師、為道之源。通過艮齋對於理、氣、心、性的思考，可見其承繼著栗谷一系的傳統，並對於朱子的思想有了精確地把握，是以其學能維繫「朱子學在朝鮮的始終條理」。[31]

四　〈坤〉、〈復〉說辨

《易》心道性說明了在理氣二元的架構中，心屬於形而下者，則

---

29 詳參田愚：《艮齋先生文集》，《後編》，卷13，頁86。

30 有關「心師性弟」之論，參見林月惠：《異曲同調——朱子學與朝鮮性理學》（臺北市：臺灣大學出版中心，2010年），頁41-42，以為：「性屬於理，心屬於氣，心為師，性為弟。性如孔子說『余欲無言』，心如顏回之『虛心受教』。」

31 「朱子學在朝鮮的始終條理」一語，參見林月惠：《異曲同調——朱子學與朝鮮性理學》，頁43。認為就田愚的思想論述，能夠承繼朱子的思想，並以程朱的性理學，做為至上的價值根源，故直至朝鮮王朝晚期，田愚依然能維繫「朱子學在朝鮮的始終條理」。

心之內涵與定位為何？即為此處所欲討論者。艮齋「性尊心卑」，並不是否定心的意義與價值，而是通過提高性的定位，以示不應無限度地以為心作為最高的價值依準。他以為《周易》中的〈坤〉、〈復〉二卦即可說明人心的功能，亦同時縊合已發、未發之論。艮齋〈坤復說辨〉即為了辨明有以〈坤〉卦為至靜、以〈復〉卦為靜，而將二者均歸屬於未發之論，並不真正契合於朱子的思想。艮齋深察朱子前後之論，並考其著作年表後，認為朱子對於〈坤〉、〈復〉二卦已發、未發之思考，實經過一番的轉折後方有定論。

（一）靜極復動

　　〈坤〉卦為純陰之卦，為十月之卦，〈復〉卦為十一月之卦，象徵天地生物之機近於滅息之際，在人則若本心幾息而復見之端。艮齋認為〈復〉卦之一陽初動，即已為動之端，故不應以其為靜而屬未發，嘗道：

> 夫一陽初動已是動之端，豈可謂之未發乎？昔陳安卿問未發之前是靜，而靜中有動意否？朱子答謂：「不是靜中有動意，只是有動之理。」今此一陽之動已是動之端，非直為動意而已，而可以擬於未發之靜乎？大抵〈坤〉、〈復〉之閒，是一陰一陽，動靜之大分，〈復〉之一陽始生（正濂翁所謂「靜極復動」者也），不可與靜中有動，動中有靜合作一處說者。[32]

首先，就自然之運行以觀，十二辟卦是取卦象中陰、陽爻之消長，以象徵一年十二月裡各月陰、陽二氣之消息。〈剝〉卦為九月之卦，以一陽在上，象徵陽氣即將剝盡，故進入十月為純陰之〈坤〉卦，時序

---

32 詳參田愚：《艮齋私稿》，頁748-749。

已進入冬季。十一月〈復〉卦，冬至為一年最寒冷之時，在萬籟俱寂之際，一陽已復生於下，地雷為〈復〉，即象徵已有一生機方隱藏於地下。故朱子嘗道：

> 夫人徒見生意之發於春夏，而不知夫藏于根荄也。觀諸草木搖落之時，生意若息矣，而根荄膏潤苞芽潛萌，是乃終而復始，蓋性情然也。[33]

終而復始，故能恆而無窮，〈坤〉而至〈復〉，可見天地生物之心，此生物之心是氣運流行而言，在本體言之，即所謂「繼之者，善也」，而均呈顯了周敦頤（茂叔，濂溪，1017-1073）所謂「太極動而生陽」之論。[34]艮齋認為〈復〉卦其下之一陽爻正是動，實不得再言之為靜，並舉陳淳（安卿，北溪，1159-1223）問朱子未發之前是靜，則靜中是否有動意，朱子答「不是靜中有動意，只是有動之理」為據，說明如是則〈復〉卦既有一陽之動，則不可再言其為未發之靜。故認為〈坤〉卦與〈復〉卦正為一陰一陽動靜之大分，在此之動靜並不只是指在氣化流行中「靜中有動，動中有靜」之動靜相資相待而言，而是就「靜極復動」循環返復之動靜言。艮齋認為《中庸或問》是朱子晚年定論之作，方可作為論證其思想的依據。《中庸或問》嘗載：

> 蓋當至靜之時但有能知覺者，而未有所知覺也。故以為靜中有物則可，而便以纔思即是已發為比則未可。以為〈坤〉卦純陰

---

33 詳參〔南宋〕朱熹：《晦庵集》，卷48，頁44。

34 詳參〔南宋〕朱熹：《晦庵集》，卷48，頁44。嘗載：「太極動而生陽，以本體言之，即《易》所謂『繼之者善也』。以氣運言之，即《易》所謂『〈復〉其見天地之心也』。』……有以見天地之心，則知太極之動而生陽矣。」又朱熹：《周易本義》，頁238，曰：「繼，言其發也。善，謂化育之功，陽之事也。」

而不為無陽則可，而便以〈復〉之一陽已動為比則未可也。[35]

　　艮齋依此而以為〈坤〉卦純陰，故可形容至靜是沒有錯的。但誠如《中庸或問》所載〈坤〉卦雖為純陰之卦，然其中亦含有陽之德，即陰中有陽，陽中有陰，若艮齋所謂「靜中有動，動中有靜」為陰陽動靜之理。然〈復〉卦之一陽始生並不同於此，故《中庸或問》載明不應與之相比，而艮齋更指出，此為「靜極復動」此循環性質的動靜。由是亦可見艮齋對於朱子思想的掌握，及其在精微處邏輯的辨析。

（二）已發、未發

　　〈坤〉、〈復〉二卦之辨，同時又縮合了心的知覺功能與意涵。對於《中庸或問》中所載「能知覺」與「所知覺」之論，艮齋認為將所知覺認定為未發之時，且又將〈復〉卦與之相比，實是不正確之論。於此，首先應釐定艮齋對於理、氣的界定之於人身的意義為何，以及其對於未發、已發之思考，嘗道：

> 性心體用，非以動靜寂感而分，乃是以理氣本末而言。如未發而無偏，已發而無乖，皆是心之妙用。而其所以未發、已發而無偏、無乖者，又是性之本體也。……目視耳聽，手舉足運，見於作用者，固亦是心也，然但以此而論心，則所謂心者，卻是偏側不周正之物也。性固當為視聽舉運之本，而若只此而語性，則卻不見性為動靜寂感所以然之妙也。[36]

> 未發之前，此心炯然（知覺）純一。（敬功以聖人言則為誠）

35　詳參〔南宋〕朱熹：《四書或問》（臺北市：臺灣商務印書館，景印文淵閣四庫全書本，1979年），卷3，頁22。

36　詳參田愚：《艮齋先生文集》，《前編》，卷1，頁10。

不偏不倚。而道體（太極）呈露。已發之際，此心卓然公正，
無適無莫，而義用顯行（聖人自然如此，賢人欲其如此）。³⁷

艮齋以為要分判性、心、體、用之間的關係，應從理氣本末處著手，
理為本，氣為末，在理氣二分的架構下以見性體心用。此理氣二分的
架構中，吾人之心雖屬形而下者，然而其以妙用，而能在未發時攝
性，使其心其行湛然無偏；在已發時攝具著情，應事接物合理無乖。
然而無論此心在未發或已發處，其無偏、無乖者均以性為其本體、為
其依據。然而，性理若未為心管攝並體現之，則其動靜寂感之妙然亦
無法呈顯於世。在此，確認了性為心之體，而心為性之用，且已發、
未發均屬心邊事。然則，未發之時此心清朗純淨，以持敬之工夫涵養
之，則得不偏不倚，而全然呈現道體之寂然至善。當此心處於已發之
時，若亦能持敬之工夫識察之，亦能在紛糾擾攘的萬事中，秉此卓然
公正之心，使其品節不差，一切合義與理而行。準此，則心為吾人工
夫之樞紐，在理氣二分的架構中，心有其特殊性，故艮齋嘗道：

> 故凡有覺、有為者，雖合乎道，亦不得謂之理也。……若又以
> 理氣，分而言之，則其所知覺視聽者，是理也；其能知覺視聽
> 者，是氣也。以是觀之，其於理欲、理氣之際，要須精辨其界
> 至。勿令少有彼此攙入之失，然後方不墮於認氣為理之弊矣。³⁸

所謂有覺、有為者，即指人之心，艮齋於此清楚說明，即便此心經過
工夫的修養，終使其在無處不合於道；然則，其畢竟是心，而不是
理。在此先辨明「所知覺」與「能知覺」之別，朱子嘗道：「所覺

---

37 詳參田愚：《艮齋先生文集》，《前編》，卷2，頁14。
38 詳參田愚：《艮齋先生文集》，《前編》，卷2，頁37。

者，心之理也；能覺者，氣之靈也。」[39]

　　所覺是指心所應知覺者，形而上之道體——理，心之理即為性，心應依憑著形上之理為據。能覺者，即能知覺者，是氣之靈，為人之心。且心以其知覺視聽所應認知的對象，亦為此形上至善之理。對於知覺的定義，艮齋嘗道：

> 夫所謂能知覺云者，自知寒覺煖，以至於知其為人，知其為物之類，而總言之也。……曰：「知覺與聞見為一類。」[40]

艮齋認為知覺即是聞見，而所謂的聞見即是指心的認知能力，故心為認知心。總之，以上艮齋對於理、氣、心、性、已發、未發、所知覺、能知覺之界定後，復見艮齋辨證〈坤〉、〈復〉二卦，已發、未發之論時，即可更為明白其說之所由。嘗道：

> 夫未發之時，有聲色過乎前，則耳自能聞，目自能見矣。既有聲色之入於耳目者，則安得為無所聞無所見乎。……至靜之時，心有所知覺，此所謂知覺，即與聞見為一類也，實是朱子之意也。若必以為無所知、無所覺然後為至靜云爾，則無乃與朱子所識不識四到時節有此氣象者，相近耶！然則《或問》所謂「所知覺」，此所謂知覺，即與視聽為一類也，非以靜中自然有所知覺者而言，實以知覺之發於思慮者言也。[41]

艮齋清楚地掌握了，無論未發抑或已發，均屬於心，在理氣二元的架構下，心屬於形而下，為氣之靈者。故心即便在未發之際，也會因外

---

39 詳參〔南宋〕黎靖德編：《朱子語類》，卷5，頁5。

40 詳參田愚：《艮齋私稿》，頁751。

41 詳參田愚：《艮齋私稿》，頁751。

在環境的刺激而能有所知、有所覺，但卻不可便以為此時之心即已有
思慮之萌。艮齋對於至靜時心之屬向，以為：「《中庸或問》云：『至
靜之中，有能知覺者』，此又以知覺屬心，而不將作已發後智之用
矣。」[42]故至靜之中能知覺者亦為心，在此所謂「不將作已發後智之
用」，是指當心在已發之時，通過認知理解形上之仁義禮智等之性
後，以調結節其情者。故至靜之時為未發之狀態，而智亦屬乎形上之
性。然至靜之時並非無所知覺，故朱子亦嘗道：

> 若必以未有見聞為未發處，則只是一種神識昏昧底人，睡未足
> 時被人驚覺，頃刻之間不識四到時節。[43]

因為心之已發、未發否，並不是在於是否有知覺為判，因心本具知覺
的能力，故無論已發、未發之時，當外在環境之色入於感官時，感官
必然因接受而有所知、有所覺。在此，應注著至靜之時，是心「有所
知覺」而不是前邊所謂的「所知覺」。故誠如《中庸或問》所載：「至
靜之時但有『能知覺』者，而未有『所知覺』也。」在此能知覺即指
心本具之認知能力，然而畢竟未發之時，心處於思慮未萌之狀態，故
僅只於因聲色入於感官之知覺。

　　艮齋以為《中庸或問》認為至靜之時，未有「所知覺」，因為所
知覺歸屬於形上之理。心當至靜未發之時，心以認知之作用觀攝著
性，即認知心能認知形而上寂然不動之本體，此即朱子所謂未發之
時，心處於思慮未萌，知覺不昧之狀態。此亦《中庸或問》所以言：
「故以為靜中有物則可，而便以纏思即是已發為比則未可。」朱子在
中和新說後，認為當心處未發時，心無論如何是關聯著性理，然心非

---

42 詳參田愚：《艮齋先生文集》，《前編》，卷7，頁14。

43 詳參〔南宋〕朱熹：《晦庵集》，卷48，頁49。

性理，然僅此，若能以持敬的工夫涵養之，則心亦可處於至靜的狀態。故艮齋嘗道：

> 未發之前心有所知，只是因物之過乎前，而知之、覺之耳，非便有思慮之萌。則此心寂然之本體，初未嘗纖毫變動，直是無兆眹（案：同「朕」）可見，正所謂雖鬼神，有不能窺其際者，此又何損於至靜之體？而必欲遞降一等，以為只可屬之靜，而不可謂之至靜也乎。因物之過乎前而知之覺之者，只謂之靜，而謂之非至靜，且況可以之比一陽已動之〈復〉卦乎？[44]

艮齋恪守著朱子在中和新說後，對於心體在已發、未發狀態的界定。朱子以為心在未發之時，由於其以認知的作用攝具著形上之理——性，故能體現形上寂然不動之本體，故此是就心管攝著性時如是而言。然而，人於世必須應事接物，故此時便會生發種種的情緒，情是心在與外在環境產生互動，所自然產生的氣，其善惡自有賴心為之主宰，此即所謂的「心統性情」。艮齋認為未發之心，即便靜然若寂然之本體，但是並不能因此否認了心的知覺能力。因此，艮齋認為若以〈坤〉、〈復〉二卦均屬為未發，卻以〈坤〉卦為至靜，以〈復〉卦為靜，只因〈復〉卦之一陽之動，就認定其已受外在聲色之影響而有所動，而降一等，則如是之說法並不契合於朱子的思想。因為就朱子的思想而言：

> 心本是箇活物，未發之前雖是靜，亦常惺惺在這裏，惺便道理在，便是大本處，故謂之有動之理。[45]

---

44 詳參田愚：《艮齋私稿》，頁751-752。
45 詳參〔南宋〕朱熹：《晦庵集》，卷57，頁27。

「惺在這裏」是指心在未發之時虛靈不昧，亦為能知能覺的狀態。故〈復〉卦之一陽初動，既已動，則不再屬於靜。因人之心體，既已接物而有思、有感，則亦不復於思慮未萌之未發之際。應物而情發，若其心能察照，則亦可契理合節，故已發之時亦能體現至善之道。故艮齋嘗道：

> 吾人論性理，要將聖賢言語，就自己身心，從容覰索，密切體究，以驗其契合與不契合。然後又必見於所存所發之地，乃為實學爾。[46]

所存所發之地，即為形上之理。由是以觀，在未發之時，也無須再強有靜與至靜之別。

艮齋藉由〈坤〉、〈復〉二卦，靜與至靜、已發與未發之辨，以釐定朱子思想中已發、未發的思想內涵，且於文末以「纔靜過時已是動，一陽生處便非陰。中和界至斯而已，底事丹翁較淺深（案：「較淺深」）」[47]此詩作結。未發之時心體至靜，主要是在讓人明白，此心之虛靈不昧。故若〈復〉卦般，此心在應事接物之際，若能尚有此本善之端，明覺而持敬，便能復返於正道。承如前節所論，艮齋以為國家社會之亂本於學者「師心自用」，即以性為師，但並不是就此反對心的功能，嘗道：

> 理是心之理，非心即是理，故晦翁言：「凡事皆用審箇是非，擇其是而行之，止此是，是理。而審與擇與行，是心。」[48]

---

46 詳參田愚：《艮齋先生文集》，《前編》，卷7，頁15。

47 詳參田愚：《艮齋私稿》，頁752。

48 詳參田愚：《艮齋先生文集》，《後編》，卷9，頁75。

他強調性心本末體用，是為了立其大本，藉由強調性的超越性來說明，心之發用應以性為本。他以為學者應「學性以成其德」，即指人應該學習形上至善之理，使其心與理契合，而此即若朱子所謂「明善而復其初」的思想。[49]

　　艮齋通過對於〈坤〉、〈復〉二卦已發、未發之辨，實是欲肯定人之心體，無論在已發、未發處，均有其能「復於善」之知能，呈顯心通過工夫以成德，允為實踐的形上學。

五　結論：理氣心性《易》道貞

　　（一）艮齋在理氣二分的架構下，以理、氣、心、性闡明《易》學的相關論題，並由是說明其對於本體、宇宙、心性、工夫等面向的思考。因此，艮齋在論述其思想時，一再強調應明辨理、氣間二者的意義與定位，以及何者屬理與何者屬氣的重要性。就其體察國家之失，社會之亂後，深感若未明根據性與超越性之理，則學者從學將面臨「師心自用」之失，國家社會也因失卻客觀性的準則而失序。

　　（二）在理氣二分的架構下，艮齋以為太極、理是萬化的存在，均有其形上之理為依據，元亨利貞即是造化生發萬物過程中所依憑之理，具體呈顯於現象界則為春夏秋冬四時之變化，萬物依陰陽二氣於各時節消長的情況，而各得其所。故他一方面肯定氣之運行流轉，體現道體之德，二者不離不雜，但一方面亦表示，理、氣之間實則有主、有從，有尊、有卑，學者從學當以尊者為師。

　　（三）艮齋在「《易》心道性」中，辨明《易》為現象界氣化流

49　以上有關田愚「學性以成其德」與朱子「明善而復其初」的相關論述，詳參黃俊傑：〈朝鮮儒者詮釋《論語》「學而時習之」章的思想基礎〉，收入高明士編：《東亞傳統教育與法制研究（一）──教育與政治社會》（臺北市：臺灣大學出版中心，2005年），頁124-126。

行者、變化者，以寂然不動之道為其依據。人之心語默動靜，變化不測，故屬於《易》；性為心之原，性渾然至善，尊於心，故心當以性為其師法的對象，此即其所謂「性師心弟」之論。

（四）在〈坤〉、〈復〉二卦之辨中，艮齋認為〈坤〉至〈復〉，所呈顯的是造化靜極復動，循環不已之理，此則與動中有靜，靜中有動之動靜不同。且他以為〈復〉卦之一陽始動，既為動之端，則當屬已發。在已發、未發之論中，艮齋清楚地闡明了朱子在中和新說中，將已發、未發均歸屬於心，且不應在未發處強分靜與至靜。艮齋通過二卦之辨析，肯定吾人之心體，無論在已發、未發處均有「復善」的能力。因心通過其知覺的能力，縮攝性理，則可使學者之出處進退，均合理而合德。

附錄一
十六世紀末朝鮮王朝《易》學的「程、朱抉擇」

陳俊諭[*]

　　中國宋代程、朱《易》學在高麗朝晚期東傳韓國後，於十四世紀到十六世紀之間，出現階段不同的接受過程，並且在十六世紀末的朝鮮王朝（1392-1897，大韓帝國，1897-1910）引發激烈的「程、朱抉擇」論爭，這段學術史發展過程向來未被學界所特別注意。這場論爭最終對朝鮮王朝《易》學產生決定性的影響，在「尊朱派」學者的呼籲下，朝鮮王朝的經筵講《易》從「單講《程傳》」，演變為「程、朱並講」，國譯本《周易諺解》也一併展開重修工作。尤其，退溪李滉（景浩、季浩，陶翁、退陶，1501-1570）弟子因為各自體會師說不同，或「專主《本義》」，或「兼《程傳》」，在學界掀起了激烈的學術論戰。透過對韓國朝鮮王朝《易》學「程、朱抉擇」課題的探討，可以釐清程、朱《易》學東傳先後「被接受」的過程，觀察朝鮮王朝士人《周易》經注閱讀習慣的重大轉變，並更深入認識朝鮮王朝經筵論《易》的情況。這三個問題對於掌握韓國朝鮮王朝《易》學的發展動向，至關重要。[1]

---

* 臺灣師範大學國文學系與碩士班畢業、北京大學中國語言文學系博士。

1 本文作者為筆者碩士學位論文指導學生，徵得其同意，轉刊於本書，並經筆者重新編輯，略加修潤增補文字內容。本文原標題為〈16世紀末韓國《易》學的「程朱抉擇」〉，發表刊載於《周易研究》2020年第4期（總第162期），頁70-76。茲為配合本書書名，故改作今名，特此說明。

一　前言

　　韓國《易》學界關於《周易程傳》與《周易本義》的研究，一般認為《程傳》東傳的時間在高麗晚期，當時精通《程傳》的著名學者是鴻儒禹倬（天章、卓甫，易東，1263-1342）。當代韓國關於《周易本義》的研究，也都掌握朱熹（元晦，晦庵，1130-1200）《易》學以卜筮解《易》、以卦變解《易》、以卦象解《易》、以卦德解《易》，以及闡揚《周易》義理思想等要點。至於「經書諺解」方面的研究，成均館大學校李忠九博士論文《經書諺解研究》則注意到明初《五經大全》對於宣祖（1567-1608，李昖，1552-1608）朝校正廳本《三經諺解》的影響，以及世祖（1455-1468，李瑈，粹之，1417-1468）「以《程傳》定《周易》口訣」，再迄宣祖朝「兩據《傳》、《本義》」定口訣（國譯本）的變化。目前韓國學界普遍認定，校正廳本《周易諺解》與中國《周易大全》一樣都有「程、朱兼采（案：同「採」）」的情況。實際上，宣祖朝《周易諺解》的口訣變化，正象徵著朝鮮王朝《易》學的發展，從「專重《程傳》」到「並重《本義》」的轉變，可惜這個議題目前仍缺乏關注。經筆者研究發現，同在高麗末朝鮮初東傳的《周易本義》，遲至十六世紀才得到朝鮮王朝士人的重視，從而開啟一系列尊朱與尊程的學術論爭。因此，筆者認為提出韓國朝鮮王朝《易》學的「程、朱抉擇」論爭，進行這一問題的討論非常必要，而使用「抉擇」一詞探討這個重要議題較為貼切，這比一般元、明《易》學所論之「兼采程、朱」與「程、朱折中」，在中、韓學術史的比較探討上，意義更為鮮明準確。

　　以下，即從宣祖朝前後論《易》、引《易》的轉變比較論起，次及退溪李滉（景浩、季浩，陶翁、退陶，1501-1570）時期朝鮮學者的「程、朱抉擇」論爭，據此說明十六世紀朝鮮王朝經學的「程、朱抉擇」，以及其影響究竟為何。

二　朝鮮王朝初期的經筵論《易》

　　關於《程傳》東傳朝鮮的時間，目前學界一般以高麗晚期學者禹倬（天章、卓甫，易東，1263-1342）以《程傳》「教授生徒」為標誌。[2]《高麗史》中還有兩筆高麗博士到中國購買經籍的紀錄——其一為金文鼎在一三〇四年入元，購買「六經」等書。[3]次為柳衍於一三一四年入元，購回經籍一萬八千卷。[4]筆者又查元仁宗皇慶二年（1313）十一月下科舉詔，《周易》以程氏、朱氏為主，[5]來年延祐元年（1314）正月即頒科舉詔於高麗。[6]以上這三個時間點，都是《周易程傳》與《周易本義》傳入朝鮮的可能時機。

　　以《高麗史》的相關紀錄來看，在禹倬之前，高麗學人似乎未對程頤（正叔，伊川，1033-1107）《易》學予以太多關注，禹倬是《程傳》「初來東方」時的第一位專家。而在禹倬之後，如李穡（穎叔，牧隱，1328-1396）、鄭夢周（達可，圃隱，1337-1392）、鄭道傳（宗

2　《高麗史・禹倬列傳》：「倬通經史，尤深于《易》學，卜筮無不中。《程傳》初來東方，無能知者，倬乃閉門月餘，參究乃解，教授生徒，理學始行。」詳參鄭麟趾：《高麗史》（臺北市：文史哲出版社，1972年），卷109，頁307。下引該書，僅隨文標注書名、卷數與頁碼。

3　《高麗史・忠烈王世家》甲辰30年5月條：「珦又以餘貲付博士金文鼎，送江南，畫先聖及七十子之像，又購祭器、樂器、六經、諸子、史以來。」《高麗史》，卷32，頁504。

4　《高麗史・忠肅王世家》甲寅元年六月條：「成均提舉司，遣博士柳衍、學諭俞迪於江南購書簿，未達而船敗，衍等赤身登岸。判典校寺事洪瀹，以太子府參軍在南京遺衍寶鈔一百五十錠，使購得經籍一萬八百卷而還。」《高麗史》，卷34，頁532。

5　《元史・選舉志》：「考試程式：漢人、南人第一場明經、經疑二問，《大學》、《論語》、《孟子》、《中庸》內出題，並用朱氏《章句集注》，復以己意結之，限三百字以上。經義一道，各治一經。《詩》以朱氏為主，《尚書》以蔡氏為主，《周易》以程氏、朱氏為主。」〔明〕宋濂等：《新校本元史並附編二種》（臺北市：鼎文書局，1977年），頁2019。

6　《高麗史・忠肅王世家》甲寅元年春正月條：「丙午，元以行科舉，遣使頒詔。」《高麗史》，卷34，頁531。

之，三峯，1342-1398）等高麗末朝鮮初的學者都是以《程傳》為主
要研究對象，反觀《本義》在當時卻沒有得到同等關注。[7]到了朝鮮
第二代性理學者權近（可遠，思權、陽村，1352-1409）的《周易淺
見錄》雖主《程傳》，但已經開始略重《本義》，他解釋〈乾〉卦「元
亨利貞」云：

> 「〈乾〉：元亨利貞」，文王之辭，本占法也。孔子解作四德，
> 蓋占筮之所以有吉凶，亦由是理之所自然者爾。故筮得〈乾〉
> 者，其占為大通而利於貞者，亦是卦有是四德故也，非是別為
> 一說以異文王，故可並觀而不相悖也。[8]

這正是近於朱熹「《易》本卜筮之書」的觀點。百餘年後的退溪（李
滉，1501-1570），其《周易釋義》在引述上更是完全偏重《本義》，
並且正式提出讀《易》應以《本義》為先的口號。那麼，令人疑惑的
是，朝鮮王朝早期的學術風氣專主《程傳》，何以在十六世紀末出現
了推尊《本義》的風氣？這是否意味韓國《易》學的發展，開始從高
麗末的專主《程傳》走向並重《本義》？這是否為一普遍現象？影響
範圍又是如何？想要解答這些問題，或可從《朝鮮王朝實錄》中論
《易》、引《易》的文獻談起。

　　根據近人研究，朝鮮在太祖建國伊始（1392）即沿襲高麗朝設立
經筵官制，但卻遲遲未實際施行，[9]一直到朝鮮定宗（1398-1400，李

7　《圃隱先生集‧憶鄭散騎三首》：「光風霽月鄭烏川，獨究遺篇續不傳。曾與病軀游
　　泮水，故承交契已多年。」「老來《易》學慕伊川，羲畫仍將繼邵傳。馬錫康侯三
　　見接，女貞不字十經年。」〔韓〕民族文化推進會編：《韓國文集叢刊》（漢城市：
　　景仁文化社，1996年），第5冊，頁615。下引該書，僅隨文標注書名、冊數與頁碼。
8　權近：《周易淺見錄》，載《韓國經學資料集成‧易經》（漢城市：成均館大學校出
　　版部，1996年），第1冊，頁8。
9　太祖元年七月二十八日條：「經筵官皆兼掌進講經史。領事一，侍中已上；知事

芳果，李曔，光遠，1357-1419）時期，才正式開設經筵，迄於世宗
（1418-1450，李祹，元正，1397-1450）朝體制逐漸完備，次數多達
一八九八次。[10]而《朝鮮王朝實錄》中除了歷朝經筵紀錄外，也常能
見到君臣對話援引經典以為論據，甚至引用後儒經說的情況。筆者認
為，這兩類文獻都是可資觀察朝鮮王朝《易》學發展動態的重要憑
據，大致體現了宣祖朝以前朝鮮士人「經注閱讀」的主流風氣。

　　因此，筆者考察了朝鮮定宗以降，《朝鮮王朝實錄》中所有君臣
論《易》的材料，發現在宣祖（1567-1608）朝以前，君臣對話如有
引《易》，都是援引《程傳》而非《本義》。例如朝鮮定宗元年
（1399），司憲府上疏請罷家甲，即援引《程傳》「輿尸，眾主也」以
釋〈師・六三〉「師或輿尸，凶」，而奏請禁絕私人武裝。（《朝鮮王朝
實錄》，第1冊，頁159）世祖（1455-1468，李瑈，粹之，1417-
1468）十一年（1465），召成均館司藝鄭自英（文長，？-1474）、直
講丘從直（正甫，安長，1404-1477）、俞希益等人御前論《易》，為
御定口訣的翻譯做好事前準備工作，而世祖乃云：

　　　　予觀《易傳》，《程傳》甚通，《朱傳》或疑。朱不及程大遠，
　　　　予故以《程傳》定口訣。（《朝鮮王朝實錄》第7冊，頁706）

世祖直接指示應以《程傳》作為國譯本的參考依據，原因是世祖認為
朱熹《本義》的義理詮釋，遠不如《程傳》詳盡通透。睿宗（1468-
1469，李晄，明照、平南，1450-1469）元年（1469），大司憲梁誠之

　　二，正二品；同知事二，從二品；參贊官五，正三品；講讀官四，從三品；檢討官
　　二，正四品；副檢討官，正五品；書吏，七品去官。」〔韓〕國史編纂委員會：《朝
　　鮮王朝實錄》（漢城市：東國文化社，1955年），第1冊，頁23。下引該書，僅隨文
　　標注書名、冊數與頁碼。
10　金秀炅：《韓國朝鮮時期詩經學研究》（臺北市：萬卷樓圖書公司，2012年），頁45-
　　46。

（純夫，訥齋、松坡，1415-1482）等上疏諫請杜絕「濫施爵賞」，引
《程傳》釋〈泰・九二〉云：

> 臣等謹按《易》之〈泰〉卦九二，王治〈泰〉者也。周公繫之
> 辭，論治〈泰〉之道曰：「包荒，用馮河，不遐遺。朋亡，得
> 尚於中行。」程子釋之曰：「泰寧之世，人情安肆，而法度廢
> 弛。若無含弘之度，有忿疾之心，則深弊未袪，而近患已生，
> 故曰『包荒』。人情習于久安，而憚於更變，非有馮河之勇，
> 不能挺特奮發以革其弊，故曰『用馮河』。人心狃於泰，則苟
> 安逸而已，惡能深思遠慮，以及遐遠之事哉？事之隱微，賢才
> 之在僻陋，時泰則固遺之，故曰『不遐遺』。」（《朝鮮王朝實
> 錄》，第8冊，頁327）

幾乎是逐字逐句轉錄《程傳》大段原文，藉此勸戒睿宗應該革除前朝
「輕授官爵」之弊，並取法〈泰・九二〉「包荒，用馮河，不遐遺」
之道，以含容寬厚之心，行此奮發剛果之改革。

又如成宗（1469-1494，李娎，1457-1495）二年（1471）司憲府大
司憲韓致亨（通之，質景，1434-1502）奏請嚴禁「宦寺封君」，援引
〈師・上六〉「大君有命，開國承家，小人勿用」，並以《程傳》釋之：

> 師旅之興，成功非一道，不必皆君子也。小人平時易致驕盈，
> 況挾其功乎？（《朝鮮王朝實錄》，第8冊，頁578）

成宗二十五年（1494）正言孫澍諫請國王不可「濫加醫員資品」，引
《程傳》「小人雖有功不可用也，賞之以金帛可也」為據。（《朝鮮王
朝實錄》第12冊，頁481）又燕山君（1495-1506，李㦕，1476-
1506）元年（1495），弘文館臣援引《程傳》「陰邪小人居高位，由隱

僻之道，深入其君」，批評領議政盧思慎（字胖，葆真齋、天應堂，
謚號文匡）弄權專擅。（《朝鮮王朝實錄》，第13冊，頁18）再如燕山
君二年（1496），弘文館直提學金壽童（眉叟，晚保堂，謚號文敬，
1457-1512）等上疏陳請「廣開言路」，援引《程傳》云：

> 君推誠以任下，臣盡誠以事君，朝廷之泰也。君子得位而小人
> 在下者，天下之泰也。（《朝鮮王朝實錄》，第13冊，頁137）

中宗（1506-1544，李懌，樂天，1488-1544）十七年（1522）弘文館
副提學徐厚同樣引用《程傳》〈師・六三〉，認為「夫軍旅之事，當主
於一。若使眾人分其權，取敗之道也」，奏請整頓備邊司。（《朝鮮王
朝實錄》，第16冊，頁150）凡此種種，都說明在宣祖朝以前，朝鮮士
人對於《程傳》的偏好。

　　總體看來，宣祖朝以前《朝鮮王朝實錄》的君臣論《易》文獻，
竟沒有出現過引用朱熹《本義》的情況，而筆者統計這些援引《程
傳》的條目共計達十九條，或云「程子曰」、「程頤曰」、「程子傳之
曰」、「程頤釋之曰」、「釋之者曰」，也有部分是暗引《程傳》而未明
言者。這些材料整體透露著一個重要的學術史訊息：在宣祖朝之前，
朝鮮士人的《周易》經注閱讀風氣，依然是沿襲高麗末以來以《程
傳》為主流的趨勢。此點，透過通檢十六世紀以前《韓國文集叢刊》
的學者文集同樣可以驗證，舉凡時人的奏疏、書信，亦多是引用《程
傳》詮解《周易》。

三　宣祖朝經筵的程、朱《易》學論爭

　　再看宣祖朝（1567-1608）殿堂論《易》文獻，即可發現十六世
紀末朝鮮的《易》學風氣發生極大轉變，朝鮮王朝士人在對《本義》

與《程傳》的研讀選擇上，開始出現不少激烈的學術交鋒，如宣祖七年（1574）十月二十五日實錄：

> 經筵講畢，希春持啟劄單子以進，而啟曰：「《周易》大文，光廟據《程傳》而懸吐，此則非議論所到。只當以《本義》為大文，口訣則今當補前日之所未有。」（《朝鮮王朝實錄》，第21冊，頁315）

朝鮮王朝大儒退溪李滉在一五七〇年逝世後，門下弟子在《易》學方面基本繼承師說，然而卻分裂為兩派路線：一類主張「欲以《本義》為先」，以柳希春（仁仲，眉巖，1513-1577）為代表；另一類則仍抱守《程傳》，或以為「主《本義》兼《程傳》」，或云「《程傳》為先」，以李珥（叔獻、見龍，栗谷、石潭、愚齋，1536-1584）、柳成龍（而見，西厓，諡號文忠，1542-1607）、鄭逑（道可、可父，寒岡、檜淵野人，1543-1620）為代表。（《韓國文集叢刊》，第30冊，頁106）宣祖七年（1574），時任弘文館副提學的柳希春對世祖編定的國譯本《周易口訣》率先發難，認為譯本依據《程傳》多有疑義，應該予以「重訂」改從朱熹《本義》才是。

自此以後，宣祖朝的經筵講《易》遂開始偶爾出現並講《程傳》、《本義》的情況，甚至對兩者之間釋義的異同展開相關討論，宣祖二十九年（1596）十一月一日實錄曰：

> 上御別殿，講《周易》。侍講官權悏進講，自〈蠱卦・六四〉「裕父之蠱」止，可為法則也。上讀初，受而釋之。……悏曰：「《本義》云：『寬裕以治蠱之象。』又云：『戒占者，不可如是。』與《程傳》大相不同矣。」上曰：「大概欲治蠱以寬裕之意乎？」悏曰：「以俗談言之，則從容寬緩之謂也。」上

曰：「是則以寬裕之道治父蠱也。裕字，欲其處事之寬裕也。所謂居寬裕之時者，亦何謂也？若曰無事時云乎，似與大文異矣。」申湜曰：「以居寬裕之時觀之，則義不通暢矣。」悮曰：「時則蠱，而所處者寬裕耳。」上曰：「渠非剛明之才，故以寬裕行之可也。」申湜曰：「《本義》則以寬裕治蠱則見各云矣。」……申湜曰：「『不事王侯，高尚其事』，《程傳》與《本義》異矣。」必亨曰：「講官于經席，必須講文可也，而多陳雜說，講讀不專，似為未安。」（《朝鮮王朝實錄》，第23冊，頁89）

主講該次經筵的弘文館副應教權悮（思省，石塘，1553-1618），首先指出了《程傳》與《本義》對〈蠱‧六四〉「裕父之蠱」的不同解釋。緊接著宣祖提問，如按《程傳》所言，那麼「裕父之蠱」難道是「以寬裕治蠱」之意嗎？宣祖甚至對《程傳》「居寬裕之時」提出質疑，這不是與「幹蠱治亂」的大旨相違背嗎？弘文館修撰申湜更直斥《程傳》「以居寬裕之時觀之，則義不通暢矣」，並說明朱子認為該爻的意旨應在於「當以寬裕治蠱為戒」，與《程傳》所釋義理完全相反。而且，程、朱不僅僅在〈蠱‧六四〉出現歧見，對於〈蠱‧上九〉的詮釋也有所不同。最後，司諫院正言李必亨（而泰，1571-1607）對於經筵講《易》這種並講程、朱的情形提出意見，認為講官不應多陳雜說，導致經筵講習內容的複雜混亂。由此可以窺見，宣祖時期《程傳》與《本義》在朝鮮殿堂上的學術交鋒。

於是，朝鮮的殿堂講《易》遂形成了一番新的局面，主《程傳》者仍講《程傳》，推尊朱子者則改講《本義》，遇到程、朱之間的歧義時，則出現並講並議程、朱的情況。隨著朱子學在朝鮮的漸趨興盛，《周易本義》遂受到朝鮮學者的日益重視，而朱熹對於程頤《易》學的檢討與批評，以及《程傳》與《本義》之間的異同問題，便成為了

十六世紀末朝鮮王朝《易》學「程、朱抉擇」論爭的重點話題。而從學術史的角度來看，朝鮮殿堂論《易》從專好《程傳》，演變為程、朱並講的多陳雜說，這實際上也是朝鮮王朝《易》學之學術史發展的趨勢所致。

　　宣祖朝經筵的「程、朱並講」還有一點需要補充的是，雖然此時《程傳》開始受到朝鮮君臣的檢討與批判，但未必次次都是《程傳》處於劣勢。當時如副承旨李珥、侍讀韓浚謙（益之，柳川，諡號文翼，1557-1627）、尹暾、李馨郁（德懋，蘭皋，1551-1630）、領議政柳成龍等，在宣祖朝經筵上還是主講《程傳》，然而受到朱熹《本義》的影響，這群尊程派也逐漸有了「本卦之義止此，而《程傳》取比，無所不至」（《朝鮮王朝實錄》第23冊，頁231）的意識。對《程傳》在義理上的推衍，尊程派不但樂於接受，更希望「在上之人，所當體念」。例如宣祖三十年（1597）侍讀李馨郁進講〈噬嗑・六二〉「噬膚，滅鼻，無咎」，宣祖提問：「所謂至於滅鼻者，以柔治剛，雖能治之，終有滅鼻之厄乎？治強剛之人，必須深治之意乎？」檢討官鄭轂答云：「後之傳教，是也。前所傳教者，《本義》之意也。後所傳教者，《程傳》之意也。」（《朝鮮王朝實錄》第23冊，第234頁）他提醒宣祖在此應區分《程傳》、《本義》的釋義之異，不可混為一談，所謂「滅鼻」者當以《程傳》所指涉的被治者為是。

　　如果再進一步探問，又是什麼原因造成了宣祖朝經筵講《易》的「程、朱之爭」？筆者認為，據前述柳希春所奏「光廟據《程傳》而懸吐，此則非議論所到，只當以《本義》為大文」，與李退溪晚年倡導「讀《易》，欲以《本義》為先」來看，當時已有不少學者主張研讀《周易》應該轉向優先側重於《周易本義》。

　　其次，宣祖朝經筵的《周易》論爭，也與其採用的講讀教材有關。從上述權愰進講條「自〈蠱卦・六四〉『裕父之蠱』止，可為法則也」，以及諸進講條例的起迄記錄，可以確定，當時經筵採用的教

材正是《周易傳義大全》。在該書先《程傳》後《本義》的文本結構下，朝鮮君臣對程、朱《易》說很自然的進行比較，也就可以完全理解了。而透過對宣祖朝前後殿堂論《易》文獻的比較，可知朝鮮王朝的《易》學風氣，從建國之初到了十六世紀的宣祖朝（1567-1608）已有很不一樣的變化，主張重視《本義》的《易》學風潮正在日漸高漲。由此應運而生者，即是隨後對世祖朝的諺語譯本《周易口訣》進行重訂。對此，姜彝天（1769-1801）《周易校正廳題名記跋》即云：

> 《易》有程、朱，《傳》、《義》之異同，則句讀之吐與諺釋各殊焉，宣廟時命儒臣學士設廳纂定。（《韓國文集叢刊》，第111冊，頁496）

這本在宣祖朝歷時兩年編成的新版國譯本，即是著名的壬寅校正本《周易諺解》。

四　退溪時代學者的「程、朱抉擇」論爭

承前所述，筆者已對比說明了《朝鮮王朝實錄》從定宗到宣祖時期的經筵、奏劄史料，並指出相關文獻顯示朝鮮王朝《易》學，從高麗末朝鮮初偏主《程傳》的學風，開始走向並重《本義》的轉變。關於十六世紀朝鮮的《易》學風尚，較退溪李滉（1501-1570）稍早的著名學者金安國（國卿，慕齋，謚號文敬，1478-1543）在《復日本國大內殿書》這樣說道：

> 今天下所尚而習學者，皆《程傳易》，《胡傳春秋》，《蔡傳書》，《朱傳詩》，《鄭注禮記》。本國教學所尚，亦不外此，別無朱氏新注。（《韓國文集叢刊》，第20冊，頁182）

由此可見，《周易程傳》在十六世紀以前的朝鮮學界占有絕對的優勢，不僅是「天下所尚而習學」，還是王朝「教學所尚」。那麼，《程傳》與《本義》的抉擇問題，又是何以在十六世紀成為大儒退溪李滉所必須面對的學術課題呢？其實，「程、朱抉擇」是當時朝鮮學者普遍思考的問題，並非專屬退溪一人，比之稍晚的治《易》名家崔岦（立之，簡易、東皋，1539-1612）亦曾在《周易本義口訣附說投進疏》談到其治《易》的心路歷程：

> 臣伏以往在壬寅年（1602）中，臣控辭《周易校正廳疏》中，有乞恩補一僻郡，專意治《易》一款，雖未即蒙准許，既而罷局數月，蒙恩除授本任。於今三年（1605），將息衰疾，賤業亦就完訖。⋯⋯至於程子《傳》、朱子《本義》略有異同，不得不參互稽考。而從《傳》無疑者則從《傳》，從《本義》無疑者則從《本義》，《傳》、《本義》俱涉可疑，或有餘蘊，則不得不附以愚說。亦不敢率意撰出，要皆明有證據，所期合于聖人之本旨。抑以竊體朱子以其推尊程子之至，而不以不因其《傳》為嫌。⋯⋯臣又伏見我國原行《周易口訣》概據《程傳》，而壬寅（1602）校正本，兩據《傳》、《本義》。臣於前疏中已云，聖人立文字，自當有一件義理，乃作兩件《口訣》，實屬未安矣。故臣今所定《口訣》者，謹依中朝見行《易經》用《本義》之例，專據《本義》而為之。卻又不免有所從違，則終不能不以狂僭為懼。然其本心所在，所務合者經旨，所切體者朱子之意。若其迷惑得罪於不知不覺之中，則有不暇恤，而不得旋自揜藏於聖明之下也。輒將所有《周易本義口訣附說》一帙四冊，隨疏投進。（《韓國文集叢刊》，第49冊，頁196）

時任杆城郡守崔岦在治《易》的閱讀選擇上，同樣面臨了「程、朱抉

擇」。崔氏論及讀《易》時應「從《傳》無疑者則從《傳》，從《本義》無疑者則從《本義》」，但其私人所定《周易本義口訣》卻仍選擇了《本義》作為主要依據：「臣今所定《口訣》者，謹依中朝見行《易經》用《本義》之例，專據《本義》而為之。」可見崔岦無法認同剛完成不久的壬寅校正本《周易諺解》「兩據《傳》、《本義》」的理念。李退溪則在〈答鄭子中書〉向門人提到其晚年的治《易》理念：

> 讀《易》，欲以《本義》為先，此亦滉從來所見如此。世儒慮及此者自少，雖或有之，皆牽於講業，而未果去取。滉則方其讀時，同於世儒之牽，及見得此意後，昏病不能讀。主《本義》兼《程傳》，以還潔淨精微之舊，正有望于高明之今日也。但所謂讀《易》之法，先正其心者，此又一大件不易言處，來喻已先得之，惟在勉旃爾。（《韓國文集叢刊》，第30冊，頁106）

退溪提到其讀《易》的觀點是「欲以《本義》為先」，認為程、朱之間應該「主《本義》兼《程傳》」，而義理詮釋應該追求「以還潔淨精微之舊」。今就李退溪《周易釋義》專主朱熹《本義》的情況看來，他確實貫徹了其《本義》為先的理念。不過，此處應特別注意的是，李退溪是提倡「兼《程傳》」而不是「廢《程傳》」，這從《退溪文集》有關「易東書院」的詩文也可以看出，他對程頤、禹倬的《易》學貢獻十分敬重，[11]切不可誤將李退溪歸入當時獨尊《本義》的極端派。此股推尊《本義》的學術思潮，對韓國《易》學的後世發展影響

---

11 李滉〈祭禹祭酒文〉：「我《程易傳》，肇臻斯域。人罔窺測，視同髦梗。不有先生，誰究誰省。閉戶研窮，精微潔靜。孔演《十翼》，程氏攸宗。專用義理，發揮天衷。熟玩深味，靡不該通。知益以明，守益以正。以是教人，德業無競。」《韓國文集叢刊》，第30冊，第486頁。案：「潔淨」與「潔靜」通用。

極大，尤其在大儒李退溪的宣導下，諸多十七世紀以後的朝鮮學者普遍都存有「《本義》為先」的《易》學觀，如權德己、鮮于浹、宋時烈、洪汝河、李玄逸、朴世采、任堕、趙仁壽、金昌協、魚有鳳等等，不勝枚舉，考其文集即可知曉。

在這股十六世紀末的尊朱思潮下，韓國《易》學當時依然有一部分偏好《程傳》的學者存在，並不是人人都主張「《本義》優先」、「獨尊《本義》」，而更多的是選擇折中於程、朱之間。以退溪門人為例，固有像趙穆（士敬，月川，1524-1606）「又就《本義》意，別成一《口訣》」者（《韓國文集叢刊》，第38冊，頁403），也有如柳成龍者嚴屬批判「獨尊《本義》」極端派的弊病，其〈乾元亨利貞說〉提到：

> 《程傳》以元、亨、利、貞為四德，《本義》以為占辭。蓋《傳》乃孔子之說，而《本義》謂文王之意。二者當何適從？《易》之為道，廣大悉備，無所不該。象不外於理，理實具於象。辭者，即象而明理。使人體之，行事而不迷於吉凶之塗。所謂器亦道，道亦器，二之則不是。〈乾〉者，天也。天具此四德，故有此象，而因有此辭耳。元者，大也。亨者，通也。利者，宜也。貞者，正也。若〈乾〉無此德，則何自而有此象？有此辭？占者亦何自而得大通利於貞固乎？以此觀之，則文王之《易》，乃孔子之《易》。《本義》雖主於占筮，別為一說，而要不出《程傳》範圍之內。今之議者欲主《本義》，而謂《程傳》可廢，所謂「癡人面前，不得說夢」。（《韓國文集叢刊》，第52冊，頁290）

通過柳成龍「癡人面前，不得說夢」一語，可想而知當時「《程傳》、《本義》之爭」的激烈。柳氏認為，雖然《程傳》、《本義》之間存在「主義理」與「重占筮」的區別，但這些意圖獨尊《本義》的極端份

子是否忘了《周易》的占筮、義理本是《易》學詮釋的一體兩端，後人如何能斷然地割裂呢？從何去認定占筮、義理之間的本末先後關係呢？更何況，朱子《本義》所論雖然偶別於《程傳》，但大致仍不出於其義理範圍，又何以將其對立而勢如水火？關於柳成龍對於獨尊《本義》者的質疑與批評，在今日看來，依然是句句在理而發人深省。另外，像是退溪門下參與纂修國譯本《周易諺解》的鄭逑，更是堅持力主「《程傳》為先」的代表之一。[12]

　　誠如退溪所言，讀《易》想要專主《本義》，在實踐上又談何容易？不少朝鮮學者固然是心存著「《本義》為先」的觀念，但在治《易》上卻受限於朱熹《本義》義理詮釋不如《程傳》豐富通透的困境，想要「主《本義》兼《程傳》」，往往心有餘而力不足。事實上，當時上層學界重視《本義》的意識雖已逐漸抬頭，但在一般士子所參加的科舉中，《本義》的影響力仍遠不及義理豐富的《程傳》。宣祖朝曾參與《周易》校正廳工作的學者李德胤（1553-1630）即曾對此批評云：

　　　　業科者口《程傳》而昧義理，取卜者遺《本義》而泥象數。體用相背，吉凶都迷。（《韓國文集叢刊》，第96冊，頁463）

顯宗（1659-1674，李棩，景直，1641-1674）朝名儒洪汝河（1620-1674）亦感慨：

　　　　每歎東人讀《易》，拘于名利，不尚《本義》，與隔靴搔癢無異也。（《韓國文集叢刊》，第124冊，頁537）

12　〔朝鮮〕許穆《寒岡先生文集・序》：「公入侍經筵。上問：『《易程傳》、《本義》何先？』對曰：『《易》之道，明乎消長盈虛之理，不失時中者也。徒以卜筮前知而已者，末也。《程傳》先也。』」《韓國文集叢刊》，第53冊，頁97。

其更在任職鏡城判官期間，策問當地塾校學子：

> 中朝明經定式，點絕句讀，壹從《本義》，而我國不從，何
> 歟？《易傳》初來，禹祭酒獨得其門。至於《本義》，則未聞
> 有沉潛講究者，何歟？退溪先生晚年定論，歸重《本義》，而
> 至今後學，無人信得及者，抑何歟？（《韓國文集叢刊》，第
> 124冊，頁418）

肅宗（1674-1720，李焞，明普，1661-1720）朝學者魚有鳳進呈其師
金昌協所編《周易古經》時，亦提及明代《周易傳義大全》的流行，
致使朱熹《本義》尊尚古《易》的意旨喪失殆盡，而朝鮮下層士子為
求科舉之便，甚至長期以來竟是「例皆主《傳》而廢《義》」。（《韓國
文集叢刊》，第184冊，頁46）以此可知，自退溪時代以後的朝鮮上層
學界，固然掀起了一股巨大的推尊《本義》思潮，但實際上對於下層
士人來說，一般準備科舉仍然是以《程傳》為主。筆者認為，關於十
六世紀末朝鮮王朝《易》學尊朱思潮的興起，必須同時注意到這一上
一下的不同學術史發展層面，方是此時期完整的《易》學樣貌。

五　結論

　　以上，本文已對十六世紀朝鮮王朝《易》學的「程、朱抉擇」論
爭，從殿堂《易》學、上層學者論爭，以及科舉士子應試等層面，做
了詳細探討。關於朝鮮王朝《易》學在十六世紀以前「專主《程
傳》」的學術風氣，到宣祖朝以後「《本義》優先」學術思潮的抬頭，
筆者認為之所以引發「程、朱抉擇」論爭的原因，除了朝鮮王朝本身
國內朱子學發展的漸趨成熟，以及大儒退溪「主《本義》兼《程
傳》」的呼籲宣導外，中國元、明朱子《易》學在東亞地區的學術擴

散，特別是書籍的傳播擴散，亦對十六、十七世紀的朝鮮王朝《易》學產生重要影響。[13]《周易程傳》與《周易本義》雖同在麗末鮮初東傳朝鮮半島，然而由於《本義》的義理詮釋相對過於單薄，在當時所流行的《傳》、《義》體下，初來乍到韓國之際，不受到重視是很正常的現象。宣祖朝學者權得己（重之，晚悔，1570-1622）對此曾云：

> 《周易本義》不行於東方，見行《傳義大全》，有失朱子意。
> 於是遂從《周易傳義大全》中，拈出《本義》以還朱子之舊，
> 名之曰《本義還元》。[14]

即使到了十六世紀，單行本《周易本義》在朝鮮王朝仍是罕見。因此，朝鮮之朱子《易》學研究的興起，始於十五世紀對《易學啟蒙》的關注，而非《周易本義》。但隨著韓國學者對朱子學鑽研的日益深入，朱熹《易》學昔日對於《程傳》的批判、繼承等問題，也就隨之引發了這場程、朱《易》學論爭。

　　那麼，該如何看待朝鮮王朝《易》學「程、朱抉擇」這個時代課題出現的學術意義呢？筆者以為，其學術史意義正是代表著朝鮮朱子學發展的全面深化，同時意味著朝鮮的《易》學研究進入了另一嶄新的階段，從一個程頤《易》學的被動接受者，轉變為程、朱《易》學的主動研究者，當時有如退溪李滉、崔岦等學者已開始嘗試「參酌程、朱」自撰諺解，後來宣祖更主持重訂了官方國譯本《周易諺解》，其中所論往往是參酌《傳》、《義》而出於其外。降及肅宗朝李玄錫（夏瑞，游齋，謚號文敏，1647-1703）受命編纂的經筵講義

---

13 例如宣祖三十三年（1600）《周易》校正廳開局之際，右承旨金時獻藉由整理秘閣一本來自中國的《周易纂注附錄》，在朝堂上公然提出，對《周易傳義大全》割裂《本義》以附《程傳》「章句破碎之弊」的批判。

14 《韓國文集叢刊》，第76冊，頁120。

《周易窺斑》，同樣是辯證於程、朱之間。自此往後，十七、十八世紀的朝鮮王朝殿堂論《易》、經筵講《易》，「並論程、朱」遂成常態，「程、朱抉擇」與「參酌程、朱」也成為朝鮮王朝中晚期的《易》學主流風尚。

附錄二
朴知誡〈乾〉、〈坤〉之道析論

楊穎詩[*]

　　朴知誡（仁之，潛冶，謚號文穆，1573-1635）是韓國朝鮮王朝著名的儒學家，有關他論《易》的見解，主要集中在〈劄錄——《周易·乾》卦、《周易·坤》卦、繫辭上傳〉一文中。朴氏論《易》的前見，雖然主要源自於朱熹（元晦，晦庵，1130-1200）的《周易本義》，但仍有屬於他個人的見解。從內容看：朴氏認為〈乾〉是心神，而〈坤〉是形氣；從其本體上說：〈乾〉元乃天德大始，而〈坤〉元是順承天施；從工夫處言：〈乾〉重克己復禮，而〈坤〉重主敬行恕。因為〈坤〉是形氣，同時便引申出〈坤〉有陰柔邪慝的一面，暫不論其學說體系是否可以圓融，他論〈坤〉卦而時刻警覺若受到感官牽引，隨時有陷落邪惡的可能，特顯其學重工夫實踐的進路，由是見其論《易》的特色所在。[1]

一　前言

　　朴知誡（1573-1635），字仁之，號潛冶，本咸陽人，朝鮮宣祖六年（明萬曆元年，1573）生；朝鮮仁祖十三年（明崇禎八年，1635）

---

* 臺灣師範大學國文學系、碩士與博士班畢業。
1 本文作者為筆者任教於臺灣師大國文系本科與研究所時之學生，徵得其同意，轉刊於本書，並經筆者重新編輯，略加修潤，特此說明。本文原發表刊載《孔孟月刊》（臺北市：孔孟學會）第52卷第7、8期（2014年4月），頁43-51。

卒。朴知誠,其母經年沉痾,朴氏孝養其母,夙夜扶護。宣朝時曾被
薦為王子師傅,知誠卻而不就;仁祖時,應旨上疏申論元宗(李珲,
1580-1619)追崇之禮,與金長生(希元,沙溪,1548-1631)議禮不
合。贈吏曹判書,諡文康。[2]今存《潛冶集》乃由知誠五世孫鳴陽、世
采據家藏草稿刪定,由朴聖源(士洙,謙齋,諡號文獻,1697-1767)、
金相魯、金鍾厚(伯高、子靜,本庵、真齋,1721-1780)校正,原集
凡十卷。[3]

　　關於朴知誠論《易》的學說,主要集中在其所著〈劄錄——《周
易‧乾》卦、《周易‧坤》卦、繫辭上傳〉之中。朴知誠〈劄錄〉收
於《潛冶集》第十卷,主要記錄朴氏讀書想法,〈劄錄〉收錄了《周
易》、《論語》、〈中庸〉以及《近思錄》。《周易》的部分則以討論
〈乾〉卦、〈坤〉卦、〈繫辭上傳〉的義理內容為主,朴氏論《易》受
朱熹(元晦,晦庵,1130-1200)《周易本義》影響,故〈劄錄〉或引
《本義》之說來解說《周易》,或針對《本義》之說作出說明,然
而,其說既有順承朱子之處,亦有個人見解,當中以論〈乾〉、〈坤〉
之道最具特色。

　　本文嘗試從朴知誠論〈乾〉、〈坤〉之道的內容、〈乾〉元〈坤〉
元之體,以及體證〈乾〉、〈坤〉之道的工夫論進行討論,以闡明朴氏
所詮釋的〈乾〉、〈坤〉之道有何特色,並從其詮釋的不同處,揭示個
人的詮釋觀點。

2　詳參河永箕:《東儒學案‧二十二卷‧守道諸儒學案‧承旨朴潛冶先生知誠》(晉州
　市:海東佛教譯經院內一鵬精舍,1962年),頁269。
3　詳參杜宏剛編:《韓國文集中的明代史料》(桂林市:廣西師範大學出版社,2006
　年),頁197。

二　從內容來看：〈乾〉神〈坤〉氣

　　朴知誡對於〈乾〉、〈坤〉的具體內容，理解詮釋非常清楚明確，認為〈乾〉是心是神，〈坤〉乃命乃形氣，今就其〈乾〉、〈坤〉與心神、形氣的討論，以見其〈乾〉、〈坤〉內容，其文曰：

> 蓋心之神氣，〈乾〉道也；身之形氣，〈坤〉道也。盡此心神明之量，而知性知天，則所謂「始條理」也，所謂「知至至之」者也，豈非〈乾〉之始物，而無所難乎？身之形氣，皆從乎心之所知之理，而力行之、操存之，不以形氣、物欲之紛擾亂之，則豈非〈坤〉之皆從乎陽，而不自作乎？此則所謂「知終終之」者也，真能以簡而成物也。（〈劄錄·繫辭上傳〉，頁791-792）[4]
>
> 如以一身言之，心，〈乾〉也；形氣，〈坤〉也。形氣中如耳目之聰明，順承乎心之德，不可無者也。耳目聲色之慾，誘引心之本體，而失其剛者也。心失其剛，仁義禮智之德，或屈或息，凡有屈息處，非天理之正也，乃謂邪惡也，所當抑之者也。（〈劄錄·《周易·乾》卦〉，頁770）

　　由是可見，朴知誡認為〈乾〉道是心是神，屬剛屬陽，如仁義禮智等形上之德，能盡此心、神明之量，便能知性知天，體道之至；〈坤〉道為身之形氣，屬柔屬陰，如耳目聰明、四肢五臟等形下之物，能使身之形氣順從心神者，則能存天理，而不為人欲所惑；若從耳目聲色之欲的引誘，而失其心神之主，則非正而屬邪，當抑而止之。心之神

4　詳參李雲九編：《韓國經學資料集成·91·易經卷（上）》（韓國：成均館大學校出版部，1996年），頁791。

氣可視為道，身之形氣可視為器，以道為形而上者，器為形而下者，
非朴知誠所創，〈繫辭上〉即言「形而上者謂之道，形而下者謂之
器」，然而清楚明確地將〈乾〉、〈坤〉分別視為形上之心神與形下之
形氣，可謂朴知誠論《易》的一大特色。

　　關於仁義禮智與口鼻耳目的關係，朴知誠於解說〈坤〉卦時，有
更詳盡的說明，文曰：

> 君子凡有攸往，五常之性發於外，則行乎道義，此所以為陽主
> 義也。五臟之性發於外，則口鼻耳目四肢之欲行焉，此所以為
> 陰主利也。《孟子》曰：「仁之於父子也，義之於君臣也，禮之
> 於賓主也，智之於賢否也，命也，有性焉，君子不謂之命也。
> 耳之於聲也，目之於色也，口之於味也，鼻之於臭也，四肢之
> 於安逸也，性也，有命焉，君子不謂之性也。」[5]嗚呼！此二
> 者皆命於天，而性之所有也，然而《孟子》伸此而抑彼，蓋欲
> 扶陽抑陰，使〈坤〉順承乎〈乾〉也。（〈劄錄・《周易・坤》
> 卦〉，頁773）

承前所說，若以心神之性發諸外，便能實踐仁義禮智之事，行道義之
舉，此即屬陽主義，故能行其所當行，止其所當止；若以形氣之性發
諸外，便為口鼻耳目四肢之欲所牽引，此即屬陰主利，即失其心神之
主，其行止有失五常，不能行其所當行，止其所當止。若以《孟子》
「大體」、「小體」之說闡明，凡是陽主義者，便能以其心為主，「心

5　《孟子・盡心下》：「口之於味也，目之於色也，耳之於聲也，鼻之於臭也，四肢之
　　於安佚也，性也。有命焉，君子不謂性也。仁之於父子也，義之於君臣也，禮之於
　　賓主也，知之於賢者也，聖人之於天道也，命也。有性焉，君子不謂命也。」案：
　　朴氏引文除卻文句順序有異於原文外，當中亦有省句情形出現，另外《孟子》言
　　「智之於賢者也」，朴氏則易「賢者」為「賢否」。案：本文所引《四書》內容，均
　　自〔南宋〕朱熹：《四書章句集注》（臺北市：鵝湖出版社，1990年）。

之官則思」，能思善則自覺而得，故曰「思則得之」，其所得者乃「天之所與我」的道德本心，由是而從其大體，為君子、大人，並以義為質，喻於義，是謂「陽主義」；凡是陰主利者，便屬「耳目之官不思，而蔽於物。物交物，則引之而已矣」。從其感官意欲而行事，又受外物引誘，由是從其小體，為小人，以利為質，喻於利，是謂「陰主利」。[6]

　　朴氏隨即引《孟子》「口之於味也」章說明，何以仁義禮智與耳目感官皆受之於天，而須伸仁義禮智而抑耳目感官。《孟子》「口之於味也」章，從性命對揚以突顯德性主體的絕對價值，然而朴氏卻藉此說明「扶陽抑陰」之理，於理解《孟子》此章內容而言，也許有不盡妥貼之處，卻對於突顯仁義禮智為陽、為義，耳目感官屬陰、屬利，則是甚為了然的說明。仁義禮智為陽主義，耳目感官為陰主利，義與利者二者孰輕孰重，實不辯而自明，義既重於利，當以義作主導，在不害義的情況下成全利，故曰「扶陽抑陰，使〈坤〉順承乎〈乾〉」。

　　由以上討論可見，朴知誡所謂〈乾〉道者，是指心神、仁義禮智，屬陽主義的內容；其所謂〈坤〉道者，是指形氣、耳目感官，屬陰主利的內容，二者分際明確，不容混為一談。然而，朴氏《易》學是針對朱子論《易》而發，故其〈乾〉、〈坤〉之道的內容，自亦有繼承朱子之說的地方，其論〈乾〉卦曰：

　　〈乾〉者，揔（總）指萬物之有健德者也，於其萬物之中，若舉一二，則天德與聖人之德也，故此專以天道明〈乾〉義也。元者，天之心德也。朱子曰：「心者，人之神明，所以具眾

6　關於《孟子》「大體」、「小體」的說法，其文如下：「耳目之官不思，而蔽於物。物交物，則引之而已矣。心之官則思，思則得之，不思則不得也。此天之所與我者，先立乎其大者，則其小者弗能奪也，此為大人而已矣。」（〈告子上〉）

理、應萬事者也。」[7]（〈劄錄‧《周易‧乾》卦〉，頁754-755）

朴知誠認為〈乾〉是就萬物剛健之德而言，若具體舉例說明，則為天德與聖人之德，所以又以天道說明〈乾〉的義理內涵，而朴氏認為《周易》之所謂「〈乾〉元」者，是指「天之心德」，而其所謂心者，又藉著朱子言「心者，人之神明」的說法，將心、神與〈乾〉道關聯起來，故〈乾〉道之內容為形而上之心神，此乃其藉朱子之說補充說明〈乾〉道的內容。除了藉朱子之說補充說明之外，亦承繼自朱子論〈乾〉、〈坤〉之道的說法而再作展開，〈劄錄〉曰：

> 不雜乎陰之柔則純乎剛，而剛則必健，剛健之至極也。不雜乎邪之惡則粹乎正，而正則必中，故曰「正中之至極」也。陰柔邪惡，皆謂〈坤〉也。〈坤〉卦，《本義》曰：「陰陽者，造化之本，不能相無，然其類有淑慝之分。故聖人作《易》，於其不能相無，既以健順之屬明之，其於淑慝之分，未嘗不致其扶陽抑陰之意。」[8]蓋以柔則必順，順承乎〈乾〉，所以不可無也。邪則必慝，慝者惡之匿於心，必害於中，故所當抑之者也。（〈劄錄‧《周易‧乾》卦〉，頁769）

7　詳參〔南宋〕朱熹：《四書章句集注‧孟子集注卷十三‧盡心章句上》，頁349，案：「所以具眾理、應萬事者也」句，朱子原文為「所以具眾理，而應萬事者也」，朴知誠所引缺「而」字。

8　詳參〔南宋〕朱熹：《周易本義》（北京市：中華書局，2012年），頁44。案：朴知誠所引文句與朱子所言有所出入，原文較朴氏所引詳盡，悉錄於下：「夫陰陽者，造化之本，不能相无，而消長有常，亦非人所能損益也。然陽主生，陰主殺，則其類有淑慝之分焉。故聖人作《易》，於其不能相无者，既以健順仁義之屬明之，而无所偏主。至其消長之際，淑慝之分，則未嘗不致其扶陽抑陰之意焉。」又，本文所引《周易》與《周易本義》均據此本，下文所引《周易》原文，僅標篇名。

〈乾〉道剛健，純正而合於正中之極，故為「淑」；〈坤〉道陰柔，雜邪而有害正中之道，故為「慝」。朴知誡以〈乾〉為陽，〈坤〉為陰，再引朱子《周易本義》陰陽有淑慝之分，故須扶陽抑陰的說法，說明邪慝害中，當抑而止之。關於陽淑陰慝之說，《朱子語類》有更清楚說明，朱子認為「陰陽者，造化之本，所不能無，但有淑慝之分。蓋陽淑而陰慝，陽好而陰不好也。」[9]基於陽為淑、為好，陰屬慝、屬不好這種分屬概念，朴氏以陰陽配〈乾〉、〈坤〉，印證其「陰柔邪惡，皆謂〈坤〉也」的說法，此說亦一貫於其〈乾〉為心神剛健，為仁義禮智，屬陽主義；〈坤〉為形氣柔順，為耳目感官，屬陰主利的說法。

　　朴氏承繼朱子言陰慝陽淑，扶陽抑陰之說，繼而進一步以〈乾〉乃心神、〈坤〉為形氣，定義〈乾〉、〈坤〉之道，明確劃分〈乾〉、〈坤〉之道的內容。

三　從其體來看：〈乾〉元大始，〈坤〉元承施

　　若論〈乾〉、〈坤〉之體，得從〈乾〉元、〈坤〉元討論。《易》云：「大哉〈乾〉元，萬物資始，乃統天。」（《周易・乾卦・彖傳》）又曰：「至哉〈坤〉元，萬物資生，乃順承天。」（《周易・坤卦・彖傳》）〈乾〉元、〈坤〉元為萬物所資始、資生的所以然，〈乾〉元統天，〈坤〉元順承天，並不是說當中有兩個體，而是〈坤〉順承於〈乾〉元，故〈乾〉元本能涵容〈坤〉元，嚴格來說只有〈乾〉元此一體，並且〈乾〉元、〈坤〉元均屬於形而上者。關於〈乾〉元、〈坤〉的說法，朴知誡認為：

9　詳參〔南宋〕黎靖德編：《朱子語類・卷六十九・易五・坤》（臺北市：文津出版社，1986年），頁1735。

天之心譬如穀種，心之有生物之理，猶穀種之有生芽之性也。
生芽之性，穀禾之大始也，生物之理，天德之大始也，故曰
「〈乾〉元」。天德之大始，天與萬物一體也。天德之大始，即
生物之所資以始，故曰：「萬物之生，皆資之以為始也。」
（〈劄錄・《周易・乾》卦〉，頁755）

天有是理，而後有是氣，故天之生物之理，始發而動之微者，
萬物稟氣之始也。是氣之聚而後有是形，故氣聚而凝結有生
者，萬物賦形之始也。生者乃指形質中，凡有生氣而能令是形
不腐不朽者也。動物則知覺運動，植物則榮悴開落是也，而所
以有此生之理，〈坤〉元也。故曰：「至哉〈坤〉元，萬物資
生。」氣之始者，天德之元，發施於物也。承是氣而凝聚有生
者，地德之元，順承天施也，故曰：「順承天施，地之德
也。」此資始、資生二者，皆〈繫辭〉所謂「繼之者善也，成
之者性也」。若以成之者性言之，人物之生，稟氣於天。其氣
輕清，氣之成則必得是理，以為健順五常之德，賦形於地；其
氣重濁，形之成則必得是氣，以為魂魄五臟百骸之身，〈乾〉
卦所謂「〈乾〉道變化，各正性命」者，蓋謂此也。（〈劄錄・
《周易・坤》卦〉，頁771-772）

朴氏謂〈乾〉元乃「天德之大始」，是從〈乾〉元統天來說，此說源
於朱子「『〈乾〉元』，天德之大始，故萬物之生，皆資之以為始也。
又為四德之首，而貫乎天德之始終，故曰『統天』。」（《周易本義》，
頁32）天下萬物之所以能生，乃由於〈乾〉元之德。朴氏用比較具體
的譬喻，說明〈乾〉元乃「天德之大始」，天之心有如穀種一樣，穀
種有生芽的特性，使穀種能成為穀禾；天之心有生化萬物之理，使萬
物均能成其中和德性。由其能生化萬物的價值意義之始來看，而曰

「元」。萬物憑藉〈乾〉元得其生，故言「資始」，朱子謂：「〈乾〉元，即天之所以為天者也。」（《朱子語類・卷六十八・易四・乾上》，頁1699）亦屬此意，是就其能為萬物之大始之所以然，闡說〈乾〉元。

　　至於〈坤〉元，則是由〈乾〉元資始之理而推至，萬物資藉〈乾〉元得以稟氣，氣聚而凝結、聚合成形，由是而曰「萬物賦形之始」。朴氏此說正是對朱子「萬物資〈乾〉以始而有氣，資〈坤〉以生而有形。氣至而生，生即〈坤〉元」（《朱子語類・卷六十九・易五・坤》，頁1743）的最好說明。朴氏言：「天有是理，而後有是氣，故天之生物之理，始發而動之微者，萬物稟氣之始也。」相應於朱子所謂「萬物資〈乾〉以始而有氣」，〈乾〉不是氣、〈乾〉不能像母生子那樣直接生氣，而是萬物資藉〈乾〉元而得氣。同樣，朴氏謂：「是氣之聚而後有是形，故氣聚而凝結有生者，萬物賦形之始也。」相應於朱子之「資〈坤〉以生而有形」，萬物資藉〈坤〉元而有形，而〈坤〉不是形、〈坤〉不能直接生出形。萬物的創生與終成，是藉著〈乾〉元而得氣，並由此氣聚結而生，由理稟氣聚結而生這種生之理，即為〈坤〉元，可見〈坤〉元是容納於〈乾〉元之內，並非〈乾〉、〈坤〉各自生，而互不相涉。

　　〈乾〉元是使氣始有者，故為天德之元；〈坤〉元是順承天施，承氣而聚，故為地德之元，〈乾〉、〈坤〉二元均須落在始之、成之處以具體體現。朴氏更以稟氣清濁來說明，得其清者為得理，為健順五常之德；得其濁者為得氣，為魂魄五臟百骸之身，此說亦能呼應其〈乾〉乃心神，〈坤〉是形氣之說，並不矛盾。

　　若從〈乾〉、〈坤〉不相離的說法來看：〈坤〉須順承〈乾〉方能有所成，故朴氏曰：「形之魂魄五臟，配性之健順五常，而魂魄之藏往知來，與五臟中如腎之志脾之意，無非順承五常之性也，非形則性無以施，故形全則性全，形偏則性偏，此人與萬物之所以不同也。」（〈劄錄・《周易・坤》卦〉，頁777）〈乾〉元之資始，與〈坤〉元之

資生不能相離，故魂魄五臟的形骸，不能無健順五常之德性；健順五常之性亦不能孤立存在，不能不通過魂魄五臟形骸來彰顯，即其所謂「非形則性無以施」、「形全則性全，形偏則性偏」。

若就其〈乾〉淑〈坤〉慝的說法來看：〈乾〉元、〈坤〉元二者均為形而上的層次，只是二者發施於物、繼之成之的時候有所不同，若氣清則屬健順之德，便合〈乾〉之為心神，屬仁義禮智之德，是為「淑」的說法，此乃形而上者；若氣濁則屬五臟百骸之身，便合〈坤〉之為形氣，屬耳目感官之類，是為「慝」的說法，此乃形而下者。

針對朴知誡的說法，有淑、慝之別是〈乾〉、〈坤〉，而不是〈乾〉元、〈坤〉元，於《周易》或朱子的說法，〈乾〉、〈坤〉均為形而上之道。《周易・乾卦・文言傳》曰：「〈乾〉元者，始而亨者也；利貞者，性情也。」從利貞處說性情，是從個體之成處說「各正性命」；〈乾〉道之元亨利貞即表示「〈乾〉道變化」，而〈乾〉道本無謂變化，只是假藉氣化來顯其體，〈乾〉道剛健中正，生物不測，生生不已，雖生化萬物而自身無所謂「變化」，而「變化」者乃氣也，故元亨利貞此四德附在氣化上，便呈現了四個階段，有如〈乾〉道之變化的過程，然而收攝回來即為〈乾〉道之四德，在這個情況下，〈乾〉道即〈乾〉元，同為形上實體。[10]

《周易・坤・彖傳》曰：「至哉〈坤〉元，萬物資生。」萬物皆憑賴〈坤〉元有其生，生就涵著其後的終成，從存在處說其「資生」，然而〈坤〉元不能先於〈乾〉元，因為領導它的是〈乾〉元——創造原則，一切道德價值的完成都在〈坤〉之中，故「〈坤〉厚載物，德合无疆」。（《周易・坤・彖傳》）由是，可見〈坤〉與〈坤〉元均具形上意義。[11]

---

10 詳參牟宗三：《心體與性體》（一）（臺北市：正中書局，1990年），頁33、325-326。

11 詳參牟宗三：《周易哲學演講錄》（臺北市：聯經出版社，2003年），第七講。

　　由〈乾〉道之「萬物資始」的創生萬物價值意義，而無有息止來看，此乃〈乾〉道之「創生原則」；從〈坤〉道之「萬物資生」的順承〈乾〉道而行，貞定終成萬物之價值來說，此乃〈坤〉道之「終成原則」。[12]

　　由是可見，〈乾〉道、〈坤〉道、〈乾〉元、〈坤〉元均為形上之體，不論《周易》或朱子之詮解，並沒有把〈坤〉視為邪慝之物，朴知誠特別強調〈坤〉是形氣，陰柔邪惡，需要扶陽抑陰，抑止〈坤〉者，乃其說異於《周易》與朱子者，亦可看出朴氏論《易》與前賢的殊異之處。

四　從工夫來看：〈乾〉為克己復禮，〈坤〉為主敬行恕

　　承上文，既知朴知誠之〈乾〉道為心神、仁義禮智、陽主義；〈坤〉道為形氣、耳目感官、陰主利，則可進一步追問如何能逆覺體道，不為邪慝所牽引，而踐履《周易》易簡之德、可大可久之業？關於此，即牽涉到朴氏論《易》的工夫論內容，〈箚錄〉曰：

> 又以學者之事言之，則克己復禮，〈乾〉道也；主敬行恕，〈坤〉道也。克復之工，其於求仁，可謂至易；主敬行恕，蓋從乎此之道也。克己則無人欲之雜，不求一而心便一。主敬，所以從其一德也。復禮則事皆天理，不待推，而自然及物，所謂「己欲立而立人」也。行恕亦所以從其仁道也，豈非簡乎？不自量才之高下，而妄意高遠者，於此可以觀矣。觀物察己，亦近思也，觀天地之理，可以察吾之學矣。（〈箚錄・繫辭上傳〉，頁790-791）

---

12 關於〈乾〉道之「創生原則」、〈坤〉道之「終成原則」的詳細論述，詳參牟宗三：《周易哲學演講錄》第三講。

朴知誠以《論語》「克己復禮為仁」、敬事、忠恕等內容為工夫論，認為踐履〈乾〉道工夫為克己復禮，以此體仁立己；實踐〈坤〉道工夫為主敬行恕，以此及物立人。關於克己復禮、主敬行恕的工夫論，又可分兩層來討論，克己、主敬乃工夫進路，而克己與主敬的目的是在於復禮、行恕，以下將分別言之：

（一）從工夫進路來看

因克己，故能不受耳目感官的牽引陷落，而行邪慝之事，使心神能專一不外逐，此乃體〈乾〉道之工夫入路。因主敬，故能從心神之專一，順〈乾〉道而行，自然能扶陽抑陰，此乃〈坤〉道之工夫進路。

（二）從工夫目的來看

以克己作為體證〈乾〉道的工夫入路的目的，是為了能復禮。能克己，言行自能與禮相應，因為行禮的內在根據是仁心仁德，而不是僅有外在形式與禮節相近，故所謂「復禮」，乃是透過克己工夫，使言行舉止不違仁，而與仁德相應，能做到克己復禮，自不必刻意外推，自然做到立人及物，所以朴知誠特別重視體仁的工夫，而曰：「故體仁之工，唯在禮上，克己復禮為仁。」（〈箚錄・乾卦〉，頁766-767）以主敬作為體證〈坤〉道的工夫入路的目的，則是為了能行恕。能主敬，則能順〈乾〉道之心神專一、不外馳，自可推己及物，故能行恕；而行恕亦是順從仁道的表現，能及物自能察物而反思，三省吾身，不為陰柔邪慝所誘，履道而行。

克己復禮、主敬行恕乃踐履〈乾〉、〈坤〉之道的工夫修養，如何憑藉此等工夫體易簡之德、可大可久之業？關於這個問題，朴知誠有深入的說明，〈箚錄〉曰：

此以一人之身而兼體簡易（案：當作「易簡」）之德也，〈乾〉、

　　〈坤〉之道，亦具於一人之身。蓋心之神氣，〈乾〉道也；身
　　之形氣，〈坤〉道也。盡此心神明之量，而知性知天，則所謂
　　「始條理」也，所謂「知至至之」者也，豈非〈乾〉之始物，
　　而無所難乎？身之形氣，皆從乎心之所知之理，而力行之、操
　　存之，不以形氣物欲之紛擾亂之，則豈非〈坤〉之皆從乎陽，
　　而不自作乎？此則所謂「知終終之」者也，真能以簡而成物
　　也。……操以存養，即身上踐履之事也，人能體〈乾〉之道，而
　　心之所為，如〈乾〉之「易」，則其心知之理，明白無隱，而形
　　諸言語，故人易知。雖然，以言教者訟，以身教者從，故必以
　　身體道，如〈坤〉之「簡」，則其身所行之事要約，而無非禮
　　之妄動，故人易從。（〈箚錄‧繫辭上傳〉，頁791-793）

　　心主於內而未形，如天之無形有氣，而氣之運行，一日又一
　　周，故德要日進而不已，與我同心者多，則人亦一於內而不
　　已，故可久；事見於外而有跡，如地之形跡高下相因之无窮，
　　故業要積蓄於外，與我協力者眾，則人亦功成於外，故可大。
　　朱子《本義》曰：「知至至之，進德之事；知終終之，居業之
　　事也。」人之德業，已盡於此矣。雖然，賢人者非自成己而
　　已，亦必成物也，故必待人知而有親德可久，然後乃謂賢人之
　　德，是乃《大學》所謂「明明德於天下」也，天下雖大，而吾
　　心之體無不該；事物雖多，而吾心之用無不貫。故唯可久者，
　　賢人之德也；唯可大者，賢人之業也。（〈箚錄‧繫辭上傳〉，
　　頁793-794）

〈乾〉、〈坤〉之道不能相無，獨立而存，故〈乾〉、〈坤〉兼具於一人
之身內，〈繫辭上傳〉曰：「〈乾〉以易知，〈坤〉以簡能。」可見
〈乾〉易〈坤〉簡，易簡之德亦同時具於一人之身之內，在這種比配

下，〈乾〉道為心神，其德易；〈坤〉道為身之形氣，其德簡。能克己復禮，則自能盡心、知性、知天，體證〈乾〉道資始之理；能主敬行恕，即能順從乎心所體之理，持之以行地存此心神，不為形氣物欲所引誘，自能做到〈坤〉順乎〈乾〉、循理而不擅自作為、流於物欲。

　　〈乾〉之所以為「易」，是因其心是理，能克己復禮為仁，求諸本心之事易知易明，亦無絲毫隱匿藏私之事，故易知；〈坤〉之所以為「簡」，是因承〈乾〉之「易」德所履之事簡約直接，只需非禮不為便可，即使外推及物，所有行為都能合乎禮，故易從。由是可見，〈乾〉、〈坤〉之道之所以易、簡，是因為克己復禮、主敬行恕，無不是踐履之事，只要能操以存養，即能從乎心之所知之理，充分實踐道德價值意義，故曰「易知至至」、「簡而成物」。[13]

　　〈乾〉道克己復禮，因其「易知」故「與我同心者多」，體道之心無有停息，「一於內而不已」，故「可久」；〈坤〉道主敬行恕，因其「易簡」故「與我協力者眾」，推己及人而能成其功業，「功成於外」，故「可大」。[14]〈乾〉之心神為內，〈坤〉之形氣為外，內無形而外有跡，故內必由外顯。因其主敬行恕，故除了成己以外，還能成就外在事物，自能明德於天下。在這種情況下，立己立人，推及外物，所以天下雖大，外物雖多，無不被吾人心體所涵蓋，透過克己復禮自工，自能體仁成德外及於物。踐履易簡之德無有停息者，是為「可久」；易簡之德被及萬物，無不在踐履德行之時得到潤澤，是為「可大」，故可久顯其德，可大成其業，於是又曰：「夫久、大在於人知人從之下，是非在己者，乃由人而致在外者也。在外者，雖聖人亦不可

---

13 此「物」是指行為物，而不是泛指一切外在的客觀事物，蓋踐履之事所成的是德性價值之物，並非客觀事物。

14 朴知誠此說概自《朱子語類》而出，《朱子語類・卷七十四・易十・上繫上》:「既易知，則人皆可以同心；既易從，則人皆可以協力。『一於內』者，謂可久是賢人之德，德則得於己者；『兼於外』者，謂可大是賢人之業，事業則見於外者故爾。」頁1883。

必，孔子不得位，堯舜病博施，當盡在己，可以得位，可以博施之德而已，故曰『可久』、『可大』。」（〈箚錄・繫辭上傳〉，頁794）易簡之道之所以可大、可久，是由於實踐時順乎心神之德，主敬行恕，再立己立人，此乃由內至外之道，是由人而致在外者。若工夫對治對象不是自內而致，只求改變外在客觀環境，雖聖人亦不一定做到，可見可大、可久之德業，須從心上做起，繼而推己及人，方能見其功業，此說與《周易・繫辭上傳》「易則易知，簡則易從。易知則有親，易從則有功。有親則可久，有功則可大。可久，則賢人之德；可大，則賢人之業」甚能呼應。

　　由以上討論可見，因〈乾〉道克己復禮的工夫易知，故能可大；〈坤〉道主敬行恕的工夫易簡，故能可久。易簡工夫可久、可大的說法本自《易傳》，朱子於《周易本義》與《語類》亦有詳加說明。然而。分別以克己復禮、主敬行恕的方式來踐履〈乾〉、〈坤〉之道，實為朴氏論《易》獨到處。朴氏把《論語》「克己復禮」，重敬、重恕的工夫修養，[15]作為踐履〈乾〉、〈坤〉之道的工夫，使易簡之德的實踐性格更為具體明確，實為朴氏詮釋《周易》的另一特色。

五　結論

　　朴知誠以心神為〈乾〉道，形氣為〈坤〉道，由是而強調〈乾〉為剛健，陽主義；〈坤〉為柔順，陰主利，從而使〈乾〉道為形上之理，〈坤〉道為形下之理。朴氏又言：「陰柔邪惡，皆謂〈坤〉也。」「邪則必慝，慝者惡之匿於心，必害於中，故所當抑之者也。」由是，

15　《論語》重「敬」之內容，如：「今之孝者，是謂能養。至於犬馬，皆能有養；不敬，何以別乎？」（〈為政〉）「居處恭，執事敬，與人忠。雖之夷狄，不可棄也。」（〈子路〉）「脩己以敬。」（〈憲問〉）《論語》重「恕」之內容，如：「夫子之道，忠恕而已矣。」（〈里仁〉）「子貢問曰：有一言而可以終身行之者乎？子曰：其恕乎！己所不欲，勿施於人。」（〈衛靈公〉）

而需「扶陽抑陰，使〈坤〉順承乎〈乾〉也」。〈坤〉既為邪惡，又何以曰「道」，既謂「〈坤〉道」，何以〈坤〉為陰柔邪惡之物？朴氏所謂之〈坤〉道既為身之形氣、耳目感官之屬，此等均為中性之屬，何以言「〈坤〉」時，即為陰柔邪惡？〈坤〉道既能順承乎〈乾〉道，由心神而發知天、知性，何以有邪惡的可能？

　　《周易》言〈乾〉、〈坤〉二道，為易、簡之德，可久、可大之業，能資始、資生萬物，〈乾〉健〈坤〉順，〈乾〉元創生萬物，〈坤〉元順承於〈乾〉之德以終成萬物，二者同為形上之道。朴氏詮解之〈乾〉、〈坤〉二道，〈乾〉為形上者，此其同於《周易》之說，〈坤〉則轉變為形下者，此其不同於《周易》之說。在朴知誠來看，〈乾〉為心神，為仁義禮智，為剛健、陽主義之屬；〈坤〉為形氣，為耳目四肢，為柔順、陰主利之屬。在這種理解下，〈乾〉為陽，〈坤〉為陰，加上朴知誠順朱子《周易本義》作〈箚錄〉，《本義》於〈坤〉卦曰：「陰陽者，造化之本，不能相無，然其類有淑、慝之分。故聖人作《易》，於其不能相無，既以健、順之屬明之，其於淑、慝之分，未嘗不致其扶陽抑陰之意。」朴知誠順此而將〈坤〉等同陰，視之為慝者，認為邪惡必害於中道，須加以抑止，扶陽抑陰。縱觀《周易》與朱子學說，並沒有視〈乾〉道為陽，〈坤〉道為陰，朴氏由朱子之說轉出〈坤〉為陰，乃邪慝者，實其異於前人之說。

　　然而，朴知誠論〈乾〉元、〈坤〉元之說，卻視之為天德大始、順承天施，而同屬形上之體，此說並不悖於《周易》之說。只是自〈坤〉元至〈坤〉道（或其所言之「〈坤〉」）是從形上轉至形下，若〈坤〉元順承天施，〈坤〉道之得為至簡易從，何以〈坤〉會變成邪慝之屬？或曰，〈坤〉之所以成邪慝者，因其為身之形氣，耳目感官受外物所誘，物交物而致惡，此說似可聊備一說。不過，若〈坤〉道至簡易從，是順承〈乾〉道而來，〈乾〉道既為心神、仁義禮智之屬，順此而行，何以會受外物所誘？

　　由是可見，朴知誡視〈坤〉道為身之形氣，以此來順成〈乾〉道，實現至易易知之理，在其學說內，可說是開創另一詮釋的視野。以身之形氣，來順承心神，踐履易簡之德，並無不可。然而，以〈坤〉為陰柔邪惡、為慝者，則使其學說難以圓說。只是從朴知誡強調陰為邪慝者，需扶陽抑陰，透過克己復禮、主敬行恕等工夫，以體證〈乾〉、〈坤〉易簡之德此一說法，可使吾人踐履之時，時刻警覺感官的牽引、邪慝之屬，為修道提供另一門徑，使後學者有更具體的工夫進路可尋。

附錄三
正祖李祘《易》學的經世致用說

宋建鋒*

　　正祖（1776-1800）李祘（亨運，弘齋，1752-1800）是朝鮮王朝（1392-1897，大韓帝國，1897-1910）第二十二代君王，也是朝鮮十八世紀後期的中興明君，自幼飽讀詩書，熱愛中國傳統經學，其歷經兒時人倫巨變，艱難即位之後，志效聖人之治，在燮理萬機的同時，留下一百八十四卷《弘齋全書》，涉及十三經的全部內容，其中《經史講義》是正祖為國培育人才，在經筵上，採君問臣答的方式辨覈經義，而《周易講義》為正祖對朱子（熹，元晦、晦庵，1130-1200）的援疑質理，以及與臣子對程（頤，正叔，伊川，1033-1107）、朱（熹）的維護，形成鮮明的對比，加上正祖對於實學革新的理解與施政，顯示出正祖《易》學，適從正統朱子學，加入經世致用之學的風貌，呼應王朝後期渴求變革維新的時代性格。正祖重視《易》之象數，認同朱子《易》學的平易，但也強調取象必須靈活適切，不可拘泥。正祖《易》學的歸嚮，仍是義理《易》學，其理先氣後、理一分殊、理氣不離不雜的雙重架構，洵貫徹整個心性論，尤其更看重「敬內義外」的修養工夫，並以「視履考祥」之道德意義，擔綱《周易》整體的主旨。又將《易》學中太極與萬物的性質，推演到君民上下關係，而從中獲得重要的「尊王保民」政治思想，也突出經學在日常生活中的二

---

* 　臺灣師範大學國文學系畢業，政治大學中國文學系國文教學碩士在職專班畢業。

項實用價值——道德修身，義和之利。[1]

一　前言

　　朝鮮第二十二代君主正祖（1776-1800）李祘（亨運，弘齋，1752-1800），他是朝鮮王朝後期的中興明君，被稱做「讀書大王」，是朝鮮王朝（1392-1897，大韓帝國，1897-1910）五百十九年歷史、二十七代君王中，唯一留下個人文集者，韓國學者李丙燾（1896-1989）《韓國史大觀》云：

　　　　正祖是莊獻世子之子，繼祖父英祖而立；對於黨爭，仍以「蕩平」主義臨之；他對於農政，備極關心，曾印發這方面的書卷，並促使各道官民，提供有關實際的意見。王且為好學能文之主，富於著作，遺有巨帙文集《弘齋全書》。王在文章與經學方面主張純粹性與正統性，如同其廟號所示，確為維持正宗之主。於關內，曾創設名為「奎章閣」之一種王室圖書館，並設有研究院性質機構，選拔國內俊才，編印各種書冊；彷彿有似往日世宗大王的「集賢殿」。在王一世中，命儒臣編纂的書籍，多至不勝枚舉；內以《大典通編》（法典）、《武藝圖譜通志》、《文苑黼黻》、《尊周彙編》、《奎章全韻》、《全韻玉編》、《同文彙考》、《秋官志》、《五倫行實》等為最著；由王手編的，有《八子百選》、《朱子百選》、《五經百選》等。王每以世

1　本文改寫節錄自作者碩士學位論文：「朝鮮王朝正祖李祘《易》學研究」（2023年7月），以〈第六章：正祖《易》學的經世致用說〉（頁235-264）為主要內容，並據〈第七章：結論〉擷精取華，以為本文「五、結論」，謹先聲明。又作者為筆者任教於臺灣師大國文系之授業門棣，並應聘擔任碩士學位論文指導教授，徵得其同意，經筆者重新編輯，略加修潤增補文字內容，轉刊於本書，提供觀善取資，特此說明。

宗為榜樣，對於活字、印刷方面，亦極留意，而屢加改良；有以世宗「甲寅字」為字樣的「壬辰字」（銅）、以韓構手書為字樣的「韓構字」（銅），以清「聚珍板字典」為字樣的「生生字」（木）以及「整理字」（銅）等。[2]

可見，正祖是一位備極留心治道與學術的君主。他自幼好學不倦，其祖父英祖（1724-1776，李昑，光叔，養性軒，1694-1776）曾對臣子們說：「元孫講訖，猶不釋卷，今纔四歲，體貌氣象，大異凡兒，天將祚宋歟？」[3]因為過於勤奮學習，其母親惠慶宮洪氏（1735-1816）要求他勿太早起夙興，正祖就遮住燈火而盥洗，不讓旁人知曉。這種孜孜不倦的勤學，並未隨年歲增長而減少，也不是單純為滿足父母期待，而是發自內心的好學，故英祖曾言：「世孫性度絕異，無一毫走作意，禁苑花發之時，非從予則未嘗遊賞，日以讀書為事，非勉強而然也。」[4]正祖很注重學問的基本功，嘗言道：

> 予以述而不作之旨，兼寓由博反約之義，就五經中常所紬繹而諷誦者，簡其篇帙、大其字樣，為便晚來輪誦，仍作常課。《易》取五卦二傳、《書》取《虞書》五篇……，總九十九篇。[5]

其臣子亦記載：「惟我聖上每以三餘，輪誦經書，歲以為常，時敏之

2　〔韓〕李丙燾著，許宇成譯：《韓國史大觀》（臺北市：正中書局，1961年），頁371-372。

3　《正祖實錄‧行狀》（漢城市：國史編輯委員會，1981年），第47冊，頁294。

4　《正祖實錄‧行狀》，第47冊，頁295。

5　正祖李祘：〈群書標記三‧五經百篇五卷〉，《弘齋全書》（漢城市：文化財管理局藏書閣，1978年），卷181，頁16。

工，何時不勤孜。」[6]如此勤誦強記、樂學有得，當見到諸生懈怠時，正祖不免喟然：

> 儒生以成誦為難，法亦隨之以廢。予嘗慨然為儒生不能通一經，只習功令，以較一日得失，視經傳若弁髦，口讀耳剽，古人有戒，若能潛心默會，恁地自有樂事。予曾以七書輪講，尚今不能忘，往往有成誦者。儒生靜坐讀書，豈是難底事？[7]

正祖亦曾對《易經》深究精研，「晚年惜陰之工，亹亹乎伏羲先天之《易》」，[8]在其一百八十四卷的鉅作《弘齋全書》之中，各處多有言及《易》學之處，如《日得錄四‧文學四》云：

> 至理大道，微而玄之謂《易》。伏羲氏始畫一畫，文王、周公、孔子三聖相承，心法之傳授，敷而衍之。有卦焉、有爻焉、有變卦焉、有〈大小象〉焉、有〈象辭〉焉、有〈繫辭〉焉、有〈說卦〉焉、有〈序卦〉焉，是謂《易》之經與傳也。發揮陰陽不測之妙用，推明〈乾〉、〈坤〉無窮之造化，其要不出「理」與「數」二字：形而上曰「理」；形而下曰「數」。[9]

以上文字即表達了《易》道之至大而微玄的雙面性，及聖聖相傳著重於「心法」，由爻至卦至變卦，再至《十翼》各部，建構成《易》學，而〈乾〉、〈坤〉、陰陽的無限造化與妙用，其關鍵則在於形上的道理與形下的氣數。

6　正祖李祘：〈故寔五‧朱子大全四甲寅選文臣金啟溫李弘謙〉，《弘齋全書》，卷133，頁25。

7　正祖李祘：《日得錄十四‧訓語一》，《弘齋全書》，卷174，頁10。

8　《正祖實錄‧行狀》，第47冊，頁302。

9　正祖李祘：《日得錄四‧文學四》，《弘齋全書》，卷164，頁22。

　　而正祖身為朝鮮最高統治者，又極熱衷學術與文化事業，也順理成章將其學問素養運用在政治工作之上，以下就「政治論」與「實用說」加以申說。

二　政治論

　　正祖御極後的重要施政作為，如「奎章閣」、「抄啟文臣」、「壯勇營」、「蕩平策」、「水原華城」、「文體反正」、「辛亥通共」……等，背後都有其秉持的政治思想作為指導方針。

（一）百姓者，人主之心也；朝廷者，百姓之心也。

　　正祖李祘在其《易》學中所展現出來的政治思想，總體來說，可以歸納為「尊王」與「保民」。先說「尊王」方面，正祖在《周易講義・繫辭下傳・第五章》問曰：

> 先儒以〈咸〉下十爻，為皆承〈咸・九四〉，發明理之貞一，往來屈信（伸）無二致。試就十爻而分言之，則何者為能知動靜之一致？何者為能知大小之一致？何者為能知安危之一致？何者為能知顯微之一致？何者為能知損益之一致？何者為昧於屈信，而至於取凶耶？夫陰陽竝（並）行，而以陽為君，則所以歸其權於君者一也。動靜相循，而以靜為主，則所以專其事於主者一也，此所以「天下之動，貞夫一」者也。「貞一」之義，其可因此而竭論之歟？[10]

正祖明確表示「以陽為君，則所以歸其權於君者一也」、「以靜為主，

10　正祖：《經史講義・四十一・易・四・繫辭下傳・第五章》，《弘齋全書》（漢城市：文化財管理局藏書閣，1978年），卷104，頁25。

則所以專其事於主者一也」，這樣王權集中，專事人主，也即是「理
之貞一」，正祖又說：

> 「因貳以濟民行」，《本義》則以「疑貳」之「貳」釋之，而郭
> 氏則直以「得失」二者釋之，程氏則曰：「天下之理，貞夫一
> 者，而民貳之。有得有失，故貳也，明夫得失之報，則天下曉
> 然歸於理之一，民行濟矣。」濟者出之陷溺之危，而措之安吉
> 之地，程說較似精密，未知如何？[11]

《繫辭下傳‧第六章》：「因貳以濟民行，以明失得之報。」正祖舉朱
子（熹，元晦，晦庵，1130-1200）、郭雍（子和，白雲先生，1102-
1187）與程敬承的說法三家相對照，特認為程敬承「理貞夫一而民貳
之，有失得故貳也。明失得之報，則天下曉然歸於理之一，而民行濟
矣」[12]的解釋更精密，即是說人民歸順於一王，即無失得之誤，方能
救濟天下，而此即是「天下之理」。正祖在〈比〉卦，則問：

> 上之比下，下之比上，其為親輔、親比之義則一也。他爻則皆
> 曰「比之」，而特以「孚」之一字，加於初六之比；又以
> 「顯」之一字，加於九五之比，何也？說者以為顯比之世，凡
> 有血氣者，莫不尊親，而有皞皞之氣象。遠去者若不知有王者
> 之親，乃所以親之至也；近附者若不知有王者之尊，乃所以尊
> 之至也，大順大化之不見其跡者如此，其所謂皞皞之氣象，大

11　正祖：《經史講義‧四十一‧易‧四‧繫辭下傳‧第六章》，《弘齋全書》，卷104，頁
　　27。

12　〔清〕李光地：《御纂周易折中》（臺北市：臺灣商務印書館景印文淵閣四庫全書本，
　　第38冊，1986年），卷15，頁417。

順之功化，於何而考之歟？[13]

正祖舉李光地（晉卿，厚庵、榕村，1642-1718）《周易折中》案語對九五君爻「顯比」的解釋加以提問，強調「凡有血氣者，莫不尊親於王」，而且親王至極，是不知所親之親，尊王至極，是不知所尊之尊，形容對於君王無形無跡的大順大化，自自然然地歸化順服。此自然而然歸順，即如子女對父母的親愛，故正祖也將君臣與父子關係相提並論，在〈蠱〉卦，正祖問：

> 〈蠱〉之五爻，皆言父子，不及君臣。而上九一爻，獨以「不事王侯」為言，何也？蘇氏曰：「〈蠱〉非一日之故也，必世而後見，故爻皆以父子言之。」此說亦有可取歟？[14]

正祖對於〈蠱〉卦初爻到五爻只言父子，不言君臣，至上九才言「不事王侯」感到疑惑，表示正祖認為提到父子，應該也要提到君臣，編選臣子因答曰：

> 啟洛對：「〈蠱〉之不言君臣，而言父子者，蓋臣之於君事，猶子之於父事，則五爻之內，雖不言君臣，而其所移事之義，則固未嘗不包矣。至於上九之獨言『不事王侯』者，誠以子於父母之事，有不可自諉，而君臣則以義合，故君子或有尚志，而不事者焉。此乃陽剛居上，在事之外，故其言爻象者如此。而夫天下之事，本諸一家，一家之責，莫重於子盡其道，如〈蒙〉之九二，特言『子克家』，〈家人〉之〈象〉，亦言父子

---

13 正祖：《經史講義‧三十八‧易‧一‧比》，《弘齋全書》，卷101，頁16。
14 正祖：《經史講義‧三十八‧易‧一‧蠱》，《弘齋全書》，卷101，頁32。

者，皆是自家而國，先本後末之義，而〈蠱〉之取象，其亦此意。則蘇氏所謂『必世而後見』，故皆言父子云者，恐未知其襯切矣！」[15]

臣子「啟洛」（金啟洛）[16]答「天下之事，本諸一家」，故父子之事，即君臣之事，此即家齊而後國治的思路，但君臣畢竟是以義合，若君王不道，臣子仍可「不事王侯」。那麼，又應該要如何解決君王可能「不道」的問題呢？在《周易講義》中，則是指向培養聖王之德的必要性，故正祖說：

盧氏曰：「天地位而《易》行，是天地德業之盛也，知禮存而道義出，是聖人德業之盛也。」吳氏曰：「道義之出不窮，猶《易》之生生不已，然未有不存存而能生生者。」《語類》曰：「識見高於上，所行實於下，中間便生生不窮，故《易》行于其中。」「成性存存，道義之門」，蓋盧氏則分作兩截看，吳氏則作譬喻看，《語類》則謂不必分《易》與聖人，道義便是《易》也。盧氏、吳氏之說，雖甚明快，語脈之貫通，終不如《語類》之一串說來歟？[17]

〈繫辭上傳・第七章〉：「子曰：『《易》，其至矣乎！夫《易》，聖人所

---

15 正祖：《經史講義・三十八・易・一・蠱》，《弘齋全書》，卷101，頁32。

16 〔韓〕崔成德主編：《朝鮮文學藝術大辭典》（長春市：吉林教育出版社，1992年），頁291：「金啟洛，朝鮮王朝英祖、純祖年間的文臣。字景淳，諡號文靖。原籍江陵。一七八三年增廣文科及第，歷任多種官職後官至工曹判書、刑曹判書、禮曹判書、大司憲等要職。尤其擅長駢儷文，通達經史百家，詞賦、詩律、表箋、頌、詔、誥、策等文章無不精通。」

17 正祖：《經史講義・四十一・易・四・繫辭上傳・第七章》，《弘齋全書》，卷104，頁5。

以崇德而廣業也。知崇禮卑，崇效天，卑法地。天地設位，而《易》行乎其中矣。成性存存，道義之門。」正祖將盧氏、吳慎與朱子之說對照來看，認為朱子「不必分《易》與聖人，道義便是《易》也」一句，最能總括《易》之要旨，而聖人群像則是儒家的道統譜系——堯、舜、禹、湯、文、武、周公、孔子等，故正祖之願是效法聖賢：

> 顧予治不徯志，縱未能挽回三代，乃所願則非三代不屑也。[18]

> 此先聖王兩在不測之神化也，予雖否德，乃所願則在此，將何術以致之？[19]

> 「接臣隣時必和易，方燕閒時必嚴肅」，則不幾於兩番工夫乎？嚴肅之中，自有和易；和易之中，自有嚴肅，乃可為陰陽合德，強柔備體，豈合分而二之？溫而屬，威而不猛，恭而安，即夫子氣象，乃予所願，學孔子也。[20]

故知，聖王之治與孔子之德是正祖一心之所嚮慕，此即修身而齊家而治國的一貫道德思路，如此的聖德之王，方是天下臣民所應「尊」、可「尊」的對象。因此，也須確保政治社會與家庭的各成員，能夠適切的履行其角色職責，故正祖也說：

> 〈家人〉之言吉者多矣，曰「貞吉」也，曰「悔屬吉」也，曰「勿恤吉」也。獨於六四當家之下，繼以「大吉」者，何也？居家之道，固貴乎保有其富，而男女正位，各循其軌，則〈家

18　正祖：《日得錄・六・政事・一》，《弘齋全書》，卷166，頁10。
19　正祖：《日得錄・十一・人物・一》，《弘齋全書》，卷171，頁11-12。
20　正祖：《故寔・四・朱子大全・三》，《弘齋全書》，卷132，頁18。

人〉之吉，於斯為大。而富與不富，非所論也。且以陰居陰，何以為富有之象也歟？[21]

正祖發現〈家人〉卦六爻中，就有五個「吉」辭，且六四爻「富家，大吉」，正祖提問為何陰爻居陰位卻可大吉，[22]並且指出家道最大之吉是「男女正位，各循其軌」，如此則如〈彖傳〉曰：「父父、子子、兄兄、弟弟、夫夫、婦婦，而家道正，正家而天下定矣。」如此各循其分，則上下、長幼、尊卑倫理即完成，而使家國天下和諧穩定。再看「保民」，正祖提出治國的總體原則：

上言「《易》與天地準」，是言《易》書之與天地齊準也。下言「與天地相似」，是言聖人之亦與天地相似，而程子直俱以《易》書解之者，何歟？知周萬物，知也；道濟天下，仁也。下文所謂「樂天知命」，即「知周萬物」之「知」也；「安土敦仁」，即「道濟天下」之「仁」也，互相對說者也。而中間「旁行不流」一句，亦分屬於知、仁者，文勢似疊，何也？「安土」二字，先儒皆以「隨所遇而安」釋之，而郭氏以為：「安土，常人之情，聖人之治，因之而已；能因其所安，而安之之後，可以敦仁。」此說亦有可取歟？[23]

---

21 正祖：《經史講義‧三十九‧易‧二‧家人》，《弘齋全書》，卷102，頁24。

22 臣子金熙朝的回答則是：「六四一爻，最得家道之正焉，聖人之特下一『大』字，以表此爻之吉，加於悔屬之吉，又加於勿恤之吉者，正為是也。且按《禮》曰父子篤、兄弟睦、夫婦和，家之肥也，此一說亦可為『富家大吉』之證佐。而至若『富』字之獨於此爻中拈出者，〈巽〉為近利市三倍，富之象也，〈巽〉下畫變〈乾〉，而〈乾〉為金玉，亦富之象也，爻辭所言，亦以此歟？」參見正祖：《經史講義‧三十九‧易‧二‧家人》，《弘齋全書》，卷102，頁24。

23 正祖：《經史講義‧四十‧易‧三‧繫辭上傳‧第四章》，《弘齋全書》，卷103，頁45。

〈繫辭上傳‧第四章〉：「與天地相似，故不違。知周乎萬物，而道濟
天下，故不過。旁行而不流，樂天知命，故不憂。安土敦乎仁，故能
愛。」正祖說這是在講聖人之與天地相似，故知無不盡，仁無不濟
也，並指出聖人治民的大原則是：「因之而已，能因其所安而安之。」
順勢引導，能察民所安而安定之。安定人心的重要方式之一是祭祀，
故正祖問：

> 胡氏曰：「〈萃〉言『假廟』，是謂聚己之精神，以聚祖考之精
> 神。〈渙〉言『假廟』，是祖考之精神既散，所以至廟而聚
> 之。」李氏曰：「〈萃〉因民之聚，立廟以堅其歸向之心；
> 〈渙〉憂民之散，立廟以收其蕩析之心。」一則以神道言，一
> 則以民心言，二說何由相入歟？且「假廟」者，固所以聚祖考
> 之精神，而至於民心之合散，何與於立廟與否耶？又況幽明感
> 應之理，未嘗不聚己之精神，以假祖考之精神，則二卦之義，
> 自可相通，何必分言之耶？[24]

胡炳文（仲虎，雲峰，1250-1333）以神道解〈萃〉卦與〈渙〉卦，
而李舜臣（懋欽、夢虞，愚谷、末村居士，1499-1559）則以「民
心」解之，故正祖就二者不同而提出疑問，而且再問立廟何以與民心
有關？此當是引導式提問，故擇臣子之答曰：

> 王者之假廟，固所以聚祖考之精神，而民心之合散，又何嘗不
> 係於此乎？傳說之告高宗曰：「事神則難。」孔子曰：「明乎郊
> 社之禮、禘嘗之義，治國其如視諸掌乎！」聖王之所重者，斷
> 可知矣。[25]

---

24 正祖：《經史講義‧四十‧易‧三‧渙》，《弘齋全書》，卷103，頁21。
25 正祖：《經史講義‧四十‧易‧三‧渙》，《弘齋全書》，卷103，頁21。

肯定祭祀可以溝通祖先，凝聚民心，因此正祖本身相當重視祭祀，雖
生病靜養亦勉力行之，以為民祈穀：

> 靜攝中，命祈穀大祭，親臨誓戒。大臣藥院求對，以還寢成
> 命。縷縷仰達，教曰：「顧予憧憧一念，惟在祀典，而今此社
> 壇親享，即是為民祈年也。今若憚於觸寒，既命旋寢，則始豈
> 予願豐之誠哉？每當享祀，雖非親臨，終夜無寐，況今微感已
> 差，日氣稍解，暫時臨殿，豈至添損？卿等須勿煩請。」[26]

為了展現誠心，雖天寒身病，正祖也親臨祭典，為民祈求豐收。而
「保民」不能只有一王，實須眾人協作，故「求賢」是治民的必要條
件，在〈姤〉卦，正祖說：

> 〈姤〉之九五，得位而無應，正如杞梓之美，包于瓜蔓，有才
> 而未用；有唱而無和，故勞心焦思，以求天下之賢。其意若曰
> 「天若隕墜，我命則已；若未墜其命，則必生賢臣，以為己
> 輔」云爾。此言有理，而《傳》、《義》之不取，何歟？[27]

正祖站在人君國祚的角度，相信天若未將亡國，則必生賢臣以輔君，
但程頤（正叔，伊川，1033-1107）站在臣子的角度，表示君若有
德，則賢才必至；君若無德，則賢者不屑。正祖也的確求賢若渴，故
令：「人才不係地分，如有沉滯不振，可合任使者，勿論文蔭儒武，
幷各精抄啟聞。」[28]而奎章閣、抄啟文臣等制度，本身就是為了廣納賢
良、培養人才，正祖也非常投入經營：

---

26 正祖：《日得錄・六・政事・一》，《弘齋全書》，卷166，頁18。
27 正祖：《經史講義・三十九・易・二・姤》，《弘齋全書》，卷102，頁38。
28 正祖：《封書・一・賜平安道暗行御史沈念祖封書》，《弘齋全書》，卷39，頁3。

抄啟文臣刱（創）設之後，每當隆寒盛暑，就當講之自止，條
錄問目，使之在家條對。嘗於盛夏熱日，上親自閱卷，竟日鈔
錄，或以聖人慎疾之戒進。上曰：「予之初置抄啟文臣者，意
在勸課，予若不躬先勤勵，何以董飭諸文臣也？且予之習性，
素喜此事，雖終日鈔錄，不知疲也。」[29]

為培養人才，正祖以身作則，雖天氣酷熱，正祖依然終日閱卷鈔錄，
還樂此不疲。除君主尚賢，正祖認為群賢更應為國推賢，不可結黨營
私，問〈坤〉卦：

若以人臣事君之道言之，「西南得朋」者，率類以從陽，以人
事君之道也。「東北喪朋」者，絕類以從陽，渙群朋亡之道
也。夫事上之道，莫善於推賢讓能，引類相先。莫不善於妒賢
疾能，睽孤特立。故攷之諸卦爻辭，曰「朋盍簪」、曰「朋
至」、曰「以其彙」、「以其鄰」者，皆屬吉辭。曰「朋亡」、曰
「渙群」、曰「絕類上」者，率多悔吝之辭，此乃不易之理
也。而獨於〈坤・象〉則言吉於「喪朋」，不言吉於「得朋」
者，何也？[30]

正祖表示最佳的事上之道就是「推賢讓能」，最糟的是「妒賢疾能」，
又歸納《易經》凡「朋盍簪」等之辭皆吉，凡「朋亡」等之辭皆吝，
但何以〈坤〉之〈象〉曰「西南得朋，乃與類行，東北喪朋，乃終有
慶」？而臣子則給出了符合正祖心意的答案：「引類相先，而苟涉阿
黨，則不可致吉；睽孤特立，而苟能公正，則亦終有慶。」[31]臣子引

---

29 正祖：《日得錄・六・政事・一》，《弘齋全書》，卷166，頁7。
30 正祖：《經史講義・四十二・易・五・坤》，《弘齋全書》，卷105，頁7。
31 正祖：《經史講義・四十二・易・五・坤》，《弘齋全書》，卷105，頁7。

類阿黨則不吉，睽孤公正亦有慶，此即排斥黨爭也。聖王之德亦須節用，避免鋪張而侵民，在〈節〉卦，正祖說：

> 天地之有節，而分、至啟閉之不差。聖人之節用，而喪祭、豐殺之有度，則此可謂〈節〉之大者。而周公爻辭，乃反切切於戶庭、門庭之小節，而不及於此，何也？[32]

聖人之節用有度，如天地之節分不差，是最重大的「節」。正祖貴為君王，但本身務極節約，飲食宴酒有度，也不愛聲色犬馬：

> 勑使入京，儐臣請設戲。教曰：「設棚迎詔，亦出飾慶之端，而《禮經》所云『非禮勿視』者此也。況予素不喜聲樂，只於客使前設戲，駕過時，切勿呈技也。」[33]

只在清朝使者來訪時，才待禮觀戲，餘時則否。正祖還命曬穀於庭，以體農稼之意，並驗豐歉之端，若有顆粒落於席外，則責罰內侍：

> 曬乾之際，有若干粒落於鋪席之外。上責內侍，使之一一拾置於席上。教曰：「古人云『粒粒皆辛苦』，雖一粒之微，皆從農民勤苦中出，固當愛惜之不暇。又況皇天之所降嘉，而下民之所以為天者乎？予當飯時，水澆之餘，或恐內侍輩厭食委地，雖有過量之時，輒為之盡食矣。此輩不知粒米之重，或有似此之習，故予嘗痛飭，而申戒矣！」[34]

32　正祖：《經史講義‧四十‧易‧三‧節》，《弘齋全書》，卷103，頁23。
33　正祖：《日得錄‧六‧政事‧一》，《弘齋全書》，卷166，頁20。
34　正祖：《日得錄‧六‧政事‧一》，《弘齋全書》，卷166，頁4。

正祖能同理顆粒都是農民辛苦種出，飯時或有過量，亦不浪費每一粒米，並斥責暴殄天物者。而在〈井〉卦，正祖則捻出「足民」之優先性：

> 《荀子》曰：「不足者，天下之公患也。苟知勞民勸相之道，而以不足為患者，未之有也。」大抵君子之取象於〈井〉者，將以法〈井〉之德、行〈井〉之施也，〈井〉之為德也、為施也，果莫大於足其不足。而先王所以觀〈井〉足民之政，皆可歷言歟？[35]

正祖認為〈井〉卦之德在於「施」，所以最根本的就是足民之所不足，讓人民生命能夠繼續生存下去，故正祖強調：「德惟善政，政在養民，『民惟邦本，本固邦寧』。春祈田祖，秋報靈星，其重農務本之義。」[36]人民是國家的根本，民以食為天，故糧食充足是保障民生的首要目標。為了人民的生存，正祖不惜代價：

> 湖西南及畿甸東北關饑，供膳幷蠲減，以紓民力。有司慮經用之不足，迭相爭難。上曰：「噫！國依於民，民依於國，有民然後方有國。予則只知為民，何恤於經用，勿復言！」[37]

湖西南與畿甸東北發生饑荒，正祖下令開倉賑災與減免賦稅，但群臣反以朝廷經費不足大加勸阻，正祖不由得感嘆「有民然後有國」，一心為民，不恤血本。正祖表示人民的飢飽，也就是他的飢飽，隨時記下各種救災措施：

---

35 正祖：《經史講義・三十九・易・二・井》，《弘齋全書》，卷102，頁45。
36 正祖：《日得錄・十八・訓語・五》，《弘齋全書》，卷178，頁30。
37 正祖：《日得錄・六・政事・一》，《弘齋全書》，卷166，頁3。

所御寢室東西壁，列書被災諸道分三等，邑號及守宰姓名蠲恤
諸條，每行一事，輒親錄其上。顧謂筵臣曰：「民飢即予飢，
民飽即予飽。況救災恤荒，尤當汲汲如不及。此是民命所關，
不可斯須間斷。今日行一政，明日行一事，使吾溝壑之民，置
之袵席之上，然後予心方安。大抵學問、事功，元非二致，真
積力久，自灑掃至治平，然後方可謂極工。無論事功與學問，
不可中途而廢，棄了前功。」[38]

正祖心心念念的就是人民百姓，唯拯民於水火之中，其心才安。對於
正祖，此即是事功，亦即是學問，小者掃灑、大者治平，讀聖賢書，
行聖賢事。正祖五年（1781），嶺南連遇旱災、蟲災與颱風，災民大
飢，正祖下詔安民，讀來令人動容：

予已飭守土之臣，恤其死而撫其生，朝家常典之外，亦有以經
紀措置，俾無蕩析殿屎之患。而守土之臣，其果能宣德意，而
究實惠歟？抑或慢棄，而緩于行歟？予用是憂慮，乃揀廷臣，
往巡被災各邑，弔爾災，而察爾隱，仍諭予懷保之心。嗚呼！
爾等方艱于食，不奠于居，而雖欲離散他境，以冀一日之倖，
誰將為家、為食而待之？祇益其顛連飢寒，卒以死于街路而
已。曷若守爾鄉里，依爾族姻，營構爾部屋，掇拾爾穗粒，圖
所以安其堵，而復其業。若夫賑濟蠲恤之方，朝家當另有區
劃，而道臣守宰，亦庶幾殫竭，夫豈立視，而不之救歟？嗚
呼！民惟予赤子，予惟民父母，予方切如保之念，民豈無孔邇
之意？爾其無輕自繹騷，以保安厥土。[39]

38　正祖：《日得錄・六・政事・一》，《弘齋全書》，卷166，頁3。
39　正祖：《綸音・一・嶺南慰諭使賷去綸音》，《弘齋全書》，卷26，頁37-39。

正祖傾訴衷腸，表示他就是人民的父母，人民就是他的子女，為了苦難的民眾，正祖寢食難安，並將天災歸咎於自己的無德，正祖要求守宰方伯恤死、撫生，落實各項救災政舉，並派遣中央朝臣前往弔災視察，也呼籲災民勿冒險遷移。還有一次臣子欲徵民重修穀倉，正祖以當時災後，民生困頓而不忍勞民：「古語云『不以養人者害人』，倉穀欲養人也，乃為倉穀，反害人可乎？予之寢室雖傾圮，不忍使此時勞民，其止之。」[40]又為了足民安民，正祖下令將一匹的軍布徵稅減半：

> 減布，即我聖祖仁政之大者，八域民庶，至於今涵戴聖澤。而一匹之役，猶患偏重。每念吾民納布之苦，錦玉何安？予小子自即阼以後，一念憧憧，惟在於繼述我聖祖為民之至意，一欲廣施惠澤，未之遑焉。今此身軍布折半蕩減之舉，不恤國計之贏縮，不待臣隣之詢議。斷而行之，不但出於飾慶志喜之意，此實予之夙心。而值此莫大之慶，施此無前之惠，予心始覺充然愉快矣！[41]

正祖的祖父英祖（1724-1776，李昑，光叔，養性軒，1694-1776）曾頒令減免軍布，為繼祖業，及施民惠，特減半軍布之稅，不計國本，心始暢然。至於保民的另一項舉措，則是「慎刑」，正祖問〈旅〉卦：

> 朱子曰：「慎刑如山，不留如火。」此說固已精矣。胡氏曰：「明如火，慎如山，不留獄，如山之不留火。」其言又加詳矣。或者又以為獄者，人之所旅也，不留獄，不使久處其中也。用刑固貴於明，然明者未必皆謹，謹者又或留獄，明且謹

---

40 正祖：《日得錄・六・政事・一》，《弘齋全書》，卷166，頁12。

41 正祖：《日得錄・六・政事・一》，《弘齋全書》，卷166，頁12。

矣，而淹延不決，雖明猶闇也，雖謹反害也，此又是言外之
旨，儻所謂後出者巧也耶？[42]

正祖對比朱子與胡炳文之解，以後者之言更加詳細，但正祖也說既明
又謹，則不免留獄了。因為正祖相信人性本善：「不特仁義而已，五
常具而後可以為人。」[43]對審獄案，如讀經書，輒於不疑處有疑，字斟
而句酌，以求其生於必死之中：

> 看獄案，如看經書。看經書，必於無疑處會疑，然後方為善
> 看。獄案亦然，實因詞證，就其已具之說，而略綽看過，便爾
> 決折，則安得無枉？必也參驗考校，如所謂句句而論之；字字
> 而析之，於其必死之中，求其可生之端，然後可生者生，而死
> 者亦可以無冤。故予每看獄案，不厭詳複，無少放忽，實自看
> 經中推得也。[44]

所以在實務工作上，正祖對於違法犯紀者，一般仍較寬容，但如果有
違綱常，則正祖定嚴懲不貸。正祖十五年（1791），全羅道珍山郡發
生有人因信奉基督教，而燒毀父母祠堂神主牌，臣子請依正法，正祖
應允：

> 先以治化之未敷，瞿然發歎者，其在明天倫、正人心之道，宜
> 有別般懲惡之典，事屬綱常，何拘格例乎？[45]

---

42 正祖：《經史講義・四十・易・三・旅》，《弘齋全書》，卷103，頁16。
43 正祖：《經史講義・四十一・易・四・繫辭下傳・第十章》，《弘齋全書》，卷104，
　　頁32。
44 正祖：《日得錄・六・政事・一》，《弘齋全書》，卷166，頁15。
45 正祖：《審理錄・十六》：「全羅道珍山郡尹持忠，權尚然獄持忠，尚然信邪學，焚
　　其父母祠版。本道啟：『忘父母惑左道，犯綱常焚祠版。』刑曹回啟：『依下教。』

雖然，該囚並未殺人，但事涉人倫綱常，破壞王朝統治的基礎，故正祖允以明正典刑。在保民、慎刑後，還須多加申命，以化民成俗，正祖問〈巽〉卦：

> 〈象〉曰「重〈巽〉以申命」，何謂也？申以釋重，命以釋〈巽〉之意耶？抑謂君子體重〈巽〉之義，以申復其命令耶？丘氏云：「內〈巽〉者命之始，外〈巽〉者申前之命也。」此則重在乎「申命」之「申」。《程傳》曰：「上順道以出命，下奉命而順從。」此則重在乎〈巽〉順之順。或者又以為剛不順乎中正，則將偏隘而為邪；柔不順乎陽剛，則將柔媚而為諂。是數說者，皆所以釋重〈巽〉之義，而若是多歧，當何適從歟？[46]

正祖就「重〈巽〉以申命」，列舉丘富國（行可）、程頤、李舜臣三家不同說法，提出疑問，臣子也依《周易講義》的習慣，在程、朱的架構中，將三家折衷彙整，而答曰：

> 夫〈巽〉者順德也，上以〈巽〉臨下，下以〈巽〉事上，則天下莫不順矣。而聖王猶復三令五申，堯、舜之「疇咨」，盤庚之「誥民」，用此道也。此重〈巽〉之義所以為大，而微程夫子，孰能發揮其微旨乎？[47]

而聖王的三令五申，也是為了教化百姓，使之安然順從，維持政治與

問議大臣，則左議政蔡濟恭以為即斬無倫之賊，俾知邪學之禁。臣等以為一依毀屍律，令道臣正法。」《弘齋全書》，卷150，頁51。
46 正祖：《經史講義・四十・易・三・巽》，《弘齋全書》，卷103，頁17。
47 正祖：《經史講義・四十・易・三・巽》，《弘齋全書》，卷103，頁17。

社會的和諧安穩，故正祖認為：

> 大抵天下無不可知之理，無不可能之事。而孟子有不知不能之
> 喻，至譬於泰山、北海之挾超。則予之為治，反顧云何？百姓
> 者，人主之心也；朝廷者，百姓之心也；禮樂、教化者，朝廷
> 之心也。人主者，持禮樂、教化之具者也。昔予不自量，讀聖
> 人之書，慕聖人之志，慨然鴻厖，庶幾遇之。[48]

人主之以百姓為心，即是保民；百姓之以朝廷為心，即是尊王，此是
先決條件；再進一步，朝廷之以禮樂、教化為心，即是化民善俗，而
人主又持禮樂、教化之柄，形成一種正向發展的循環，則在上者保民、
安民之外，再加上化民、育民，在下者尊王、順王之外，再加上勤王、
助王，這當中的關鍵乃在於君王有德，是故正祖有企慕聖人之志。

（二）心之所在，即道；道之所在，即治。

　　由於正祖政治觀的根基在於君王之德，正祖也期許自身達至聖人
之德。正祖君臣討論《論語》，臣子認為〈堯曰〉一篇隱含治統與道
統之分別，得位之聖王可兼治統與道統，不得位之聖人不可兼治統與
道統，因為修己是治人之本，治人是修己之用；而孔子未得位，不能
治人，終欠缺修己之用的事功，然治人心法又不可不傳，故以聖王之
言當〈堯曰〉前段，後段再綴以孔子曰「從政」與「知命」二章。而
正祖則說：

> 二帝、三王之治本於道，二帝、三王之道本於心。心之所在，
> 即道之所在；道之所在，即治之所在。欲求二帝、三王之治

---

48 正祖：《批・五・大司憲李城輔疏批》，《弘齋全書》，卷46，頁26。

者，不可不求之於夫子之道；欲求夫子之道，則不可不求之於二帝、三王之心。今若循子之說，強加區分治與道之統緒，則文王、周公之不與於此章，抑或似然。而武王之聖，實承文王，夫子之聖，亦接周公。將以文王、周公之不與，夫子亦不能與於是耶？此章編法，明是門人弟子敬書夫子誦述前聖之言也，自有朱夫子定論。至於篇終「知命」之訓，可與首章「不知、不慍」之義，表裏相關，始末互應。「不知、不慍」，即義緣（案：音「籀」，卦辭）之「不見、无悶」也。吾於首章答問，引〈文言‧初九〉大文申復之。「龍德」聖人之德也，夫子有其德而在下位。守其道，不隨世而變晦其行，不求知於時，自信自樂，見可而動；知難而避，其守堅不可奪，然而「過化而存神」，立之斯立，道之斯行，綏之斯來，動之斯和，與天地同其功，此又所謂「龍德正中，善世而不伐，德博而化」，正己而物正，雖非君位，君之德也。大抵《易》之書，伏羲、文王、周公、孔子四聖人之作。而《論語》首尾，皆以《易》之義與言，貫通照徹。學者賾其微，而探其精，則羲、文、周、孔之心法，又可得以窺其萬一，讀《易》當先讀《論語》。[49]

正祖認為臣子之想法，有將道統劃入治統底下之嫌疑，即權位大於德行，故轉而強調「心之所在，即道之所在；道之所在，即治之所在」，此心指道心，道心即是行道，行道即治道，即是說：道心即治道，意即：道統即治統。故正祖又說：「古人以雨暘休咎，得失治亂，皆歸之人主之一心。」[50]不僅將治亂歸於一心，連雨暘亦歸於一心，可以說是道德心的絕對普遍化。

---

49 正祖：《魯論夏箋‧四‧堯曰篇》，《弘齋全書》，卷125，頁35-37。

50 正祖：《教‧三‧因旱求言仍飭諸道恤民教》，《弘齋全書》，卷32，頁7。

　　正祖再結合《論語》首章「人不知而不慍」與末章「不知命，無以為君子也」，其始終條理，相應於〈乾・初九・文言傳〉：

> 龍德而隱者也。不易乎世，不成乎名，遯世无悶，不見是而无悶，樂則行之，憂則違之，確乎其不可拔，潛龍也。

肯定孔子具備龍德，即是具備君之德，故孔子不是人間國土的國王，而是道德世界的君王。正祖最後重申《論語》與《周易》義理心法的連貫呼應，故讀《易》應先讀《論語》。

（三）太極者，吾也。

　　在《弘齋全書》中有一篇〈萬川明月主人翁自序〉，是正祖於一七九八年執政後期所寫的文章，是其政治生命經驗的總心得。文章開頭，正祖以太極之化成陰陽五行與萬物，如同一月之映萬川，此即是「理一分殊」之旨。正祖又接著表示自己的治國方針：

> 南面而聽，嚮明而治，予因以有得於馭世之長策，革車變為冠裳，城府洞如庭衢。而右賢而左戚，遠宦官、宮妾，而近賢士、大夫。世所稱士大夫者，雖未必人人皆賢，其與便嬖、僕御之伍，幻鬿晢而倒南北者，不可以比而同之。[51]

正祖實行右文政治，右賢左戚，親賢臣而遠小人，排斥宦官、宮妾。在正祖的執政生涯中閱人無數，形形色色，千百其種，一開始正祖其心皆信之推之，且希望能將之奮起振作，並匡正矯錯，但這樣的應酬應付，二十年來，也令正祖感到疲憊。

51　正祖：《序引・三・萬川明月主人翁自序》，《弘齋全書》，卷10，頁1。

　　正祖接著慶幸自己近來領悟太極陰陽之理，並運用到實際用人之中，凡人皆有長有短，如同有陽必有陰，故揚其長而捨其短，取其巧而藏其拙，而使之各盡其才，各適其用：

> 莛楹備於用，鳧鶴遂其生，物各付物，物來順應。而於是乎棄其短，而取其長；揚其善，而庇其惡；宅其臧，而殿其否；進其大，而容其小；尚其志，而後其藝；執其兩端，而用其中焉。[52]

面對各式各樣的人，正祖後來掌握了「物各付物，物來順應」，量體而裁衣，有的而放矢，依據對象之不同，而調整合適的應對方式，故曰：

> 洪放密察，以待通者；優游寬假，以待塞者；柔以待強者，強以待柔者；明亮以待癡者，辯博以待愚者。[53]

正祖亦肯定自己懷保明德與萬善，具備統治者的超凡美德，有曰：

> 予懷明德，則文王之照臨於西土也。寸長不讓於人，萬善都歸於我。物物太極，罔咈其性。性性存存，皆為我有。[54]

「寸長不讓於人，萬善都歸於我」展現出正祖的高度自信與神聖性，也能讓萬物各遂其本性，並保存其存在。正祖表示太極與萬物實皆為一理，而太極、兩儀、四象、八卦、六十四卦，然後六十四卦中每一

---

52 正祖：《序引・三・萬川明月主人翁自序》，《弘齋全書》，卷10，頁2。
53 正祖：《序引・三・萬川明月主人翁自序》，《弘齋全書》，卷10，頁2。
54 正祖：《序引・三・萬川明月主人翁自序》，《弘齋全書》，卷10，頁2。

卦再依一爻變、二爻變、三爻變、四爻變、五爻變、六爻變的全部排
列情況，可以變成其餘六十三卦，加無爻變的本卦，共六十四卦，
也就是64的平方，即4096，而4096的平方，即16777216，正祖說此可
當其蒼生之數：

> 太極生兩儀，則太極固太極也。兩儀生四象，則兩儀為太極。
> 四象生八卦，則四象為太極。四象之上，各生一畫，至於五畫。
> 畫而有奇偶，累至二十有四，則為一千六百七十有七萬餘畫，
> 一皆本之於三十六分六十四乘，而可以當吾蒼生之數矣。不以
> 界限，不以遐邇，攬而歸之於雅量己分之內，而建其有極，會
> 極歸極，王道是遵，是彝是訓，用敷錫厥庶民，而肅乂哲謀之
> 應，五福備具，而康而色，予則受之，豈不誠淵乎遠哉？[55]

而不論地域黨派遠近，所有人民皆在正祖的職分之中，正祖則是全體
人民的會極於一，故人民必須尊王、順王、應王、佐王，正祖就具備
廣大深遠的福澤，即是所謂「德位一致」、「德福一致」。

正祖再盛讚孔子著《易傳》之揭太極，以及《春秋》之大一統，
故認為萬物歸於太極，如萬邦歸於一王，如萬川歸於一海，正祖說：

> 飛者之於空也，潛者之於川也，蠢動之，自蠕也；草木之無知
> 也，亦各榮悴，不相凌奪。語其大，則天下莫能載；語其小，
> 則天下莫能破，是蓋參贊位育之功，為聖人之能事也。予所願
> 者，學聖人也。[56]

花草、魚蟲、鳥獸各自生生滅滅，形成和諧有序的世界，這就是聖人

55　正祖：《序引・三・萬川明月主人翁自序》，《弘齋全書》，卷10，頁3。
56　正祖：《序引・三・萬川明月主人翁自序》，《弘齋全書》，卷10，頁3。

參贊天地化育，使萬物各正其位，各正性命，而正祖的心願，就是效
法聖人，如月映萬川，月之形象，各隨水形：

> 水之溯者，月與之溯；水之洄者，月與之洄。摠（總）其水之
> 大本，則月之精也。吾知其水者，世之人也，照而著之者，人
> 之象也，月者，太極也；太極者，吾也。[57]

正祖身居君師之位，因材而施教，因勢而利導，知人而善任，月映萬
川之萬川是萬殊萬有，萬有是世人，月映萬川之月是一本太極，太極
則是正祖，每一波水中皆有月，每個子民心中皆有正祖，此即是「尊
王」，月映照在每一波水中，具足萬善、至善之德的正祖，影響、保
存、化育著朝鮮王朝千萬子民，此即是「保民」。

三　實用說

　　《易經》原始作為卜筮之書，本身即是從實用、實效出發，正祖
未嘗忽之，並也希望將各個事物的價值最大化，如明朝所賜特鐘、編
鐘等器，因年代久遠，而聲譜變訛，仍令奎章閣學士詳考其制度方
法，習其音律，以見諸於實用。[58]

（一）經學如日用飲食

　　正祖不只嗜愛經學，也非常重視經學的實用性，故曰：

> 行抄啟文臣課講。教曰：「心性理氣，固是學者夢覺關頭，而

57　正祖：《序引·三·萬川明月主人翁自序》，《弘齋全書》，卷10，頁4。
58　正祖：《日得錄·六·政事·一》，《弘齋全書》，卷166，頁16。

若一場懸空說話而止，則顧何益於身心哉？經義貴活法，學問
將致用。諸文臣講論之際，必各著意於喫緊日用措諸事為之
義，使書與我為一，言與行相須，而毋徒以說心、說性名目字
句之間為務，方是切問近思之學。」[59]

正祖叮嚀抄啟文臣，心性、理氣固然也有賴於個人的領悟與否，但如
果只停留在空談心性，那對身心毫無助益，故正祖強調「經義貴活
法，學問將致用」，必須將經學實際靈活運用在日常生活之中，使書
與人合而為一，知與行水乳交融。正祖注重經學的生活化：

近來工於經學者，絕無聞焉，幷與句讀訓詁而茫昧。若反鏡索
照，所謂經學也，非別件物事，如日用飲食，人人有之，人人
行之。[60]

經學不只是句讀訓詁，在真實而平常的生活中，其實人人都離不開經
學，意即在日常生活情境中，將經學道理實際踐行出來：

學問之道無他，只在於日用事為，孝親、忠君、悌長、親下而
已。近世初學之士，或認以說心、說性之外，更無學者事功，
豈不謬哉？[61]

所謂的學問，就是君君、臣臣、父父、夫夫、子子、友友之三綱五常
的具體行為，這是比談心、說性更為重要的事功，因為這些才是真實
有用的「學問」：

---

59 正祖：《日得錄・三・文學・三》，《弘齋全書》，卷163，頁31。
60 正祖：《日得錄・三・文學・三》，《弘齋全書》，卷163，頁20。
61 正祖：《日得錄・四・文學・四》，《弘齋全書》，卷164，頁17。

> 居處恭、執事敬、與人忠，即此是實事。博學之、明辨之、審
> 問之、慎思之、篤行之，即此是實學。心性理氣，亦豈有別般
> 理會？而君子之教人也，孰先傳焉？孰後倦焉？但爾所謂歷階
> 漸進者，有真知，然後方有實踐，一錯路頭，恐向別處走。[62]

恭、敬、忠，乃至於四維或八德，不是古板的說教，而是發自內心去
行動的真實事功，從博學、審問、慎思、明辨，最後必須篤行，此即
是真實學問。不是先知後行的漸進表現，而是即知即行的當下呈現。
所以，正祖指示《論語》的讀法，其實是「操存涵養」書中義理：

> 予嘗謂《論語》讀法，務在於「操存涵養」四字。故朱子亦令
> 優游厭飫，反覆諷詠，則不容使入耳出口，無得於實用。[63]

表示讀書貴在能操存修養，修養修德，即是實用。而不論讀書、修
養、處事其實都是為了達「理」：

> 讀書所以明此理也，修身所以體此理也，應事接物所以推此理
> 也。讀書而不能明理，不能體理，不能推理，雖讀萬卷書，何
> 益於身心哉？[64]

唯有能明理、體理、推理，才是有益於身心，而此「理」，即可分為
存在之理與應然之理。而正祖所謂的「實用」，不只是指修德養性，
亦指事物效用，如正祖說：

---

62 正祖：《故寔・二・朱子大全・一》，《弘齋全書》，卷130，頁9。
63 正祖：《群書標記・二・御定・二・論語講義五卷》，《弘齋全書》，卷180，頁13。
64 正祖：《日得錄・四・文學・四》，《弘齋全書》，卷164，頁14。

財用本自有限，「節用」二字，即用財之第一義。而古人所謂「節用」，亦豈全無所用乎？用之於當用處，而若其冗費不緊之需，一切撙節也。今之人，既素乏生財之智，又不識節用之義。所謂「節用」者，不計當否，惟以不用為主，此乃行不得之事。及其不得不用，則又不察緊漫前後，惟憑前例而已，而前例未必盡是，終歸於無實效。我國人才，素無實用，而至於財賦，尤無奈何矣！[65]

正祖批評臣子缺乏生財之道，又不明節用之義，取捨只循前人之例，對於國家財稅，毫無作用。正祖又批判學者專事空談性理，對於天文曆法等有益於農業民生者都不講求：

嘗講〈堯典〉，至暮三百有六旬有六日。教曰：「治曆明時，王政之所重，而有國之不可一日無者也。近來學者專事談理、說性，而於此等實用處，都不講究。」[66]

因為正祖本身對於曆法的認識也相當豐富，他已能清楚地掌握閏日計算、一年三百六十五又四分之一天、地圓說、南北半球晝夜相反、時區東早西晚等，並理解〈時憲曆〉較舊曆更加精準，故對於臣子闇於曆算，不明實用，而有感觸。

（二）三百八十四爻，逐爻言利。

作為勵精圖治的君王，正祖也探討了福國利民的義涵，有大哉問：

65　正祖：《日得錄・七・政事・二》，《弘齋全書》，卷167，頁34。

66　正祖：《日得錄・一・文學・一》，《弘齋全書》，卷161，頁8。

王若曰：「『義利』二字，即古今邪正之所由分，而天下國家治亂之所由關也。蓋自唐虞授受之際，已有人心、道心之說，則所謂『人心』者，似是利心，而原於何物？所謂『道心』者，蓋指義心，而根於何處歟？先儒釋之曰：『或原於性命之正，或生於形氣之私。』然則性命、形氣之分，可得詳言歟？王道，惟義是取，而譬之於金；霸道，惟利是尚，而喻之以鐵。其義利、公私之別，王金、霸鐵之意，可得詳聞歟？……利居四德之一，而〈乾〉道主利，故大《易》之爻言利處甚多，而喜讀《易》之夫子，罕言利。善用《易》之孟子，不言利。同一『利』字，而抑有彼此同異之可言歟？……大抵義是天理之公，而利乃人欲之私也，公私咫尺，舜跖天壤，而天理常負，人欲常勝，故治日常少，亂日常多。天下熙熙，皆為利來；天下穰穰，皆為利往。有以財賄而為利者，有以名譽而為利者，學本欲為己，而有以學為利者。仕所以行道，而有以仕為利者。雖其所圖有優劣，所趣有清濁，而出於天理之公，而都歸於一身之私則一也。於戲！我朝四百年規模，所以維持纏縣者，實賴士大夫義理。而以今之時俗觀之，儒士利於科甲，而以雕刻為徼倖之技；平民利於閒遊，而以耕織作等閒之事；貪官利於財，而虐民之政多；廉吏利於名，而違道之譽騰。至於朝廷表率之地，義利尤混，選注多不公之歎、言論多徇私之弊。廈氈之上、章奏之間，洋洋乎多義理之談，而使識者傍觀，則千塗萬轍，皆鶩於利。而一條義理之正路，殆將茅塞矣！此其根柢必有所自來，源流必有所由成。而拔本塞源，存天理，遏人欲，亦必有其道矣！咨爾諸生，其於義利關頭，必有商確於胷中者，其各無隱，悉著于篇，予將親覽焉。」[67]

---

67 正祖：《策問・一・義利》，《弘齋全書》，卷48，頁19-22。

正祖將義利之辨，區分為古今治亂之源。人心即利心，即是人欲之私，即是霸道尚利；道心即義心，即是天理之公，即是王道尚義。並以「利」實居《易經》元、亨、利、貞四德之一，且〈乾〉卦九二爻「見龍在田，利見大人」，九五爻「飛龍在天，利見大人」，故正祖說〈乾〉即主「利」。但何以孔子「罕言利」，孟子「不言利」？正祖感慨天理常負，人欲常勝，故治少而亂多。天下熙攘，皆利來利往，造成公義塞而私利熾，正祖認為，其根本的解決原則就是：存天理而遏人欲。如此說來，似乎正祖相當反對「利」；但其實，正祖反對的是私欲的利，所以正祖又注意到《易經》中，有多處言「利」：

> 「罕言利」之「利」字，當作何如看？程子曰：「計利，則害義。」若是，害義之利則孔子當絕而不言，不惟不言，當嚴辭以斥之，如孟子之拔本塞源，奚止於罕言而已哉？然而，程子之訓釋如此者，何也？若曰非害義之利，而與《易》所稱「利者，義之和」同一「利」字，則三百八十四爻，幾乎逐爻言利，亦非聖人之所罕言也，何以看則為得「利」字之本意耶？[68]

正祖質疑孔子之「罕言利」，如果像程頤所說利是害義的話，則孔子應當像孟子一樣完全不講利，甚至加以斥責，故正祖提出一種「非害義之利」，也就是合義之利，即是〈乾・文言傳〉中的四德之一：「利者，義之和也。」此利，正祖表示，《易經》三百八十四爻，幾乎每爻都有講到，所以聖人其實並不罕言利。正祖再思考孟子所說的「何必曰利」：

> 「何必」者，不須之義也。「何可」者，不當之義也。故論其事勢，則曰「何必」；語其事理，則曰「何可」。孟子之對梁王

---

68 正祖：《經史講義・十一・論語・四・子罕》，《弘齋全書》，卷74，頁5。

利國之問也，似當云「何可曰利」，以折其求利之心。而今，
但云「何必」者，何哉？先儒云：「言利曰『何必』，有斷然不
必之意。言仁義曰『而已』，有舍此無他之意。」「必」字之為
斷然固矣，而此章之「何必」則似近「不必」之意，未見其為
「必不」之義。若止謂「不必」，則其於義理分界，得不歉於
斬釘截鐵耶？當孟子之時，功利之說蔽天下，而人不知有真正
仁義久矣！孟子承孔門之續（緒），任道統之責，思以仁義易
天下，則所以答時君者，可苟然而已乎？《集註》以「仁義未
嘗不利」為訓，而或者云「仁義固未嘗不利」，然以此為說，
則立心原從利起，其為仁義，只成五霸之假之，此說何如？[69]

正祖就「何必」與「何可」展開思考，「何必」是不須要，「何可」是
不應當。所以，「何必」只是不須要，不是不應當，故正祖認為「何
必曰利」只是「不須要講利」，而非「不應當講利」。正祖替孟子言：
因為戰國時人重利輕義，故孟子為矯枉過正，才會說「何必曰利」，
是不想講利，不是不可講利。又舉朱子言曰：「仁義未嘗不利。」[70]是
否變成為利行仁？而臣子的回答則是：

梁王之利吾國，即功利之利。《集註》之未嘗不利，即「利
者，義之和」之利。其所言利，本自不同。[71]

表示朱子所言利，亦指合義之利，此利是有益於眾人的公利，而非圖
利個人的私利。

---

69 正祖：《經史講義・四十四・總經・二・孟子》，《弘齋全書》，卷107，頁25。
70 〔南宋〕朱熹撰，朱傑人、嚴佐之、劉永翔主編：《朱子全書・四書章句集注・孟
　子集注》（上海市：上海古籍出版社，2002年12月），第6冊，頁247。
71 正祖：《經史講義・四十四・總經・二・孟子》，《弘齋全書》，卷107，頁26。

（三）水原正合〈河圖〉天干生成格

正祖也將《易》學實際運用於家國事務之上。正祖畢生願望是尊崇其慘死於壬午之禍中的先父——思悼世子（莊獻世子，李愃，允寬，1735-1762），先是上尊號為「莊獻」，再為之遷葬改穴，也以《易》學與風水學做為君臣討論擇穴的依據：

> 予曰：「夢龍之以癸山丙破為疵者，即偏信九星之論也。癸坐山丙去水，為祿存破者，汝雖難之，若合吉格，則雖破軍廉貞，甚於祿存者，亦不為忌矣。況此癸坐而有丁得丙破，則正合〈河圖〉天干生成格，雖無得水，若有好砂，則亦合此格矣！」[72]
>
> 占驗曰：「山水之性情，全在於巒頭。自金星巒頭，下至十八尺，左亦十八尺，右亦十八尺，合三十六尺。左除十三尺，右除九尺，乳頭凝〈艮〉氣下垂，而珠精領下懸丁，不偏不倚、不急不緩，此實正穴之理。且三十六應天度，十八應地支，天地之配合，日月之相照，星辰之會精，而龍氣貫通於子水，子乃九數，九則陽之極而發現於外。以此推之，則九朔之內，必有螽斯之兆，邦國大慶矣！且以卦體論之，為地山〈謙〉，〈謙〉之五爻，乃福德持世，以此推之，則邦慶必速，實億萬年無疆之基矣！」[73]

正祖對於祭祀非常誠敬：「祭祀時誠敬，只在於一心靡懈。」[74]對待擇穴，更是極度慎重，正祖與臣子討論穴位，認為華山「正合〈河圖〉

---

72 正祖：《雜著・四・遷園事實》，《弘齋全書》，卷57，頁38。

73 正祖：《雜著・四・遷園事實》，《弘齋全書》，卷57，頁48。

74 正祖：《日得錄・十五・訓語・二》，《弘齋全書》，卷175，頁16。

天干生成格」，又讓卜官占驗，而得地山〈謙〉卦，六五爻曰：「不富
以其鄰。利用侵伐，无不利。」是有福有德之兆，而可享「億萬年無
疆之基」，故而擇穴遷葬，亦是國家人民之福利。

（四）城制車制，可從經訓上推去。

正祖並在京畿道水原華山旁新建「華城」以作為行宮，並便就近
至「顯隆園」（隆陵）追念父親。正祖表示華城的修築，也是從經學
中獲得啟發：

> 今人言經學，但知談性、說理之為經學，而不知事事物物，無
> 非舍經學不得。試以近日華城築城言之，凡臨事而不知措處之
> 方者，皆昧於經學，而見識不明故耳。苟能於經訓上，有所心
> 得，城制、車制，亦可從這箇上推去。[75]

正祖的經學不是僵化的教訓與空泛的談性說理，而是「以實心講實
學，以實學行實事」，[76]實際地在生活中的方方面面發揮作用，即使是
城制、車制，也可從經學中推求。正祖也撰《城華籌略》，指示華城
的建築大綱：

> 一曰：「分數。其圍約三千六百步，並曲城計，可以苟容。其
> 崇約二丈五尺，不計女墻，可無踰越。凡石材及工役容費，並
> 以此為準。」
> 二曰：「材料。今議有甓城、土城等說，然東人不嫻燒甓，且
> 難辦薪，甓固非計。土城雖曰外面築灰，三物交合云。土之與

75　正祖：《日得錄・三・文學・三》，《弘齋全書》，卷163，頁28。
76　正祖：《故寔・一・大學》，《弘齋全書》，卷129，頁25。

灰不相膠附，凍之方融；土根隨陷，雨之所泐，灰面多缺。土
漸內脹，灰則外仆，必不可用，莫如仍用石材。」
三曰：「壕塹。築城之法，內外夾築，固為大善。今茲未能，
內必依山，平地起土，土將何出？《易》云：『城復于隍。』
蓋掘土為壕，土則為城，壕乃成隍。故城之既壞，得稱復隍。
兼又城而有壕，以守則固，因利乘便。土自易辦，啖梨濯齒，
奚費兩勞。今宜掘壕取土而用之，……。」[77]

第一點劃定華城周長與城高。第二點分析用石或用磚之利弊，最後施
工則採納朴齊家（次修、在先，楚亭、葦杭道人、貞蕤，1750-
1815）意見，採石磚混合。第三點思考廢土該如何處理，依〈泰・上
六〉：「城復于隍。」就是將所挖壕溝之廢土拿來築城，如此實是一舉
兩得。經過縝密細緻的規劃籌備，使得華城建造工期極為快速，又節
省經費，最後形成一昌盛的新興都市。

　　除此之外，正祖高度重視農業發展，每年年初，皆下〈歲首勸農
教〉，或是躬親觀刈以勸農，廣發農書，並聽取臣子意見，仿照中國
水車再派試其功用，亦從《易經》中得出重要的農田政策：

　　　　興水功也，相土宜也，利農器也。三者為要，水功居先。在
　　　　《易》水地為〈比〉，地水為〈師〉，此井田之所由法耳。欲相
　　　　土宜，捨水功，奚為哉？[78]

依水地〈比〉卦、地水〈師〉卦，表示水源與土地之息息相關，密不
可分，正祖認為此即古代井田制度之根據，故在水利建設、農作土宜

---

77 正祖：《雜華・十・城華籌略》，《弘齋全書》，卷63，頁1。

78 《正祖實錄》（漢城市：國史編輯委員會，1981年10月），第47冊，22年11月30日條，
　　頁138。

與農業器具中，應以水利建設為優先。事實上，正祖在興建華城之時，同時也構築了萬石渠（水庫），以及萬年堤、祝滿堤等農田水利灌溉設施，如此更加有利於國計民生。

四　結論

綜合以上內容，本文將從正祖《易》學的特色、價值與影響三方面，逐次加以說明總結。

（一）正祖《易》學的特色

有關正祖《易》學的特色，可以從五個角度來觀察。

1　廟堂正學，君師育材。

正祖尚賢，非常注重人材的搜訪和培育。正祖位居君、師，建立奎章閣，設立抄啟文臣制度，講經說史，日省月試，賞勤罰慢，為國育才，超越黨爭，同時塑造正統學風，經筵會談，培養忠君之臣，鞏固王權，強化統治。故《弘齋全書》一百八十四卷中，君問臣答的《經史講義》就有五十六卷，約占全部文集三分之一強，還有臣問君答的《鄒書春記》、《魯論夏箋》、《曾傳秋錄》、《故寔》等共十五卷，可以想見當時君臣談經論道的風氣多麼漪歟盛哉！正祖的《易》學就是在這樣的環境中產生而提升，而從《周易講義》亦可看出當時政治菁英朝臣士人的《易》學觀念。

2　崇賢慕聖，尊朱不泥。

正祖仰慕聖人，亟尊朱子。正祖追慕三代之治，願效聖人，並以朱子為聖道之傳人，而且也期許自己能學習朱子，故其實也暗含希望能承繼道統的意味。但正祖也不會唯朱子是從，在《周易講義》中也

常贊同他說，而質疑朱說。因此，正祖雖尊崇朱子，但並非一味的局限於朱說。但必須注意，《周易講義》中擇錄的臣子回答，率皆以程、朱為本，而且是朱為主、程為次，這也顯示了正祖的義理取向，或者說正祖期望臣子們遵循朱子正宗之學，因為此乃朝鮮王朝立國的正統學脈。

3　對比眾家，真理是尚。

正祖尊朱而不泥，並且博採諸家，因此在《周易講義》中，甚至可以看到正祖引用並讚美王弼（輔嗣，226-249）「靜為躁君，安為動主」的說法，[79]雖是以《老》解《易》，但也有其殊勝之處，故不應全盤否定王弼《易》學。由此可見，正祖不同於臣子只固守朱學，而更願意嘗試聆聽各家說法。

4　深思善疑，以問解經。

正祖時代的君臣猶如師生，除了商議國家大事，也每每討論學術，進行經義問答思辨，經常指點並提示臣子，有時不是因為不懂而問，有時反而是因為已知才問，懂了會了再繼續深入瞭解，就會產生疑問，疑而至極，就更理解，理解至極，書與我則合而為一了。因此，正祖的《易》學，也是從條問、條對開始，並在問題的陳述中，含藏著正祖的見解看法，其中有答案未定的疑問式問題，也有答案已定的引導式問題，故正祖其實是利用提問的方式，以增進君臣師生對《易》學的思考與認識，在教學相長的同時，也培育著國家人才。但也必須注意的是：如此以問解經，固能加深對經文的思索，但其中的學術系統性，也會相對較為模糊，而需要讀者再進一步分析統整。

---

79 正祖：《經史講義‧三十九‧易‧二‧恆》，《弘齋全書》，卷102，頁14。

5　實學日用，德學俱重。

正祖器重經學的實際作用，排斥無病呻吟與空虛無本的文字遊戲。經學的實用性，一方面是心性修德，一方面是家國公利，前者如正祖在《周易講義》中從〈履〉卦之「視履考祥」講修德，[80]正祖認為〈履‧上九〉「視履考祥，其旋元吉」，在於說明無論占筮結果或吉、或凶，其實都是取決於占者行為的或善、或惡，故主體道德之善惡，會決定外在占卜之吉凶，《周易》三百八十四爻之吉凶悔吝，無一不是如此，故正祖總結《周易》主旨，即是「視履考祥」。因此，道德的踐履與否，就是吉凶的生成；而修德的核心工夫，就是「敬」。至於家國公利，則在於正祖《易》學所強調的「尊王」、「保民」二大主軸，所求的不是私人欲利，而是「義之和」的實利。

（二）正祖《易》學的價值

朝鮮以「小中華」自居，認為在皇明被滿清滅亡之後，自己就是儒家文化的真正傳承者，他們對清朝表面臣服，實則充滿鄙視，對外奉清正朔，對內之公文、王陵、祭祀與地方官的疏章，以及箋文等，則仍沿用明朝崇禎年號，形成了「域外漢學」反而自居正統的奇特現象。而朝鮮王朝也的的確確產生了一大批的碩學鴻儒，並進而發展出了朝鮮自身獨有的儒學特色，如追求並延續道統的理想性、[81]黨爭禮訟四七之辯背後的不妥協性、[82]推崇朱子之學的重權威性等。而正祖《易》學則首先屬於中華儒學文化自我向外拓展、豐富其內容之進程的一部分，又是朝鮮主動學習慕傚中華儒學文化的成果，代表中華

---

80 正祖：《經史講義‧四十二‧易‧五‧履》，《弘齋全書》，卷105，頁13。

81 蔡至哲：《中、韓儒者的秩序追求——以朝鮮朱子學儒者為中心的觀察》（臺北市：臺灣大學社會科學院國家發展研究所博士論文，2019年7月），頁25。

82 吳偉明：〈十六世紀至十九世紀李氏朝鮮之學術思想及其《易》學析論〉，《中國學術年刊》第36期（2014年9月），頁14。

與域外互動交流的結果之一，共同推動了大中華儒家文化圈的興盛與繁榮。

　　再者，正祖《易》學屬於經筵帝王之學，由於經筵高高在上的特殊屬性，一般多有宣示教訓的意味存在，然而，不同於其他經筵形式，正祖《弘齋全書》中的《周易講義》藉由君問臣答的模式，問答成文，反而加強了君王與眾臣對於經文的理解與思考，這過程亦同步發生於讀者身上，從不可疑、不必疑之問題出發，使問者、答者、閱者產生好奇與思索，進而對話、互激、共構出一答案，而對於正祖君臣，這個交集地帶，就是程、朱《易》學，特別是朱子《易》學，故在政治上，正祖就是當然的中心與樞極；而在學術上，朱子則是最後的權威與裁判，二者交織融洽、互補無間。

　　最後，有關道統與治統的議題，朱子希望高舉道統，以牽制治統。但清朝康、雍、乾祖孫三代帝王，則將道統強挪過來，以為已用，認為治統在自己身上，道統亦然，康熙皇帝即表示：「上親制《日講四書解義》序曰：『朕惟天生聖賢，作君、作師，萬世道統之傳、即萬世治統之所繫也。……此聖賢訓辭詔後，皆為萬世生民而作也。道統在是，治統亦在是矣。』」[83]如此直白而強硬的宣告自我握有治統與道統，實置文化慧命於天子腳下。而正祖則不然，正祖多次表達自己崇效三代聖王之治，追慕素王孔聖，而所願學則朱子。

　　綜觀正祖一生歷經萬千苦辛，而踐位御極，其太極即吾，蕩平尊王，至孝尊親，右賢左戚，民胞物與，勤政愛民，實用實政，與此同時，又具備高度學術修養，還留下龐富文化資產，是德、學、位兼備於一人，可說是朝鮮繼第四代世宗大王（1418-1450，李祹，元正，1397-1450）被稱作「海東堯舜」之後，最趨近治統與道統合而為一的理想典範之君王，因此成為領導朝鮮王朝後期復甦中興的國王。

83　《聖祖仁皇帝實錄》，收入《清實錄》（北京市：中華書局，1987年），卷70，頁899。

（三）正祖《易》學的影響

正祖《易》學最直接的影響，就是藉由經筵講座而作育英才，獎掖後進，對抄啟文臣日省月試，向朝鮮各地士子頒問稽答，因而催生出一批應答正祖的講義之作，如李崑秀（星瑞，壽齋，1762-1788）《壽齋遺稿・周易講義》、尹行恁（聖甫，碩齋，1762-1801）《碩齋稿・摛文講義・易》、奇學敬（仲新，謙齋，1741-1809）《謙齋集・經義條對》、高廷鳳（鳴國，水村，1743-1822）《水村集・御製經書疑義條對・周易》、李元培《龜巖集・經義條對・易》、柳匡天《歸樂窩集・御制經義問對・周易》，這些制答不一定都會被選入正祖的《周易講義》之中，但卻可以交互參照文本，更進一步的瞭解當時舉行經筵之實況與正祖採用回答之取捨。

此外，由於正祖對於朱子的尊崇與朱學的提倡，其親編《紫陽子會英》、《朱子選統》、《朱書百選》、《朱子書節約》等，又命編《易學啟蒙集箋》、《朱子會選》，並計畫編《朱子大全集》，重新復興朝鮮王朝的國學。即使如此，正祖也不會故步自封於朱子《易》學，故在《周易講義》中，也常會質疑批判程、朱，不過正祖所採納的臣子回答，又率皆以程、朱《易》學為大本，顯示出朱學作為王朝正統之學的權威性，此就如同正祖雖貴為一國之君，但也常下詔求言，假若臣子靜默未盡言職，正祖還會不滿，所以臣子可以指正君王，提供意見，如此可以補苴罅漏，但最後的評判權衡標準仍在國王身上。

正祖《易》學也重視實事求是，制器利用，以經世濟民，此開明務實的胸懷造就了一批實學家，除了研究《易》學之外，同時注意利用厚生之實學。包括了曾為抄啟文臣的實學大師丁若鏞（美鏞，茶山、與猶堂，1762-1836），其著作等身，除傳統經學外，數學、力學、光學、生物學、醫學、物理學等自然科學無不涉獵，他主張「耕者有田」，並是屬於早期接觸天主教的人物之一，認為《周易》、《尚

書》與《詩經》中的「帝」是具有人格神意義的上帝，又有《周易四
箋》、《易學緒言》傳世。正祖《詩經講義》有收錄回答，但《周易講
義》卻沒有，惜哉！[84]

　　總之，正祖《易》學根基於理氣，發端於象數，旁及於圖書，著
重於性理，實踐於敬德，聯結於政治，運用於實學，誠為不世出的
《易》學君王。

---

84 此外，正祖老師徐命膺（君受，保晚齋，1716-1787）之子徐浩修（養直，鶴山，
　 1736-1799），繼承其父博學多聞，曾出使清國，考查並恢復測雨器的制度，修復渾
　 天儀，他認為唐代僧一行（本名張遂，謚號大慧禪師，683-727）以《易》學大衍之
　 數硬套入〈大衍曆〉之中，並不正規，用純數推算曆法才是合理，經過不懈努力，
　 推行朝鮮〈時憲曆〉，才大功告成。又如黃胤錫（永叟，頤齋，1729-1791）長於性
　 理學、數學與語言學，著有《邵子皇極經世書四象體用聲音卦數圖解》，以聲起數，
　 以數合卦，將象數《易》學與語音學結合比觀。

後記

　　韓國三國時代（427-660）是新羅（公元前57至公元935年）、高句麗（公元前37至公元668年）與百濟（公元前18至公元660年）鼎立的歷史時期。三國的語言文化相通，共同崇尚原始薩滿巫觀宗教，但在中國文化強勢影響之下，儒家與道教因時傳入，逐漸成為國族風尚。泊四世紀時，佛教傳入朝鮮半島，並迅速傳播，一度成為三國的國教。公元六六八年，新羅借助唐朝的力量，先征服百濟後，再滅高句麗，因而結束三國時代，正式進入統一新羅時代（675-935）。

　　新羅統一三國之後，唐文化因此全面引進。公元六八二年，新羅仿唐制在首都慶州建立國學，在「讀書三品科」中，《易經》屬特品考試科目，孔穎達（沖遠、仲達，574-648）《周易正義》成為士子研習的基本經典。又派遣大量留學生前往唐朝，學成歸國者多從事政經文教事業，其中以崔致遠（孤雲，857-?）最為著名，他受到唐朝道教丹學與圖讖風水的影響，撰有《周易參同契十六條口訣》等道書，成為韓國道教的鼻祖。之後，韓國道教承先啟後最重要的人物金時習（悅卿，1435-1493）成為韓國丹道學的中興之祖；金氏的丹學思想以《周易參同契》為基礎，而綜合各家，不僅融會儒、釋、道三教，而且包括天文、風水地理、醫藥、律呂、圖讖、卜筮等術數的運用，蔚為流行風氣。此外，薛聰（生卒年不詳）創造「吏讀法」，「以方言讀九經，訓導後生」，為韓國《易》學本土化奠立深耕發展的基礎。

　　繼新羅之後的高麗時期（918-1392），太祖王建（877-943）一生信奉圖讖、風水之術，因此上行下效，以《易》學為基礎的各類數術方技十分盛行。高麗朝的經學教育同時具有《易經》學習與陰陽術數課

程，並在科舉中設立「占卜」一門，雅俗共賞，朝野同風。高麗末期，朱子學傳人，義理派創始者鄭夢周（圃隱，1337-1392），被譽為韓國理學振興之祖；鄭氏以《春秋》與《易經》為表裏，認為《易經》為《春秋》的人倫義理提供了哲學基礎。其後，以鄭道傳（宗之，三峯，1342-1398）為首的勳舊派，特別強調《易》學中的變化論，使「常」與「變」成為朝鮮思想史上的重要範疇。而最具代表性的《易》學家則是權近（可遠、思權，陽村，1352-1409），權氏《入學圖說》、《周易淺見錄》為其重要著作，其基本特徵是以《易》理闡發儒、佛的共通性。從新羅統一到高麗王朝，經歷七百餘年的發展，《易》學逐漸萌芽樹立。

朝鮮王朝（1392-1897，大韓帝國，1897-1910）時期，適逢程、朱宋明理學蓬勃深化，隨著政治思潮引入的朱子性理學，被確立為朝鮮王朝的正統思想，此時教育空前興盛發達，除了中央最高教育機構「成均館」外，全國府、牧、郡、縣都設有鄉校，官學之外並有私學，子弟接受嚴格的經學教育後，即可獲得仕宦資格。朝廷規定諸生讀書，「常讀四書五經及諸史等書，不挾莊、老、佛經、雜流、百家、子、集等書，違者罰」。不過，在正科考試外，另設有雜科，包括譯科、醫科、陰陽科與律科；其中，陰陽科包含天文學、風水地理學與命課學三項，考試錄用後延入觀象監供職。朝鮮王朝以支持程、朱性理學為國策，世宗（1418-1450，李祹，1397-1450）於即位後第二年（1420）創置集賢殿，集合名儒二十人講《易》論學，士子研習《易》學風氣，一時大盛。十六世紀，朝鮮《易》學開始本土化，出現退溪李滉（1501-1570）與栗谷李珥（1536-1584）等學術泰斗，《易》學也成為熱烈討論的時代課題。

朝鮮王朝在《易》學作為正統學術逐步發展的同時，以《易》學為基礎的各種圖讖、秘記、術數等，也在民間廣為流傳，朝廷雖曾多次下令禁止，卻無濟於事，而這些內容往往成為民間宗教的重要材

料，至今遺風餘烈猶存。朝鮮王朝後期，隨著天主基督教的傳入，一些以傳統思想為基礎的新宗興教開始產生，較著名的是「天道教」，以太極、无極概念，融合儒、釋、道三教思想，展現出朝鮮民間宗教「身土不二」、「神道一體」的本土地位與民族特色。

　　回顧歷史，觀照現代，前瞻未來，民族文化薪火相傳的責任使命，絕對是「爾曹身與名俱滅，不廢江河萬古流」的共同志業。本書匯集筆者自二〇一一至二〇一二年客座講學韓國外國語大學校期間，以至二〇二二至二〇二三年教授研究休假，十年來關於韓國朝鮮王朝《易》學研究的吉光片羽，十二篇論文只是歷史文化發展的縮影豹斑，不足以全面總結，猶須持續戮力精進，期待經由拋磚引玉，能夠吸引更多有志同道投入研究的動能與聚焦關注的向度。

　　猶憶客韓講學一年期間，以及十年來數度應邀至韓國參加各項國際學術研討會議，都曾忙裡偷閒，馳騁南北、奔波東西，遊覽拜謁、流連憑弔於慶尚北道安東退溪李滉陶山書院、故居，江原道江陵栗谷李珥夢龍室、烏竹軒，忠清南道大田尤庵宋時烈故居、紀念公園，京城首爾正祖李祘創建的昌德宮御苑、宙合樓奎章閣，京畿道南楊州茶山丁若鏞與猶堂故居、墳塋以及流放十八年之全羅南道康津草堂，秋史金正喜於一八四〇年流配圈禁九年的濟州道大靜縣、最後遺筆「板殿」的首爾江南奉恩寺……，這些充滿懷古幽情的歷史遺產、文化勝蹟，不禁興發「前已見古人，後將見來者」欣然昂揚的悠思，以及「哲人日已遠，典型在夙昔。風檐展書讀，古道照顏色」尚友淑艾的蘄嚮。期待韓國與兩岸四地學者，共同戮力，再創《易》學新局。

　　除了本書所收十二篇論文之外，尚有未完、未定存稿多篇──陽村權近（可遠，思權，1352-1409）《周易淺見錄》、艮齋李德弘（1541-1596）《周易質疑》、西浦郭說（夢得，1548-1630）《易傳要義》、喫眼窩主人姜碩慶（吉甫，1666-1731）《易疑問答》、南塘韓元震（德昭，謚號文純，1682-1751）《經義記聞錄・易學啟蒙》、近齋朴胤源（永

叔，1734-1799）〈易經劄畧〉、徐有成（1735-1800）《易義擬言》、思穎居士南公轍（元平，金陵，1760-1840）〈《易·繫辭》論〉、茶山丁若鏞（1762-1836）《易學緒言》、松塢朴宗永（美汝，1804-1875）《經旨蒙解·周易》⋯⋯等，存記備忘。苦於時力拘限，學養不足，兼以公私事務，備多力分，雖然眠勉從事，始終無法圓全學志道業，只能「缺憾還諸天地」，「藏器於身，待時而動」了。

　　　　　　　屯如　賴貴三　謹序於臺灣師大屯仁學易咫進齋
　　　　　　　　　　　二〇二三年八月八日週二立秋父親節

　　　遊學海東滿載歸，近思傳習古今巍。
　　　朝鮮性理新朱子，聖哲天心復道幾。
　　　雙李一丁弘德業，眾質專論剖玄微。
　　　十年心血斯編萃，身土合和永浴沂。

　　　　　　　　　　再識於二〇二三年十一月十二日週日夜

參考文獻

一　古籍（依作者時代先後排序，先中國、後朝鮮）

（一）中國古籍

〔西漢〕劉向　《列女傳》　臺北市　臺灣商務印書館　1966年

〔魏〕王弼　《周易註》　臺北市　臺灣商務印書館景印《文淵閣四庫全書》本第7冊　1986年

〔魏〕王弼、〔晉〕韓康伯注　〔南宋〕朱熹著　《周易二種——周易王韓注、周易本義》　臺北市　大安出版社　1999年

〔魏〕王弼、〔晉〕韓康伯注　〔唐〕孔穎達疏　《周易正義》　北京市　北京大學出版社　2000年

〔北宋〕周敦頤　《通書》　臺北市　臺灣中華書局《四部備要》排印本　2016年10月1日重製一版

〔北宋〕張載　林樂昌校釋　《正蒙合校集釋》　北京市　中華書局　2012年

〔北宋〕程顥、程頤撰　王孝魚點校　《二程集》　北京市　中華書局　1981年

〔北宋〕程頤　《易程傳》　臺北市　文津出版社　1987年6月初版1990年10月2刷

〔北宋〕程頤　《易程傳》　〔南宋〕朱熹　《周易本義》　臺北市　世界書局　1988年11月合刊版本

〔南宋〕朱熹　《周易本義》　北京市　中華書局　2012年

〔南宋〕朱熹　《四書章句集注》　臺北市　鵝湖出版社　1990年

〔南宋〕朱熹　《晦庵先生朱文公文集》　上海市　商務印書館　1929年　《四部叢刊初編》縮印明刊本　第58冊

〔南宋〕朱熹　《晦庵集》　臺北市　臺灣商務印書館景印《文淵閣四庫全書》本　1979年

〔南宋〕朱熹　《四書或問》　臺北市　臺灣商務印書館景印《文淵閣四庫全書》本　1979年

〔南宋〕朱熹撰　朱傑人、嚴佐之、劉永翔主編　《朱子全書》　上海市　上海古籍出版社　2002年

〔南宋〕黎靖德編　《朱子語類》　北京市　中華書局　1986年　臺北市　文津出版社　1986年

〔南宋〕黎靖德編　黃坤、黃姍姍注評　《朱子語類》　南京市　鳳凰出版社　2013年

〔南宋〕沈該　《易小傳》　臺北市　臺灣商務印書館景印《文淵閣四庫全書》本第10冊　1983年3月初版

〔南宋〕都絜　《易變體義》　臺北市　臺灣商務印書館景印《文淵閣四庫全書》本第11冊　1983年3月初版

〔清〕《聖祖仁皇帝實錄》　《清實錄》　北京市　中華書局　1987年

〔清〕李光地　《御纂周易折中》　臺北市　臺灣商務印書館景印《文淵閣四庫全書》本　第38冊　1986年

〔清〕紀昀　《四庫全書總目》　北京市　中華書局　1965年

〔清〕翁方綱　柏克萊加州東亞圖書館編　《翁方綱經學手稿五種》　上海市　上海古籍出版社　2006年

〔清〕翁方綱　《經義考補正》　臺北市　廣文書局　1968年

〔清〕翁方綱　《復初齋文集》　臺北市　文海出版社　1969年　〔清〕乾隆至嘉慶間（1736-1820）著者手稿本、舊鈔本　臺北市　漢學研究中心

〔清〕道光間侯官李彥章刊　朱墨筆增改校樣本（刊本）
　　　臺北市　臺灣師範大學圖書館

〔清〕翁方綱　《蘇齋筆記》　北京市　北京出版社　2000年　收入
　　　《四庫未收書輯刊》　清宣統二年（1910）北洋官報印書局
　　　影印稿本

〔清〕翁方綱撰　吳格整理　《翁方綱纂四庫提要稿》　上海市　上
　　　海科學技術文獻出版社　2005年

〔清〕焦循　《易學三書——易章句‧易圖略‧易通釋》　臺北市
　　　廣文書局　1992年3版

〔清〕焦循　《周易補疏》　臺北市　鼎文書局　1975年

〔清〕阮元校刻　《十三經注疏（附校勘記）》　臺北市　藝文印書
　　　館　1985年12月10版

〔清〕阮元　《揅經室集》　臺北市　臺灣商務印書館　1979年

〔清〕阮元撰　鄧經元點校　《揅經室集》　北京市　中華書局
　　　1993年

（二）韓國古籍

〔朝鮮〕鄭道傳　《三峰集》　重慶市　西南師範大學出版社　2013
　　　年

〔朝鮮〕徐敬德撰　河承賢校注　《花潭集》　上海市　上海古籍出
　　　版社　2012年

〔朝鮮〕李珥　《栗谷全書》　漢城市　成均館大學校大東文化研究
　　　院　1971年

〔朝鮮〕李珥　《栗谷全書》　《韓國文集叢刊》　漢城市　民族文
　　　化推進會　1990年

〔朝鮮〕宋時烈　《易說》　《韓國經學資料集成‧易經‧卷上‧第
　　　23冊》　漢城市　成均館大學校出版部　1996年

〔朝鮮〕宋時烈著　民族文化推進會主編　《宋子大全》（共八冊）
　　　　《古典國國譯叢書》　서울시　민족문화추진회　1980-1995年
〔朝鮮〕宋時烈　《宋子大全》　東京市　斯文學會　1971年影印縮
　　　　刷版
〔朝鮮〕金平默　《重菴先生文集》　《韓國歷代文集叢書》　서울
　　　　市　景仁文化社　1999年
〔朝鮮〕朴昌宇　《周易傳義集解》　《韓國經學資料集成・易經・卷
　　　　上・第七冊》　漢城市　成均館大學校出版部　1996年
〔朝鮮〕柳正源　《易解參考》　《韓國經學資料集成・易經卷》第
　　　　15、16冊　漢城市　成均館大學校出版部　1996年
〔朝鮮〕正祖大王　《弘齋全書》　《影印標點韓國文集叢刊》第
　　　　267冊　漢城市　民族文化推進會　2001年
〔朝鮮〕正祖李祘　《弘齋全書》　漢城市　文化財管理局藏書閣
　　　　1978年
〔朝鮮〕《正祖實錄》　漢城市　國史編輯委員會　1981年
〔朝鮮〕奇學敬　《謙齋集》　成均館大學校大東文化研究院所編
　　　　《韓國經學資料集成》第21冊
〔朝鮮〕朴齊家　《貞蕤閣集》　《影印標點韓國文集叢刊》第261
　　　　冊　漢城市　民族文化推進會　2001年
〔朝鮮〕丁若鏞　《與猶堂全書》　《韓國文集叢刊》第281輯至284
　　　　輯　漢城市　民族文化推進會　2002年
〔朝鮮〕丁若鏞　《周易四箋》　《韓國經學資料集成》第7、8輯
　　　　《易經》　總37大冊第24冊　漢城市　成均館大學校大東文
　　　　化研究院　1996年複印原典出版
〔朝鮮〕丁若鏞　《易學緒言》　《韓國經學資料集成》第七、八輯
　　　　《易經》　總37大冊第24冊　漢城市　成均館大學校大東文
　　　　化研究院　1996年複印原典出版

〔朝鮮〕金正喜　《禮堂金石過眼錄》　瀋陽市　遼寧省圖書館　典
　　　　藏日本明治四十三年（1910）　島葉岩吉抄本一卷
〔朝鮮〕金正喜　《阮堂先生全集》　漢城市　新誠文化社　1972年
〔朝鮮〕金正喜撰　崔完秀編　《金正喜集》　漢城市　玄岩社
　　　　1976年
〔朝鮮〕田愚　《艮齋先生文集》　收入《韓國文集叢刊》　漢城市
　　　　民族文化推進會　1990年
〔朝鮮〕《朝鮮王朝實錄・高宗實錄》　北京市　中國科學院　平壤
　　　　市　朝鮮科學院合作　1959年根據「金櫃秘本」影印出版
〔韓〕國史編纂委員會　《朝鮮王朝實錄》　漢城市　東國文化社
　　　　1955年
〔韓〕韓國成均館大學校大東文化研究院　《韓國經學資料集成》
　　　　第7、8輯《易經》　1989年、1996年複印原典出版　總37大冊
〔韓〕《古典國譯叢書》　서울시　민족문화추진회　1980-1995年
〔韓〕民族文化推進會編　《韓國文集叢刊》　漢城市　景仁文化社
　　　　1996年
〔韓〕《影印標點韓國文集叢刊》　漢城市　民族文化推進會　2003年
〔韓〕弘華文主編　《燕行錄全編》　桂林市　廣西師範大學出版社
　　　　2013年5月1日

二　今著（依作者姓氏筆畫排序，先日美韓、後中臺）

〔日〕夫馬進著　伍躍譯　《朝鮮燕行使和朝鮮通信使——使節視野
　　　　中的中國・日本》　上海市　上海古籍出版社　2010年
〔美〕巴里・康芒納　《封閉的循環——自然、人和技術》　長春市
　　　　吉林人民出版社　1997年12月1日

〔日〕藤塚鄰　《清朝文化東傳の研究──嘉慶・道光學壇と李朝の
　　　　金阮堂》(《清朝文化東傳的研究──嘉慶・道光的學界與李
　　　　朝的金阮堂》)　東京市　國書刊行會　1975年

〔韓〕李丙燾　《韓國儒學史略》　漢城市　亞細亞文化社　1986年

〔韓〕李丙燾著　許宇成譯　《韓國史大觀》　臺北市　正中書局
　　　　1961年

〔韓〕李篪衡　《茶山經學研究》　漢城市　太學社　1996年

〔韓〕河永箕　《東儒學案》　晉州市　海東佛教譯經院內一鵬精舍
　　　　1962年

〔韓〕金忠烈　《高麗儒學思想史》　臺北市　東大圖書公司　1992年

〔韓〕金秀炅　《韓國朝鮮時期詩經學研究》　臺北市　萬卷樓圖書
　　　　公司　2012年

〔韓〕金翊煥編　《阮堂全集》活字本　漢城市　民主文化推進會
　　　　1934年

〔韓〕金演宰　《宋明理學和心學派的易學與道德形上學》　北京市
　　　　中國文史出版社　2005年3月第1版。

〔韓〕柳承國　《韓國儒學史》　臺北市　臺灣商務印書館　1989年

〔韓〕崔成德主編　《朝鮮文學藝術大辭典》　長春市　吉林教育出
　　　　版社　1992年

〔韓〕崔錫起編撰　《韓國經學家事典》　漢城市　成均館大學校大
　　　　東文化研究院　1998年

〔韓〕亞細亞問題研究所、舊韓國外交文書編纂委員會編　《舊韓國
　　　　外交文書》　漢城市　高麗大學校出版部　1970-1971年

〔韓〕黃元九　《燕行錄選集解題》　《國譯燕行錄選集 I》　漢城
　　　　市　民族文化推進委員會　1976年

〔韓〕裴宗鎬　《韓國儒學史》　漢城市　延世大學校出版部　1997年

〔韓〕鄭麟趾　《高麗史》　臺北市　文史哲出版社　1972年

〔韓〕韓永愚　《奎章閣》　首爾市　知識產業社　2008年

〔韓〕韓國周易學會編　《周易與韓國易學》　首爾市　韓國周易學會　未著出版年月

〔韓〕韓國哲學會編　龔榮仙譯　《韓國哲學史》　北京市　社會科學文獻出版社　1996年

〔韓〕韓國國史編纂委員會編　《修信使記錄》　漢城市　國史編纂委員會　1971年

王明星　《韓國近代外交與中國（1861-1910）》　北京市　中國社會科學出版社　1998年

王章濤　《阮元年譜》　合肥市　黃山書社　2003年

牟宗三　《心體與性體》　臺北市　正中書局　1990年

牟宗三　《周易哲學演講錄》　臺北市　聯經出版社　2003年

全海宗著　全善姬譯　《中韓關係史論集》　北京市　中國社會科學出版社　1997年

李迺揚　《韓國通史》　臺北市　中華文化出版事業委員會　1956年

李甦平　《韓國儒學史》　北京市　人民出版社　2009年8月第1版

杜宏剛編　《韓國文集中的明代史料》　桂林市　廣西師範大學出版社　2006年

沈津　《翁方綱年譜》　臺北市　中研院中國文哲研究所　2002年

沈津　《翁方綱題跋手札集錄》　桂林市　廣西師大出版社　2002年

吳雁南、秦學頎、李禹階主編　張曉生校訂　《中國經學史》　臺北市　五南圖書出版公司　2005年

吳偉明　《東亞易學史論——《周易》在日韓越琉的傳播與影響》　臺北市　臺灣大學出版中心　2017年9月26日

林月惠　《異曲同調——朱子學與朝鮮性理學》　臺北市　臺灣大學出版中心　2010年

林啟彥　《中國學術思想史》　臺北市　書林出版公司　2002年4月
　　　　七刷

高明　《高明文輯》　臺北市　黎明文化事業公司　1978年

高明士編　《東亞傳統教育與法制研究（一）──教育與政治社會》
　　　　臺北市　臺灣大學出版中心　2005年

高懷民　《先秦易學史》　臺北市　東吳大學中國學術著作獎助委員
　　　　會　1975年6月

高懷民　《兩漢易學史》　臺北市　文津出版社　1978年11月再版

高懷民　《大易哲學論》　臺北市　自行出版經銷　1988年7月再版

高懷民　《邵子先天易哲學》　臺北市　作者自印　1997年

高懷民　《偉大的孕育──中國哲學在皇皇易道中成長發展》　臺北
　　　　市　作者自印　1999年2月

高懷民　《易魂詩譚》　臺北市　樂學書局　2006年3月初版

高懷民　《宋元明易學史》　桂林市　廣西師範大學出版社　2007年

梁啟超　《清代學術概論》　臺北市　臺灣商務印書館　1985年

郭廷以、李毓澍等編　《清季中日韓關係史料（1864-1911）》　臺北市
　　　　中研院近代史研究所　《中國近代史資料彙編》　1972年

陳伯适（陳睿宏）　《義理、象數與圖書之兼綜──朱震易學研究》
　　　　臺北市　文史哲出版社　2011年9月1日

黃俊傑　《東亞儒學研究的回顧與展望》　臺北市　臺灣大學出版中
　　　　心　2005年

黃俊傑、林維杰合編　《東亞朱子學的同調與異趣》　《東亞文明研
　　　　究叢書》第65種　臺北市　臺灣大學出版中心　2006年12月
　　　　初版

黃俊傑編　《朝鮮儒者對儒家傳統的解釋》　收錄於《東亞儒學研究
　　　　叢書（15）》　臺北市　臺灣大學出版中心　2012年

張立文　《中國哲學範疇精粹叢書──道》　臺北市　漢興書局有限
　　　　公司　1994年5月初版1刷

張立文　《中國哲學範疇精粹叢書——天》　臺北市　七略出版社　1996年11月初版

張立文主編　《和境——易學與中國文化》　北京市　人民出版社　2005年

張雲飛　《天人合一——儒學與生態環境》　成都市　四川人民出版社　1995年

傅永軍　《中國詮釋學》　濟南市　山東人民出版社　第六輯　2009年

溫兆海　《朝鮮詩人李尚迪與晚清文人交流研究》　北京市　中國社會科學出版社　2013年

葛榮晉主編　《韓國實學思想史》　北京市　首都師範大學出版社　2002年

楊宏聲　《本土與域外——超越的周易文化》　上海市　上海社會科學院出版社　1995年7月第1版

楊伯峻　《春秋左傳注》　北京市　中華書局　2008年

劉小楓、陳少明編　《經典與解釋的張力》　上海市　上海三聯書店　2003年

蔡方鹿　《宋明理學心性論》　成都市　巴蜀書社　2009年5月第2版1刷

蔡振豐編　《東亞諸子學的同調與異趣》　臺北市　臺灣大學出版中心　2006年

蔡振豐　《朝鮮儒者丁若鏞的四書學——以東亞為視野的討論》　臺北市　臺灣大學出版中心　2010年2月1日初版

賴貴三　《東西博雅道殊同——國際漢學與易學專題研究》　臺北市　里仁書局　2015年

簡江作　《韓國歷史》　臺北市　五南圖書出版公司　1998年11月初版

三　論文（依作者姓氏筆畫排序）

（一）學位論文

〔韓〕尹天根　《秋史金正喜的書畫研究》　漢城市　弘益大學校碩
　　　士學位論文　1987年

江超平　《伊川易學研究》　臺北市　臺灣師範大學國文研究所碩士
　　　學位論文　1986年

李凱雯　《翁方綱《易附記》研究》　臺北市　臺灣師範大學國文學
　　　系碩士學位論文　2011年

沈信甫　《理雅各和衛禮賢英譯《易》學比較研究》　臺北市　臺灣
　　　師範大學國文學系博士學位論文　2016年

宋建鋒　《朝鮮王朝正祖李祘《易》學研究》　臺北市　政治大學中
　　　國文學系國文教學碩士在職專班學位論文　2023年

吳淑慧　《清儒翁方綱及其易學研究》　臺北市　臺灣師範大學國文
　　　學系碩士學位論文　2005年

林芷羽　《臺灣先儒黃敬《易經初學義類》研究》　臺北市　臺灣師
　　　範大學國文學系碩士碩士學位論文　2020年

〔韓〕金秀炅　《韓國朝鮮時期《詩經》學研究》　北京市　北京大
　　　學中國語言文學系　「中國古典文獻學・古典文獻」專業博
　　　士研究生學位論文　2010年

〔韓〕金彥鍾　《漢宋實用文學與朝鮮丁茶山文學論之研究》　臺北
　　　市　臺灣師範大學國文研究所碩士學位論文　1981年6月

〔韓〕金恩美　《秋史金正喜研究》　漢城市　圓光大學校碩士學位
　　　論文　1997年

〔韓〕金基喆　《朝鮮正祖大王與丁若鏞問答詩經之研究》　臺北市
　　　臺灣師範大學國文研究所博士學位論文　1991年

〔韓〕南明鎮　《清初學術與韓儒丁茶山實學思想之研究》　臺北市　中國文化大學東亞研究所博士學位論文　1985年1月

高會霞　《朱熹仁學思想研究》　鄭州市　河南大學中國哲學院碩士學位論文　2003年5月

陳俊諭　《「朝鮮朱子」退溪李滉《易》學研究》　臺北市　臺灣師範大學國文學系碩士學位論文　2013年

陳威瑨　《日本江戶時代儒家《易》學研究》　臺北市　臺灣師範大學國文學系博士學位論文　2012年

〔韓〕趙太順　《翁方綱研究》　臺北市　中國文化大學藝術研究所碩士學位論文　1998年

蔡至哲　《中、韓儒者的秩序追求──以朝鮮朱子學儒者為中心的觀察》　臺北市　臺灣大學社會科學院國家發展研究所博士學位論文　2019年7月

蔡郁焄　《衛禮賢、衛德明父子《易》學研究》　臺北市　臺灣師範大學國文學系博士學位論文　2013年

（二）學報期刊論文

〔韓〕Ho Kim　〈成均館大學校尊經閣所藏中國古籍文校價值研究──集部古籍中心〉　《中國學報》第56期（2007年）　頁39-69

〔韓〕文炳贊　〈漢宋兼採的《易》學方法──金正喜《易》學初探〉　《文化中國》2010年第2期（總第65期）　頁88-94

〔韓〕文炳贊　〈金正喜考證學思想淵源簡述〉　《理論界》2010年第8期　頁130-131

〔韓〕文炳贊　〈朝鮮時代的韓國以及清儒學術交流──以阮堂金正喜為個案研究〉　《文化中國》2011年第2期（總第69期）　頁90-115

白　奚　〈《管子》中的精氣與神明理論〉　收錄於江陵原州大學校哲

　　　　　　學系金白鉉教授主編　《神明文化研究》（首爾市：神明文化
　　　　　　研究所）第2輯（2011年7月）　頁30-39

牟鍾鑒　　〈宗教與神明文化〉　收錄於江陵原州大學校哲學系金白鉉
　　　　　　教授主編之《神明文化研究》（首爾市：神明文化研究所）
　　　　　　第1輯（2009年7月）　頁33-46。

李豐楙　　〈翁方綱及其金石學〉　《中華學苑》第16期（1975年11月）
　　　　　　頁114-149

辛源俸　　〈朱熹、毛奇齡和丁若鏞的《周易》占筮觀比較研究〉　《周
　　　　　　易研究》2014年第5期（總第127期）　頁38-57

吳偉明　　〈十六世紀至十九世紀李氏朝鮮之學術思想及其《易》學析
　　　　　　論〉　《中國學術年刊》第36期（2014年9月）　頁1-18

〔韓〕金白鉉　〈神明文化序說〉　收錄於江陵原州大學校哲學系金
　　　　　　白鉉教授主編之《神明文化研究》（首爾市：神明文化研究
　　　　　　所）第1輯（2009年7月）　頁9-32

〔韓〕南明鎮　〈茶山丁若鏞經學思想之特性〉　《鵝湖學誌》第36
　　　　　　期（2006年6月）　頁1-33

卿希泰、朱展炎　〈道教與神明文化〉　收錄於江陵原州大學校哲學
　　　　　　系金白鉉教授主編之《神明文化研究》（首爾市：神明文化
　　　　　　研究所）第1輯（2009年7月）　頁89-106

姜日天　　〈丁若鏞的四氣本體〉　《湖湘論壇》2012年第6期　頁100-
　　　　　　104

高懷民　　〈從邵雍先天《易》卦氣看人類興衰〉　《政治大學哲學學
　　　　　　報》第1期（1994年5月）　頁63-75

高懷民　　〈從《易》學史的發展看邵雍的《易》學成就〉　《政治大
　　　　　　學哲學學報》第3期（1996年12月）　頁131-147

高懷民　　〈《易》象「—」與「--」源於「蓋天」說之推思〉　《政治
　　　　　　大學哲學學報》第4期（1997年12月）　頁159-166

孫衛國　〈清道咸時期中朝學人之交誼——以張曜孫與李尚迪之交往為中心〉　《南開學報・哲學社會科學版》2014年第5期（9月20日出版）　頁95-113

許抗生　〈道家的神明思想〉　收錄於江陵原州大學校哲學系金白鉉教授主編之《神明文化研究》（首爾市：神明文化研究所）第1輯（2009年7月）　頁47-58

陳俊諭　〈16世紀末韓國《易》學的「程朱抉擇」〉　《周易研究》2020年第4期（總第162期）　頁70-76

陳連營　〈翁方綱及其經學思想〉　《故宮博物院院刊》2002年第6期（總104期）　頁8-14

張淑紅　〈翁方綱的學術思想及其治學特點〉　《齊魯學刊》2005年第2期（總185期）　頁28-33

彭　毅　〈神話與神明義涵——《莊子》神人與《楚辭》神仙思想〉收錄於江陵原州大學校哲學系金白鉉教授主編之《神明文化研究》（首爾市：神明文化研究所）第1輯（2009年7月）　頁59-88

黃俊傑　〈東亞儒學史的新探索——儒家詮釋學芻議〉　《臺大文史哲學報》第53期（2000年11月）　頁1-33

黃俊傑　〈東亞儒學的十八世紀——同調與異趣〉　《鵝湖》第414期（2009年12月）　頁15-25

解光宇　〈圖說學與韓國儒學的發展〉　《哲學動態》2012年第5期頁64-67

楊穎詩　〈試論朴知誡〈乾〉、〈坤〉之道〉　《孔孟月刊》（臺北市　中華民國孔孟學會）　第52卷第7、8期（2014年4月）　頁43-51

〔韓〕趙太順　〈書法家跨越時空之相遇——略論蘇軾對翁方綱及金正喜之影響〉　《屏東教育大學學報・人文社會類》第27期（2007年6月）　頁67-100

鄭　開　〈道家心性論視野中的「神明」〉　收錄於江陵原州大學校哲學系金白鉉教授主編　《神明文化研究》（首爾市：神明文化研究所）第2輯（2011年7月）　頁40-49

蔡茂松　〈韓國李朝的教育〉　《成大歷史學報》第1期（1974年7月）　頁165-187

蔡家和　〈從韓儒李晦齋答書衡定曹漢輔思想義理〉　《湖南科技學院學報》第28卷第7期（2007年7月）　頁1-8

賴貴三　〈「興仁崇禮，大德敦化」——朝鮮李朝建構政教宮殿與廟城之經學義理探微〉　《經學研究集刊》第12期（2012年5月）　頁1-28

賴貴三　〈韓國的太極旗與宋代儒學者邵雍之先天《易》學的比較研究〉　《奎章閣》　第40期（2012年6月）　頁197-218

賴貴三　〈阮元與韓儒金正喜師生情緣與學術交流探論〉　《經學研究集刊》第13期（2013年5月）　頁25-52

賴貴三　〈韓國朝鮮李氏王朝（1392-1910）《易》學研究〉　《東海中文學報》第25期（2013年6月）　頁1-26

賴貴三　〈考古證今，山海崇深——韓儒金正喜與翁方綱、阮元的書法與經學交流〉　《古典文學知識》2014年第4期（總第175期）（2014年7月）　頁74-82

賴貴三　〈韓儒田愚艮齋宗本朱子之《易》學析論〉　陳慶元主編　《閩學研究》（福州市：福建師師範大學閩學研究中心）2016年第3期（總第7期，2016年9月）　頁56-65

賴貴三　〈韓儒金正喜《易》學考辨蠡探〉　張濤主編　《周易文化研究》（北京市：社會科學文獻出版社）第8輯（2016年12月）　頁121-141

賴貴三　〈朝鮮正祖李祘《周易講義‧總經》君臣對論《易》學平議〉　張濤主編　《中華易學》（北京市：人民出版社　2018年第一卷）　2018年6月　頁204-225

賴貴三　　〈尤庵宋時烈及其《易》學思想析論〉　張濤主編　《中華易學》（北京市：人民出版社）　第11卷（2023年8月）　頁230-249

（三）學術研討會論文

張　敏　　〈李栗谷理通氣局說辨析〉　《韓國學論文集》第10輯（潘陽市：遼寧民族出版社，2003年）　頁70-89

黃沛榮　　〈韓國漢文《易》著的文獻價值〉　收入《屈萬里先生百歲誕辰國際學術研討會論文集》（臺北市：臺灣大學中國文學系，2006年12月）　頁339-360

葉國良　　〈韓儒金正喜的中韓學術因緣〉　收入《東亞視域中的儒學──傳統的詮釋　第四屆國際漢學會議論文集》（臺北市：中研院，2013年10月）　頁379-407

蔡家和　　〈韓儒田艮齋的心即氣與李寒洲的心即理說之比較〉　收錄於《韓國近代的儒學思想與艮齋學的繼承發展論文集》　全州市　韓國全北大學校「2009艮齋學國際學術會議」　2009年12月　頁1-11

蔡家和　　〈韓儒金西河對於程朱理學的承繼──從《年譜》之論述見其思想〉（首爾市：成均館大學校「河西金麟厚先生誕辰五百周年紀念國際學術會議」）　2010年10月　頁1-11

賴貴三　　〈「淺說羲文周孔理，深研《易》象宋儒心」──韓儒恭默堂金濤《周易淺說》證釋析論〉　《東亞易學國際研討會論文集》（濟南市：山東大學《易》學與中國古代哲學研究中心、《周易研究》編輯部、中國周易學會）　2016年11月　頁141-180

賴貴三　　〈槐泉朴昌宇《周易傳義集解》析論〉　首爾市　韓國翰林大學泰東古典研究所、國家研究基金會大學重點研究中心

「韓中經學與韓國思想國際學術大會」（2022年12月9日-12月10日）　2022年12月　頁1-30

三　網路資源

〔韓〕申采浩　〈浪客之新年漫筆〉　《東亞日報》　1925年1月2日

黃沛榮　〈韓國漢文《易》學著作的整理與研究〉完整報告　行政院國家科學委員會補助專題研究計畫　計畫編號：NSC 94-2411-H-034-001　2007年6月30日　頁1-53

蘇意雯　〈從一封函札看中韓儒家明算者的交流〉　《HPM　通訊》第4卷第8、9期合刊　2001年　頁1-6

韓國古典総合 DB 網站　http://db.itkc.or.kr/itkcdb/mainIndexIframe.jsp

《韓國經學資料集成》電子檢索系統　網址：http://koco.skku.edu

揚州市公道阮元文化研究會編撰　《中韓友好歷史故事──阮元與金正喜》　揚州市邗江區公道鎮人民政府：「中國公道」──www.yzgongdao.com/bencandy.php?fid=87&id=14932

作者簡介

賴貴三

　　字屯如，一字仁叔，合字屯仁。臺南一中、中山大學外文系、臺灣師範大學國文系所畢業，獲文學博士學位。歷任臺灣師大助教、講師、副教授、教授，荷蘭萊頓大學漢學研究院、比利時魯汶大學漢學系客座與韓國外國語大學校講學；並曾兼人文教育研究中心組長、中國訓詁學會秘書長，國際考古學暨歷史語言學學會常務理事、國際漢學專業副會長，臺灣師大國文學系、國際漢學研究所合聘教授，漢學所創所所長與國文系主任，以及獲聘為揚州大學文學院兼職教授與曲阜師範大學客座教授。其學師承黃慶萱教授，專長為《周易》、中國經學、中國哲學、文字學、訓詁學、文獻學，精通隸書，善識篆刻。志貫中西道，心歸孔孟家。

本書簡介

　　本書正文論文十二篇。前三篇論文〈朝鮮王朝宮殿與廟城之政教義理〉、〈朝鮮王朝《易》學綜論〉與〈大韓民國「太極旗」國旗與先天《易》學探微〉，作為本書的導論，可以引領讀者、學者進入朝鮮王朝與大韓民國歷史文化的脈絡之中。

　　後九篇論文，可以分別為三層次：第一層次呈顯朝鮮王朝中期十六至十七世紀三位性理學者栗谷李珥、恭默堂金濤與尤庵宋時烈的

《易》學風貌。第二層次體現朝鮮王朝中後期十七至十八世紀三位性理學者槐泉朴昌宇、三山柳正源與正祖李祘的《易》學風華。第三層次彰明朝鮮王朝後期十八至二十世紀三位性理學者茶山丁若鏞、秋史金正喜與艮齋田愚的《易》學風範。期待同道學人、有志之士，本此基礎，觸類引申，進而舉一反三，開張朝鮮王朝洋洋大觀的《易》學傳世文獻與研究成果，是所至盼。

附錄三篇，可與前文三層次九位學者的《易》學論述，觀照對揚。三篇論文作者都是筆者在臺灣師大國文學系、碩士班與博士班的授業門棣，師生教學相長，取資觀善，可以補充論述觀照鑒識之不足，感謝鼎助圓成，而後生可畏，青出於藍，尤為歡喜期許。

福建師範大學文學院百年學術論叢·第八輯　1702H04

韓國朝鮮王朝《易》學研究

作　　　者	賴貴三
總 策 畫	鄭家建　李建華

發 行 人　林慶彰

總 經 理　梁錦興

總 編 輯　張晏瑞

編 輯 所　萬卷樓圖書股份有限公司

　　　　　臺北市羅斯福路二段 41 號 6 樓之 3

　　　　　電話　(02)23216565

　　　　　傳真　(02)23218698

發　　　行　萬卷樓圖書股份有限公司

　　　　　臺北市羅斯福路二段 41 號 6 樓之 3

　　　　　電話　(02)23216565

　　　　　傳真　(02)23218698

　　　　　電郵　SERVICE@WANJUAN.COM.TW

香港經銷　香港聯合書刊物流有限公司

　　　　　電話　(852)21502100

　　　　　傳真　(852)23560735

ISBN 978-626-386-105-3

2024 年 6 月初版二刷

定價：新臺幣 720 元

如何購買本書：

1. 劃撥購書，請透過以下郵政劃撥帳號：

　帳號：15624015

　戶名：萬卷樓圖書股份有限公司

2. 轉帳購書，請透過以下帳戶

　合作金庫銀行　古亭分行

　戶名：萬卷樓圖書股份有限公司

　帳號：0877717092596

3. 網路購書，請透過萬卷樓網站

　網址　WWW.WANJUAN.COM.TW

大量購書，請直接聯繫我們，將有專人為

您服務。客服：(02)23216565 分機 610

如有缺頁、破損或裝訂錯誤，請寄回更換

國家圖書館出版品預行編目資料

韓國朝鮮王朝<<易>>學研究/賴貴三著. -- 初

版. -- 臺北市 ： 萬卷樓圖書股份有限公司,

2024.06 印刷

　面 ；　公分. -- (福建師範大學文學院百年學

術論叢. 第八輯 ；1702H04)

ISBN 978-626-386-105-3(平裝)

1.CST: 易經　2.CST: 易學　3.CST: 研究考訂

121.17　　　　　　　　113006018